ŒUVRES
DE
MONTESQUIEU.

TOME V.

CHEZ HENRI FERET, LIBRAIRE,
PLACE DU PALAIS-ROYAL, GALERIE DE NEMOURS, N° 5.

IMPRIMERIE DE MARCHAND DU BREUIL,
RUE DE LA HARPE, N° 80.

OEUVRES
DE
MONTESQUIEU

AVEC

ELOGES, ANALYSES, COMMENTAIRES,

REMARQUES, NOTES, RÉFUTATIONS, IMITATIONS;

PAR

MM. DESTUTT DE TRACY, VILLEMAIN,

MEMBRES DE L'INSTITUT;

D'ALEMBERT, HELVÉTIUS, VOLTAIRE, CONDORCET ET BERTOLINI.

DÉFENSE DE L'ESPRIT DES LOIS.
TOME IV.

A PARIS,
CHEZ DALIBON, LIBRAIRE
DE S. A. R. MONSEIGNEUR LE DUC DE NEMOURS,
RUE HAUTEFEUILLE, N° 10.

M. DCCC. XXVII.

DÉFENSE

DE

L'ESPRIT DES LOIS.

DÉFENSE

DE

L'ESPRIT DES LOIS.

PREMIÈRE PARTIE.

On a divisé cette défense en trois parties. Dans la première, on a répondu aux reproches généraux qui ont été faits à l'auteur de l'*Esprit des Lois*. Dans la seconde, on répond aux reproches particuliers. La troisième contient des réflexions sur la manière dont on l'a critiqué. Le public va connoître l'état des choses; il pourra juger.

I.

Quoique l'*Esprit des Lois* soit un ouvrage de pure politique et de pure jurisprudence, l'auteur a eu souvent occasion d'y parler de la religion chrétienne : il l'a fait de manière à en faire sentir toute la grandeur; et s'il n'a pas eu pour objet de travailler à la faire croire, il a cherché à la faire aimer.

Cependant, dans deux feuilles périodiques qui ont paru coup sur coup [1], on lui a fait les plus affreuses imputations. Il ne s'agit pas moins que de savoir s'il est spinosiste et déiste; et, quoique ces deux accusations soient par elles-mêmes contradictoires, on le mène sans cesse de l'une à l'autre. Toutes les deux, étant incompatibles, ne peuvent pas le rendre plus coupable qu'une seule; mais toutes les deux peuvent le rendre plus odieux.

Il est donc spinosiste, lui qui, dès le premier article de son livre, a distingué le monde matériel d'avec les intelligences spirituelles.

Il est donc spinosiste, lui qui, dans le second article, a attaqué l'athéisme. « Ceux qui ont dit « qu'une fatalité aveugle a produit tous les effets « que nous voyons dans le monde, ont dit une « grande absurdité : car quelle plus grande ab- « surdité qu'une fatalité aveugle qui auroit pro- « duit des êtres intelligens? »

Il est donc spinosiste, lui qui a continué par ces paroles : « Dieu a du rapport avec l'univers, « comme créateur, et comme conservateur [2] : les « lois selon lesquelles il a créé, sont celles selon « lesquelles il conserve. Il agit selon ces règles,

---

[1] L'une du 9 octobre 1749, l'autre du 16 du même mois.
[2] Liv. I, chap. I.

« parce qu'il les connoît ; il les connoît, parce
« qu'il les a faites ; il les a faites, parce qu'elles
« ont du rapport avec sa sagesse et sa puissance. »

Il est donc spinosiste, lui qui a ajouté : « Comme
« nous voyons que le monde, formé par le mou-
« vement de la matière, et privé d'intelligence,
« subsiste toujours, etc. [1]. »

Il est donc spinosiste, lui qui a démontré contre
Hobbes et Spinosa, « que les rapports de justice
« et d'équité étoient antérieurs à toutes les lois
« positives [2]. »

Il est donc spinosiste, lui qui a dit, au commencement du chapitre second : « Cette loi, qui en
« imprimant dans nous-mêmes l'idée d'un créa-
« teur, nous porte vers lui, est la première des
« lois naturelles par son importance. »

Il est donc spinosiste, lui qui a combattu de
toutes ses forces le paradoxe de Bayle, qu'il vaut
mieux être athée qu'idolâtre : paradoxe dont les
athées tireroient les plus dangereuses conséquences.

Que dit-on, après des passages si formels ? Et
l'équité naturelle demande que le degré de preuve
soit proportionné à la grandeur de l'accusation.

---

[1] Liv. I, chap. I.
[2] *Ibid.*

PREMIÈRE OBJECTION.

« L'auteur tombe dès le premier pas. Les lois, « dans la signification la plus étendue, dit-il, sont « les rapports nécessaires qui dérivent de la nature « des choses. Les lois des rapports! cela se con-« çoit-il?... Cependant l'auteur n'a pas changé la « définition ordinaire des lois sans dessein. Quel « est donc son but? le voici. Selon le nouveau sys-« tème, il y a, entre tous les êtres qui forment ce « que Pope appelle le *grand tout*, un enchaînement « si nécessaire, que le moindre dérangement por-« teroit la confusion jusqu'au trône du premier « être. C'est ce qui fait dire à Pope que les choses « n'ont pu être autrement qu'elles ne sont, et que « tout est bien comme il est. Cela posé, on entend « la signification de ce langage nouveau, que les « lois sont les rapports nécessaires qui dérivent de « la nature des choses. A quoi l'on ajoute que, « dans ce sens, tous les êtres ont leurs lois; la di-« vinité a ses lois; le monde matériel a ses lois; « les intelligences supérieures à l'homme ont « leurs lois; les bêtes ont leurs lois; l'homme à « ses lois. »

RÉPONSE.

Les ténèbres mêmes ne sont pas plus obscures que ceci. Le critique a ouï dire que Spinosa admettoit un principe aveugle et nécessaire qui gouvernoit l'univers; il ne lui en faut pas davantage : dès qu'il trouvera le mot nécessaire, ce sera du spinosisme. L'auteur a dit que les lois étoient un rapport nécessaire ; voilà donc du spinosisme, parce que voilà du nécessaire. Et ce qu'il y a de surprenant, c'est que l'auteur, chez le critique, se trouve spinosiste à cause de cet article, quoique cet article combatte expressément les systèmes dangereux. L'auteur a eu en vue d'attaquer le système de Hobbes; système terrible, qui, faisant dépendre toutes les vertus et tous les vices de l'établissement des lois que les hommes se sont faites, et voulant prouver que les hommes naissent tous en état de guerre, et que la première loi naturelle est la guerre de tous contre tous, renverse comme Spinosa, et toute religion et toute morale. Sur cela l'auteur a établi premièrement, qu'il y avoit des lois de justice et d'équité avant l'établissement des lois positives : il a prouvé que tous les êtres avoient des lois; que, même avant leur création, ils avoient des lois possibles ; que Dieu lui-même avoit des lois, c'est-à-dire les lois qu'il s'étoit faites. Il a démontré qu'il étoit faux que les hommes naquissent en état de guerre [1]; il a fait voir que l'état de guerre n'avoit commencé qu'après l'établissement des sociétés; il a donné là-dessus des principes clairs. Mais il en résulte toujours que l'auteur a attaqué les erreurs de Hobbes, et les conséquences de celles de Spinosa; et qu'il lui est arrivé qu'on l'a si peu entendu que l'on a pris pour des opinions de Spinosa les objections qu'il fait contre le spinosisme. Avant d'entrer en dispute, il faudroit commencer par se mettre au fait de l'état de la question, et savoir du moins si celui qu'on attaque est ami ou ennemi.

SECONDE OBJECTION.

Le critique continue : « Sur quoi l'auteur cite « Plutarque, qui dit que la loi est la reine de « tous les mortels et immortels. Mais est-ce d'un « païen, etc. »

RÉPONSE.

Il est vrai que l'auteur a cité Plutarque, qui dit que la loi est la reine de tous les mortels et immortels.

TROISIÈME OBJECTION.

L'auteur a dit que « la création, qui paroît être « un acte arbitraire, suppose des règles aussi in-

---

[1] Liv. I, chap. II.

« variables que la fatalité des athées. » De ces termes, le critique conclut que l'auteur admet la fatalité des athées.

RÉPONSE.

Un moment auparavant il a détruit cette fatalité par ces paroles : « Ceux qui ont dit qu'une « fatalité aveugle gouverne l'univers, ont dit une « grande absurdité : car quelle plus grande absur- « dité qu'une fatalité aveugle, qui auroit pro- « duit des êtres intelligens ? » De plus, dans le passage qu'on censure, on ne peut faire parler l'auteur que de ce dont il parle. Il ne parle point des causes, et il ne compare point les causes, mais il parle des effets, et il compare les effets. Tout l'article, celui qui le précède, et celui qui le suit, font voir qu'il n'est question ici que des règles du mouvement, que l'auteur dit avoir été établies par Dieu : elles sont invariables, ces règles, et toute la physique le dit avec lui; elles sont invariables parce que Dieu a voulu qu'elles fussent telles, et qu'il a voulu conserver le monde. Il n'en dit ni plus ni moins.

Je dirai toujours que le critique n'entend jamais le sens des choses, et ne s'attache qu'aux paroles. Quand l'auteur a dit que la création, qui paroissoit être un acte arbitraire, supposoit des règles aussi invariables que la fatalité des athées, on n'a pas pu l'entendre comme s'il disoit que la création fût un acte nécessaire comme la fatalité des athées, puisqu'il a déjà combattu cette fatalité. De plus, les deux membres d'une comparaison doivent se rapporter ; ainsi il faut absolument que la phrase veuille dire : la création, qui paraît d'abord devoir produire des règles de mouvement variables, en a d'aussi invariables que la fatalité des athées. Le critique, encore une fois, n'a vu et ne voit que les mots.

II.

Il n'y a donc point de spinosisme dans l'*Esprit des Lois.* Passons à une autre accusation ; et voyons s'il est vrai que l'auteur ne reconnoisse pas la religion révélée. L'auteur, à la fin du chapitre premier, parlant de l'homme, qui est une intelligence finie, sujette à l'ignorance et à l'erreur, a dit : « Un tel être pouvoit, à tous les ins-
« tans, oublier son créateur ; Dieu l'a rappelé à
« lui par les lois de la religion. »

Il a dit, au chapitre premier du livre XXIV :
« Je n'examinerai les diverses religions du monde
« que par rapport au bien que l'on en tire dans
« l'état civil, soit que je parle de celle qui a sa
« racine dans le ciel, ou bien de celles qui ont la
« leur sur la terre.

« Il ne faudra que très-peu d'équité, pour voir
« que je n'ai jamais prétendu faire céder les

« intérêts de la religion aux intérêts politiques,
« mais les unir : or, pour les unir, il faut les
« connoître. La religion chrétienne, qui ordonne
« aux hommes de s'aimer, veut sans doute que
« chaque peuple ait les meilleures lois politiques
« et les meilleures lois civiles, parce qu'elles sont,
« après elle, le plus grand bien que les hommes
« puissent donner et recevoir. »

Et au chapitre second du même livre : « Un
« prince qui aime la religion, et qui la craint,
« est un lion qui cède à la main qui le flatte, ou
« à la voix qui l'apaise. Celui qui craint la reli-
« gion, et qui la hait, est comme les bêtes sau-
« vages, qui mordent la chaîne qui les empêche
« de se jeter sur ceux qui passent. Celui qui n'a
« point du tout de religion est cet animal terrible
« qui ne sent sa liberté que lorsqu'il déchire et
« qu'il dévore. »

Au chapitre troisième du même livre : « Pen-
« dant que les princes mahométans donnent sans
« cesse la mort ou la reçoivent, la religion, chez
« les chrétiens, rend les princes moins timides,
« et par conséquent moins cruels. Le prince
« compte sur ses sujets, et les sujets sur le prince.
« Chose admirable ! la religion chrétienne, qui ne
« semble avoir d'objet que la félicité de l'autre vie,
« fait encore notre bonheur dans celle-ci. »

Au chapitre quatrième du même livre : « Sur

« le caractère de la religion chrétienne et celui
« de la mahométane, on doit, sans autre examen,
« embrasser l'une et rejeter l'autre. » On prie de
continuer.

Dans le chapitre sixième : « M. Bayle, après
« avoir insulté toutes les religions, flétrit la re-
« ligion chrétienne : il ose avancer que de véri-
« tables chrétiens ne formeroient pas un état qui
« pût subsister. Pourquoi non ? Ce seroient des
« citoyens infiniment éclairés sur leurs devoirs,
« et qui auroient un très-grand zèle pour les rem-
« plir ; ils sentiroient très-bien les droits de la
« défense naturelle ; plus ils croiroient devoir à
« la religion, plus ils penseroient devoir à la pa-
« trie. Les principes du christianisme, bien gravés
« dans le cœur, seroient infiniment plus forts que
« ce faux honneur des monarchies, ces vertus hu-
« maines des républiques, et cette crainte servile
« des états despotiques.

« Il est étonnant que ce grand homme n'ait
« pas su distinguer les ordres pour l'établis-
« sement du christianisme d'avec le christianisme
« même, et qu'on puisse lui imputer d'avoir mé-
« connu l'esprit de sa propre religion. Lorsque
« le législateur, au lieu de donner des lois, a
« donné des conseils, c'est qu'il a vu que ces
« conseils, s'ils étoient ordonnés comme des
« lois, seroient contraires à l'esprit de ses lois. »

Au chapitre dixième : « Si je pouvois un mo-
« ment cesser de penser que je suis chrétien, je
« ne pourrois m'empêcher de mettre la destruc-
« tion de la secte de Zénon au nombre des mal-
« heurs du genre humain, etc. Faites abstraction
« des vérités révélées ; cherchez dans toute la na-
« ture, vous n'y trouverez pas de plus grand objet
« que les Antonins, etc. »

Et au chapitre treizième : « La religion païenne,
« qui ne défendoit que quelques crimes grossiers,
« qui arrêtoit la main et abandonnoit le cœur,
« pouvoit avoir des crimes inexpiables. Mais
« une religion qui enveloppe toutes les passions ;
« qui n'est pas plus jalouse des actions que des
« désirs et des pensées ; qui ne nous tient point
« attachés par quelque chaîne, mais par un nom-
« bre innombrable de fils ; qui laisse derrière elle
« la justice humaine, et commence une autre
« justice ; qui est faite pour mener sans cesse du
« repentir à l'amour, et de l'amour au repentir ;
« qui met entre le juge et le criminel un grand
« médiateur, entre le juste et le médiateur un
« grand juge : une telle religion ne doit point avoir
« de crimes inexpiables. Mais, quoiqu'elle donne
« des craintes et des espérances à tous, elle fait
« assez sentir que, s'il n'y a point de crime qui,
« par sa nature, soit inexpiable, toute une vie
« peut l'être ; qu'il seroit très-dangereux de tour-

« menter la miséricorde par de nouveaux crimes
« et de nouvelles expiations; qu'inquiets sur les
« anciennes dettes, jamais quittes envers le Sei-
« gneur, nous devons craindre d'en contracter de
« nouvelles, de combler la mesure, et d'aller jus-
« qu'au terme où la bonté paternelle finit. »

Dans le chapitre dix-neuvième, à la fin, l'auteur, après avoir fait sentir les abus des diverses religions païennes, sur l'état des âmes dans l'autre vie, dit : « Ce n'est pas assez pour une religion
« d'établir un dogme, il faut encore qu'elle le di-
« rige : c'est ce qu'a fait admirablement bien la
« religion chrétienne, à l'égard des dogmes dont
« nous parlons. Elle nous fait espérer un état
« que nous croyions, non pas un état que nous
« sentions ou que nous connoissions : tout, jus-
« qu'à la résurrection des corps, nous mène à
« des idées spirituelles. »

Et au chapitre vingt-sixième, à la fin : « Il suit
« de là qu'il est presque toujours convenable
« qu'une religion ait des dogmes particuliers, et
« un culte général. Dans les lois qui concernent
« les pratiques du culte, il faut peu de détails;
« par exemple, des mortifications, et non pas
« une certaine mortification. Le christianisme est
« plein de bon sens : l'abstinence est de droit
« divin; mais une abstinence particulière est de
« droit de police, et on peut la changer. »

Au chapitre dernier, livre vingt-cinquième :
« Mais il n'en résulte pas qu'une religion apportée
« dans un pays très-éloigné, et totalement différent
« de climat, de lois, de mœurs et de manières,
« ait tout le succès que sa sainteté devroit lui
« promettre. »

Et au chapitre troisième du livre vingt-quatrième : « C'est la religion chrétienne qui, malgré
« la grandeur de l'empire et le vice du climat,
« a empêché le despotisme de s'établir en Éthio-
« pie, et a porté au milieu de l'Afrique les mœurs
« de l'Europe et ses lois, etc..... Tout près de là,
« on voit le mahométisme faire enfermer les en-
« fans du roi de Sennar : à sa mort, le conseil les
« envoie égorger, en faveur de celui qui monte
« sur le trône.

« Que, d'un côté, l'on se mette devant les
« yeux les massacres continuels des rois et des
« chefs grecs et romains; et, de l'autre, la des-
« truction des peuples et des villes par ces mêmes
« chefs; Thimur et Gengis-kan, qui ont dévasté
« l'Asie; et nous verrons que nous devons au
« christianisme, et dans le gouvernement un cer-
« tain droit politique, et dans la guerre un cer-
« tain droit des gens, que la nature humaine ne
« sauroit assez reconnoître. » On supplie de lire
tout de chapitre.

Dans le chapitre huitième du livre vingt-qua-

trième : « Dans un pays où l'on a le malheur
« d'avoir une religion que Dieu n'a pas donnée,
« il est toujours nécessaire qu'elle s'accorde avec
« la morale, parce que la religion, même fausse,
« est le meilleur garant que les hommes puissent
« avoir de la probité des hommes. »

Ce sont des passages formels. On y voit un écrivain qui non-seulement croit la religion chrétienne, mais qui l'aime. Que dit-on pour prouver le contraire? Et on avertit, encore une fois, qu'il faut que les preuves soient proportionnées à l'accusation : cette accusation n'est pas frivole, les preuves ne doivent point l'être. Et comme ces preuves sont données dans une forme assez extraordinaire, étant toujours moitié preuves, moitié injures, et se trouvant comme enveloppées dans la suite d'un discours fort vague, je vais les chercher.

PREMIÈRE OBJECTION.

L'auteur a loué les stoïciens, qui admettoient une fatalité aveugle, un enchaînement nécessaire, etc.[1]. C'est le fondement de la religion naturelle.

---

[1] Pag. 165 de la deuxième feuille du 16 octobre 1749.

RÉPONSE.

Je suppose un moment que cette mauvaise manière de raisonner soit bonne. L'auteur a-t-il loué la physique et la métaphysique des stoïciens? Il a loué leur morale; il a dit que les peuples en avoient tiré de grands biens : il a dit cela, et il n'a rien dit de plus. Je me trompe; il a dit plus : car, dès la première page du livre, il a attaqué cette fatalité des stoïciens : il ne l'a donc point louée, quand il a loué les stoïciens.

SECONDE OBJECTION.

L'auteur a loué Bayle, en l'appelant un grand homme [1].

RÉPONSE.

Je suppose, encore un moment, qu'en général cette manière de raisonner soit bonne : elle ne l'est pas du moins dans ce cas-ci. Il est vrai que l'auteur a appelé Bayle un grand homme; mais il a censuré ses opinions. S'il les a censurées, il ne les admet pas. Et puisqu'il a combattu ses opinions, il ne l'appelle pas un grand homme à cause de ses opinions. Tout le monde sait que

[1] Page 165 de la deuxième feuille du 16 octobre 1749.

Bayle avoit un grand esprit dont il a abusé, mais cet esprit dont il a abusé, il l'avoit. L'auteur a combattu ses sophismes, et il plaint ses égaremens. Je n'aime point les gens qui renversent les lois de leur patrie; mais j'aurois de la peine à croire que César et Cromwell fussent de petits esprits : je n'aime point les conquérans; mais on ne pourra guère me persuader qu'Alexandre et Gengis-kan aient été des génies communs. Il n'auroit pas fallu beaucoup d'esprit à l'auteur pour dire que Bayle étoit un homme abominable; mais il y a apparence qu'il n'aime point à dire des injures, soit qu'il tienne cette disposition de la nature, soit qu'il l'ait reçue de son éducation. J'ai lieu de croire que s'il prenoit la plume il n'en diroit pas même à ceux qui ont cherché à lui faire un des plus grands maux qu'un homme puisse faire à un homme, en travaillant à le rendre odieux à tous ceux qui ne le connoissent pas, et suspect à tous ceux qui le connoissent.

De plus, j'ai remarqué que les déclamations des hommes furieux ne font guère d'impression que sur ceux qui sont furieux eux-mêmes. La plupart des lecteurs sont des gens modérés : on ne prend guère un livre que lorsqu'on est de sang-froid; les gens raisonnables aiment les raisons. Quand l'auteur auroit dit mille injures à Bayle, il n'en seroit résulté ni que Bayle eût bien raisonné, ni que Bayle eût mal raisonné : tout ce qu'on en auroit pu conclure auroit été, que l'auteur savoit dire des injures.

TROISIÈME OBJECTION.

Elle est tirée de ce que l'auteur n'a point parlé dans son chapitre premier du péché originel [1].

RÉPONSE.

Je demande à tout homme sensé si ce chapitre est un traité de théologie? Si l'auteur avoit parlé du péché originel, on lui auroit pu imputer tout de même de n'avoir pas parlé de la rédemption : ainsi d'article en article, à l'infini.

QUATRIÈME OBJECTION.

Elle est tirée de ce que M. Domat a commencé son ouvrage autrement que l'auteur, et qu'il a d'abord parlé de la révélation.

RÉPONSE.

Il est vrai que M. Domat a commencé son ouvrage autrement que l'auteur, et qu'il a d'abord parlé de la révélation.

[1] Feuille du 9 octobre 1749, pag. 162.

CINQUIÈME OBJECTION.

L'auteur a suivi le système du poëme de Pope.

RÉPONSE.

Dans tout l'ouvrage il n'y a pas un mot du système de Pope.

SIXIÈME OBJECTION.

« L'auteur dit que la loi qui prescrit à l'homme
« ses devoirs envers Dieu, est la plus importante,
« mais il nie qu'elle soit la première : il prétend
« que la première loi de la nature est la paix ; que
« les hommes ont commencé par avoir peur les
« uns des autres, etc. Que les enfans savent que
« la première loi, c'est d'aimer Dieu ; et la se-
« conde, c'est d'aimer son prochain. »

RÉPONSE.

Voici les paroles de l'auteur : «Cette loi qui
« en imprimant dans nous-mêmes l'idée d'un
« créateur nous porte vers lui, est la première des
« lois naturelles, par son importance, et non
« pas dans l'ordre de ces lois. L'homme, dans
« l'état de nature, auroit plutôt la faculté de con-
« noître qu'il n'auroit des connoissances. Il est
« clair que ses premières idées ne seroient point
« des idées spéculatives ; il songeroit à la con-

« servation de son être avant de chercher l'ori-
« gine de son être. Un homme pareil ne sentiroit
« d'abord que sa foiblesse : sa timidité seroit ex-
« trême ; et, si l'on avoit là-dessus besoin de
« l'expérience, l'on a trouvé dans les forêts des
« hommes sauvages ; tout les fait trembler, tout
« les fait fuir [1]. » L'auteur a donc dit que la
loi qui, en imprimant en nous-mêmes l'idée du
créateur, nous porte vers lui, étoit la première
des lois naturelles. Il ne lui a pas été défendu,
plus qu'aux philosophes et aux écrivains du
droit naturel, de considérer l'homme sous divers
égards : il lui a été permis de supposer un homme
comme tombé des nues, laissé à lui-même, et
sans éducation, avant l'établissement des sociétés.
Eh bien! l'auteur a dit que la première loi naturelle, la plus importante, et par conséquent la
capitale, seroit pour lui, comme pour tous les
hommes, de se porter vers son créateur : il a
aussi été permis à l'auteur d'examiner quelle seroit la première impression qui se feroit sur cet
homme, et de voir l'ordre dans lequel ces im-
pressions seroient reçues dans son cerveau; et il
a cru qu'il auroit des sentimens avant de faire des
réflexions; que le premier, dans l'ordre du temps,
seroit la peur; ensuite le besoin de se nourrir, etc.

[1] Liv. I, chap. II.

L'auteur a dit que la loi qui, en imprimant en nous l'idée du créateur, nous porte vers lui, est la première des lois naturelles : le critique dit que la première loi naturelle est d'aimer Dieu. Ils ne sont divisés que par les injures.

SEPTIÈME OBJECTION.

Elle est tirée du chapitre premier du premier livre, où l'auteur, après avoir dit que « l'homme « étoit un être borné, » a ajouté : « Un tel être « pouvoit, à tous les instans, oublier son créateur; « Dieu l'a rappelé à lui par les lois de la religion. » Or, dit-on, quelle est cette religion dont parle l'auteur? il parle sans doute de la religion naturelle; il ne croit donc que la religion naturelle.

RÉPONSE.

Je suppose encore un moment que cette manière de raisonner soit bonne ; et que, de ce que l'auteur n'auroit parlé là que de la religion naturelle, on en pût conclure qu'il ne croit que la religion naturelle, et qu'il exclut la religion révélée. Je dis que, dans cet endroit, il a parlé de la religion révélée, et non pas de la religion naturelle : car s'il avoit parlé de la religion naturelle, il seroit un idiot. Ce seroit comme s'il disoit : Un tel être pouvoit aisément oublier son créateur, c'est-à-dire la religion naturelle; Dieu l'a rappelé à lui par les lois de la religion naturelle, de sorte que Dieu lui auroit donné la religion naturelle pour perfectionner en lui la religion naturelle. Ainsi, pour se préparer à dire des invectives à l'auteur, on commence par ôter à ses paroles le sens du monde le plus clair pour leur donner le sens du monde le plus absurde; et pour avoir meilleur marché de lui, on le prive du sens commun.

HUITIÈME OBJECTION.

L'auteur a dit, en parlant de l'homme : « Un' « tel être pouvoit à tous les instans oublier son « créateur; Dieu l'a rappelé à lui par les lois de « la religion : un tel être pouvoit à tous les instans « s'oublier lui-même; les philosophes l'ont averti « par les lois de la morale : fait pour vivre dans « la société, il y pouvoit oublier les autres; les « législateurs l'ont rendu à ses devoirs par les lois « politiques et civiles[1]. Donc, dit le critique, selon « l'auteur, le gouvernement du monde est par- « tagé entre Dieu, les philosophes et les législa- « teurs, etc. Où les philosophes ont-ils appris les « lois de la morale? où les législateurs ont-ils vu « ce qu'il faut prescrire pour gouverner les so- « ciétés avec équité[2]? »

[1] Liv I, chap. 1.
[2] Pag. 162 de la feuille du 9 octobre 1749.

RÉPONSE.

Et cette réponse est très-aisée. Ils l'ont appris dans la révélation, s'ils ont été assez heureux pour cela; ou bien dans cette loi qui, en imprimant en nous l'idée du créateur, nous porte vers lui. L'auteur de l'*Esprit des Lois* a-t-il dit comme Virgile : *César partage l'empire avec Jupiter ?* Dieu, qui gouverne l'univers, n'a-t-il pas donné à de certains hommes plus de lumières, à d'autres plus de puissance ? Vous diriez que l'auteur a dit que, parce que Dieu a voulu que des hommes gouvernassent des hommes, il n'a plus voulu qu'ils lui obéissent, et qu'il s'est démis de l'empire qu'il avoit sur eux, etc. Voilà où sont réduits ceux qui, ayant beaucoup de foiblesse pour raisonner, ont beaucoup de force pour déclamer.

NEUVIÈME OBJECTION.

Le critique continue : « Remarquons encore
« que l'auteur, qui trouve que Dieu ne peut pas
« gouverner les êtres libres aussi bien que les au-
« tres, parce qu'étant libres, il faut qu'ils agissent
« par eux-mêmes » (je remarquerai en passant, que l'auteur ne se sert point de cette expression, que Dieu ne peut pas), « ne remédie à ce désordre
« que par des lois qui peuvent bien montrer à

« l'homme ce qu'il doit faire, mais qui ne lui don-
« nent[1] pas de le faire : ainsi, dans le système de
« l'auteur, Dieu crée des êtres dont il ne peut em-
« pêcher le désordre, ni le réparer..... Aveugle,
« qui ne voit pas que Dieu fait ce qu'il veut de
« ceux-mêmes qui ne font pas ce qu'il veut ! »

RÉPONSE.

Le critique a déjà reproché à l'auteur de n'avoir point parlé du péché originel : il le prend encore sur le fait ; il n'a point parlé de la grâce. C'est une chose triste d'avoir affaire à un homme qui censure tous les articles d'un livre, et n'a qu'une idée dominante. C'est le conte de ce curé de village, à qui des astronomes montroient la lune dans un télescope, et qui n'y voyoit que son clocher.

L'auteur de l'*Esprit des Lois* a cru qu'il devoit commencer par donner quelque idée des lois générales, et du droit de la nature et des gens. Ce sujet étoit immense, et il l'a traité dans deux cha-

---

[1] Cette phrase n'est peut-être pas très-claire ; mais nous la donnons telle que Montesquieu l'a rapportée, et telle qu'on la lit dans les *Nouvelles ecclésiastiques*, à la page citée par Montesquieu. Elle a été rapportée de même par les éditeurs de 1758, de 1767, de 1769 ; mais les éditeurs modernes ont différemment corrigé cette phrase. Les uns ont mis, *mais qui ne lui* ordonnent *pas de le faire ;* les autres, *mais qui ne lui donnent pas le* pouvoir *de le faire.*

pitres : il a été obligé d'omettre quantité de choses qui appartenoient à son sujet ; à plus forte raison a-t-il omis celles qui n'y avoient point de rapport.

DIXIÈME OBJECTION.

L'auteur a dit qu'en Angleterre l'homicide de soi-même étoit l'effet d'une maladie, et qu'on ne pouvoit pas plus le punir qu'on ne punit les effets de la démence. Un sectateur de la religion naturelle n'oublie pas que l'Angleterre est le berceau de sa secte ; il passe l'éponge sur tous les crimes qu'il aperçoit.

RÉPONSE.

L'auteur ne sait point si l'Angleterre est le berceau de la religion naturelle : mais il sait que l'Angleterre n'est pas son berceau, parce qu'il a parlé d'un effet physique qui se voit en Angleterre. Il ne pense pas sur la religion comme les Anglais ; pas plus qu'un Anglais, qui parleroit d'un effet physique arrivé en France, ne penseroit sur la religion comme les Français. L'auteur de l'*Esprit des Lois* n'est point du tout sectateur de la religion naturelle : mais il voudroit que son critique fût sectateur de la logique naturelle.

Je crois avoir déjà fait tomber des mains du critique les armes effrayantes dont il s'est servi : je vais à présent donner une idée de son exorde, qui est tel, que je crains que l'on ne pense que ce soit par dérision que j'en parle ici.

Il dit d'abord, et ce sont ses paroles, que « le « livre de l'*Esprit des Lois* est une de ces produc- « tions irrégulières... qui ne se sont si fort multi- « pliées que depuis l'arrivée de la bulle *unigenitus*. » « Mais, faire arriver l'*Esprit des Lois* à cause de l'arrivée de la constitution *unigenitus*, n'est-ce pas vouloir faire rire? La bulle *unigenitus* n'est point la cause occasionelle du livre de l'*Esprit des Lois*; mais la bulle *unigenitus* et le livre de l'*Esprit des Lois* ont été les causes occasionelles qui ont fait faire au critique un raisonnement si puéril. Le critique continue : « L'auteur dit qu'il a bien des fois « commencé et abandonné son ouvrage..... Cepen- « dant, quand il jetait au feu ses premières pro- « ductions, il étoit moins éloigné de la vérité que « lorsqu'il a commencé à être content de son tra- « vail. » Qu'en sait-il? Il ajoute : « Si l'auteur avoit « voulu suivre un chemin frayé, son ouvrage lui « auroit coûté moins de travail. » Qu'en sait-il encore? Il prononce ensuite cet oracle : « Il ne « faut pas beaucoup de pénétration pour aper- « cevoir que le livre de l'*Esprit des Lois* est fondé « sur le système de la religion naturelle..... On a « montré, dans les lettres contre le poëme de « Pope intitulé Essai sur l'homme, que le système « de la religion naturelle rentre dans celui de Spi-

« nosa : c'en est assez pour inspirer à un chrétien
« l'horreur du nouveau livre que nous annon-
« çons. »

Je réponds que non-seulement c'en est assez, mais même que c'en seroit beaucoup trop. Mais je viens de prouver que le système de l'auteur n'est pas celui de la religion naturelle ; et, en lui passant que le système de la religion naturelle rentrât dans celui de Spinosa, le système de l'auteur n'entreroit pas dans celui de Spinosa, puisqu'il n'est pas celui de la religion naturelle.

Il veut donc inspirer de l'horreur avant d'avoir prouvé qu'on doit avoir de l'horreur.

Voici les deux formules des raisonnemens répandus dans les deux écrits auxquels je réponds : L'auteur de l'*Esprit des Lois* est un sectateur de la religion naturelle ; donc, il faut expliquer ce qu'il dit ici par les principes de la religion naturelle : or, si ce qu'il dit ici est fondé sur les principes de la religion naturelle, il est un sectateur de la religion naturelle.

L'autre formule est celle-ci : L'auteur de l'*Esprit des Lois* est un sectateur de la religion naturelle ; donc ce qu'il dit dans son livre en faveur de la révélation n'est que pour cacher qu'il est un sectateur de la religion naturelle : or, s'il se cache ainsi, il est un sectateur de la religion naturelle.

Avant de finir cette première partie, je serois

tenté de faire une objection à celui qui en a tant fait. Il a si fort effrayé les oreilles du mot de sectateur de la religion naturelle, que moi, qui défends l'auteur, je n'ose presque prononcer ce nom: je vais cependant prendre courage. Ses deux écrits ne demanderoient-ils pas plus d'explication que celui que je défends? Fait-il bien, en parlant de la religion naturelle et de la révélation, de se jeter perpétuellement tout d'un côté, et de faire perdre les traces de l'autre? Fait-il bien de ne distinguer jamais ceux qui ne reconnoissent que la seule religion naturelle, d'avec ceux qui reconnoissent et la religion naturelle et la révélation? Fait-il bien de s'effaroucher toutes les fois que l'auteur considère l'homme dans l'état de la religion naturelle, et qu'il explique quelque chose sur les principes de la religion naturelle? Fait-il bien de confondre la religion naturelle avec l'athéisme? N'ai-je pas toujours ouï dire que nous avions tous une religion naturelle? N'ai-je pas ouï dire que le christianisme étoit la perfection de la religion naturelle? N'ai-je pas ouï dire que l'on employoit la religion naturelle pour prouver la révélation contre les déistes? et que l'on employoit la même religion naturelle pour prouver l'existence de Dieu contre les athées? Il dit que les stoïciens étoient des sectateurs de la religion naturelle : et moi, je lui dis qu'ils étaient des athées [1], puisqu'ils croyoient qu'une fatalité aveugle gouvernoit l'univers; et que c'est par la religion naturelle que l'on combat les stoïciens. Il dit que le système de la religion naturelle rentre dans celui de Spinosa [2] : et moi, je lui dis qu'ils sont contradictoires, et que c'est par la religion naturelle qu'on détruit le système de Spinosa. Je lui dis que confondre la religion naturelle avec l'athéisme, c'est confondre la preuve avec la chose qu'on veut prouver, et l'objection contre l'erreur avec l'erreur même; que c'est ôter les armes puissantes que l'on a contre cette erreur. A Dieu ne plaise que je veuille imputer aucun mauvais dessein au critique, ni faire valoir les conséquences que l'on pourroit tirer de ses principes : quoiqu'il ait très-peu d'indulgence, on en veut avoir pour lui. Je dis seulement que les idées métaphysiques sont extrêmement con-

[1] Voyez la pag. 165 des feuilles du 9 octobre 1749. « Les « stoïciens n'admettoient qu'un Dieu; mais ce Dieu n'étoit autre « chose que l'âme du monde. Ils vouloient que tous les êtres, de- « puis le premier, fussent nécessairement enchaînés les uns avec « les autres; une nécessité fatale entraînoit tout. Ils nioient l'im- « mortalité de l'âme, et faisoient consister le souverain bonheur « à vivre conformément à la nature. C'est le fond du système de « la religion naturelle. »

[2] Voyez pag. 161 de la première feuille du 9 octobre 1749, à la fin la première colonne.

fuses dans sa tête; qu'il n'a point du tout la faculté de séparer: qu'il ne sauroit porter de bons jugemens, parce que, parmi les diverses choses qu'il faut voir, il n'en voit jamais qu'une. Et cela même, je ne le dis pas pour lui faire des reproches, mais pour détruire les siens.

SECONDE PARTIE.

IDÉE GÉNÉRALE.

J'ai absous le livre de l'*Esprit des Lois* de deux reproches généraux dont on l'avoit chargé : il y a encore des imputations particulières auxquelles il faut que je réponde. Mais, pour donner un plus grand jour à ce que j'ai dit et à ce que je dirai dans la suite, je vais expliquer ce qui a donné lieu, ou a servi de prétexte aux invectives.

Les gens les plus sensés de divers pays de l'Europe, les hommes les plus éclairés et les plus sages, ont regardé le livre de l'*Esprit des Lois* comme un ouvrage utile : ils ont pensé que la morale en étoit pure, les principes justes ; qu'il étoit propre à former d'honnêtes gens ; qu'on y détruisoit les opinions pernicieuses, qu'on y encourageoit les bonnes.

D'un autre côté, voilà un homme qui en parle comme d'un livre dangereux ; il en fait le sujet des invectives les plus outrées : il faut que j'explique ceci.

Bien loin d'avoir entendu les endroits particuliers qu'il critiquoit dans ce livre, il n'a pas seulement su quelle étoit la matière qui y étoit traitée : ainsi, déclamant en l'air, et combattant contre le vent, il a remporté des triomphes de même espèce; il a bien critiqué le livre qu'il avoit dans la tête, il n'a pas critiqué celui de l'auteur. Mais comment a-t-on pu manquer ainsi le sujet et le but d'un ouvrage qu'on avoit devant les yeux ? Ceux qui auront quelques lumières verront du premier coup d'œil que cet ouvrage a pour objet les lois, les coutumes, et les divers usages de tous les peuples de la terre. On peut dire que le sujet en est immense, puisqu'il embrasse toutes les institutions qui sont reçues parmi les hommes; puisque l'auteur distingue ces institutions; qu'il examine celles qui conviennent le plus à la société et à chaque société; qu'il en cherche l'origine; qu'il en découvre les causes physiques et morales ; qu'il examine celles qui ont un degré de bonté par elles-mêmes, et celles qui n'en ont aucun; que, de deux pratiques pernicieuses, il cherche celle qui l'est plus et celle qui l'est moins; qu'il y discute celles qui peuvent avoir de bons effets à un certain égard, et de mauvais dans un autre. Il a cru ses recherches utiles, parce que le bon sens consiste beaucoup à connoître les nuances des choses. Or, dans un sujet aussi étendu, il a été nécessaire de traiter de la religion : car, y ayant sur la terre une religion vraie et une infinité de fausses, une religion envoyée du ciel et une infinité d'autres qui sont nées sur la terre, il n'a pu regarder toutes les religions fausses que comme des institutions humaines : ainsi il a dû les examiner comme toutes les autres institutions humaines. Et quant à la religion chrétienne, il n'a eu qu'à l'adorer, comme étant une institution divine. Ce n'étoit point de cette religion qu'il devoit traiter, parce que, par sa nature, elle n'est sujette à aucun examen : de sorte que, quand il en a parlé, il ne l'a jamais fait pour la faire entrer dans le plan de son ouvrage, mais pour lui payer le tribut de respect et d'amour qui lui est dû par tout chrétien; et pour que, dans les comparaisons qu'il en pouvoit faire avec les autres religions, il pût la faire triompher de toutes. Ce que je dis se voit dans tout l'ouvrage : mais l'auteur l'a particulièrement expliqué au commencement du livre vingt-quatrième, qui est le premier des deux livres qu'il a faits sur la religion. Il le commence ainsi : « Comme on peut juger parmi les « ténèbres celles qui sont les moins épaisses, et « parmi les abîmes ceux qui sont les moins profonds; ainsi l'on peut chercher, entre les religions fausses, celles qui sont les plus conformes « au bien de la société; celles qui, quoiqu'elles « n'aient pas l'effet de mener les hommes aux fé-

« licités de l'autre vie, peuvent le plus contribuer
« à leur bonheur dans celle-ci.

« Je n'examinerai donc les diverses religions
« du monde que par rapport au bien que l'on en
« tire dans l'état civil, soit que je parle de celle
« qui a sa racine dans le ciel, ou bien de celles
« qui ont la leur sur la terre. »

L'auteur ne regardant donc les religions humaines que comme des institutions humaines, a dû en parler, parce qu'elles entroient nécessairement dans son plan. Il n'a point été les chercher, mais elles sont venues le chercher. Et, quant à la religion chrétienne, il n'en a parlé que par occasion; parce que, par sa nature, ne pouvant être modifiée, mitigée, corrigée, elle n'entroit point dans le plan qu'il s'étoit proposé.

Qu'a-t-on fait pour donner une ample carrière aux déclamations, et ouvrir la porte la plus large aux invectives? On a considéré l'auteur comme si, à l'exemple de M. Abbadie, il avoit voulu faire un traité sur la religion chrétienne; on l'a attaqué comme si ses deux livres sur la religion étoient deux traités de théologie chrétienne; on l'a repris comme si, parlant d'une religion quelconque, qui n'est pas la chrétienne, il avoit eu à l'examiner selon les principes et les dogmes de la religion chrétienne; on l'a jugé comme s'il s'étoit chargé, dans ses deux livres, d'établir pour les chrétiens, et de prêcher aux mahométans et aux idolâtres, les dogmes de la religion chrétienne. Toutes les fois qu'il a parlé de la religion en général, toutes les fois qu'il a employé le mot de religion, on a dit: C'est la religion chrétienne. Toutes les fois qu'il a comparé les pratiques religieuses de quelques nations quelconques, et qu'il a dit qu'elles étoient plus conformes au gouvernement politique de ce pays que telle autre pratique, on a dit: Vous les approuvez donc, et vous abandonnez la foi chrétienne. Lorsqu'il a parlé de quelque peuple qui n'a point embrassé le christianisme, ou qui a précédé la venue de Jésus-Christ, on lui a dit: Vous ne reconnoissez donc pas la morale chrétienne. Quand il a examiné, en écrivain politique, quelque pratique que ce soit, on lui a dit: C'étoit tel dogme de théologie chrétienne que vous deviez mettre là. Vous dites que vous êtes jurisconsulte; et je vous ferai théologien malgré vous. Vous nous donnez d'ailleurs de très-belles choses sur la religion chrétienne; mais c'est pour vous cacher que vous les dites, car je connois votre cœur et je lis dans vos pensées. Il est vrai que je n'entends point votre livre; il n'importe pas que j'aie démêlé bien ou mal l'objet dans lequel il a été écrit: mais je connois au fond toutes vos pensées. Je ne sais pas un mot de ce que vous dites; mais j'entends très-bien ce que vous ne dites pas. Entrons à présent en matière.

DES CONSEILS DE RELIGION.

L'auteur, dans le livre sur la religion, a combattu l'erreur de Bayle ; voici ses paroles [1] :
« M. Bayle, après avoir insulté toutes les religions,
« flétrit la religion chrétienne. Il ose avancer que
« de véritables chrétiens ne formeroient pas un
« état qui pût subsister. Pourquoi non? Ce se-
« roient des citoyens infiniment éclairés sur leurs
« devoirs, et qui auroient un très-grand zèle pour
« les remplir. Ils sentiroient très-bien les droits de
« la défense naturelle. Plus ils croiroient devoir à
« la religion, plus ils penseroient devoir à la patrie.
« Les principes du christianisme, bien gravés dans
« le cœur, seroient infiniment plus forts que ce
« faux honneur des monarchies, ces vertus hu-
« maines des républiques, et cette crainte servile
« des états despotiques.

« Il est étonnant que ce grand homme n'ait pas
« su distinguer les ordres pour l'établissement du
« christianisme, d'avec le christianisme même ; et
« qu'on puisse lui imputer d'avoir méconnu l'es-
« prit de sa propre religion. Lorsque le législateur,
« au lieu de donner des lois, a donné des conseils,
« c'est qu'il a vu que ses conseils, s'ils étoient or-
« donnés comme des lois, seroient contraires à

[1] Liv. XXIV, chap. vi.

« l'esprit de ses lois. » Qu'a-t-on fait pour ôter à l'auteur la gloire d'avoir combattu ainsi l'erreur de Bayle? on prend le chapitre suivant, qui n'a rien à faire avec Bayle[1] : « Les lois humaines, y « est-il dit, faites pour parler à l'esprit, doivent « donner des préceptes et point de conseils ; la re- « ligion, faite pour parler au cœur, doit donner « beaucoup de conseils et peu de préceptes. » Et de là on conclut que l'auteur regarde tous les préceptes de l'évangile comme des conseils. Il pourroit dire aussi que celui qui fait cette critique regarde lui-même tous les conseils de l'évangile comme des préceptes ; mais ce n'est pas sa manière de raisonner, et encore moins sa manière d'agir. Allons au fait : il faut un peu alonger ce que l'auteur a raccourci. M. Bayle avoit soutenu qu'une société de chrétiens ne pourroit pas subsister : et il alléguoit pour cela l'ordre de l'évangile, de présenter l'autre joue, quand on reçoit un soufflet ; de quitter le monde ; de se retirer dans les déserts, etc. L'auteur a dit que Bayle prenoit pour des préceptes ce qui n'étoit que des conseils; pour des règles générales, ce qui n'étoit que des règles particulières : en cela, l'auteur a défendu la religion. Qu'arrive-t-il? On pose, pour premier article de sa croyance, que tous les livres de l'évangile ne contiennent que des conseils.

[1] C'est le chap. VII du liv. XXIV.

DE LA POLYGAMIE.

D'autres articles ont encore fourni des sujets commodes pour les déclamations. La polygamie en étoit un excellent. L'auteur a fait un chapitre exprès, où il l'a réprouvée : le voici.

De la polygamie en elle-même.

« A regarder la polygamie en général, indé-
« pendamment des circonstances qui peuvent la
« faire un peu tolérer, elle n'est point utile au
« genre humain, ni à aucun des deux sexes, soit
« à celui qui abuse, soit à celui dont on abuse. Elle
« n'est pas non plus utile aux enfans; et un de ses
« grands inconvéniens est que le père et la mère
« ne peuvent avoir la même affection pour leurs
« enfans; un père ne peut pas aimer vingt enfans
« comme une mère en aime deux. C'est bien pis,
« quand une femme a plusieurs maris; car pour
« lors l'amour paternel ne tient qu'à cette opinion
« qu'un père peut croire s'il veut, ou que les
« autres peuvent croire, que de certains enfans
« lui appartiennent.

« La pluralité des femmes, qui le diroit? mène
« à cet amour que la nature désavoue: c'est qu'une
« dissolution en entraîne toujours une autre, etc.

« Il y a plus, la possession de beaucoup de

« femmes ne prévient pas toujours les désirs pour
« celle d'un autre : il en est de la luxure comme
« de l'avarice ; elle augmente sa soif par l'acquisi-
« tion des trésors.

« Du temps de Justinien, plusieurs philosophes,
« gênés par le christianisme, se retirèrent en
« Perse, auprès de Cosroès. Ce qui les frappa le
« plus, dit Agathias, ce fut que la polygamie étoit
« permise à des gens qui ne s'abstenoient pas
« même de l'adultère. »

L'auteur a donc établi que la polygamie étoit, par sa nature et en elle-même, une chose mauvaise : il falloit partir de ce chapitre, et c'est pourtant de ce chapitre que l'on n'a rien dit. L'auteur a de plus examiné philosophiquement dans quels pays, dans quels climats, dans quelles circonstances, elle avoit de moins mauvais effets. Il a comparé les climats aux climats, et les pays aux pays ; et il a trouvé qu'il y avoit des pays où elle avoit des effets moins mauvais que dans d'autres ; parce que, suivant les relations, le nombre des hommes et des femmes n'étant point égal dans tous les pays, il est clair que, s'il y a des pays où il y ait beaucoup plus de femmes que d'hommes, la polygamie, mauvaise en elle-même, l'est moins dans ceux-là que dans d'autres. L'auteur a discuté ceci dans le chapitre IV du même livre. Mais, parce que le titre de ce chapitre porte ces mots :

Que la loi de la polygamie est une affaire de calcul, on a saisi ce titre. Cependant, comme le titre d'un chapitre se rapporte au chapitre même, et ne peut dire ni plus ni moins que ce chapitre, voyons-le.

« Suivant les calculs que l'on fait en divers en-
« droits de l'Europe, il y naît plus de garçons que
« de filles : au contraire, les relations de l'Asie
« nous disent qu'il y naît beaucoup plus de filles
« que de garçons. La loi d'une seule femme en
« Europe, et celle qui en permet plusieurs en
« Asie, ont donc un certain rapport au climat.

« Dans les climats froids de l'Asie, il naît, comme
« en Europe, beaucoup plus de garçons que de
« filles : c'est, disent les lamas, la raison de la loi
« qui, chez eux, permet à une femme d'avoir
« plusieurs maris.

« Mais j'ai peine à croire qu'il y ait beaucoup
« de pays où la disproportion soit assez grande,
« pour qu'elle exige qu'on y introduise la loi de
« plusieurs femmes, ou la loi de plusieurs maris.
« Cela veut dire seulement que la pluralité des
« femmes, ou même la pluralité des hommes, est
« plus conforme à la nature dans certains pays
« que dans d'autres.

« J'avoue que, si ce que les relations nous di-
« sent étoit vrai, qu'à Bantam il y a dix femmes
« pour un homme, ce seroit un cas bien particu-
« lier de la polygamie.

« Dans tout ceci, je ne justifie pas les usages,
« mais j'en rends les raisons. »

Revenons au titre : la polygamie est une affaire de calcul. Oui, elle l'est, quand on veut savoir si elle est plus ou moins pernicieuse dans de certains climats, dans de certains pays, dans de certaines circonstances, que dans d'autres : elle n'est point une affaire de calcul quand on doit décider si elle est bonne ou mauvaise par elle-même.

Elle n'est point une affaire de calcul quand on raisonne sur sa nature; elle peut être une affaire de calcul quand on combine ses effets : enfin elle n'est jamais une affaire de calcul quand on examine le but du mariage ; et elle l'est encore moins quand on examine le mariage comme établi par Jésus-Christ.

J'ajouterai ici que le hasard a très-bien servi l'auteur. Il ne prévoyoit pas, sans doute, qu'on oublieroit un chapitre formel, pour donner des sens équivoques à un autre. Il a le bonheur d'avoir fini cet autre par ces paroles : « Dans tout « ceci je ne justifie point les usages, mais j'en rends « les raisons. »

L'auteur vient de dire qu'il ne voyoit pas qu'il pût y avoir des climats où le nombre des femmes pût tellement excéder celui des hommes, ou le nombre des hommes celui des femmes, que cela dût engager à la polygamie dans aucun pays; et

il a ajouté : « Cela veut dire seulement que la plu-
« ralité des femmes, et même la pluralité des
« hommes, est plus conforme à la nature dans de
« certains pays que dans d'autres [1]. » Le critique
a saisi le mot *est plus conforme à la nature*, pour
faire dire à l'auteur qu'il approuvoit la polygamie.
Mais, si je disois que j'aime mieux la fièvre que le
scorbut, cela signifieroit-il que j'aime la fièvre, ou
seulement que le scorbut m'est plus désagréable
que la fièvre?

Voici mot pour mot une objection bien extraordinaire.

« La polygamie d'une femme qui a plusieurs
« maris est un désordre monstrueux, qui n'a été
« permis en aucun cas, et que l'auteur ne distingue
« en aucune sorte de la polygamie d'un
« homme qui a plusieurs femmes [2]. Ce langage,
« dans un sectateur de la religion naturelle, n'a
« pas besoin de commentaire. »

Je supplie de faire attention à la liaison des
idées du critique. Selon lui, il suit que, de ce que
l'auteur est un sectateur de la religion naturelle,
il n'a point parlé de ce dont il n'avoit que faire
de parler : ou bien il suit, selon lui, que l'auteur
n'a point parlé de ce dont il n'avoit que faire de

---

[1] Chap. IV du liv. XVI.

[2] Pag. 164 de la feuille du 9 octobre 1749.

parler, parce qu'il est sectateur de la religion naturelle. Ces deux raisonnemens sont de même espèce, et les conséquences se trouvent également dans les prémisses. La manière ordinaire est de critiquer sur ce que l'on écrit; ici le critique s'évapore sur ce que l'on n'écrit pas.

Je dis tout ceci, en supposant avec le critique que l'auteur n'eût point distingué la polygamie d'une femme qui a plusieurs maris, de celle où un mari auroit plusieurs femmes. Mais, si l'auteur les a distinguées, que dira-t-il? Si l'auteur a fait voir que, dans le premier cas, les abus étoient plus grands, que dira-t-il? Je supplie le lecteur de relire le chapitre VI du livre XVI; je l'ai rapporté ci-dessus. Le critique lui a fait des invectives, parce qu'il avoit gardé le silence sur cet article; il ne reste plus que de lui en faire sur ce qu'il ne l'a pas gardé.

Mais voici une chose que je ne puis comprendre. Le critique a mis dans la seconde de ses feuilles, page 166: « L'auteur nous a dit ci-dessus que la « religion doit permettre la polygamie dans les « pays chauds, et non dans les pays froids. » Mais l'auteur n'a dit cela nulle part. Il n'est plus question de mauvais raisonnemens entre le critique et lui; il est question d'un fait. Et, comme l'auteur n'a dit nulle part que la religion doit permettre la polygamie dans les pays chauds, et non dans les pays froids, si l'imputation est fausse, comme elle l'est, et grave, comme elle l'est, je prie le critique de se juger lui-même. Ce n'est pas le seul endroit sur lequel l'auteur ait à faire un cri. A la page 163, à la fin de la première feuille, il est dit : « Le chapitre IV porte pour titre que la loi de la « polygamie est une affaire de calcul : c'est-à-dire « que, dans les lieux où il naît plus de garçons « que de filles, comme en Europe, on ne doit « épouser qu'une femme ; dans ceux où il naît « plus de filles que de garçons, la polygamie doit « y être introduite. » Ainsi, lorsque l'auteur explique quelques usages, ou donne la raison de quelques pratiques, on les lui fait mettre en maximes, et, ce qui est plus triste encore, en maximes de religion : et comme il a parlé d'une infinité d'usages et de pratiques dans tous les pays du monde, on peut, avec une pareille méthode, le charger des erreurs, et même des abominations de tout l'univers. Le critique dit, à la fin de sa seconde feuille, que Dieu lui a donné quelque zèle. Eh bien! je réponds que Dieu ne lui a pas donné celui-là.

CLIMAT.

Ce que l'auteur a dit sur le climat est encore une matière très-propre pour la rhétorique. Mais tous les effets quelconques ont des causes : le climat et les autres causes physiques produisent un nombre infini d'effets. Si l'auteur avoit dit le contraire, on l'auroit regardé comme un homme stupide. Toute la question se réduit à savoir si, dans des pays éloignés entre eux, si, sous des climats différens, il y a des caractères d'esprit nationaux. Or, qu'il y ait de telles différences, cela est établi par l'universalité presque entière des livres qui ont été écrits. Et, comme le caractère de l'esprit influe beaucoup dans la disposition du cœur, on ne sauroit encore douter qu'il n'y ait de certaines qualités du cœur plus fréquentes dans un pays que dans un autre; et l'on en a encore pour preuve un nombre infini d'écrivains de tous les lieux et de tous les temps. Comme ces choses sont humaines, l'auteur en a parlé d'une façon humaine. Il auroit pu joindre là bien des questions que l'on agite dans les écoles, sur les vertus humaines et sur les vertus chrétiennes; mais ce n'est point avec ces questions que l'on fait des livres de physique, de politique et de jurisprudence. En un mot, ce physique du climat peut produire diverses dispositions dans les esprits; ces dispositions peuvent influer sur les actions humaines : cela choque-t-il l'empire de celui qui a créé, ou les mérites de celui qui a racheté?

Si l'auteur a recherché ce que les magistrats de divers pays pouvoient faire pour conduire leur nation de la manière la plus convenable et la plus conforme à son caractère, quel mal a-t-il fait en cela?

On raisonnera de même à l'égard de diverses pratiques locales de religion. L'auteur n'avoit à les considérer ni comme bonnes, ni comme mauvaises : il a dit seulement qu'il y avoit des climats où de certaines pratiques de religion étoient plus aisées à recevoir, c'est-à-dire étoient plus aisées à pratiquer par le peuple de ces climats que par les peuples d'un autre. De ceci, il est inutile de donner des exemples; il y en a cent mille.

Je sais bien que la religion est indépendante par elle-même de tout effet physique quelconque; que celle qui est bonne dans un pays est bonne dans un autre; et qu'elle ne peut être mauvaise dans un pays sans l'être dans tous : mais je dis que, comme elle est pratiquée par les hommes et pour les hommes, il y a des lieux où une religion quelconque trouve plus de facilité à être pratiquée, soit en tout, soit en partie, dans de certains pays que dans d'autres, et dans de certaines circonstances que dans d'autres : et, dès que quelqu'un dira le contraire, il renoncera au bon sens.

L'auteur a remarqué que le climat des Indes produisoit une certaine douceur dans les mœurs. Mais, dit le critique, les femmes s'y brûlent à la mort de leur mari. Il n'y a guère de philosophie dans cette objection. Le critique ignore-t-il les contradictions de l'esprit humain, et comment il sait séparer les choses les plus unies, et unir celles qui sont les plus séparées ? Voyez là-dessus les réflexions de l'auteur, au chapitre III du livre XIV.

TOLÉRANCE.

Tout ce que l'auteur a dit sur la tolérance se rapporte à cette proposition du chapitre IX, livre XXV : « Nous sommes ici politiques, et non « pas théologiens : et, pour les théologiens mêmes, « il y a bien de la différence entre tolérer une re- « ligion, et l'approuver.

« Lorsque les lois de l'état ont cru devoir souf- « frir plusieurs religions, il faut qu'elles les obli- « gent aussi à se tolérer entre elles. » On prie de lire le reste du chapitre.

On a beaucoup crié sur ce que l'auteur a ajouté au chapitre X, livre XXV : « Voici le principe fon-

« damental des lois politiques en fait de religion.
« Quand on est le maître, dans un état, de rece-
« voir une nouvelle religion, ou de ne la pas re-
« cevoir, il ne faut pas l'y établir ; quand elle y
« est établie, il faut la tolérer. »

On objecte à l'auteur qu'il va avertir les princes idolâtres de fermer leurs états à la religion chrétienne : effectivement, c'est un secret qu'il a été dire à l'oreille au roi de la Cochinchine. Comme cet argument a fourni matière à beaucoup de déclamations, j'y ferai deux réponses. La première, c'est que l'auteur a excepté nommément dans son livre la religion chrétienne. Il a dit, au livre XXIV, chapitre 1, à la fin : « La religion chrétienne, qui
« ordonne aux hommes de s'aimer, veut sans
« doute que chaque peuple ait les meilleures lois
« politiques et les meilleures lois civiles, parce
« qu'elles sont, après elle, le plus grand bien que
« les hommes puissent donner et recevoir. » Si donc la religion chrétienne est le premier bien, et les lois politiques et civiles le second, il n'y a point de lois politiques et civiles, dans un état, qui puissent ou doivent y empêcher l'entrée de la religion chrétienne.

Ma seconde réponse est que la religion du ciel ne s'établit pas par les mêmes voies que les religions de la terre. Lisez l'histoire de l'église, et vous verrez les prodiges de la religion chrétienne.

A-t-elle résolu d'entrer dans un pays, elle sait s'en faire ouvrir les portes ; tous les instrumens sont bons pour cela : quelquefois Dieu veut se servir de quelques pécheurs ; quelquefois il va prendre sur le trône un empereur, et fait plier sa tête sous le joug de l'évangile. La religion chrétienne se cache-t-elle dans les lieux souterrains, attendez un moment, et vous verrez la majesté impériale parler pour elle. Elle traverse, quand elle le veut, les mers, les rivières et les montagnes. Ce ne sont pas les obstacles d'ici-bas qui l'empêchent d'aller. Mettez de la répugnance dans les esprits ; elle saura vaincre ces répugnances. Établissez des coutumes, formez des usages, publiez des édits, faites des lois ; elle triomphera du climat, des lois qui en résultent, et des législateurs qui les auront faites. Dieu, suivant des décrets que nous ne connoissons point, étend ou resserre les limites de sa religion.

On dit : C'est comme si vous alliez dire aux rois d'Orient qu'il ne faut pas qu'ils reçoivent chez eux la religion chrétienne. C'est être bien charnel que de parler ainsi ! Étoit-ce donc Hérode qui devoit être le messie ? Il semble qu'on regarde Jésus-Christ comme un roi qui, voulant conquérir un état voisin, cache ses pratiques et ses intelligences. Rendons-nous justice : la manière dont nous nous conduisons dans les affaires humaines est-elle assez pure pour penser à l'employer à la conversion des peuples?

CÉLIBAT.

Nous voici à l'article du célibat. Tout ce que l'auteur en a dit se rapporte à cette proposition, qui se trouve au livre XXV, chap. IV; la voici :

« Je ne parlerai point ici des conséquences de « la loi du célibat : on sent qu'elle pourroit deve- « nir nuisible à proportion que le corps du clergé « seroit trop étendu, et que, par conséquent, « celui des laïques ne le seroit pas assez. » Il est clair que l'auteur ne parle ici que de la plus grande ou de la moindre extension que l'on doit donner au célibat, par rapport au plus grand ou au moindre nombre de ceux qui doivent l'embrasser; et, comme l'a dit l'auteur en un autre endroit, cette loi de perfection ne peut pas être faite pour tous les hommes : on sait d'ailleurs que la loi du célibat, telle que nous l'avons, n'est qu'une loi de discipline. Il n'a jamais été question dans l'*Esprit des Lois* de la nature du célibat même, et du degré de sa bonté; et ce n'est, en aucune façon, une matière qui doive entrer dans un livre de lois politiques et civiles. Le critique ne veut jamais que l'auteur traite son sujet; il veut continuellement qu'il traite le sien : et, parce qu'il est toujours théologien, il ne veut pas que, même dans un livre de droit, il soit jurisconsulte. Cependant on verra tout à l'heure qu'il est, sur le célibat, de l'opinion des théologiens, c'est-à-dire qu'il en a reconnu la bonté. Il faut savoir que, dans le livre XXIII, où il est traité du rapport que les lois ont avec le nombre des habitans, l'auteur a donné une théorie de ce que les lois politiques et civiles de divers peuples avoient fait à cet égard. Il a fait voir, en examinant les histoires des divers peuples de la terre, qu'il y avoit eu des circonstances où ces lois furent plus nécessaires que dans d'autres ; des peuples qui en avoient eu plus de besoin; de certains temps où ces peuples en avoient eu plus de besoin encore : et, comme il a pensé que les Romains furent le peuple du monde le plus sage, et qui, pour réparer ses pertes, eut le plus de besoin de pareilles lois, il a recueilli avec exactitude les lois qu'ils avoient faites à cet égard ; il a marqué avec précision dans quelles circonstances elles avoient été faites, et dans quelles autres circonstances elles avoient été ôtées. Il n'y a point de théologie dans tout ceci, et il n'en faut point pour tout ceci. Cependant il a jugé à propos d'y en mettre. Voici ses paroles : « A Dieu ne plaise « que je parle ici contre le célibat qu'a adopté la « religion ; mais qui pourroit se taire contre celui

« qu'a formé le libertinage, celui où les deux sexes
« se corrompant par les sentimens naturels mêmes,
« fuient une union qui doit les rendre meilleurs,
« pour vivre dans celle qui les rend toujours pires[1]?

« C'est une règle tirée de la nature, que, plus
« on diminue le nombre des mariages qui pour-
« roient se faire, plus on corrompt ceux qui sont
« faits ; moins il y a de gens mariés, moins il y a
« de fidélité dans les mariages : comme, lorsqu'il
« y a plus de voleurs, il y a plus de vols[2]. »

L'auteur n'a donc point désapprouvé le célibat qui a pour motif la religion. On ne pouvoit se plaindre de ce qu'il s'élevoit contre le célibat introduit par le libertinage; de ce qu'il désapprouvoit qu'une infinité de gens riches et voluptueux se portassent à fuir le joug du mariage pour la commodité de leurs déréglemens ; qu'ils prissent pour eux les délices et la volupté, et laissassent les peines aux misérables : on ne pouvoit, dis-je, s'en plaindre. Mais le critique, après avoir cité ce que l'auteur a dit, prononce ces paroles : « On
« aperçoit ici toute la malignité de l'auteur, qui
« veut jeter sur la religion chrétienne des désordres

---

[1] La Défense originale porte, *Pour vivre dans* CELLES *qui les* RENDENT *toujours pires;* ce qui est conforme au texte de l'*Esprit des Lois* de 1748. Cette phrase a été corrigée dans l'édition de 1758, mais rétablie dans les éditions de 1767 et 1769.

[2] Liv. XXIII, chap. xxi, à la fin.

« qu'elle déteste. » Il n'y a pas d'apparence d'accuser le critique de n'avoir pas voulu entendre l'auteur : je dirai seulement qu'il ne l'a point entendu ; et qu'il lui fait dire contre la religion ce qu'il a dit contre le libertinage. Il doit en être bien fâché.

ERREUR PARTICULIÈRE DU CRITIQUE.

On croiroit que le critique a juré de n'être jamais au fait de l'état de la question, et de n'entendre pas un seul des passages qu'il attaque. Tout le second chapitre du livre XXV roule sur les motifs plus ou moins puissans qui attachent les hommes à la conservation de leur religion : le critique trouve dans son imagination un autre chapitre qui auroit pour sujet des motifs qui obligent les hommes à passer d'une religion dans une autre. Le premier sujet emporte un état passif ; le second, un état d'action : et, appliquant sur un sujet ce que l'auteur a dit sur un autre, il déraisonne tout à son aise.

L'auteur a dit au second article du chapitre II du livre XXV : « Nous sommes extrêmement por« tés à l'idolâtrie, et cependant nous ne sommes « pas fort attachés aux religions idolâtres ; nous « ne sommes guère portés aux idées spirituelles,

« et cependant nous sommes très-attachés aux re-
« ligions qui nous font adorer un être spirituel.
« Cela vient de la satisfaction que nous trouvons
« en nous-mêmes, d'avoir été assez intelligens
« pour avoir choisi une religion qui tire la divinité
« de l'humiliation où les autres l'avoient mise. »
L'auteur n'avoit fait cet article que pour expliquer
pourquoi les mahométans et les juifs, qui n'ont
pas les mêmes grâces que nous, sont aussi invin-
ciblement attachés à leur religion, qu'on le sait
par expérience : le critique l'entend autrement.
« C'est à l'orgueil, dit-il, que l'on attribue d'avoir
« fait passer les hommes de l'idolâtrie à l'unité
« d'un Dieu [1]. » Mais il n'est question ici, ni dans
tout le chapitre, d'aucun passage d'une religion
dans une autre ; et, si un chrétien sent de la satisfaction à l'idée de la gloire et à la vue de la grandeur de Dieu, et qu'on appelle cela de l'orgueil,
c'est un très-bon orgueil.

MARIAGE.

Voici une autre objection qui n'est pas commune : L'auteur a fait deux chapitres au liv. XXIII:

[1] Pag. 166 de la seconde feuille.

l'un a pour titre, *Des hommes et des animaux, par rapport à la propagation de l'espèce;* et l'autre est intitulé, *Des mariages.* Dans le premier, il a dit ces paroles : « Les femelles des animaux ont à « peu près une fécondité constante : mais, dans « l'espèce humaine, la manière de penser, le ca- « ractère, les passions, les fantaisies, les caprices, « l'idée de conserver sa beauté, l'embarras de la « grossesse, celui d'une famille trop nombreuse, « troublent la propagation de mille manières. » Et dans l'autre, il a dit : « L'obligation naturelle « qu'a le père de nourrir ses enfans, a fait établir « le mariage, qui déclare celui qui doit remplir « cette obligation. »

On dit là-dessus : « Un chrétien rapporteroit « l'institution du mariage à Dieu même, qui donna « une compagne à Adam, et qui unit le premier « homme à la première femme par un lien indis- « soluble avant qu'ils eussent des enfans à nourrir : « mais l'auteur évite tout ce qui a trait à la révé- « lation. » Il répondra qu'il est chrétien, mais qu'il n'est point imbécille; qu'il adore ces vérités, mais qu'il ne veut point mettre à tort et à travers toutes les vérités qu'il croit. L'empereur Justinien étoit chrétien, et son compilateur l'étoit aussi. Eh bien! dans leurs livres de droit, que l'on en- seigne aux jeunes gens dans les écoles, ils défi-

nissent le mariage, l'union de l'homme et de la femme qui forme une société de vie individuelle [1].
Il n'est jamais venu dans la tête de personne de leur reprocher de n'avoir pas parlé de la révélation.

USURE.

Nous voici à l'affaire de l'usure. J'ai peur que le lecteur ne soit fatigué de m'entendre dire que le critique n'est jamais au fait, et ne prend jamais le sens des passages qu'il censure. Il dit, au sujet des usures maritimes : « L'auteur ne voit rien « que de juste dans les usures maritimes; ce sont « ses termes. » En vérité, cet ouvrage de l'*Esprit des Lois* a un terrible interprète. L'auteur a traité des usures maritimes au chapitre xx du livre XXII : il a donc dit, dans ce chapitre, que les usures maritimes étoient justes. Voyons-le.

Des usures maritimes.

« La grandeur de l'usure maritime est fondée « sur deux choses : le péril de la mer, qui fait « qu'on ne s'expose à prêter son argent que pour « en avoir beaucoup davantage ; et la facilité que

---

[1] *Maris et feminæ conjunctio, individuam vitæ societatem continens.*

« le commerce donne à l'emprunteur de faire
« promptement de grandes affaires et en grand
« nombre ; au lieu que les usures de terre, n'étant
« fondées sur aucune de ces deux raisons, sont,
« ou proscrites par les législateurs, ou, ce qui est
« plus sensé, réduites à de justes bornes. »

Je demande à tout homme sensé, si l'auteur vient de décider que les usures maritimes sont justes ; ou s'il a dit simplement que la grandeur des usures maritimes répugnoit moins à l'équité naturelle que la grandeur des usures de terre. Le critique ne connoît que les qualités positives et absolues ; il ne sait ce que c'est que ces termes *plus ou moins*. Si on lui disoit qu'un mulâtre est moins noir qu'un nègre, cela signifieroit, selon lui, qu'il est blanc comme de la neige ; si on lui disoit qu'il est plus noir qu'un Européen, il croiroit encore qu'on veut dire qu'il est noir comme du charbon. Mais poursuivons.

Il y a dans l'*Esprit des Lois*, au livre XXII, quatre chapitres sur l'usure. Dans les deux premiers, qui sont le xixe, et celui qu'on vient de lire, l'auteur examine l'usure[1] dans le rapport qu'elle peut avoir avec le commerce, chez les différentes nations, et dans les divers gouvernemens du monde ; ces deux chapitres ne s'appli-

---

[1] Usure ou intérêt signifioit la même chose chez les Romains.

quent qu'à cela : les deux suivans ne sont faits que pour expliquer les variations de l'usure chez les Romains. Mais voilà qu'on érige tout-à-coup l'auteur en casuiste, en canoniste et en théologien, uniquement par la raison que celui qui critique est casuiste, canoniste et théologien, ou deux des trois, ou un des trois, ou peut-être dans le fond aucun des trois. L'auteur sait qu'à regarder le prêt à intérêt dans son rapport avec la religion chrétienne, la matière a des distinctions et des limitations sans fin : il sait que les jurisconsultes et plusieurs tribunaux ne sont pas toujours d'accord avec les casuistes et les canonistes ; que les uns admettent de certaines limitations au principe général de n'exiger jamais d'intérêt, et que les autres en admettent de plus grandes. Quand toutes ces questions auroient appartenu à son sujet, ce qui n'est pas, comment auroit-il pu les traiter? On a bien de la peine à savoir ce qu'on a beaucoup étudié, encore moins sait-on ce qu'on n'a étudié de sa vie. Mais les chapitres mêmes que l'on emploie contre lui prouvent assez qu'il n'est qu'historien et jurisconsulte. Lisons le chapitre XIX [1].

« L'argent est le signe des valeurs. Il est clair
« que celui qui a besoin de ce signe doit le louer,

[1] Liv. XXII.

« comme il fait toutes les choses dont il peut
« avoir besoin. Toute la différence est que les
« autres choses peuvent ou se louer, ou s'acheter,
« au lieu que l'argent, qui est le prix des choses,
« se loue et ne s'achète pas.

« C'est bien une action très-bonne de prêter à
« un autre son argent sans intérêt ; mais on sent
« que ce ne peut être qu'un conseil de religion,
« et non une loi civile.

« Pour que le commerce puisse se bien faire,
« il faut que l'argent ait un prix; mais que ce prix
« soit peu considérable. S'il est trop haut, le né-
« gociant, qui voit qu'il lui en coûteroit plus en
« intérêts qu'il ne pourroit gagner dans son com-
« merce, n'entreprend rien. Si l'argent n'a point
« de prix, personne n'en prête, et le négociant
« n'entreprend rien non plus.

« Je me trompe, quand je dis que personne
« n'en prête : il faut toujours que les affaires de
« la société aillent; l'usure s'établit, mais avec les
« désordres que l'on a éprouvés dans tous les
« temps.

« La loi de Mahomet confond l'usure avec le
« prêt à intérêt : l'usure augmente, dans les pays
« mahométans, à proportion de la sévérité de la
« défense; le prêteur s'indemnise du péril de la
« contravention.

« Dans ces pays d'Orient, la plupart des hommes

» n'ont rien d'assuré; il n'y a presque point de
« rapport entre la possession actuelle d'une somme,
« et l'espérance de la ravoir après l'avoir prêtée.
« L'usure y augmente donc à proportion du péril
« de l'insolvabilité. »

Ensuite viennent le chapitre *des usures maritimes*, que j'ai rapporté ci-dessus, et le chapitre XXI, qui traite *du prêt par contrat, et de l'usure chez les Romains*, que voici :

« Outre le prêt fait pour le commerce, il y a
« encore une espèce de prêt fait par un contrat
« civil, d'où résulte un intérêt ou usure.

« Le peuple, chez les Romains, augmentant
« tous les jours sa puissance, les magistrats cher-
« chèrent à le flatter, et à lui faire faire les lois
« qui lui étoient les plus agréables. Il retrancha
« les capitaux; il diminua les intérêts; il défendit
« d'en prendre; il ôta les contraintes par corps ;
« enfin l'abolition des dettes fut mise en question,
« toutes les fois qu'un tribun voulut se rendre
« populaire.

« Ces continuels changemens, soit par des lois,
« soit par des plébiscites, naturalisèrent à Rome
« l'usure; car les créanciers voyant le peuple leur
« débiteur, leur législateur et leur juge, n'eurent
« plus de confiance dans les contrats. Le peuple,
« comme un débiteur décrédité, ne tentoit à lui
« prêter que par de gros profits; d'autant plus

« que, si les lois ne venoient que de temps en
« temps, les plaintes du peuple étoient continuelles,
« et intimidoient toujours les créanciers. Cela fit
« que tous les moyens honnêtes de prêter et d'em-
« prunter furent abolis à Rome, et qu'une usure
« affreuse, toujours foudroyée et toujours renais-
« sante, s'y établit.

« Cicéron nous dit que, de son temps, on prê-
« toit à Rome à trente-quatre pour cent, et à qua-
« rante-huit pour cent dans les provinces. Ce mal
« venoit, encore un coup, de ce que les lois n'a-
« voient pas été ménagées. Les lois extrêmes dans
« le bien font naître le mal extrême : il fallut payer
« pour le prêt de l'argent, et pour le danger des
« peines de la loi. » L'auteur n'a donc parlé du
prêt à intérêt que dans son rapport avec le commerce des divers peuples, ou avec les lois civiles
des Romains ; et cela est si vrai, qu'il a distingué,
au second article du chapitre XIX, les établissemens des législateurs de la religion d'avec ceux
des législateurs politiques. S'il avoit parlé là
nommément de la religion chrétienne, ayant un
autre sujet à traiter, il auroit employé d'autres
termes, et fait ordonner à la religion chrétienne
ce qu'elle ordonne, et conseiller ce qu'elle con-
seille : il auroit distingué, avec les théologiens,
les cas divers ; il auroit posé toutes les limitations
que les principes de la religion chrétienne laissent

à cette loi générale, établie quelquefois chez les Romains, et toujours chez les mahométans, *qu'il ne faut jamais, dans aucun cas et dans aucune circonstance, recevoir d'intérêt pour de l'argent.* L'auteur n'avoit pas ce sujet à traiter; mais celui-ci, qu'une défense générale, illimitée, indistincte, et sans restriction, perd le commerce chez les mahométans, et pensa perdre la république chez les Romains; d'où il suit que, parce que les chrétiens ne vivent pas sous ces termes rigides, le commerce n'est point détruit chez eux; et que l'on ne voit point dans leurs états ces usures affreuses qui s'exigent chez les mahométans, et que l'on extorquoit autrefois chez les Romains.

L'auteur a employé les chapitres XXI et XXII [1] à examiner quelles furent les lois chez les Romains, au sujet du prêt par contrat, dans les divers temps de leur république : son critique quitte un moment les bancs de théologie, et se tourne du côté de l'érudition. On va voir qu'il se trompe encore dans son érudition, et qu'il n'est pas seulement au fait de l'état des questions qu'il traite. Lisons le chapitre XXII [2].

« Tacite dit que la loi des douze tables fixa l'in-
« térêt à un pour cent par an. Il est visible qu'il
« s'est trompé, et qu'il a pris pour la loi des

[1] Liv. XXII.
[2] *Ibid.*

« douze tables une autre loi dont je vais parler.
« Si la loi des douze tables avoit réglé cela, com-
« ment, dans les disputes qui s'élevèrent depuis
« entre les créanciers et les débiteurs, ne se se-
« roit-on pas servi de son autorité? On ne trouve
« aucun vestige de cette loi sur le prêt à intérêt;
« et, pour peu qu'on soit versé dans l'histoire de
« Rome, on verra qu'une loi pareille ne devoit
« point être l'ouvrage des décemvirs. » Et un peu
après l'auteur ajoute : « L'an 398 de Rome, les
« tribuns Duellius et Menenius firent passer une
« loi qui réduisoit les intérêts à un pour cent par
« an. C'est cette loi que Tacite confond avec la loi
« des douze tables; et c'est la première qui ait été
« faite chez les Romains pour fixer le taux de l'in-
« térêt, etc. » Voyons à présent.

L'auteur dit que Tacite s'est trompé en disant
que la loi des douze tables avoit fixé l'usure chez
les Romains; il a dit que Tacite a pris pour la
loi des douze tables une loi qui fut faite par les
tribuns Duellius et Menenius, environ quatre-
vingt-quinze ans après la loi des douze tables, et
que cette loi fut la première qui fixa à Rome le
taux de l'usure. Que lui dit-on? Tacite ne s'est
pas trompé; il a parlé de l'usure à un pour cent
par mois, et non pas de l'usure à un pour cent
par an. Mais il n'est pas question ici du taux de
l'usure; il s'agit de savoir si la loi des douze tables

a fait quelque disposition quelconque sur l'usure. L'auteur dit que Tacite s'est trompé, parce qu'il a dit que les décemvirs, dans la loi des douze tables, avoient fait un réglement pour fixer le taux de l'usure; et là-dessus le critique dit que Tacite ne s'est pas trompé, parce qu'il a parlé de l'usure à un pour cent par mois, et non pas à un pour cent par an. J'avois donc raison de dire que le critique ne sait pas l'état de la question.

Mais il en reste une autre, qui est de savoir si la loi quelconque dont parle Tacite fixa l'usure à un pour cent par an, comme l'a dit l'auteur; ou bien à un pour cent par mois, comme le dit le critique. La prudence vouloit qu'il n'entreprît pas une dispute avec l'auteur sur les lois romaines, sans connoître les lois romaines; qu'il ne lui niât pas un fait qu'il ne savoit pas, et dont il ignoroit même les moyens de s'éclaircir. La question étoit de savoir ce que Tacite avoit entendu par ces mots *unciarium fœnus*[1] : il ne lui falloit qu'ouvrir les dictionnaires; il auroit trouvé, dans celui de Calvinus ou Kahl[2], que l'usure onciaire étoit d'un

---

[1] *Nam primò duodecim tabulis sanctum ne quis unciario fœnore ampliùs exerceret.* Annales, liv. VI, § 16.

[2] *Usurarum species ex assis partibus denominantur : quod ut intelligatur, illud scire oportet sortem omnem ad centenarium numerum revocari; summam autem usuram esse cùm pars sortis centesima singulis mensibus persolvitur. Et quoniam istâ*

pour cent par an, et non d'un pour cent par mois. Vouloit-il consulter les savans ; il auroit trouvé la même chose dans Saumaise [1] :

> Testis mearum centimanus Gyas
> Sententiarum.
>   Hor., liv. III, ode iv.

Remontoit-il aux sources ; il auroit trouvé là-dessus des textes clairs dans les livres de droit [2] ; il n'auroit point brouillé toutes les idées ; il eût distingué les temps et les occasions où l'usure onciaire

ratione summa hæc usura duodecim aureos annuos in centenos efficit, duodenarius numerus jurisconsultos movit ut assem hunc usurarium appellarent. Quemadmodum hic as, non ex menstrua, sed ex annua pensione æstimandus est; similiter omnes ejus partes ex anni ratione intelligendæ sunt; ut, si unus in centenos annuatim pendatur, unciaria usura; si bini, sextans; si terni, quadrans; si quaterni, triens; si quini, quinquunx; si semi, semis; si septeni, septunx; si octoni, bes; si novem, dodrans; si deni, dextrans; si undeni, deunx; si duodeni, as. Lexicon Joannis Calvini, *aliàs* Kahl, Coloniæ Allobrogum, *anno* 1622, *apud Petrum Balduinum, in verbo* usura, pag. 960.

[1] De modo usurarum, Lugduni Batavorum, ex officina Elzeviriorum, *anno* 1639, pag. 269, 270, et 271 ; et surtout ces mots : *Unde verius sit unciarium fœnus eorum, vel uncias usuras, ut eas quoque appellatas infrà ostendam, non unciam dare menstruam in centum, sed annuam.*

[2] *Argumentum legis* 47, § *Præfectus legionis*, ff. *de administ. et periculo tutoris.*

signifioit un pour cent par mois, d'avec les temps et les occasions où elle signifioit un pour cent par an; et il n'auroit pas pris le douzième de la centésime pour la centésime.

Lorsqu'il n'y avoit point de lois sur le taux de l'usure chez les Romains, l'usage le plus ordinaire étoit que les usuriers prenoient douze onces de cuivre sur cent onces qu'ils prêtoient, c'est-à-dire douze pour cent par an; et, comme un as valoit douze onces de cuivre, les usuriers retiroient chaque année un as sur cent onces; et, comme il falloit souvent compter l'usure par mois, l'usure de six mois fut appelée *semis*, ou la moitié de l'as; l'usure de quatre mois fut appelée *triens*, ou le tiers de l'as; l'usure pour trois mois fut appelée *quadrans*, ou le quart de l'as; et enfin l'usure pour un mois fut appelée *unciaria*, ou le douzième de l'as; de sorte que, comme on levoit une once chaque mois sur cent onces qu'on avoit prêtées, cette usure onciaire, ou d'un pour cent par mois, ou de douze pour cent par an, fut appelée usure centésime. Le critique a eu connoissance de cette signification de l'usure centésime, et il l'a appliquée très-mal.

On voit que tout ceci n'étoit qu'une espèce de méthode, de formule ou de règle entre le débiteur et le créancier pour compter leurs usures, dans la supposition que l'usure fût à douze pour cent par an, ce qui étoit l'usage le plus ordinaire ; et si quelqu'un avoit prêté à dix-huit pour cent par an, on se seroit servi de la même méthode, en augmentant d'un tiers l'usure de chaque mois ; de sorte que l'usure onciaire auroit été d'une once et demie par mois.

Quand les Romains firent des lois sur l'usure, il ne fut point question de cette méthode, qui avoit servi, et qui servoit encore aux débiteurs et aux créanciers, pour la division du temps et la commodité du paiement de leurs usures. Le législateur avoit un réglement public à faire ; il ne s'agissoit point de partager l'usure par mois, il avoit à fixer et il fixa l'usure par an. On continua à se servir des termes tirés de la division de l'as, sans y appliquer les mêmes idées : ainsi l'usure onciaire signifia un pour cent par an ; l'usure *ex quadrante* signifia trois pour cent par an ; l'usure *ex triente*, quatre pour cent par an ; l'usure *semis*, six pour cent par an. Et, si l'usure onciaire avoit signifié un pour cent par mois, les lois qui les fixèrent *ex quadrante*, *ex triente*, *ex semis*, auroient fixé l'usure à trois pour cent, à quatre pour cent, à six pour cent par mois ; ce qui auroit été absurde, parce que les lois faites pour réprimer l'usure auroient été plus cruelles que les usuriers.

Le critique a donc confondu les espèces des choses. Mais j'ai intérêt de rapporter ici ses propres paroles, afin qu'on soit bien convaincu que l'intrépidité avec laquelle il parle ne doit imposer à personne ; les voici[1] : « Tacite ne s'est point « trompé : il parle de l'intérêt à un pour cent par « mois, et l'auteur s'est imaginé qu'il parle d'un « pour cent par an. Rien n'est si connu que le cen- « tésime qui se payoit à l'usurier tous les mois. Un « homme qui écrit deux volumes in-4° sur les lois « devroit-il l'ignorer ? »

Que cet homme ait ignoré ou n'ait pas ignoré ce centésime, c'est une chose très-indifférente ; mais il ne l'a pas ignoré, puisqu'il en a parlé en trois endroits. Mais comment en a-t-il parlé, et où en a-t-il parlé[2] ? Je pourrois bien défier le critique de le deviner, parce qu'il n'y trouveroit point les mêmes termes et les mêmes expressions qu'il sait.

Il n'est pas question ici de savoir si l'auteur de l'*Esprit des Lois* a manqué d'érudition ou non, mais de défendre ses autels[3]. Cependant il a fallu faire voir au public que le critique prenant un ton si décisif sur des choses qu'il ne sait pas, et dont il doute si peu qu'il n'ouvre pas même un dictionnaire pour se rassurer, ignorant les choses

[1] Feuille du 9 octobre 1749, pag. 164.
[2] Dans la troisième et la dernière note, chap. xxii, liv. XXII, et le texte de la troisième note.
[3] *Pro aris.*

et accusant les autres d'ignorer ses propres erreurs, il ne mérite pas plus de confiance dans les
autres accusations. Ne peut-on pas croire que la
hauteur et la fierté du ton qu'il prend partout
n'empêchent en aucune manière qu'il n'ait tort?
que, quand il s'échauffe, cela ne veut pas dire
qu'il n'ait pas tort? que quand il anathématise
avec ses mots d'impie et de sectateur de la religion naturelle, on peut encore croire qu'il a tort?
qu'il faut bien se garder de recevoir les impres-
sions que pourroit donner l'activité de son esprit
et l'impétuosité de son style? que, dans ses deux
écrits, il est bon de séparer les injures de ses
raisons, mettre ensuite à part les raisons qui
sont mauvaises, après quoi il ne restera plus
rien?

L'auteur, aux chapitres du prêt à intérêt et de
l'usure chez les Romains, traitant ce sujet, sans
doute le plus important de leur histoire, ce sujet
qui tenoit tellement à la constitution, qu'elle pensa
mille fois en être renversée; parlant des lois qu'ils
firent par désespoir, de celles où ils suivirent leur
prudence, des réglemens qui n'étoient que pour
un temps, de ceux qu'ils firent pour toujours,
dit, vers la fin du chapitre XXII : « L'an 398 de
« Rome, les tribuns Duellius et Menenius firent
« passer une loi qui réduisoit les intérêts à un pour
« cent par an.... Dix ans après, cette usure fut ré-

« duite à la moitié; dans la suite, on l'ôta tout-
« à-fait....

« Il en fut de cette loi comme de toutes celles
« où le législateur a porté les choses à l'excès :
« on trouva une infinité de moyens pour l'é-
« luder ; il en fallut faire beaucoup d'autres pour
« la confirmer, corriger, tempérer : tantôt on
« quitta les lois pour suivre les usages, tantôt on
« quitta les usages pour suivre les lois. Mais, dans
« ce cas, l'usage devoit aisément prévaloir. Quand
« un homme emprunte, il trouve un obstacle dans
« la loi même qui est faite en sa faveur : cette loi
« a contre elle, et celui qu'elle secourt, et celui
« qu'elle condamne. Le préteur Sempronius Asel-
« lus, ayant permis aux débiteurs d'agir en con-
« séquence des lois, fut tué par les créanciers
« pour avoir voulu rappeler la mémoire d'une
« rigidité qu'on ne pouvoit plus soutenir.

« Sous Sylla, Lucius Valerius Flaccus fit une
« loi qui permettoit l'intérêt à trois pour cent par
« an. Cette loi, la plus équitable et la plus mo-
« dérée de celles que les Romains firent à cet
« égard, Parterculus la désapprouve. Mais si cette
« loi étoit nécessaire à la république, si elle étoit
« utile à tous les particuliers, si elle formoit une
« communication d'aisance entre le débiteur et
« l'emprunteur, elle n'étoit point injuste.

« Celui-là paie moins, dit Ulpien, qui paie plus.

« tard. Cela décide la question, si l'intérêt est lé-
« gitime; c'est-à-dire si le créancier peut vendre
« le temps, et le débiteur l'acheter. »

Voici comme le critique raisonne sur ce dernier passage, qui se rapporte uniquement à la loi de Flaccus, et aux dispositions politiques des Romains. L'auteur, dit-il, en résumant tout ce qu'il a dit de l'usure, soutient qu'il est permis à un créancier de vendre le temps. On diroit, à entendre le critique, que l'auteur vient de faire un traité de théologie ou de droit canon, et qu'il résume ensuite ce traité de théologie et de droit canon; pendant qu'il est clair qu'il ne parle que des dispositions politiques des Romains, de la loi de Flaccus, et de l'opinion de Paterculus; de sorte que cette loi de Flaccus, l'opinion de Paterculus, la réflexion d'Ulpien, celle de l'auteur, se tiennent et ne peuvent pas se séparer.

J'aurois encore bien des choses à dire; mais j'aime mieux renvoyer aux feuilles mêmes. « Croyez-moi, mes chers Pisons; elles ressemblent
« à un ouvrage qui, comme les songes d'un ma-
« lade, ne fait voir que des fantômes vains [1]. »

[1] *Credite, Pisones, isti tabulæ fore librum*
Persimilem, cujus, velut ægri somnia, vanæ
Fingentur species.
                      HORAT., *de Arte poeticâ.*

TROISIÈME PARTIE.

On a vu dans les deux premières parties que tout ce qui résulte de tant de critiques amères est ceci, que l'auteur de l'*Esprit des Lois* n'a point fait son ouvrage suivant le plan et les vues de ses critiques; et que, si ses critiques avoient fait un ouvrage sur le même sujet, ils y auroient mis un très-grand nombre de choses qu'ils savent. Il en résulte encore qu'ils sont théologiens, et que l'auteur est jurisconsulte, qu'ils se croient en état de faire son métier, et que lui ne se sent pas propre à faire le leur. Enfin, il en résulte qu'au lieu de l'attaquer avec tant d'aigreur, ils auroient mieux fait de sentir eux-mêmes le prix des choses qu'il a dites en faveur de la religion, qu'il a également respectée et défendue. Il me reste à faire quelques réflexions.

Cette manière de raisonner n'est pas bonne, qui, employée contre quelque bon livre que ce soit, peut le faire paroître aussi mauvais que quelque mauvais livre que ce soit; et qui, pratiquée contre quelque mauvais livre que ce soit, peut le faire paroître aussi bon que quelque bon livre que ce soit.

Cette manière de raisonner n'est pas bonne, qui, aux choses dont il s'agit, en rappelle d'autres qui ne sont point accessoires, et qui confond les diverses sciences, et les idées de chaque science.

Il ne faut point argumenter, sur un ouvrage fait sur une science, par des raisons qui pourroient attaquer la science même.

Quand on critique un ouvrage, et un grand ouvrage, il faut tâcher de se procurer une connoissance particulière de la science qui y est traitée, et bien lire les auteurs approuvés qui ont déjà écrit sur cette science, afin de voir si l'auteur s'est écarté de la manière reçue et ordinaire de la traiter.

Lorsqu'un auteur s'explique par ses paroles, ou par ses écrits qui en sont l'image, il est contre la raison de quitter les signes extérieurs de ses pensées, pour chercher ses pensées ; parce qu'il n'y a que lui qui sache ses pensées. C'est bien pis lorsque ses pensées sont bonnes, et qu'on lui en attribue de mauvaises.

Quand on écrit contre un auteur, et qu'on s'irrite contre lui, il faut prouver les qualifications par les choses, et non pas les choses par les qualifications.

Quand on voit dans un auteur une bonne intention générale, on se trompera plus rarement, si, sur certains endroits qu'on croit équivoques, on juge suivant l'intention générale, que si on lui prête une mauvaise intention particulière.

Dans les livres faits pour l'amusement, trois ou quatre pages donnent l'idée du style et des agrémens de l'ouvrage; dans les livres de raisonnement, on ne tient rien, si on ne tient toute la chaîne.

Comme il est très-difficile de faire un bon ouvrage, et très-aisé de le critiquer, parce que l'auteur a eu tous les défilés à garder, et que le critique n'en a qu'un à forcer, il ne faut point que celui-ci ait tort; et, s'il arrivoit qu'il eût continuellement tort, il seroit inexcusable.

D'ailleurs, la critique pouvant être considérée comme une ostentation de sa supériorité sur les autres, et son effet ordinaire étant de donner des momens délicieux pour l'orgueil humain, ceux qui s'y livrent méritent bien toujours de l'équité, mais rarement de l'indulgence.

Et comme de tous les genres d'écrire elle est celui dans lequel il est plus difficile de montrer un bon naturel, il faut avoir attention à ne point augmenter par l'aigreur des paroles la tristesse de la chose.

Quand on écrit sur les grandes matières, il ne suffit pas de consulter son zèle, il faut encore consulter ses lumières; et, si le ciel ne nous a pas accordé de grands talens, on peut y suppléer par la défiance de soi-même, l'exactitude, le travail et les réflexions.

Cet art de trouver dans une chose, qui naturellement a un bon sens, tous les mauvais sens qu'un esprit qui ne raisonne pas juste peut leur donner, n'est point utile aux hommes : ceux qui le pratiquent ressemblent aux corbeaux qui fuient les corps vivans, et volent de tous côtés pour chercher des cadavres.

Une pareille manière de critiquer produit deux grands inconvéniens : le premier, c'est qu'elle gâte l'esprit des lecteurs par un mélange du vrai et du faux, du bien et du mal : ils s'accoutument à chercher un mauvais sens dans les choses qui naturellement en ont un très-bon; d'où il leur est aisé de passer à cette disposition, de chercher un bon sens dans les choses qui naturellement en ont un mauvais : on leur fait perdre la faculté de raisonner juste, pour les jeter dans les subtilités d'une mauvaise dialectique. Le second mal est qu'en rendant par cette façon de raisonner les bons livres suspects, on n'a point d'autres armes pour attaquer les mauvais ouvrages; de sorte que le public n'a plus de règle pour les distinguer. Si l'on traite de spinosistes et de déistes ceux qui ne le sont pas, que dira-t-on à ceux qui le sont?

Quoique nous devions penser aisément que les gens qui écrivent contre nous, sur des matières qui intéressent tous les hommes, y sont déterminés par la force de la charité chrétienne; cependant, comme la nature de cette vertu est de ne pouvoir guère se cacher, qu'elle se montre en nous malgré nous, et qu'elle éclate et brille de toutes parts; s'il arrivoit que, dans deux écrits faits contre la même personne coup sur coup, on n'y trouvât aucune trace de cette charité, qu'elle n'y parût dans aucune phrase, dans aucun tour, aucune parole, aucune expression; celui qui auroit écrit de pareils ouvrages auroit un juste sujet de craindre de n'y avoir pas été porté par la charité chrétienne.

Et, comme les vertus purement humaines sont en nous l'effet de ce que l'on appelle un bon naturel, s'il étoit impossible d'y découvrir aucun vestige de ce bon naturel, le public pourroit en conclure que ces écrits ne seroient pas même l'effet des vertus humaines.

Aux yeux des hommes, les actions sont toujours plus sincères que les motifs; et il leur est plus facile de croire que l'action de dire des injures atroces est un mal, que de se persuader que le motif qui les a fait dire est un bien.

Quand un homme tient à un état qui fait respecter la religion, et que la religion fait respecter, et qu'il attaque devant les gens du monde un homme qui vit dans le monde, il est essentiel qu'il maintienne par sa manière d'agir la supériorité de son caractère. Le monde est très-corrompu; mais il y a de certaines passions qui s'y trouvent très-contraintes; il y en a de favorites qui défendent aux autres de paroître. Considérez les gens du monde entre eux; il n'y a rien de si timide : c'est l'orgueil qui n'ose pas dire ses secrets, et qui, dans les égards qu'il a pour les autres, se quitte pour se reprendre. Le christianisme nous donne l'habitude de soumettre cet orgueil; le monde nous donne l'habitude de le cacher. Avec le peu de vertu que nous avons, que deviendrions-nous si toute notre âme se mettoit en liberté, et si nous n'étions pas attentifs aux moindres paroles, aux moindres signes, aux moindres gestes? Or, quand des hommes d'un caractère respecté manifestent des emportemens que les gens du monde n'oseroient mettre au jour, ceux-ci commencent à se croire meilleurs qu'ils ne sont en effet; ce qui est un très-grand mal.

Nous autres gens du monde sommes si foibles que nous méritons extrêmement d'être ménagés. Ainsi, lorsqu'on nous fait voir toutes les marques extérieures des passions violentes, que veut-on que nous pensions de l'intérieur? Peut-on espérer que nous, avec notre témérité ordinaire de juger, ne jugions pas?

On peut avoir remarqué dans les disputes et les conversations ce qui arrive aux gens dont l'esprit est dur et difficile : comme ils ne combattent pas pour s'aider les uns les autres, mais pour se jeter à terre, ils s'éloignent de la vérité, non pas à proportion de la grandeur ou de la petitesse de leur esprit, mais de la bizarrerie ou de l'inflexibilité plus ou moins grande de leur caractère. Le contraire arrive à ceux à qui la nature ou l'éducation ont donné de la douceur : comme leurs disputes sont des secours mutuels, qu'ils concourent au même objet, qu'ils ne pensent différemment que pour parvenir à penser de même, ils trouvent la vérité à proportion de leurs lumières : c'est la récompense d'un bon naturel.

Quand un homme écrit sur les matières de religion, il ne faut pas qu'il compte tellement sur la piété de ceux qui le lisent, qu'il dise des choses contraires au bon sens; parce que, pour s'accréditer auprès de ceux qui ont plus de piété que de lumières, il se décrédite auprès de ceux qui ont plus de lumières que de piété.

Et comme la religion se défend beaucoup par elle-même, elle perd plus lorsqu'elle est mal défendue que lorsqu'elle n'est point du tout défendue.

S'il arrivoit qu'un homme, après avoir perdu ses lecteurs, attaquât quelqu'un qui eût quelque réputation, et trouvât par là le moyen de se faire lire, on pourroit peut-être soupçonner que, sous prétexte de sacrifier cette victime à la religion, il la sacrifieroit à son amour-propre.

La manière de critiquer dont nous parlons est la chose du monde la plus capable de borner l'étendue, et de diminuer, si j'ose me servir de ce terme, la somme du génie national. La théologie a ses bornes, elle a ses formules; parce que les vérités qu'elle enseigne étant connues, il faut que les hommes s'y tiennent; et on doit les empêcher de s'en écarter : c'est là qu'il ne faut pas que le génie prenne l'essor : on le circonscrit pour ainsi dire dans une enceinte. Mais c'est se moquer du monde, de vouloir mettre cette même enceinte autour de ceux qui traitent les sciences humaines. Les principes de la géométrie sont très-vrais : mais, si on les appliquoit à des choses de goût, on feroit déraisonner la raison même. Rien n'étouffe plus la doctrine que de mettre à toutes les choses une robe de docteur. Les gens qui veulent toujours enseigner empêchent beaucoup d'apprendre. Il n'y a point de génie qu'on ne rétrécisse, lorsqu'on l'enveloppera d'un million de scrupules vains. Avez-vous les meilleures intentions du monde, on vous forcera vous-même d'en douter. Vous ne pouvez plus être occupé à bien dire quand vous êtes effrayé par la crainte de dire mal, et qu'au lieu de suivre votre pensée vous ne vous occupez que des termes qui peuvent échapper à la subtilité des critiques. On vient nous mettre un béguin sur la tête, pour nous dire à chaque mot :

Prenez garde de tomber; vous voulez parler comme vous, je veux que vous parliez comme moi. Va-t-on prendre l'essor, ils vous arrêtent par la manche. A-t-on de la force et de la vie, on vous l'ôte à coups d'épingle. Vous élevez-vous un peu, voilà des gens qui prennent leur pied ou leur toise, lèvent la tête, et vous crient de descendre pour vous mesurer. Courez-vous dans votre carrière, ils voudront que vous regardiez toutes les pierres que les fourmis ont mises sur votre chemin. Il n'y a ni science ni littérature qui puisse résister à ce pédantisme. Notre siècle a formé des académies; on voudra nous faire rentrer dans les écoles des siècles ténébreux. Descartes est bien propre à rassurer ceux qui, avec un génie infiniment moindre que le sien, ont d'aussi bonnes intentions que lui : ce grand homme fut sans cesse accusé d'athéisme; et l'on n'emploie pas aujourd'hui contre les athées de plus forts argumens que les siens.

Du reste, nous ne devons regarder les critiques comme personnelles que dans les cas où ceux qui les font ont voulu les rendre telles. Il est très-permis de critiquer les ouvrages qui ont été donnés au public, parce qu'il seroit ridicule que ceux qui ont voulu éclairer les autres, ne voulussent pas être éclairés eux-mêmes. Ceux qui nous avertissent sont les compagnons de nos travaux. Si le critique et l'auteur cherchent la vérité, ils ont le même intérêt; car la vérité est le bien de tous les hommes : ils seront des confédérés, et non pas des ennemis.

C'est avec grand plaisir que je quitte la plume. On auroit continué à garder le silence, si, de ce qu'on le gardoit, plusieurs personnes n'avoient conclu qu'on y étoit réduit.

ÉCLAIRCISSEMENS

SUR

L'ESPRIT DES LOIS.

I.

Quelques personnes ont fait cette objection. Dans le livre de l'*Esprit des Lois*, c'est l'honneur ou la crainte qui sont le principe de certains gouvernemens, non pas la vertu ; et la vertu n'est le principe que de quelques autres : donc les vertus chrétiennes ne sont pas requises dans la plupart des gouvernemens.

Voici la réponse : l'auteur a mis cette note au chapitre v du livre troisième : « Je parle ici de la « vertu politique, qui est la vertu morale, dans « le sens qu'elle se dirige au bien général ; fort « peu des vertus morales particulières, et point « du tout de cette vertu qui a du rapport aux vé- « rités révélées. » Il y a au chapitre suivant une autre note qui renvoie à celle-ci ; et aux chapitres ii et iii du livre cinquième l'auteur a défini sa vertu, *l'amour de la patrie*. Il définit l'amour de la patrie, l'*amour de l'égalité et de la frugalité*. Tout le livre cinquième pose sur ces principes. Quand un écrivain a défini un mot dans son ouvrage; quand il a donné, pour me servir de cette expression, son dictionnaire, ne faut-il pas entendre ses paroles suivant la signification qu'il leur a donnée?

Le mot de vertu, comme la plupart des mots de toutes les langues, est pris dans diverses acceptions : tantôt il signifie les vertus chrétiennes, tantôt les vertus païennes; souvent une certaine vertu chrétienne, ou bien une certaine vertu païenne; quelquefois la force; quelquefois, dans quelques langues, une certaine capacité pour un art ou de certains arts. C'est ce qui précède ou ce qui suit ce mot qui en fixe la signification. Ici, l'auteur a fait plus, il a donné plusieurs fois sa définition. On n'a donc fait l'objection que parce qu'on a lu l'ouvrage avec trop de rapidité.

II.

L'auteur a dit, au livre second, chapitre III : « La « meilleure aristocratie est celle où la partie du « peuple qui n'a point de part à la puissance est « si petite et si pauvre que la partie dominante « n'a aucun intérêt à l'opprimer. Ainsi, quand

« Antipater établit à Athènes que ceux qui n'au-
« roient pas deux mille drachmes seroient exclus
« du droit de suffrage [1], il forma la meilleure aris-
« tocratie qui fût possible; parce que ce cens étoit
« si petit, qu'il n'excluoit que peu de gens, et per-
« sonne qui eût quelque considération dans la
« cité. Les familles aristocratiques doivent donc
« être peuple autant qu'il est possible. Plus une
« aristocratie approchera de la démocratie, plus
« elle sera parfaite; et elle le deviendra moins à
« mesure qu'elle approchera de la monarchie. »

Dans une lettre insérée dans le journal de Trévoux, du mois d'avril 1749, on a objecté à l'auteur sa citation même. On a, dit-on, devant les yeux l'endroit cité; et on y trouve qu'il n'y avoit que neuf mille personnes qui eussent le cens prescrit par Antipater; qu'il y en avoit vingt-deux mille qui ne l'avoient pas : d'où l'on conclut que l'auteur applique mal ses citations, puisque, dans cette république d'Antipater, le petit nombre étoit dans le cens, et que le grand nombre n'y étoit pas.

RÉPONSE.

Il eût été à désirer que celui qui a fait cette

[1] Diodore, liv. XVIII, pag. 601, édit. de Rhodoman.

critique eût fait plus d'attention, et à ce qu'a dit l'auteur, et à ce qu'a dit Diodore.

1°. Il n'y avoit point vingt-deux mille personnes qui n'eussent pas le cens dans la république d'Antipater : les vingt-deux mille personnes dont parle Diodore furent reléguées et établies dans la Thrace; et il ne resta pour former cette république que les neuf mille citoyens qui avoient le cens, et ceux du bas peuple qui ne voulurent pas partir pour la Thrace. Le lecteur peut consulter Diodore.

2°. Quand il seroit resté à Athènes vingt-deux mille personnes qui n'auroient pas eu le cens, l'objection n'en seroit pas plus juste Les mots de *grand* et de *petit* sont relatifs : neuf mille souverains dans un état font un nombre immense; et vingt-deux mille sujets dans le même état font un nombre infiniment petit.

FIN DE LA DÉFENSE DE L'ESPRIT DES LOIS.

RÉPONSE
DE M. DE RISTEAU

AUX OBSERVATIONS

SUR L'ESPRIT DES LOIS.

AVERTISSEMENT.

Aussitôt que l'*Esprit des Lois* fut publié, il devint l'objet d'une foule de critiques plus ou moins passionnées. On remarqua seulement de la justesse et de l'impartialité dans les observations du savant Grosley. Il les adressa directement à l'auteur, qui s'empressa de lui répondre. (Voyez sa lettre, 8ᵉ vol., p. 424.)

L'abbé de La Porte essaya de réfuter dans *des feuilles ecclésiastiques* les doctrines de Montesquieu, qui daigna lui répondre et publia la *Défense de l'esprit des Lois*.

Les attaques de l'abbé de La Porte n'étoient que le prélude d'une lourde diatribe en trois vol. in-8°, publiée par Claude Dupin, fermier général. Il n'étoit guère que le prête-nom de deux jésuites, les PP. Plesse et Berthier. On attribuoit la préface à madame Dupin. Montesquieu ne crut pas devoir s'en occuper; mais un de ses jeunes compatriotes, M. de Risteau, publia une *Réponse aux observations* de Claude Dupin. Montesquieu en parle avantageusement dans une de ses lettres à l'abbé de Guasco..... (Voyez les Lettres familières, 8ᵉ vol., p. 474.) Il ne fut tiré qu'un petit nombre d'exemplaires de cette réponse, que l'on a comparée à la *Défense de l'Esprit des Lois*, et qui en est le complément nécessaire. Elle n'a encore été publiée dans aucune édition des œuvres de Montesquieu. Nous nous estimons heureux de pouvoir réparer cette omission, en offrant à nos lecteurs une pièce aussi intéressante et trop peu connue.

(D. F.)

RÉPONSE

AUX OBSERVATIONS

SUR

L'ESPRIT DES LOIS.

———

L'AUTEUR de la brochure qui a pour titre *Observations sur l'Esprit des Lois, ou l'art de lire ce livre, de l'entendre et d'en juger*, a divisé sa critique en cinq articles ; la religion, la morale, la politique, la jurisprudence et le commerce. Je me propose de suivre le même ordre, en répondant à ses objections : ce sera au lecteur à décider si j'aurai réussi.

Avant d'entrer en matière, le critique insiste principalement sur le peu de méthode qui règne dans le livre de l'*Esprit des Lois*. S'il faut l'en croire, *la marche en est irrégulière, et rien n'y est à sa place..... Les plus belles choses y perdent*, dit-il, *de leur prix, parce qu'elles n'y sont pas exposées dans le point de vue qui leur est propre.* Mais ne seroit-ce point que le critique, en quittant la route que lui avoit tracée l'auteur, s'est mis lui-même hors de la portée de *ces belles cho-*

ses? Il s'est formé un plan à sa façon : il a imaginé des titres qui n'ont aucun rapport avec celui du livre [1]; et c'est là-dessus qu'il prétend juger un ouvrage, dont la liaison de toutes les parties, telle que M. de Montesquieu l'a conçue et exécutée, pouvoit peut-être seule répondre aux vues et au but que l'auteur se proposoit en traitant de l'esprit des lois.

Pour procéder avec méthode à l'examen de cet ouvrage, je me garderai bien, dit le critique, *de m'engager dans la route que l'auteur a suivie.* C'étoit pourtant ce qu'il auroit fallu faire, pour en montrer ensuite tous les inconvéniens, et en indiquer une meilleure.

Cet ouvrage, continue l'observateur, *est composé de cinq cent quatre-vingt-treize chapitres, qui ne servent qu'à y répandre de la confusion.* Et pourquoi cela? J'aurois cru, au contraire, qu'une pareille division supposeroit pour le moins, de l'arrangement et de la clarté. L'on n'imagine même pas comment il auroit été possible, sans cela, de traiter méthodiquement une aussi grande quantité de matières, qui n'ont, la plupart, au-

---

[1] *L'Ame du monde*, ou *le Tableau moral de l'univers*. Je demande à l'observateur quel rapport il y a entre ces deux titres; s'il entend ce que c'est que l'âme du monde, et si ce titre n'auroit pas mieux convenu aux ouvrages de Lucrèce, de Spinosa, et autres matérialistes?

cun rapport entre elles, et qui sont toutes susceptibles d'une infinité de distinctions.

Voici une autre observation préliminaire que le critique fait sur le titre du livre de l'*Esprit des Lois*; elle mérite une réponse. *Que signifie ce titre dans le sens de l'auteur?* dit-il [1]; *je n'ai encore trouvé personne qui ait su me le dire. M. de Montesquieu appelle les lois, des rapports qui dérivent de la nature des choses ; l'esprit des lois est donc l'esprit de ces rapports ; cela est-il bien clair ?* A quoi je réponds, que l'auteur dit que les lois, dans la signification la plus étendue, sont les *rapports nécessaires* qui dérivent de la nature des choses; et il explique, quelques pages plus loin, le titre de son livre, par ces mots : «Cet *Esprit des Lois* consiste dans les divers rapports que les lois doivent avoir avec diverses choses.» Il me semble qu'il seroit bien difficile de donner une définition plus claire, et que si le lecteur n'est pas au fait, ce n'est pas la faute de l'auteur.

[1] Page 10 de l'ouvrage cité.

ARTICLE PREMIER.

De la religion.

OBSERVATION.

1°. L'auteur de l'*Esprit des Lois* a dit que la religion, en général, a plus de force et plus d'influence dans les états despotiques, que dans les monarchies. « Dans ces premiers, dit-il, on aban-
« donnera son père, on le tuera même si le
« prince l'ordonne; mais on ne boira point de
« vin s'il le veut et s'il l'ordonne, etc. »

Sur quoi le critique fait cette observation [1] :
« L'auteur suppose lui-même ici une chose fausse;
« savoir, que la religion qui interdit l'usage du
« vin, ne réprouve pas aussi le parricide..... » Et plus bas : « N'est-ce pas une chose singulière,
« qu'on fasse principalement consister la loi de
« Mahomet à s'abstenir du vin ?

RÉPONSE.

L'auteur connoît trop bien les principes de toutes les religions, pour supposer rien qui y soit aussi contraire; mais on n'ignore pas combien le peuple est attaché à certaines menues pratiques,

---

[1] Pages 16 et 17.

et même à certaines coutumes, par préférence aux devoirs principaux de la religion [1]. L'on sait aussi le pouvoir sans borne que donne la loi de Mahomet aux empereurs turcs sur la vie de leurs sujets. Il pourroit donc se trouver tel mahométan, qui croiroit accomplir la loi, et faire une œuvre méritoire en ôtant la vie à son père, dès que ce seroit par ordre du sultan, qui ne se résoudroit pas à boire du vin sur un pareil ordre, parce qu'il ne paroît par aucun précepte de la loi, que l'empereur ait le droit d'abroger ou de suspendre celle qui défend le vin aux sectateurs de Mahomet; au lieu qu'il est incontestable, suivant tous les principes de la religion des Turcs, que leur souverain a droit de vie et de mort sur tous ses sujets, et que ceux-ci se font, en général, un devoir et une gloire de s'y soumettre.

OBSERVATION [2].

2°. *Le critique continue.* Sur quoi, dit-il, se fonde l'auteur lorsqu'il prétend que la religion a plus de force dans les états despotiques que dans les monarchies ?..... Dans un état où l'on ne ménage rien, où l'on abuse de tout, on ne respecte pas

---

[1] Quelle peine n'eut pas le czar Pierre Ier, tout puissant et tout despote qu'il étoit, pour obliger les Moscovites à se défaire de leur barbe? Les prêtres leur en faisoient un cas de conscience.

[2] Page 17.

plus la religion que tout le reste; dans les monarchies, au contraire, on a pour les lois du respect et de la soumission; à plus forte raison en aura-t-on aussi pour la religion, qui est la première et la plus respectable de toutes les lois.

RÉPONSE.

L'auteur a dit ailleurs : Si la religion a ordinairement tant de force dans les états despotiques, c'est qu'elle forme une espèce de dépôt ou de permanence; et j'ajoute que la religion a plus de force dans les états despotiques que dans les monarchies; parce que, dans les premiers, le despote ne connoissant que la religion au-dessus de sa volonté, c'est un grand frein pour le retenir, surtout lorsque le peuple est ignorant et superstitieux, et par cela même capable de tout contre qui voudroit violer ce sacré dépôt; il sent dans cette affreuse constitution, qu'il n'y a que la religion qui puisse combattre pour lui dans le cœur du tyran; la moindre violation des rites sacrés lui présage les excès de tous les maux, et ne lui laisse d'autre ressource qu'une prompte révolte. « Le roi de Perse est le chef de la religion, dit « M. de Montesquieu [1]; mais l'Alcoran règle la « religion; l'empereur de la Chine est le souverain

---

[1] Esprit des Lois, liv. XXV, chap. VIII.

« pontife; mais il y a des livres qui sont entre les
« mains de tout le monde, auxquels il doit lui-
« même se conformer : en vain un empereur vou-
« lut-il les abolir, ils triomphèrent de la tyrannie. »

La religion est donc la seule chose dont on n'abuse point dans le gouvernement despotique; l'auteur ne dit nulle part qu'elle ne soit également respectée dans la monarchie, et qu'elle ne doive l'être; mais il dit qu'elle y a moins de force, c'est-à-dire moins d'influence sur ce qui regarde le gouvernement : cela se comprendra sans peine, si l'on fait attention, que dans la monarchie, les lois, l'honneur, la distinction des rangs, les différens tribunaux, les priviléges accordés aux divers états, etc., sont autant de moyens pour le prince, et de ressources pour les sujets qui suppléent, en grande partie, à ce que la religion exigeroit des uns et des autres, pour le maintien de la constitution dans un gouvernement privé de tous ces avantages, tel qu'est un état purement despotique.

C'est peut-être cette différence qui a fait dire à l'auteur qu'un courtisan se croiroit ridicule, dans une monarchie, d'alléguer au prince les lois de la religion : sur quoi le critique cite de beaux vers d'Athalie [1]; mais il ne faut que connoître les

---

[1] Page 19.

cours, pour convenir de ce que dit ici M. de Montesquieu. Racine n'avoit certainement pas puisé le caractère d'Abner chez les courtisans de son temps, qui sont encore les mêmes aujourd'hui ; et quand il s'en trouveroit quelques-uns sur le nombre, capables d'un pareil héroïsme en faveur de leur religion, cela pourroit-il faire règle ?

OBSERVATION [1].

3°. S'il est vrai que ce soit à la religion, dit le critique, à adoucir et à tempérer le pouvoir arbitraire, bien loin de conclure, comme fait l'auteur, que le mahométisme soit plus convenable que l'Évangile au gouvernement despotique, je tire une conséquence toute contraire ; et je dis que c'est la religion chrétienne qui convient mieux que l'autre à la dureté de ce gouvernement..... C'est une façon bien singulière de tempérer le pouvoir excessif du despotisme, que de lui mettre en main un nouveau moyen de satisfaire sa barbarie.

RÉPONSE.

Si le but de l'auteur avoit été d'examiner quelle est la religion qui convient le mieux pour adoucir la rigueur du despotisme de la mahométane, ou de la chrétienne, l'observation du critique

[1] Page 22.

seroit fondée ; mais M. de Montesquieu a seulement voulu dire que cette première s'accordant mieux avec les principes reçus dans un pays déjà despotique, et qu'on veut conserver tel, cette religion convient à ce pays, et peut contribuer mieux que tout autre à en maintenir le gouvernement ; le christianisme, au contraire, seroit plus propre à l'affoiblir par la douceur de ses préceptes. « La religion chrétienne, dit-il, est éloignée « du pur despotisme ; c'est que la douceur étant « si recommandée dans l'Évangile, elle s'oppose « à la colère despotique avec laquelle le prince se « feroit justice et exerceroit ses cruautés. »

Quand M. de Montesquieu donne à la religion mahométane un caractère de sévérité, ce n'est que relativement à la façon dont elle s'est établie, et dont elle se maintient, et par comparaison avec la religion de Jésus-Christ, la plus douce de toutes celles qui ont été prêchées aux hommes.

4°. Sur ce que l'auteur a dit que la religion protestante convient mieux aux peuples du Nord et aux républiques ; et la catholique, à ceux du Midi, et au gouvernement d'un seul : en quoi il s'étaie de bonnes raisons, et, ce qui vaut encore mieux, de l'expérience ; le critique s'échauffe, comme si M. de Montesquieu avoit voulu établir que ces religions sont absolument nécessaires ou essentielles à ces différens climats, ou à ces différens gouvernemens. Mais il ne faut que voir les propositions de l'auteur dans l'ouvrage même, pour comprendre qu'il n'a point prétendu donner de règle fixe sur une matière qui n'en souffre point; il a seulement examiné quelle est la religion qui a le plus d'analogie avec les divers climats ou les divers gouvernemens.

Le critique nous apprend à propos de cela [1], « que si les pays du Nord sont devenus luthé-
« riens, si ceux du Midi sont restés catholiques,
« si une partie de la Suisse est devenue calviniste,
« c'est *uniquement* parce que Luther et Calvin ont
« prêché leur doctrine en Suisse et en Allemagne,
« et qu'ils n'ont point pénétré vers le midi de
« l'Europe. »

Ne diroit-on pas que tous les peuples qui furent à portée de connoître les nouvelles opinions de ces deux réformateurs, les adoptèrent? Mais j'aimerois autant que, pour m'expliquer pourquoi les jours sont plus longs dans certaines saisons ou dans certains climats que dans d'autres, l'on m'assurât que cela vient de ce que le soleil se lève plus tôt et se couche plus tard, sans me donner d'autre cause physique de ce phénomène. « Luther, dit le critique, étoit un Allemand, et
« Calvin un Français réfugié en Suisse : l'un est

---

[1] Page 27.

« resté dans son pays parce qu'il y trouvoit de la
« protection; l'autre a quitté le sien, parce qu'il
« n'y trouvoit point de sûreté. » Mais pourquoi ces
deux hommes ont-ils trouvé de la protection en
Suisse et en Allemagne? pourquoi les souverains
et les peuples de ce pays-là ont-ils été si fort dis-
posés à embrasser leurs opinions? et pourquoi ne
seroit-il pas permis à un philosophe d'examiner si le climat ou le gouvernement n'ont point
eu de part au grand empressement avec lequel
les uns et les autres se sont prêtés à cette révolution ?

5°. Le critique convient ensuite que des peuples accoutumés à l'indépendance, tels que des
républicains, doivent mieux s'accommoder de la
religion protestante que de la catholique; mais
c'est pour en tirer une conséquence tout-à-fait
opposée à un des principes de l'auteur. « Car,
« dit-il [1], s'il est vrai que la religion la plus com-
« mode est celle qui s'accorde le mieux avec le
« gouvernement le plus libre, il faut que *l'auteur*
« convienne nécessairement que l'état le plus des-
« potique doit être aussi le plus disposé à recevoir
« la religion la plus gênante, la plus contraire à
« nos plaisirs, la moins conforme à nos goûts, à
« nos penchans, à nos inclinations, en un mot, la

[1] Page 30.

« religion chrétienne. Cette connoissance, comme
« on voit, combat directement les principes qu'il
« a avancés plus haut; savoir, *que le gouvernement*
« *modéré convient mieux à la religion chrétienne*,
« *et le gouvernement despotique à la mahomé-*
« *tane.* »

A cela, je réponds que le raisonnement du critique porte à faux; car le rapport qu'il peut y avoir entre le gouvernement et la religion, en pareille hypothèse, ne sauroit tomber que sur ce qui regarde les cérémonies, la discipline ou la morale : or, si la religion protestante est plus commode pour les deux premiers points, l'on est assez d'accord que sur le dernier elle ne diffère en rien de la catholique; il suit donc que, si la religion protestante convient mieux aux républiques, ce ne peut être que parce que la hiérarchie de l'église s'y trouve plus conforme aux principes du gouvernement civil, ou, pour me servir des termes de l'auteur, « c'est parce qu'une religion qui n'a
« point de chef visible, convient mieux à l'indépen-
« dance des *républiques* que celle qui en a un. »

Quant à la religion chrétienne, en général, considérée par opposition à la mahométane, qui peut disconvenir que celle-ci ne soit réellement plus gênante dans la pratique extérieure, par le grand nombre de cérémonies dont elle est chargée, par le retour des prières à différentes heures du jour, par les ablutions dont personne ne se dispense, etc.? La religion de Jésus-Christ au contraire, toute spirituelle, n'est gênante qu'en ce qui regarde l'homme intérieur; elle sert à reprimer ses passions et ses désirs déréglés : or, cela ne peut influer sur le gouvernement que pour rendre les sujets meilleurs, et les souverains plus modérés ; ce qui s'accorde parfaitement avec les principes de l'auteur, bien loin d'y être contraire.

OBSERVATION [1].

« 6°. L'auteur prétend, dit le critique, que
« c'est le climat qui a prescrit des bornes à la re-
« ligion chrétienne et à la religion mahométane;
« qu'il n'y a que les pays que ces deux religions
« occupent actuellement qui leur conviennent à
« l'une et à l'autre, et que partout ailleurs elles ne
« pourroient pas subsister long-temps.

RÉPONSE.

Je ne crois pas que l'auteur ait rien dit de semblable. Il ne dit pas même que l'ancienne religion s'accorde toujours avec le climat, et que la nouvelle s'y refuse toujours; mais il dit que cela arrive *souvent, et qu'humainement parlant, il semble* que le climat a prescrit des bornes à la religion

[1] Page 17, il faut remonter à la page 36 de la brochure.

chrétienne et à la mahométane. Le critique trouve-t-il que ces mots *souvent*, *humainement parlant*, *il semble*, n'apportent aucune espèce de modification ou d'adoucissement à la chose ?

OBSERVATION [1].

7°. Sur ce que l'auteur a dit que l'opinion de la métempsychose est faite pour le climat des Indes, où l'excessive chaleur brûle toutes les campagnes, et où l'on ne peut nourrir que très-peu de bétail, etc.; le critique fait cette observation : « Py-« thagore, qu'on regarde comme le premier au-« teur du sentiment de la métempsycose, ne « pensoit peut-être guère à tout cela, lorsqu'il a « mis au jour son opinion ; de même que Moïse « ne songeoit guère non plus à la santé de ses « frères, lorsqu'il leur défendit de manger du « cochon.

RÉPONSE.

Pythagore n'est point l'inventeur de la métempsychose ; il l'avoit prise des Égyptiens, selon ce qu'on peut inférer d'un passage d'Hérodote [2] ; et il y a

---
[1] Page 42.

[2] Les Égyptiens..... ont été les premiers qui ont soutenu que l'âme..... étoit immortelle, mais.... qu'étant sortie du corps d'un homme mort, elle rentre dans celui de quelque animal.... Néanmoins quelques Grecs, dont je sais les noms, et que je ne crois

tout lieu de penser que cette opinion, qui subsiste encore parmi les Indiens, y étoit reçue long-temps avant que Pythagore n'existât.

Mais, quand ce philosophe en seroit le premier auteur, on auroit toujours droit de conclure que la métempsycose convient mieux au climat des Indes, puisqu'elle y dure encore; au lieu qu'elle a fait bien peu de progrès, et qu'elle a été bientôt oubliée dans les lieux où elle a pris naissance.

La défense qui fut faite aux Juifs par Moïse ou plutôt par *la Sagesse éternelle*, de manger du cochon, étoit aussi très-conforme à la nature du climat, s'il est vrai, comme on l'assure, que cet animal engendre les maladies de la peau, auxquelles les peuples de l'Égypte et de la Palestine étoient fort sujets.

OBSERVATION [1].

8°. Je reprends le livre de l'*Esprit des Lois*, dit le critique. Voici encore ce que j'y trouve : « Il « n'est presque pas possible que le christianisme « s'établisse jamais à la Chine; les vœux de virgi- « nité, les assemblées des femmes dans les églises, « leur communication avec les ministres de la re-

---

pas qu'il soit besoin de nommer, se sont attribué cette opinion. Hérodote, liv. I, pag. 308, de la traduction de Duryer.

[1] Page 42.

« ligion, leur participation aux sacremens, la con-
« fession auriculaire, l'extrême-onction, le ma-
« riage d'une seule femme; tout cela renverse les
« mœurs et les manières du pays, et frappe en-
« core du même coup sur la religion et sur les
« lois. La religion chrétienne, par l'établissement
« de la charité, par un culte public, par la parti-
« cipation aux mêmes sacremens, semble deman-
« der que tout s'unisse; les rites des Chinois
« semblent ordonner que tout se sépare. »

Sur quoi l'observateur assure, « *que la princi-*
« *pale raison* qui empêche le christianisme de faire
« de grands progrès à la Chine, c'est que ces peu-
« ples se regardant comme supérieurs à tous les
« autres, ils ne sauroient croire, dit-il, qu'il y ait
« sur la terrre de nations plus sages, plus ancien-
« nes et plus éclairées qu'eux. Dans cette persua-
« sion, ils font très-peu de cas de tout ce que nos
« missionnaires leur racontent de notre religion...
« On leur dit, par exemple, qu'il n'y a que six
« mille ans que Dieu a créé l'univers; et l'histoire
« de leur empire remonte dix fois plus haut. »

RÉPONSE.

Cette considération peut avoir un certain poids;
mais celles de l'auteur en sont-elles moins solides?
Et comment le critique sait-il que la raison qu'il
allègue ici est la *principale*, et que celles que donne

M. de Montesquieu n'entrent pour rien dans l'aversion des Chinois pour le christianisme?

Ne pourroit-on pas dire, au contraire, que les obstacles que l'auteur indique sont d'autant plus forts, qu'ils affectent toute la nation à la fois, en renversant ses lois et ses usages : au lieu que les motifs que le critique prête aux Chinois ne sont à la portée que de quelques personnes éclairées, qui font le petit nombre à la Chine ainsi qu'ailleurs?

Mais voici une objection d'une bien plus grande conséquence.

OBSERVATION [1].

9°. Je finis, dit le critique, ce premier article par deux propositions que je tire de ce livre. Elles n'ont pas un rapport bien direct avec le climat ; mais elles renferment des contradictions qu'il n'est pas possible de dissimuler.

1°. « La religion chrétienne, dit l'auteur, veut « que chaque peuple ait les meilleures lois politi- « ques et les meilleures lois civiles. »

2°. Lorsque l'état est satisfait d'une religion « déjà établie, ce sera une très-bonne loi civile de « ne point y souffrir l'établissement d'une autre. »

De ces deux propositions, je forme un raisonnement tout simple ; le voici :

[1] Page 44.

La religion chrétienne veut que chaque peuple ait les meilleures lois civiles; or, est-il que c'est, selon l'auteur, une très-bonne loi civile de ne pas souffrir à Constantinople, par exemple, d'autre religion que celle de Mahomet, puisque l'état en est satisfait. Donc, pour obéir à la religion chrétienne, il faut être mahométan à Constantinople. Il n'y a point là-dedans de théologie; c'est de la logique toute pure[1].

RÉPONSE.

Pour renverser ce subtil syllogisme, et faire disparoître ce que la conséquence a d'odieux, il ne faut que lire la première proposition telle quelle est dans l'ouvrage; la voici: « La religion
« chrétienne, qui ordonne aux hommes de s'ai-
« mer, veut sans doute que chaque peuple ait les
« meilleures lois politiques et les meilleures lois
« civiles, parce qu'elles sont après elle le plus
« grand bien que les hommes puissent donner et
« recevoir. » Sur quoi l'on dit dans la *Défense de l'Esprit des Lois*: « Si donc la religion chrétienne
« est le premier bien, et les lois civiles le second,
« il n'y a point de lois politiques et civiles dans

---

[1] Le syllogisme du critique n'est point en forme, puisque la majeure est fausse, et que d'ailleurs il argumente du meilleur au très-bon; ce qui est bien différent.

« un état qui puissent ou qui doivent y empêcher « l'entrée de la religion chrétienne. » Je crois que cette logique-là vaut bien celle du critique.

Quant à la seconde proposition, qui peut douter que, dans le système turc, par exemple, ce ne soit une bonne loi que d'empêcher à Constantinople l'établissement de toute autre religion que de celle de Mahomet? Faut-il pour cela crier à l'impiété? L'auteur ne s'est-il pas expliqué qu'il n'entend parler que des religions de la terre, et non de celle qui a sa racine dans le ciel? Celle-ci n'a pas besoin de secours étranger, ni de la protection des princes pour se maintenir ou s'étendre. « Elle traverse, quand elle veut, les mers, les « rivières et les montagnes.... Elle triomphe du « climat, des lois qui en résultent, et des législa- « teurs qui les auront faites [1]. »

OBSERVATION [2].

Proposition de l'auteur.

10°. « Sur le caractère de la religion chrétienne « et celui de la mahométane, l'on doit, sans autre « examen, embrasser l'une et rejeter l'autre. »

Voilà donc qu'on veut actuellement, dit le critique, que l'on rejette la religion mahométane;

[1] Défense de l'Esprit des Lois.

et il n'y a qu'un moment qu'on nous disoit qu'il étoit très-bon de la conserver. Mais ce n'est pas encore là sans doute le dernier mot de l'auteur ; suivons-le, et je suis persuadé qu'il se ravisera ; justement, car voici qu'il change de sentiment : « Quand on est maître de recevoir dans un état « une religion, ou de ne la pas recevoir, il ne faut « pas l'y établir. » On ne doit donc plus, par conséquent, sur le caractère de la religion chrétienne, l'embrasser *sans autre examen*, puisqu'il y a des occasions où, malgré son caractère, il ne faut pas la recevoir, si on en est le maître.

RÉPONSE.

Les deux préceptes de l'auteur ne sont en contradiction qu'en apparence. Il exprime dans l'un son sentiment sur le caractère de la religion chrétienne, et le parti qu'il croit qu'un homme de jugement doit prendre en l'examinant, par opposition à la mahométane. Le second précepte est un principe de politique pour ceux qui gouvernent les états, principe que l'histoire et l'expérience générale de tous les temps démontrent être vrai, sauf le cas où il s'agiroit de l'introduction de la religion chrétienne qui est le premier bien.

Au reste, je crois devoir rappeler ici ce que dit l'auteur au premier chapitre du vingt-quatrième livre de l'*Esprit des Lois*..... « Comme dans cet

« ouvrage, dit-il, je ne suis point théologien, mais
« écrivain politique, il pourroit y avoir des choses
« qui ne seroient entièrement vraies que dans une
« façon de penser humaine, n'ayant point été
« considérées dans le rapport avec des vérités
« plus sublimes. Il ne faudra que très-peu d'équité
« pour voir que je n'ai jamais prétendu faire cé-
« der les intérêts de la religion aux intérêts poli-
« tiques; mais les unir : or, pour les unir, il faut
« les connoître. »

ARTICLE SECOND.

De la morale.

OBSERVATION [1].

1°. La vertu, selon M. de Montesquieu, dit le critique, n'est pas une chose nécessaire dans tous les gouvernemens ni dans tous les pays. Il est vrai qu'il faut en avoir dans une république; mais dans une monarchie on n'en a que faire; et elle seroit dangereuse dans le gouvernement despotique. Ainsi, ce qui, à La Haye, peut faire un bon citoyen, n'en feroit qu'un fort mauvais à Paris, et un plus mauvais encore à Constantinople.

[1] Page 50.

RÉPONSE.

La définition que l'auteur donne de la vertu le justifiera de l'imputation d'avoir voulu la bannir de tout état gouverné par un monarque ou un despote, puisqu'il dit qu'on peut définir cette vertu l'*amour des lois et de la patrie.* Or, il me semble qu'il ne faudroit pas faire une grande dépense en dialectique pour démontrer que la vertu, prise dans ce sens-là, n'est point essentielle à tous les sujets d'un gouvernement monarchique, et qu'elle seroit tout au moins inutile dans le despotique; car, ainsi que le dit l'auteur : « Pourquoi, « dans le gouvernement despotique, l'éducation « s'attacheroit-elle à former un bon citoyen qui « prît part au malheur public? S'il aimait l'état, « il seroit tenté de relâcher les ressorts du gouver-« nement; s'il ne réussissoit pas, il se perdroit; « s'il réussissoit, il courroit risque de se perdre, « lui, le prince et l'empire. »

Je crois donc qu'on peut admettre jusqu'à un certain point la conséquence ironique de l'auteur des Observations; et que, généralement parlant, ce qui peut faire un bon citoyen à La Haye, n'en feroit qu'un fort mauvais à Paris, et un plus mauvais encore à Constantinople. Il ne faut qu'avoir une légère idée de ce que peut l'éducation sur les hommes, et de la différence des principes qu'on reçoit dans ces divers états, pour convenir de cette vérité. Tout ne respire que liberté dans les républiques; la monarchie demande l'obéissance; le despotisme ne veut et ne connoît que des esclaves. Y a-t-il apparence qu'un homme qui se conduiroit par les principes du premier de ces gouvernemens, vécût tranquillement dans les deux autres, et surtout dans le dernier?

OBSERVATION [1].

2°. Ici l'on rassemble diverses propositions de l'auteur, qu'on peut voir page 51 de la brochure, et l'on en fait ensuite la critique en deux mots : « Tout ceci, comme on voit, dit l'*observateur*, « tient beaucoup du paradoxe; et, pour peu qu'on « veuille se donner la peine d'y réfléchir, on sentira bientôt la fausseté de toutes ces propositions. »

RÉPONSE.

Toute règle générale, donnée sur une matière qui exige des détails, tiendra toujours du paradoxe, quand elle sera présentée seule, sans l'appui de ce qui la suit ou de ce qui la précède. C'est ce qu'avoit prévu l'auteur, lorsqu'il a dit dans sa préface : « Je demande une grâce, c'est qu'on ap-

[1] Page 52.

« prouve ou qu'on condamne le livre en entier,
« et non pas quelques phrases. » Ses principes sont
vrais en général; et peut-être que le critique auroit été bien embarrassé d'en faire voir la fausseté.
Mais, sur de pareilles matières, on ne peut point
donner de règle qui ne soit sujette à mille exceptions dépendantes des diverses circonstances.
L'auteur en a marqué un grand nombre, et c'est
au lecteur à suppléer au reste. M. de Montesquieu
ne pouvoit entrer dans de pareils détails, sans se
jeter dans une prolixité à charge à lui-même et à
ses lecteurs; car, pour me servir de ses termes,
Qui pourroit tout dire sans un mortel ennui? Eh!
qui pourroit tout lire sans un mortel ennui?

OBSERVATION [1].

3°. Si la vertu, dans une république, est l'amour de la république, la vertu, dans une monarchie, est donc aussi l'amour de la monarchie; la
vertu, dans le gouvernement despotique, est donc
aussi l'amour du despotisme : or, je prétends que
l'amour du despotisme et de la monarchie est aussi
nécessaire pour que ces deux gouvernemens se
soutiennent, qu'il est nécessaire d'aimer la république, pour que la république subsiste.

[1] Page 54.

RÉPONSE.

Il est vrai que l'auteur a dit que, « dans une « république, la vertu est une chose très-simple, « c'est l'amour de la république. » Il a dit aussi ailleurs que « cet amour renferme celui des lois « et de la patrie, le désir de la vraie gloire, le re- « noncement à soi-même, le sacrifice de ses plus « chers intérêts, et toutes les vertus héroïques « que nous trouvons dans les anciens, » et qu'on n'a jamais cherchées dans les monarchies, et encore moins dans un état despotique : dans ce dernier surtout, la première vertu est l'obéissance au souverain, sans autre considération pour le bien ou le mal qui en peuvent résulter pour la patrie. L'auteur est donc fondé à définir la vertu dans une république, *l'amour de la république*, puisque c'est, pour ainsi dire, son caractère distinctif, en ce que chacun y tend au bien général, sans autre motif que l'amour de la patrie; mais le critique ne l'est point dans la conséquence qu'il en tire, que la vertu dans une monarchie doit être aussi l'amour de la monarchie, et dans le gouvernement despotique, l'amour du despotisme : les plus belles actions y partent rarement d'une source aussi pure. Quelle différence des Romains du temps de la république à ces mêmes Romains sous les empereurs! Qu'étoit devenu alors cet esprit de patriotisme qui les avoit guidés jusque là dans toutes leurs actions? Les Décius qui se dévouent pour la patrie, un Fabricius qui refuse, quoique dans la misère, les présens du roi d'Épire, auprès duquel il étoit ambassadeur, et qui n'exigeoit rien de lui contre son devoir, ont ils eu beaucoup d'imitateurs dans les pays gouvernés par le pouvoir arbitraire? L'histoire fournit au contraire de fameux exemples de pareil héroïsme dans les républiques. L'on peut donc avancer, sans crainte d'en trop dire, que, dans les monarchies, les plus belles actions n'ont ordinairement d'autre source que l'espoir des récompenses, le desir de s'avancer, un certain point d'honneur, fruit de l'éducation, ou un attachement personnel pour le prince. Dans les états despotiques, chacun y fait son devoir plus par la crainte du châtiment que par aucun autre motif. Ce n'est donc, comme le prétend le critique, ni l'amour de la monarchie, ni celui du despotisme, qui constituent la vertu des citoyens dans l'un et l'autre de ces états; mais, s'ils sont bien administrés, ils peuvent subsister, et subsistent réellement sans cette vertu. Le monarque se conforme aux lois de l'état; il tire parti de l'ambition et de l'industrie de ses peuples; il s'attache à rendre l'empire et l'obéissance faciles : le despote, au contraire, tient sans cesse le glaive suspendu sur la tête de tous ses sujets, qui ne lui sont pas moins soumis, quoiqu'ils détestent sa tyrannie ; car, pour obéir, il n'est pas nécessaire d'aimer, il suffit de craindre. De ce qu'une troupe d'esclaves obéit à un maître dur et inflexible, il ne s'ensuit pas que ces malheureux aiment la servitude.

OBSERVATION [1].

4°. Je dis que par vertu l'auteur entend ce dont la privation fait les malhonnêtes gens : ce qui le prouve, c'est qu'après qu'il a fait un portrait affreux des courtisans, il ajoute : « Or, il est très-« malaisé que les principaux d'un état soient mal-« honnêtes gens, et que les inférieurs soient gens « de bien ; que ceux-là soient trompeurs, et que « ceux-ci consentent à n'être que dupes. Tant il « est vrai que la vertu n'est pas le ressort du gou-« vernement monarchique. »

Voilà donc l'auteur de l'*Esprit des Lois* qui déclare que, par le mot de *vertu*, il entend uniquement l'amour de l'état, et qui, dans le même endroit, lui donne une signification toute différente ; le voilà donc, par conséquent, en contradiction avec lui-même.

[1] Page 5.

RÉPONSE.

Quel que soit le portrait des courtisans, s'il est très-souvent ressemblant, ce ne sera pas la faute du peintre.

L'auteur dit dans une note : Je parle de la vertu politique, « qui est la vertu morale, dans le sens « qu'elle se dirige au bien général, *fort peu des* « *vertus morales particulières* : » donc il ne les exclut pas tout-à-fait. Je crois aussi qu'on peut lui accorder que la vertu politique, dans le sens qu'elle se dirige au bien général, suppose des qualités dont la privation fait les malhonnêtes gens, les fourbes, les trompeurs, etc.

Mais il me semble que j'ai fait voir plus haut très-clairement que l'auteur n'explique le mot de *vertu* par *amour de la patrie et de l'état*, qu'en faveur du gouvernement républicain, et qu'il en exclut formellement tous les autres; ainsi, puisqu'il s'agit de ce qui se passe dans une monarchie, il n'y a plus de contradiction.

OBSERVATION [1].

5°. Quoi, parce que je vis dans une monarchie, dit le critique, je ne dirai la vérité que pour paroître libre, tandis que, dans une république,

[1] Page 60.

qui est un état plus libre, et où, par conséquent, on doit être jaloux de faire paroître sa liberté, on ne dira la vérité que par amour pour elle ? Pour moi, à ne considérer que la nature du gouvernement, je tirerois une conséquence bien différente.

RÉPONSE.

N'est-on pas libre dans une république? Qu'a-t-on besoin d'*être jaloux de faire paroître sa liberté ?* Si l'on y dit la vérité, ce n'est que par pur amour pour elle, puisque chacun en peut faire autant; mais, dans une monarchie, où l'on veut de la circonspection, celui qui ose dire certaines vérités ne peut pas manquer de s'y distinguer, et n'a souvent pas d'autre motif.

OBSERVATION [1].

6°. La politesse est donc le plus sûr, et peut-être même l'unique moyen de se distinguer dans les républiques : c'est donc dans les républiques aussi, plutôt que dans les monarchies, que l'envie de se distinguer est le principe de la politesse, etc.

[1] Page 63. Il faut remonter à la page 61, etc.

RÉPONSE.

Tout ce que le critique dit ici et précédemment se trouve par malheur contredit par l'expérience. Qu'il fasse un petit voyage en Suisse et en Hollande, il conviendra qu'on n'y a pas toute la politesse qu'on trouve en France. Les Romains n'ont commencé à être polis que sur le déclin de la république, et quand ils ont eu des maîtres. L'auteur dit que, dans les monarchies, on n'est poli que par orgueil et par envie de se distinguer : cela se comprend aisément. Les cours sont le centre de la politesse; ce goût se communique des courtisans aux nobles, et ensuite au peuple : chacun s'imagine participer à la grandeur, en affectant les manières des grands. « Dans un pareil gouverne-« ment, nous nous sentons flattés, dit l'auteur, « d'avoir des manières qui prouvent que nous ne « sommes pas dans la bassesse, et que nous n'a-« vons pas vécu avec cette sorte de gens que l'on « a abandonnés dans tous les âges. » *Mais*, dit l'observateur, *les citoyens d'une république n'ont-ils pas aussi cela de commun avec tous les autres peuples de l'univers ?* A cela je réponds que, dans une république, où tous les citoyens naissent dans l'égalité, où ils reçoivent à peu près la même éducation, où le fils du premier magistrat se trouve souvent confondu avec les moindres citoyens, en un mot, où la naissance ne donne presque aucune prérogative, il ne serviroit de rien d'affecter cette politesse qui est naturelle aux grands; au contraire, ce seroit peut-être le moyen de reculer. Le peuple demande, dans une pareille constitution, quelque chose de plus dans ceux qui prétendent à ses suffrages, et il se trompe rarement dans le choix qu'il en fait : il veut des talens, des services, des vertus, et surtout cette vertu distinctive que l'auteur désigne par l'amour des lois et de la patrie. Il faut encore que le critique distingue la politesse d'avec l'affabilité. Un homme vain et haut avec ses égaux peut être affable avec ses inférieurs et souple avec ses supérieurs par des vues d'intérêt. Cette première disposition se trouve dans les républiques, où l'on a besoin des suffrages du peuple. La seconde est commune dans les monarchies, où l'on cherche la protection des grands; mais ce n'est point là ce qui constitue la véritable politesse. D'ailleurs, l'une et l'autre de ces dispositions ne sont applicables qu'à des cas particuliers, et ne sauroient former de règle générale.

OBSERVATION [1].

7°. Mais, si le peuple ne dit la vérité que par amour pour elle, il s'ensuit donc toujours, dans les principes de l'auteur, que le reste de l'état en fait de même. Pourquoi cela? On va nous le dire, ou plutôt on nous l'a déjà dit: « C'est qu'il est « malaisé que les principaux d'un état soient mal- « honnêtes gens, et que les inférieurs soient gens « de bien ; que ceux-là soient trompeurs, et que « ceux-ci consentent à n'être que dupes. »

RÉPONSE.

Ce qu'on a dit plus haut fait voir que le critique a mal interprété l'auteur dans cet endroit; mais, sans cela, je crois qu'il suffiroit, pour répondre à son objection, de lui faire observer qu'il n'est pas juste de confondre avec tout le peuple les inférieurs des principaux d'un état.

OBSERVATION [2].

8°. Les femmes, en Asie et dans tous les pays extrêmement chauds, sont retenues par leurs maris dans une espèce de servitude domestique :

---

[1] Page 66.
[2] Page 70.

et voici la raison que l'auteur en apporte : « Dans
« ces pays-là, les femmes sont nubiles à huit,
« neuf et dix ans; ainsi l'enfance et le mariage
« y vont presque toujours ensemble. Elles sont
« vieilles à vingt. La raison ne se trouve donc
« jamais avec la beauté. Quand la beauté demande
« l'empire, la raison le fait refuser; quand la rai-
« son pourroit l'obtenir, la beauté n'est plus. Les
« femmes doivent donc être dans la dépendance;
« car la raison ne peut leur procurer dans leur
« vieillesse un empire que la beauté ne leur avoit
« pas donné dans la jeunesse même. » Jusqu'ici
l'auteur a très-bien dit, mais il tire ensuite de là
une conséquence qui paroîtra singulière. *Il est
donc très-simple*, conclut-il, *qu'un homme, lorsque la religion ne s'y oppose pas, quitte sa femme
pour en prendre une autre, et que la polygamie
s'introduise*. Il est sans doute très-simple de quitter une femme laide pour en prendre une jolie,
mais cela ne vient point de la chaleur du climat;
c'est l'effet d'un penchant qui est naturel chez tous
les hommes, de quelque pays qu'ils soient. Si on
avoit dit seulement que dans les pays chauds on
est plus porté à l'incontinence que dans les pays
froids ou tempérés, et que de là on eût inféré
qu'une religion qui permet d'avoir plusieurs
femmes devoit s'y établir plus aisément que partout ailleurs, ce raisonnement eût paru juste.

Mais de prétendre que la polygamie s'est introduite parce que les femmes n'y sont jamais belles et raisonnables tout à la fois, en vérité ce n'est point conclure selon les règles de la bonne logique, surtout lorsqu'on ajoute qu'on *quitte sa femme* pour en épouser une autre. Si, en prenant une nouvelle épouse, on conservoit l'ancienne, cela seroit tout différent, et le raisonnement prouveroit à merveille; voici comment. Dans les pays chauds, jamais la raison et la beauté ne se trouvent rassemblées dans la même personne; il est naturel cependant que les hommes, également touchés de l'une et de l'autre, tâchent de les réunir dans leurs maisons. Il faut donc pour cela qu'ils épousent plusieurs femmes, et qu'en prenant les belles, ils conservent les raisonnables. Voilà la polygamie; mais on nous dit expressément qu'on *quitte sa femme* pour en prendre une autre; ce n'est donc plus polygamie, c'est divorce, ou, si l'on veut, répudiation.

RÉPONSE.

Il y a apparence que l'auteur, par ces mots, *quitte sa femme*, n'a pas entendu la répudiation, mais seulement le changement de goût; cela paroît par ce qui suit : et, quoi qu'il en soit, la chose méritoit-elle que le critique s'y arrêtât aussi long-temps? Je prie qu'on lise dans l'ouvrage même les articles sur lesquels il s'égaie, jusqu'à la page 81 de la brochure, et l'on sera bientôt convaincu qu'il n'a pas prétendu faire une critique sérieuse [1].

[1] Voici d'abord ce qu'avoit dit M. de Montesquieu : *Il y a de tels climats où le physique a une telle force, que la morale n'y peut presque rien...... C'est donc le climat qui doit décider des choses. Que serviroit d'enfermer les femmes dans nos pays du Nord, où leurs mœurs sont naturellement bonnes,* etc.? « Ainsi, « répond l'observateur, ce n'est guère que le plus ou le moins « de chaleur qui rend les femmes, en général, plus ou moins ver- « tueuses, et *la morale* n'y peut presque rien ; de sorte qu'il en est « des femmes, dans ce sentiment, à peu près comme du lait, qui « reste tranquille dans le vase, ou qui en sort avec impétuosité, « selon qu'il est plus loin ou plus près du feu ; ou bien, si l'on « veut, on pourra les comparer à ces liqueurs spiritueuses que « le chaud ou le froid fait monter ou descendre dans le thermo- « mètre. Quand l'air est froid ou tempéré, la liqueur ne fait aucun « effort pour s'échapper hors du tube ; mais à mesure que la cha- « leur augmente, elle s'élève insensiblement, et on la verroit « bientôt se répandre avec précipitation, si l'on n'avoit soin de « tenir le tuyau bien bouché : image parfaite de ce que sont les « femmes dans les différens climats. Celles du Nord ont les mœurs « naturellement bonnes ; il est donc inutile de les enfermer pour « les ranger à leur devoir. Mais pour celles d'Orient, semblables « à ces liqueurs vagabondes que la chaleur met en mouvement, « elles éprouvent en elles-mêmes une fermentation si violente, « qu'au lieu de préceptes, dit l'auteur, il leur faut des verrous. « Je ne sais s'il y a rien dans tout ceci de trop désavantageux pour « le beau sexe ; car si, d'un côté, on diminue le mérite des femmes « vertueuses, on peut dire certainement qu'on rend aussi les au-

M. de Montesquieu a dit que, dans certains climats extrêmement chauds, *le physique a une telle force, que la morale n'y peut presque rien.* Il a dit que, dans les pays du Nord, où les passions sont calmes, peu actives, peu raffinées, la moindre police suffit pour conduire les femmes. Il a dit encore que, dans certains climats d'Orient, au lieu de préceptes, il leur fallait des verrous. Il a appuyé cette opinion sur leur peu de retenue dans les lieux où cette clôture n'est pas aussi exacte

« tres bien moins coupables. Car enfin que peut-on reprocher à
« celles qui s'écartent des règles de la morale dans des choses *où
« la morale ne peut presque rien, où le climat décide de tout?*
« C'est une laitue que le trop de chaleur empêche de pommer, et
« fait monter en graine. Est-ce la faute de la laitue? non ; c'est
« tout au plus celle du jardinier, qui n'a pas eu assez de soin de
« l'entretenir dans sa fraîcheur. Mais, parmi les femmes, s'il y en
« a qui aient quelque raison de se plaindre, ce sont celles précisé-
« ment dont on dit le plus de bien ; nos femmes du Nord : car,
« outre qu'on diminue le mérite de leur vertu, on leur ôte encore
« toute excuse dans le vice. En effet, comment justifier une con-
« duite irrégulière dans les pays froids, où l'on ne manque jamais
« de la grâce du climat? Mais, que dis-je? il y a un certain temps
« de l'année où, dans le Nord même, les femmes manquent de
« cette grâce, et où, par conséquent, elles peuvent faire le mal
« impunément. A mesure que les chaleurs augmentent, la grâce
« du climat se retire ; et la vertu des femmes doit disparoître avec
« la glace. L'hiver n'est donc pas pour elles le temps des plaisirs,
« ils seroient accompagnés de trop de remords : mais sitôt que la
« belle saison se renouvelle, elles peuvent commencer à s'y livrer
« sans scrupule ; elles n'ont plus la grâce. »

que le climat le demanderoit; et il en donne pour exemple ce qui se passe à Goa, etc. Il dit que cependant la nature a parlé à toutes les nations, qu'elles se sont toutes accordées à attacher du mépris à l'incontinence des femmes; qu'il n'y a qu'à Patane où leur lubricité est si grande qu'elle excède toutes les bornes : *C'est là*, dit-il, *où la nature a une force, et la pudeur une foiblesse qu'on ne peut comprendre.* Il faut donc convenir, s'écrie l'observateur, que, dans ce pays-là au moins, c'est l'incontinence qui suit les lois de la nature, et que c'est la pudeur qui les viole. Je lui réponds qu'il faut convenir aussi que cette objection ne porte que sur les mots; car qui est-ce qui n'entend pas ce que l'auteur a voulu dire? Il parle ici dans un sens physique; plus haut, il parloit dans un sens moral. Un moraliste dira que la nature inspire la pudeur; un physicien cherchera aussi dans la nature la cause de ces désirs déréglés, qui sont la source de l'incontinence. Il me semble que l'auteur a pu parler le langage de l'un ou de l'autre, suivant l'occasion, sans qu'on puisse le taxer de s'être contredit.

Mais comment le critique veut-il paroître ignorer l'influence qu'a le climat sur le tempérament des deux sexes, et la différence qu'il y a à cet égard entre les pays chauds et les pays froids? Qu'il consulte les voyageurs, les historiens et les naturalistes de tous les temps, tous lui diront que, dans les climats chauds de l'Italie, de l'Espagne, de l'Asie, de l'Amérique, etc., les filles sont nubiles à neuf et dix ans; que, dans les climats tempérés, elles le sont entre douze et quatorze, et que, dans le fond du Nord, à peine le sont-elles à dix-huit. Il y a à peu près la même proportion chez les hommes; et l'on ne saurait douter que cette cause physique, qui contribue à avancer le tempérament, ne soit la même qui produit le plus ou le moins de vivacité dans les désirs : sur quoi je demande au critique à quoi il peut raisonnablement attribuer cette gradation, si ce n'est au climat. Mais il en convient lui-même, lorsqu'il dit [1] : « Si l'on avoit dit seulement que, dans les « pays chauds, on est plus porté à l'incontinence « que dans les climats froids ou tempérés, ce rai-« sonnement eût paru juste. » Si cela est ainsi, pourquoi s'efforce-t-il de jeter du ridicule sur ce sentiment de l'auteur, par des comparaisons telles que celles-ci : « Il en est des femmes à peu près « comme du lait, qui reste tranquille dans le vase, « ou qui en sort avec impétuosité, selon qu'il est « plus loin ou plus près du feu; ou bien, si l'on « veut, l'on pourra les comparer à ces liqueurs « spiritueuses que le chaud ou le froid fait mon-

[1] Page 70.

« ter ou descendre dans le thermomètre ;...... ou
« enfin à une laitue que le trop de chaleur em-
« pêche de pommer et fait monter en graine [1]. »
Ceci me rappelle que, sur une des plus belles réflexions de l'auteur, touchant la façon d'administrer la justice en Turquie, l'observateur réplique [2] : « Il est vrai, diroit à cela Crispin rival
« de son maître, que la justice est une si belle
« chose qu'on ne sauroit trop l'acheter. »

Voici ce que dit M. de Montesquieu à la fin de son troisième livre, chapitre II : « Tels sont les
« principes des trois gouvernemens ; ce qui ne
« signifie pas que dans telle république on soit
« vertueux, mais qu'on devroit l'être ; cela ne
« prouve pas non plus que, dans une certaine
« monarchie, on ait de l'honneur, et que, dans
« un état despotique particulier, on ait de la
« crainte ; mais qu'il faudroit en avoir, sans quoi
« le gouvernement sera imparfait. »

Je crois qu'on ne sauroit sans injustice refuser à l'auteur les mêmes exceptions sur toutes les matières où il paroît établir des règles trop générales; et s'il y a quelque matière qui en soit susceptible, c'est sans doute celle du climat.

[1] Pages 24 et suivantes.
[2] Page 170.

OBSERVATION [1].

Proposition de l'auteur.

9°. « A mesure que le luxe s'établit dans une « république, l'esprit se tourne vers l'intérêt par-« ticulier. A des gens à qui il ne faut rien que le « nécessaire, il ne reste rien à désirer que la gloire « de la patrie et la sienne propre. » Mais, dit le critique, on peut dire la même chose des monarchies ; il est bien certain que, si tous les sujets se contentoient du nécessaire, il ne leur resteroit plus rien à désirer que la gloire du prince, la leur propre et celle de l'état. Il faut donc conclure aussi, par la même raison, que le luxe est dangereux dans un gouvernement monarchique.

RÉPONSE.

L'on a déjà prouvé qu'en général il n'y a point assez de vertu dans la monarchie, pour que les sujets puissent borner leur ambition à désirer la gloire du prince et celle de l'état; chacun songe d'abord à son avancement particulier. La supposition du critique tombe donc d'elle-même.

De plus, je dis que le luxe, quoique presque toujours dangereux pour les mœurs, ne peut guère

[1] Page 85.

avoir de fâcheuses conséquences dans un état monarchique, qu'autant que cet état a besoin de tirer de chez ses voisins ce qui peut y servir de matière, et qu'il n'a pas de quoi s'indemniser par une pareille exportation de sa denrée ou manufacture ; au lieu que dans une république le luxe est dangereux, indépendamment de cette raison, par une conséquence de ce que dit l'auteur, « qu'à mesure « que le luxe s'établit dans une république, l'es- « prit se tourne vers l'intérêt particulier ; » disposition tout-à-fait opposée au maintien de la vertu politique morale, par laquelle se soutiennent principalement les républiques.

Le luxe peut avoir aussi de mauvaises suites dans une monarchie, lorsqu'il n'est plus renfermé dans certaines bornes, lorsque chacun en abuse au point que la gradation dont parle l'auteur [1] n'est plus observée ; gradation qui n'est rien moins que chimérique, puisqu'il est très-certain que, dans un pareil état, ce n'est ni le rang ni la naissance qui règlent le luxe, mais l'argent seul [2] : alors tous les états se trouvent confondus ; l'on ne dépense plus à proportion de ses richesses, mais à proportion de l'envie que chacun a de paroître et de surpasser ses égaux, ou même ses supérieurs.

[1] Page 84 de la brochure.
[2] Quelqu'un a défini le luxe, une somptuosité causée par l'inégalité des richesses.

Ce mal, quoique fort grand, qui seroit seul capable de perdre une république, ne sauroit causer de révolution subite dans une monarchie bien réglée d'ailleurs ; il n'y a que quelques particuliers qui en souffrent, et qui, par une prompte ruine, portent la peine de leurs extravagances.

OBSERVATION[1].

Proposition de l'auteur.

10°. « En Angleterre..... et en France, où le sol
« produit plus de grains qu'il ne faut, ... et où le
« commerce avec les étrangers peut rendre pour
« des choses frivoles tant de choses nécessaires,
« l'on n'y doit guère craindre le luxe. A la Chine,
« au contraire, les femmes sont si fécondes, et
« l'espèce humaine s'y multiplie à un tel point,
« que les terres, quelque cultivées qu'elles soient,
« suffisent à peine pour la nourriture des habi-
« tans. Le luxe y est donc pernicieux ; et l'esprit
« de travail et d'économie y est aussi requis que
« dans quelques républiques que ce soit. Il faut
« donc s'attacher aux arts nécessaires, et qu'on
« fuie ceux de la volupté. »

Ne pourrait-on pas dire, objecte l'observateur, que, puisque la Chine ne produit pas de quoi

[1] Page 85.

nourrir ses habitans, il seroit à propos qu'une partie de ces mêmes habitans s'appliquât à des choses frivoles, pour se procurer comme en France, par le commerce qu'ils en feroient avec les étrangers, les choses les plus nécessaires, pour réparer par ce moyen le défaut du climat; de sorte que ce défaut-là même seroit justement la raison qui devroit introduire le luxe à la Chine?

Mais disons mieux; ce n'est ni la forme du gouvernement ni la nature du climat qui produit le luxe, ce sont nos passions, nos goûts, et surtout notre façon de penser. Tant qu'on croit, par exemple, qu'il y a de la gloire à être économe et frugal, on aime la frugalité et l'économie; mais sitôt qu'on commence à penser différemment, sitôt qu'on attache de l'honneur à tout ce qui a de l'éclat et qui brille; en un mot, sitôt qu'on regarde le luxe comme une marque de distinction, on aime le luxe. Il y a trois cents ans que la France formoit déjà certainement un état monarchique, que le climat étoit le même qu'il est aujourd'hui; on ne voyoit cependant alors ni édifices somptueux, ni équipages superbes, ni habits magnifiques; les maisons étoient simples, les tables frugales, les vêtemens modestes; nos ancêtres n'avoient chez eux ni tapisseries des Gobelins, ni glaces de Venise, ni tableaux de grand prix; c'est qu'ils ne croyoient pas, les bonnes gens, que rien de tout cela pût les rendre ni plus grands, ni plus estimables, ni plus heureux; mais aujourd'hui que la façon de penser est différente, que ce n'est que par un certain éclat extérieur qu'on croit pouvoir se distinguer du reste des citoyens; que c'est là uniquement en quoi on fait consister la grandeur, la félicité, le mérite; aujourd'hui enfin qu'on n'est honoré qu'à proportion qu'on fait de la dépense, qu'à mesure qu'on donne dans le luxe, il n'est pas étonnant que le luxe se soit introduit parmi nous.

Quelle idée de vouloir tout attribuer au climat et au gouvernement, et rien aux passions, au goût, aux préjugés, à l'éducation, à la mode; tout au physique, et rien au moral; tout aux élémens, et rien à l'homme! Le climat est dans l'esprit des lois ce que le mouvement est dans l'univers, la cause universelle de toutes choses. Ce qui règle le culte que l'on rend à la divinité, c'est le climat; ce qui fait qu'une nation a plus de vertu qu'une autre, c'est le climat; ce qui rend les femmes sages ou voluptueuses, c'est le climat; c'est le climat qui règle la dépense, la manière de s'habiller, de se loger, de se meubler, de se nourrir; c'est le climat qui fait que les uns sont braves, les autres timides; que les uns ont de la bonne foi, et que les autres sont fourbes; que les uns souhaitent de vivre, les autres de mourir.

RÉPONSE.

L'auteur ne dit point que tel gouvernement ou tel climat peut produire le luxe ; mais il examine dans quels gouvernemens, ou dans quels climats le luxe peut avoir des effets moins pernicieux, et où, par conséquent, il convient de le tolérer. Il soutient qu'en France et en Angleterre le luxe n'y est pas autant à craindre qu'à la Chine; et il en donne des raisons solides que le critique ne détruit point. « Mais, dit ce dernier, il seroit à pro-
« pos qu'une partie de ces mêmes habitans de la
« Chine s'appliquât à des choses frivoles, pour en
« faire commerce avec les étrangers. » Je lui réponds qu'il y a long-temps que les Chinois troquent, non contre des bagatelles, mais en échange de bonnes piastres, des étoffes de soie, de la porcelaine, des figures de cire, et d'autres frivolités de cette espèce. Mais il ne peut y avoir qu'une très-petite partie de la nation occupée à ce commerce, puisque leurs voisins, qui se piquent tous d'avoir des mœurs à part, ne viennent que peu ou point se fournir chez eux de ces frivolités, et qu'il n'y a que les habitans des côtes qui peuvent profiter de ces avantages, au moyen de leur trafic avec les nations européennes, privilége dont tout le reste de ce vaste empire se trouve privé. Ce n'est don pas là le cas où le commerce avec les étrangers

peut rendre *pour des choses frivoles celles dont on ne peut se passer;* ainsi l'auteur a eu raison de dire, *qu'il faut dans ce pays-là s'attacher aux arts nécessaires.* Observez encore qu'une bonne partie de ce que les Chinois fournissent aux autres nations provient de leur commerce avec les Japonais ; mais, quand il en seroit autrement, la conséquence du critique, *que le défaut des choses les plus nécessaires à la vie seroit justement la raison qui devroit introduire le luxe à la Chine*, n'en seroit pas mieux fondée :

1°. Parce que les raisons de travail et d'économie que donne l'auteur porteront toujours les peuples de ce pays-là à rejeter toute espèce de superflu pour s'attacher au nécessaire, qui leur manque quelquefois

2°. Les frivolités chinoises peuvent plutôt passer pour des singularités que pour de véritables matières de luxe.

3°. Enfin, de ce qu'un peuple fournit aux autres les objets du luxe, il ne s'ensuit pas nécessairement que le luxe s'introduise chez lui. Les Genevois inondent toute l'Europe d'ouvrages d'horlogerie, d'orfévrerie et de bijouterie de toute espèce, dont ils ne font eux-mêmes qu'un usage fort modéré par la rigueur des ordonnances qui régnent dans la république ; les Chinois pourroient également s'attacher à ces frivolités sans donner entrée au luxe : la nécessité feroit bientôt chez eux le même effet que les lois somptuaires à Genève. Au surplus il y a lieu de croire que l'auteur n'a jamais entendu que la façon de penser et les autres raisons que donne le critique ne pussent contribuer à augmenter le goût du luxe; mais il prétend que certains gouvernemens et certains climats sont plus propres que d'autres à favoriser cette façon de penser, et à la faire tolérer. Et qui peut douter de cette vérité, que le climat et le gouvernement n'aient de grandes influences sur toutes les affaires de la vie? Le critique en convient lui-même ailleurs [1]; mais il dit que le climat ne fait pas tout. Eh! que lui dit l'auteur autre chose? Ceci peut servir de réponse à grand nombre de ses observations, où il prend les maximes de l'auteur dans un sens trop absolu.

OBSERVATION [2].

Proposition de l'auteur.

11°. « Les Anglais se tuent sans qu'on puisse
« imaginer aucune raison qui les y détermine; ils
« se tuent dans le sein même du bonheur. Cette
« action..... chez eux est l'effet d'une maladie; elle
« tient à l'état physique de la machine, et est in-

[1] Page 112.
[2] Page 89 et suivantes.

« dépendante de toute autre cause. » Mais, dit le critique, si les Anglais se tuent dans le sein même du bonheur, ce n'est donc pas par maladie. Si la santé est le plus grand des biens, la maladie est, par la raison des contraires, le plus grand des maux : on n'est pas dans le sein du bonheur quand on est malade.... Écoutons un Anglais qui est sur le point de se donner la mort; il doit savoir quel est le sujet qui l'y détermine; il va nous dire si c'est par des raisons physiques ou par des causes morales..... qu'il veut se faire mourir :

> Mon cœur, mes sens flétris, ma funeste raison,
> Tout me dit d'abréger le temps de ma prison.
> . . . .
> Malheureux sans remède, on doit savoir finir.

Parmi les motifs qui déterminent Sidney à se donner la mort, nous ne voyons pas qu'il apporte aucune cause physique, ni aucune raison de politique; il ne s'en prend ni au climat ni au gouvernement, etc.

RÉPONSE.

Les Anglais se tuent dans le sein même du bonheur, et ce n'en est pas moins une maladie chez eux ; c'est que cette maladie les prend dans le sein même du bonheur, c'est-à-dire dans une situation où tout autre qu'un Anglais s'estimeroit heureux. Mais l'observateur badine sans doute lorsqu'il nous donne les paroles de M. Gresset, dans Sidney, comme celles d'un Anglais prêt à se tuer, et qu'il prétend répondre à des raisonnemens de physique, sur la cause de cette maladie, par ceux qu'on met dans la bouche d'un Anglais sur la scène française.

OBSERVATION [1].

12°. Ce qu'on peut dire seulement, dit le critique, c'est qu'en Angleterre, où l'on pense plus librement sur la religion que partout ailleurs, on ne regarde pas comme un crime l'homicide de soi-même. D'ailleurs les lois n'y flétrissent point la mémoire de ceux qui se procurent une mort volontaire. A des gens qui ne craignent rien devant Dieu ni devant les hommes pour l'avenir, la mort est le remède le plus simple et le plus naturel aux maux présens qui les accablent.....

Ici le critique cite encore des vers de M. Gresset, et il ajoute : La foi nous apprend que des flammes vengeresses attendent dans l'autre vie tous ceux qui se donnent eux-mêmes la mort dans celle-ci ; voici un Anglais qui manque de foi à cet égard, et qui se persuade, au contraire, qu'une action pareille va être suivie d'une éternité de délices ; dira-t-on aussi que c'est par un *défaut de filtration du suc nerveux* [2], *par l'inaction des forces*

[1] Page 93.

[2] M. de Montesquieu dit : *Il y a apparence que c'est un défaut de filtration du suc nerveux.*

motrices, par maladie du climat, que cet Anglais manque de foi?

RÉPONSE.

Une chose qu'on dira très-certainement, c'est qu'il est bien extraordinaire qu'un critique, qui veut passer pour équitable, s'appuie sur de pareilles autorités pour combattre un philosophe. Si l'auteur de l'*Esprit des Lois* avoit fait une comédie, il y a lieu de croire qu'il auroit traité son sujet comme l'a fait M. Gresset; *il n'eût été question ni de suc nerveux ni de force motrice* : mais comme il n'y avoit point d'apparence que l'auteur de Sidney fît de sa pièce une dissertation de physique, on ne devoit pas attendre non plus que M. de Montesquieu parlât en auteur de théâtre dans le livre de l'*Esprit des Lois*.

A force d'entendre dire qu'on pense plus librement en Angleterre que partout ailleurs, l'on se le persuade; mais si nous devons en juger par les livres hardis qui ont paru depuis cinquante ans en Europe contre la religion, je ne sais si l'on n'admettra pas que cette liberté est à peu près la même partout où il y a des écrivains et des imprimeries. Une chose de fait, c'est que le peuple anglais paroît autant attaché à sa religion et à son culte qu'aucun autre peuple qu'il y ait dans le monde; ainsi, à cet égard, il ne peut point être excepté de la règle générale [1]. J'accorde au critique que le suicide n'est point puni en Angleterre par les lois civiles ; et je crois pouvoir en donner une raison, qui est du moins vraisemblable : c'est que, comme le supplice ne jette pas parmi les Anglais une note d'infamie aussi forte que parmi nous sur la famille, ni même sur la mémoire des personnes qui le souffrent, ils ont trouvé fort inutile de décerner des punitions contre un cadavre. Mais comment l'observateur a-t-il pu avancer que la religion des Anglais ne leur fait pas regarder l'homicide de soi-même comme un crime ?

OBSERVATION [2].

13°. Tout ce raisonnement roule sur une supposition fausse ; savoir, que c'est la foiblesse ou la force du corps qui rend les hommes timides ou courageux; on pourroit citer une infinité d'exemples qui démentiroient ce principe.

Dira-t-on, par exemple, que, parmi notre noblesse, il n'y ait pas plus de bravoure ni de véritable courage que parmi ceux qu'elle emploie à cultiver ses terres? Il est sûr néanmoins, généra-

[1] Je crois pouvoir avancer, sans crainte d'être démenti, que pour un livre hardi qui paroît en Angleterre contre la religion, il s'en élève trente pour la défendre; c'est le pays du monde où les théologiens se sont le plus exercés contre l'incrédulité.

[2] Page 96.

lement parlant, que ceux-ci sont plus forts et plus vigoureux que leurs maîtres. Ce n'est donc point la force ni la vigueur du corps qui inspirent du courage ; c'est la naissance, l'éducation, les préjugés, le point d'honneur, en un mot c'est la façon de penser et non pas le climat.

Que deux paysans également forts et vigoureux, nés sous le même ciel, entrent au service du roi, l'un dans un vieux régiment de troupes réglées, et l'autre dans un bataillon de milice, ils seront au bout de six mois deux hommes tout différens. Pourquoi cela ? C'est qu'ils auront pris l'un et l'autre l'esprit et la façon de penser de leur corps. Un homme de mon régiment, dira le premier, doit en avoir les sentimens et la valeur; soyons donc brave et courageux, sinon par tempérament, du moins par état, et pour nous rendre digne du corps dont nous avons l'honneur d'être membre. Pour moi, dira le second, je ne crois pas que ma qualité de milicien exige des sentimens si élevés; le corps dont je suis me dispense de tant de bravoure, et pour être un bon milicien il n'est pas nécessaire d'être un César.

C'est donc, encore un coup, c'est la façon de penser qui rend ces deux hommes si différens, et non pas le climat.

RÉPONSE.

M. de Montesquieu a dit : Cette force plus grande doit produire plus de confiance en soi-même, c'est-à-dire plus de courage. Végèce a remarqué, il y a long-temps, qu'en général les peuples qui ont le plus de force ont aussi le plus de courage [1]. Hippocrate, le plus ancien et le plus grand de tous les observateurs, a fait la même remarque. Les Romains préféroient, pour le service militaire, les habitans de la campagne aux citoyens des villes; et en Espagne les meilleurs soldats sont pris des provinces où la culture des terres est exercée.

[1] ...... *Constat in omnibus locis et ignavos et strenuos nasci. Sed tamen et gens gentem præcedit in bello, et plaga cœli ad robur non tantùm corporum, sed etiam animorum plurimùm valet, quo loco ea quæ à doctissimis hominibus comprobata sunt, non omittam. Omnes nationes, quæ vicinæ sunt soli, nimio calore siccatas, ampliùs quidem sapere, sed minus habere sanguinis dicunt : ac propter ea constantiam ac fiduciam cominùs non habere pugnandi, quia metuunt vulnera.... Contra septentrionales populi... inconsultiores quidem, sed tamen largo sanguine redundantes, sunt ad bella promptissimi.* Flav. Veget. *de Re militari*, cap. I, lib. II.

Idem, cap. III. *Sequitur utrùm de agris an de urbibus utilior tyro sit?..... De quâ parte nunquam credo potuisse dubitari, aptiorem armis rusticam plebem,* etc. *Ex agris ergo supplendum robur præcipue videtur exercitus.*

La force du corps chez nos paysans, et le courage parmi notre noblesse, sont l'un et l'autre les fruits de l'éducation, et non du climat; ainsi l'on n'en peut rien conclure contre les principes de l'auteur. L'enfant du noble et celui du paysan reçoivent des principes si opposés entre eux, qu'il faut bien que ces deux hommes soient différens. L'un, quoique élevé dans la mollesse, est instruit, dès le berceau, à tout sacrifier à l'honneur et à son devoir, dont le principal est de prodiguer son sang pour l'état et pour son roi. L'autre, né dans la dépendance et dans la soumission, n'a pas même l'idée de ce qui peut donner cette élévation de sentiment; tout contribue, au contraire, à lui abaisser le courage, en même temps qu'un travail continuel le rend robuste et vigoureux.

OBSERVATION [1].

14°. L'auteur prétend, dit le critique, que la différence du courage causée par celle du climat, « se remarque, non-seulement de nation à nation, « mais encore dans le même pays d'une partie à « une autre; que les peuples du nord de la Chine, « par exemple, sont plus courageux que ceux « du midi; que les peuples du midi de la Corée « ne le sont pas tant que ceux du nord. » Il ne

---

[1] Page 102.

dit pas que la même chose arrive en France, mais il le fait assez entendre, et l'on peut aisément le conclure de ses principes. Voilà donc les Provençaux, les Languedociens, les Gascons déclarés moins braves que les Bretons, les Normands et les Picards. Quelle injustice, surtout pour les habitans de la Garonne, elle qui s'étoit toujours vantée de n'avoir vu naître que des Césars sur ses bords! Quel coup plus terrible l'auteur de cet ouvrage pouvoit-il porter à sa patrie?

RÉPONSE.

Je rapporterai ici ce que dit l'auteur de l'*Esprit des Lois*, au chap. 3 du livre 17. « L'Asie n'a « point proprement de zone tempérée; et les « lieux situés dans un climat très-froid, y touchent immédiatement ceux qui sont dans un « climat très-chaud, c'est-à-dire la Turquie, la « Perse, le Mogol, la Chine, la Corée et le « Japon.

« En Europe, au contraire, la zone tempérée « est très-étendue, quoiqu'elle soit située dans « des climats très-différens entre eux, n'y ayant « point de rapport entre le climat d'Espagne et « d'Italie, et ceux de Norwége et de Suède. Mais « comme le climat y devient insensiblement froid, « en allant du midi au nord, à peu près, à pro- « portion de la latitude de chaque pays, il y arrive

« que chaque pays est à peu près semblable à
« celui qui en est voisin; qu'il n'y a pas une no-
« table différence, et que, comme je viens de le
« dire, la zone tempérée y est très-étendue.

« De là il suit qu'en Asie les nations sont op-
« posées aux nations du fort au foible; des peuples
« guerriers, braves et actifs, touchent immédia-
« tement des peuples efféminés, paresseux, ti-
« mides, etc.... En Europe, au contraire, les
« nations sont opposées du fort au fort; celles qui
« se touchent ont à peu près le même courage. »

Si cela se passe ainsi en Europe, que sera-ce
de la France, où les peuples des différentes provinces sont gouvernés par les mêmes lois, et reçoivent à peu près la même éducation, sur tout
ce qui regarde l'honneur et le courage? Le climat
ne sauroit donc produire entre eux aucune différence.

15°. M. de Montesquieu a dit : « C'est la néces-
« sité, et *peut-être* la nature du climat, qui ont
« donné à tous les Chinois une avidité inconce-
« vable pour le gain, etc.... » Sur quoi le critique
fait cette observation : « Que la mauvaise foi soit
« permise à la Chine, et cela *uniquement* à cause
« de la nature du climat, c'est ce que personne
« n'avoit encore imaginé. » Cette interprétation
est-elle conforme au texte? ne dit-elle rien de
plus? J'en laisse juger le critique.

OBSERVATION [1].

16°. L'état de la question, dit l'observateur, est de savoir si ces différens caractères d'esprit, qu'on remarque dans les divers pays; si ces qualités du cœur, plus fréquentes dans un climat que dans un autre; si, dis-je, tout cela est véritablement l'effet du climat? Voilà uniquement à quoi la question se réduit. Or, je prétends, moi, que le climat n'entre pour rien dans la plupart des effets que l'auteur lui attribue.

C'est, à la vérité, le climat qui fait qu'on se nourrit de blé en Europe, et de riz à la Chine, que l'on boit du vin en France, et de la bière en Angleterre; qu'en Espagne on est vêtu de laine, et de coton dans les Indes. Mais que ce soit le climat qui règle les mœurs; qu'il y ait de tels climats où le physique a une telle force, que la morale n'y puisse presque rien, c'est ce qu'on n'a point assez prouvé. Le climat est toujours le même; il doit donc toujours agir d'une manière uniforme; ce qu'il faisoit autrefois, il doit le faire encore aujourd'hui, et s'il ne le fait pas, on peut assurer qu'il ne l'a jamais fait ni pu faire. Par exemple, l'auteur prétend que c'est le climat qui produit le courage, et moi je soutiens que c'est la façon de penser.

[1] Page 113.

Pour savoir lequel des deux a raison, il n'y a qu'à considérer ce qu'étaient les Romains du temps de la république, et ce qu'ils sont aujourd'hui par rapport à la bravoure. Je ne ferai point de parallèle ; on sent qu'il serait trop à l'avantage des anciens. Si les Romains ne sont plus ce qu'ils étoient autrefois, d'où vient cette différence ? Du climat ? Mais Rome n'a pas changé de place ; elle est toujours sous le même ciel. Pourquoi donc les soldats du pape ne sont-ils pas encore aujourd'hui ce qu'étoient autrefois ceux de Pompée, de Scipion et de Paul-Émile ? Il en faut revenir à la raison que j'ai apportée d'abord ; c'est que les Romains ne pensent plus à présent comme du temps de ces grands hommes ; Rome met aujourd'hui toute sa gloire à former de bons prêtres et de saints religieux, et laisse à d'autres le soin d'avoir de bonnes troupes. Contente des honneurs du sanctuaire, elle en préfère les fonctions pacifiques aux exercices sanguinaires des enfans de Mars. Semblable à la montagne de Raphidim, de nouveaux Moïses y lèvent les mains vers le ciel, tandis que les Josués combattent vaillamment dans la plaine. Tant que les Romains ont été flattés de l'éclat des héros, Rome elle-même a été l'école de la valeur et de l'héroïsme ; mais depuis qu'ils ne sont plus touchés que de la gloire des saints, l'honneur de la sainteté est aussi le seul avantage auquel ils aspirent. On dira peut-être encore que c'est le climat qui donne ce goût, cette ardeur pour la sainteté ; mais que l'on se rappelle les siècles de Domitien, de Néron et de Caligula; on verra que le climat, toujours constant dans sa façon d'agir, ne produisoit alors rien de pareil.

Qu'on remonte jusqu'aux temps les plus reculés; qu'on se transporte dans tous les différens pays ; qu'on lise les histoires de tous les peuples, et je suis persuadé que dans le même climat on trouvera à peine deux siècles de suite qui se ressemblent. Au temps de Lysander et d'Alcibiade, Sparte et Athènes ne se souvenaient presque plus des lois de Solon et de Lycurgue. Sous Darius et sous Alexandre, les Perses, pour ainsi dire, n'étoient déjà plus le même peuple. Quelle différence entre les Romains, sous le consulat de Pompée et sous le règne de Tibère; entre les Moscovites d'aujourd'hui et ceux du dernier siècle ! Les lois, les mœurs, les coutumes, le gouvernement, la religion, la morale, les inclinations, les vices, les vertus, n'ont jamais eu de forme constante dans aucun pays du monde; et pour peu qu'on fasse de recherches dans l'antiquité, on trouvera peut-être, sans être obligé de remonter plus haut, que les Anglais ont été dévots autrefois, les Espagnols actifs et laborieux, les

Portugais incrédules. On trouvera qu'il y a eu de la bonne foi chez les Italiens, de la discrétion parmi les Français, et chez les Allemands de la sobriété et de la tempérance. Si tous ces peuples sont différens aujourd'hui de ce qu'ils étoient dans ces temps-là, ce changement doit-il s'attribuer au climat, qui a toujours été le même ? Un homme seul peut bien changer les mœurs, les usages, les coutumes de plusieurs peuples ; mais tous les climats ensemble ne changeront pas le caractère d'un seul homme. Nous voyons tous les jours des gens qui ont voyagé dans toutes les parties du monde, et qui y ont même vécu assez long-temps ; mais ils en sont revenus tout comme ils y étoient allés ; et les climats différens qu'ils ont parcourus n'ont pas produit en eux le moindre changement.

RÉPONSE.

Comment ne pas convenir que certains caractères d'esprit nationaux, que certaines qualités du cœur plus fréquentes dans un pays que dans un autre, ne soient presque toujours l'effet d'une première cause, et cette première cause, quelle autre peut-elle être que le climat? Écoutons ce que dit à ce sujet un auteur respectable [1] : « La

---

[1] Mémoires pour servir à l'Histoire de Brandebourg, tome 2, pag. 87 et suiv.

« variété inépuisable que la nature jette dans ces
« caractères généraux et particuliers, est une
« marque de son abondance, mais en même temps
« de son économie; car quoique tant de nations
« innombrables qui couvrent la terre, aient cha-
« cune leur génie différent, il semble cependant
« que certains grands traits qui les distinguent
« des autres, soient inaltérables. Tout peuple a un
« caractère à soi, qui peut être modifié par le plus
« ou le moins d'éducation qu'il reçoit, mais dont
« le fond ne s'efface jamais. Je pourrois aisément
« appuyer cette opinion sur des preuves phy-
« siques [1]...... Quiconque a lu Tacite et César re-
« connoîtra encore les Allemands, les Français et
« les Anglais, aux couleurs dont ils les peignent;
« dix-huit siècles n'ont pu les effacer..... Un sta-
« tuaire peut tailler un morceau de bois dans la
« forme qu'il lui plaît; il en fera un Ésope ou un
« Antinoüs, mais il ne changera jamais la nature
« inhérente du bois; certains vices dominans et
« certaines vertus de choix resteront toujours à
« chaque peuple..... Il n'y a, je crois, que la dé-
« vastation entière par des colonies étrangères,
« qui puisse produire un changement total dans
« une nation; mais, qu'on y prenne bien garde,
« ce n'est dès lors plus la même nation; et il res-

---

[1] C'est ce qu'a fait l'auteur de l'Esprit des Lois.

« teroit encore à savoir *si l'air et la nourriture* ne
« rendroient pas avec le temps ces nouveaux ha-
« bitans semblables aux anciens. »

Mais, dit le critique, si le climat est toujours le même, il doit donc agir toujours d'une manière uniforme. A cela je réponds que le climat est la première cause, mais que les différentes circonstances en produisent d'autres, qui agissent différemment sur les esprits, et qui en rendent les effets impuissans; en sorte que dans un pays où les hommes seroient portés, par exemple, à la bravoure, au travail et à l'activité, par la nature du climat, ils auront des inclinations opposées, suivant la différente façon de penser qu'on leur inculquera, soit par l'éducation, soit par les lois civiles et religieuses introduites dans le pays. Le vol n'étoit rien moins qu'odieux à Lacédémone, et les hommes y poussoient la bravoure jusqu'à l'intrépidité; l'un et l'autre étoient l'effet de l'éducation et des lois : si l'on avoit laissé agir le climat seul, il est vraisemblable qu'il en auroit été tout autrement. Ainsi le climat a plus ou moins d'influence, à proportion qu'il est plus ou moins contrarié par l'éducation : dans ce sens, c'est-à-dire en admettant l'éducation et les autres causes qui contribuent à former les inclinations humaines, l'on peut accorder au critique que la façon de penser produit le courage; mais pour décider jusqu'à quel point le climat étend son empire à cet égard, il faudroit savoir ce que seroient les hommes dans chaque pays, abstraction faite de l'éducation qu'ils y reçoivent : question qu'on ne peut guère résoudre qu'en consultant l'histoire au sujet des nations peu policées, ou tout-à-fait sauvages, sur lesquelles l'éducation n'influe presque en rien, et en examinant quelle différence il y a eu entre elles dans les différens climats. Pour ne parler que de la bravoure, puisque c'est l'article sur lequel le critique insiste le plus, toutes les relations s'accordent à dire des merveilles de la valeur et de l'intrépidité des sauvages du Canada et de l'Amérique septentrionale; et elles ne nous représentent, au contraire, ceux de l'Amérique méridionale que comme des peuples mous et efféminés, des lâches qui n'ont fait quelque chose que par leur nombre supérieur et incroyable, chez lesquels le désespoir seul a produit quelques actions d'éclat. Quelles louanges n'a-t-on pas données à la fermeté des anciens Scythes, et à la valeur des Tartares, ces illustres conquérans? Les nations qui, sortant du Nord, dans les siècles passés, inondèrent et ravagèrent toute l'Europe, étoient toutes des nations vaillantes, ainsi que le remarque l'auteur, et le Nord n'en a guère produit d'autres, sans qu'on puisse raisonnablement attribuer la première cause de cette disposition à leur façon de penser, ou à leurs lois.

17°. Nous voyons tous les jours, dit l'observateur, des gens qui ont voyagé dans toutes les parties du monde, et qui y ont même vécu assez long-temps; mais ils en sont revenus tout comme ils y étoient allés; et les climats différens qu'ils ont parcourus n'ont pas produit en eux le moindre changement [1].

RÉPONSE.

Il me semble que le critique se trompe ; car nous voyons, au contraire, tous les jours des gens qui ont voyagé dans divers pays, et qui y ont demeuré quelque temps, en ont tellement pris les habitudes, les inclinations, et même la façon de penser, que, de retour dans leur patrie, ils s'y rendent très-souvent ridicules par leur affectation à adopter les manières et les usages des pays étrangers où ils ont vécu. Combien de gens vifs qui ont pris du flegme dans les pays du Nord? Combien d'Européens à qui le séjour de l'Amérique ou de l'Asie a fait contracter une paresse et une indolence peu communes partout ailleurs? Combien d'illustres Romains perdirent leur réputation et leurs vertus, en se livrant avec trop peu de retenue aux délices et à la mollesse des Orien-

[1] Page 118.

taux, dont ils rapportèrent à Rome les richesses et les vices? Quant à l'influence qu'a le climat sur le tempérament et la santé, je ne crois pas que le critique voulût se refuser à l'évidence jusqu'au point de nier une vérité établie sur des preuves incontestables.

ARTICLE TROISIÈME.

De la politique.

Le critique convient [1] que c'est ici l'endroit brillant du livre de l'*Esprit des Lois*: selon lui, l'auteur a traité cette partie avec toute l'intelligence d'un homme d'état, mais avec si peu d'ordre, qu'on n'a jamais vu à la fois autant de génie, et si peu de méthode.

OBSERVATION [2].

1°. Quant au gouvernement despotique, voici ce que dit l'auteur : « Son principe se corrompt « sans cesse, parce qu'il est corrompu par sa na- « ture. Ce gouvernement périt par son vice inté- « rieur, lorsque quelques causes accidentelles « n'empêchent pas son principe de se corrompre;

[1] Page 121.
[2] Page 141.

« ces choses forcent sa nature, sans la changer;
« sa férocité reste; elle est, pour quelque temps,
« apprivoisée. »

C'est comme si l'auteur disoit, continue le critique : Le gouvernement despotique ne peut se soutenir par lui-même; sa conservation dépend de plusieurs causes étrangères, sans lesquelles il périroit à chaque instant; il est toujours dans un état violent et forcé, et sa nature est de tendre sans cesse à sa destruction. Voilà, sans doute, le vrai sens de ces paroles : cela posé, voici comme je raisonne.

Ce qui s'oppose à la conservation du gouvernement despotique, doit, par la même raison, s'opposer aussi à son établissement; et les mêmes causes qui servent à le maintenir, doivent contribuer également à le former. Or, s'il est vrai que ce gouvernement ait tant de peine à se conserver, il faut donc qu'il en ait beaucoup à s'établir. Cette conséquence est évidente : c'est seulement dommage qu'elle s'accorde si peu avec ce qui suit.

« Le gouvernement despotique saute, pour
« ainsi dire, aux yeux; il est uniforme partout :
« comme il ne faut que des passions pour l'éta-
« blir, tout le monde est bon pour cela. » Mais, si tout le monde est bon pour former un état despotique, tout le monde est donc bon pour le

maintenir; s'il ne faut que des passions pour l'établir, il ne faut donc que des passions non plus pour le conserver.

RÉPONSE.

Pour faire sentir la fausseté de la conséquence qu'on tire de ces deux propositions de l'auteur, il faut les rapporter telles qu'elles sont dans l'ouvrage et dans le même ordre.

Première proposition.

« Le gouvernement despotique saute, pour
« ainsi dire, aux yeux; il est uniforme partout :
« comme il ne faut que des passions pour l'éta-
« blir, tout le monde est bon pour cela.... »

Seconde proposition.

« Le principe du gouvernement despotique se
« corrompt sans cesse, parce qu'il est corrompu
« par sa nature. Les autres gouvernemens péris-
« sent, parce que des accidens particuliers en
« violent le principe : celui-ci périt par son vice
« intérieur, lorsque quelques causes accidentelles
« n'empêchent pas son principe de se corrompre;
« il ne se maintient donc que quand des cir-
« constances tirées du climat, de la religion, de
« la situation ou du génie du peuple, le forcent
« à suivre quelque ordre et à souffrir quelque

« règle : ces choses forcent la nature, sans la
« changer; sa férocité reste, elle est, pour quelque
« temps, apprivoisée. »

L'on a entendu le commentaire du critique ; en voici un autre.

1°. Il ne faut qu'avoir de l'audace et une ambition sans bornes, pour imaginer et former un gouvernement despotique : tout le monde est bon pour cela.....

2°. Mais comme ce gouvernement est fondé sur des passions violentes, il est difficile qu'il se conserve : tout le conduit à sa ruine ; il ne se maintient donc que quand des circonstances tirées du climat, de la religion, de la situation ou du génie des peuples, le forcent à suivre quelque ordre, et à souffrir quelque règle, etc.

Je demande si cette interprétation n'est pas aussi naturelle que celle du critique ; et je laisse à juger au lecteur si elle renferme rien de contradictoire.

OBSERVATION [1].

2°. L'auteur de l'*Esprit des Lois* trouve qu'il vaudroit mieux que le conquérant rendît le trône au prince légitime, *pour s'en faire un allié nécessaire*, qui, avec les forces qui lui sont propres, augmenteroit les siennes. Il avoit dit auparavant

[1] Page 150.

que les états despotiques pourvoient à leur sûreté, en se séparant, et en se tenant, pour ainsi dire, seuls. Mais comment peut-on se tenir seul, et se faire en même temps des alliés?

RÉPONSE.

Cela veut dire que le conquérant despote peut faire l'un ou l'autre, suivant les temps et les circonstances : ces mots, *pour ainsi dire*, ne forment-ils pas une exception?

J'ajouterai que les princes et les peuples qui en ont agi ainsi, ont eu souvent divers motifs. « Les Allemands, dit Jules César, tiennent à « grandeur d'être bornés par des déserts et des « terres inhabitées; car, outre qu'il n'est pas si « aisé de les attaquer, c'est une marque qu'ils sont « redoutables à plusieurs peuples [1]. »

OBSERVATION [2].

Voici l'extrait que fait le critique de diverses propositions de l'auteur.

Il y a des climats si riches par eux-mêmes, si abondans, si fertiles, que, sans beaucoup de travail, on s'y procure aisément toutes les choses

---

[1] Comment. de Cés., Guerre des Gaules, liv. VI, traduct. d'Ablancourt.

[2] Page 164, etc.

nécessaires. Dans ces pays, les hommes contractent une certaine paresse naturelle, qui les rend lâches, efféminés, sans force, sans vertu, sans courage. Avec ces défauts, on est bien près de la servitude ; et la servitude n'est pas éloignée du gouvernement despotique.

Il y a d'autres climats où les terres restent incultes, soit qu'elles soient stériles de leur nature, soit que les peuples qui les habitent ne veuillent pas se donner la peine de les cultiver. Il est clair que ces peuples doivent jouir d'une grande indépendance ; car, comme ils ne cultivent pas les terres, ils n'y sont point attachés ; ils sont errans, vagabonds ; et si un chef vouloit entreprendre de leur ôter leur liberté, ils le quitteroient et se retireroient dans les bois, pour y vivre tranquilles avec leur famille. On ne peut donc point établir l'autorité arbitraire dans les pays où les hommes ne vivent que de leur chasse ou du produit de leurs troupeaux, dans les pays où les terres sont incultes....... Le gouvernement monarchique ne sauroit non plus s'y établir, puisque tous les hommes y sont égaux. Le républicain voudroit y faire des lois ; et l'on ne connoît parmi ces peuples que celles de la nature : chez eux, la liberté de l'homme est si grande, qu'il est presque impossible d'en faire des citoyens..... Mais ce qu'il y a de singulier dans les principes de l'auteur, *con-*

tinue le critique, c'est que la même cause qui soumet les peuples en général à la puissance arbitraire, les soustrait en même temps à ce pouvoir...... Ce qui introduit dans certains pays les états despotiques, forme dans d'autres les nations indépendantes, je veux dire la fertilité des terres. « En Amérique, dit l'auteur, la terre produit
« d'elle-même beaucoup de fruits dont on peut se
« nourrir ; la chasse et la pêche achevent de mettre
« les hommes dans l'abondance ; de plus les ani-
« maux qui paissent, réussissent mieux que les
« betes carnassières. » Il devoit donc conclure que l'Amérique est un pays propre au despotisme, puisqu'on y jouit d'une si grande fertilité. Point du tout ; il raisonne à présent d'une autre manière :
« Ce pays est extrêmement fertile ; c'est ce qui fait,
« dit-il, qu'il y a tant de nations sauvages, c'est-
« à-dire tant de nations libres. » La fertilité des terres est ici comme ces nuages où l'on voit tout ce que l'on veut.

RÉPONSE.

Rapprochons les propositions de l'auteur, qui paroissent en contradiction ; et l'on verra que si le critique avoit voulu distinguer la culture des terres d'avec leur fertilité naturelle, il se seroit épargné un terrible ecart.

La premiere proposition est que, dans un pays

fertile, mais qui demande cependant d'être cultivé, les hommes sont bien près de la servitude ou du gouvernement despotique. La seconde est que, dans les climats où les terres restent incultes, soit qu'elles soient stériles de leur nature, soit que les peuples qui les habitent ne veuillent pas se donner la peine de les cultiver, il est clair que ces peuples doivent jouir d'une grande indépendance, surtout s'ils peuvent vivre de leur chasse, etc. Enfin, la troisième proposition est qu'en Amérique, où la terre produit d'elle-même beaucoup de fruits dont on peut se nourrir, et où la chasse et la pêche achèvent de mettre les hommes dans l'abondance, il y a beaucoup de nations sauvages ou libres.

Je demande s'il y a rien de plus naturel et de plus conséquent que ce raisonnement. Dans les pays extrêmement fertiles, mais qui demandent d'être cultivés, les hommes vivent dans une grande abondance, et, par conséquent, dans la mollesse : ils s'attachent avec plaisir à l'endroit où ils sont une fois établis [1] ; ils deviennent indifférens pour

---

[1] Ces idées ne sont point nouvelles ; elles ont toujours été vraies, parce qu'elles ont leur fondement dans la nature même de la chose. Écoutons Jules César faisant le portrait des Allemands de son temps. « Les Allemands sont fort éloignés, dit-il, de ces coutumes « (des Gaulois).... La guerre et la chasse font tout leur exercice.... « Ils n'aiment pas l'agriculture, et ne vivent presque que de laitage

toute autre chose que pour la jouissance actuelle de leurs biens; ils sont donc fort propres à être assujettis : au contraire, dans les pays où les terres ne sont point cultivées, ce qui est ici le point es-essentiel, soit que la terre produise d'elle-même assez de fruits pour nourrir ses habitans, qui sont tous chasseurs ou pêcheurs, soit que le pays soit d'ailleurs fertile ou stérile, les hommes ne s'y fixent point; ils ne sont pas plus attachés à un certain endroit du pays qu'à l'autre; ils ne peuvent souffrir d'être maîtrisés; ils ne demeurent dans un même lieu qu'autant qu'ils s'y trouvent bien; en un mot, ce sont des peuples libres, des sauvages.

« et de la chair de leurs troupeaux. Nul ne possède d'héritage en
« particulier; et le magistrat en assigne selon la grandeur des com-
« munautés ou des familles, sans souffrir qu'on les garde plus d'un
« an. Ils apportent plusieurs raisons de cette coutume. La première
« est, de peur qu'on ne s'attache trop à un endroit, et qu'on ne
« quitte le soin des armes pour celui de l'agriculture; la seconde,
« qu'on ne pense à s'agrandir, et que les plus puissans ne chassent
« à la fin les autres; la troisième, de peur qu'on ne s'amuse à bâtir
« au-delà de ce qu'il est besoin pour se garantir du chaud et du
« froid, ou qu'on ne travaille à amasser des richesses, d'où nais-
« sent les divisions; au lieu que l'égalité entretient la paix et la
« concorde, et qu'il n'y a point d'appréhension de tyrannie, lorsque
« celui qui commande n'est pas plus grand seigneur que celui qui
« obéit. » *Comment. de Cés., Guerre des Gaules*, liv. VI, traduct.
d'Ablancourt.

Est-ce là un nuage où l'on voit tout ce que l'on veut? Ne sont-ce pas plutôt des traits de la plus vive lumière, qui portent la clarté et la conviction partout où ils frappent?

Je finirai cet article par une autorité que j'emprunte de l'extrait (qui se trouve dans le Journal des Savans, pour le mois de février 1751) du livre qui a pour titre : *Histoire naturelle de l'Islande et du Groënland*, par M. Anderson. Il semble qu'il ait été fait exprès pour justifier la plus grande partie des maximes répandues dans l'ouvrage de l'*Esprit des Lois*, sur le climat. Le voici :

« M. Anderson représente le Groënland comme
« un terrain stérile qui ne produit qu'une sorte
« d'herbe épaisse et amère pour la nourriture des
« daims et des lièvres dont le pays est rempli. Les
« habitans n'ont d'autre ressource pour vivre que
« la chasse et la pêche.... Les Groënlandais vivent,
« dès la naissance, dans une entière liberté et dans
« une parfaite indépendance; ils ne sont sujets,
« dans leur enfance, à aucune discipline ni cor-
« rection de la part des parens; et étant devenus
« grands, ils ne connoissent ni l'autorité des lois,
« ni celle des chefs ou supérieurs; c'est-à-dire
« qu'ils n'ont ni juges ni magistrats; chacun vit
« comme il veut, et travaille à sa conservation
« comme il l'entend. L'égalité est si parfaite entre
« eux, que l'un ne s'avise pas de contredire ou de

« persuader l'autre, bien loin de vouloir lui com-
« mander. Ils vivent tous dans l'union et l'amitié
« la plus parfaite; l'envie, la haine, la trahison,
« les calomnies et les querelles sont des choses in-
« connues parmi eux [1]. On n'y voit ni batteries,
« ni assassinats, ni guerre avec les voisins. On
« n'entend jamais parler de débauches entre les
« deux sexes; la jeunesse non mariée est d'une
« sagesse exemplaire; jamais garçon n'a séduit
« une fille, ni celle ci un garçon [2]. Leur peu de
« tempérament se manifeste assez, en ce qu'ils
« prennent rarement deux femmes, quoiqu'il n'y
« ait rien qui les en empêche. Les gens mariés
« vivent si bien ensemble, qu'on ne voit jamais
« d'adultère. Ils connoissent la propriété des biens;
« on n'entend cependant parler ni de vol ni de
« pillage. Tout est ouvert par tout le pays; on ne
« connoît ni portes ni serrures; et personne ne
« touche à ce qui appartient à autrui.

« Une constitution si singulière de tout un peu-
« ple, engage notre auteur à faire diverses ré-
« flexions..... Il pense, qu'à tout bien considérer,
« les apparences vertueuses qui sont si frappantes

---

[1] Vous trouverez, dans les climats du Nord, des peuples qui ont peu de vices, assez de vertus, beaucoup de sincérité et de franchise. Esprit des Lois, liv. XIV, chap. II.

[2] Dans les climats du Nord, à peine le physique de l'amour a-t-il la force de se rendre bien sensible. Esprit des Lois, *ibid*.

« dans les Groënlandais, ne proviennent pas tant
« de la pureté de leurs sentimens que des circons-
« tances dans lesquelles ils se trouvent; la dureté
« du climat, dit-il, le défaut d'abondance, la dif-
« ficulté d'avoir le nécessaire, les contiennent
« dans l'égalité, etc. »

Quant au peu de disposition des Groënlandais pour la guerre, voici les raisons qu'en donne M. Anderson.

« Le pays est si mauvais, dit-il, le peuple si peu
« nombreux, et la constitution de l'un et de l'au-
« tre si éloignée de ce qui a rapport à la guerre,
« qu'il est impossible aux Groenlandais de faire
« des conquêtes sur leurs voisins; et leur pays a si
« peu d'appas, que personne ne voudroit prendre
« la peine de le conquérir. »

ARTICLES IVe ET V^e.

De la jurisprudence et du commerce.

Il faut bien que cette partie du livre de l'*Esprit des Lois* sur la jurisprudence, soit la mieux traitée, ainsi que le dit le critique, ou que la matière ne soit pas autant de son ressort, puisqu'il n'y a que peu ou point trouvé à redire; je passe à ce qui regarde le commerce.

1°. Les observations faites sur ce dernier article se réduisent à quelques prétendues contradictions de la part de l'auteur, qui ayant voulu traiter cette matière avec brièveté, l'a divisée en deux branches générales : le commerce d'économie et le commerce du luxe. « Cette espèce de « trafic (dit M. de Montesquieu en parlant du « commerce d'économie) regarde le gouverne- « ment de plusieurs par sa nature, et le monar- « chique par occasion ; car comme il n'est fondé « que sur la pratique de gagner peu, et même de « gagner moins qu'aucune autre nation, et de ne « se dédommager qu'en gagnant continuellement, « il n'est guère possible qu'il puisse être fait par « un peuple chez qui le luxe est établi, qui dé- « pense beaucoup, et qui ne voit que de grands « objets.

« C'est dans ces idées que Cicéron disoit si « bien : *Je n'aime point qu'un même peuple soit en* « *même temps le dominateur et le facteur de l'u-* « *nivers.* En effet, il faudroit supposer que chaque « particulier dans cet état, et tout l'état même, « eussent toujours la tête pleine de grands pro- « jets, et cette même tête remplie de petits ; ce « qui est contradictoire. »

Il a plu à l'observateur de retrancher dans son extrait le passage de Cicéron en entier, et de laisser subsister tout le reste du raisonnement de l'auteur ; ce qui lui donne un sens louche et tout-à-fait opposé à ce qu'a voulu dire M. de Montesquieu [1]. Aussi le critique s'écrie-t-il : « Cette raison « est bien singulière ! et l'on demande à M. de « Montesquieu pourquoi il faudroit supposer pa-« reille chose ? Quoi, dans une monarchie où il y « aura vingt millions d'habitans, par exemple, il « ne s'en trouvera pas assez pour faire le com-« merce d'économie et celui du luxe en même « temps ? Il ne pourra pas arriver que les uns se « contenteront de gagner peu, tandis que les au-« tres chercheront à gagner davantage? que ceux-ci « formeront de grandes entreprises, tandis que les « autres ne seront occupés que de petits objets ? « et il sera nécessaire enfin que chaque particulier « ait la tête pleine de grandes et de petites choses « à la fois ? Cela ne se conçoit pas. »

Je réponds, qu'il est bien plus inconcevable que le critique ait été préoccupé au point de ne pas s'apercevoir que la dernière réflexion de l'auteur ne porte que sur le passage de Cicéron, et sur l'incompatibilité qu'il y auroit dans les projets d'un peuple qui, ayant déjà pour but d'assujettir l'univers, voudroit encore s'attacher au commerce d'économie, lequel suppose une attention continuelle et assidue à de petits profits, bien éloi-

---

[1] Il faut observer que ce que le critique a réuni se trouve dans le livre de l'Esprit des Lois, dans deux paragraphes différens.

gnée des grands projets, dont le peuple dominateur ou conquérant devroit faire son objet principal.

2°. L'auteur a dit que, « dans le gouvernement « d'un seul, le commerce est fondé sur le luxe, et « que son objet unique est de procurer à la nation « qui le fait tout ce qui peut servir à son orgueil, « à ses délices et à ses fantaisies. » Ce qui ne veut point dire, ainsi que le critique le croit, que le commerce du luxe ne consiste que dans un trafic de choses nécessaires pour le luxe; mais il faut entendre que l'objet de ce commerce est de procurer à la nation qui le fait des profits assez considérables pour la mettre à même d'avoir tout ce qui peut augmenter son luxe, flatter son orgueil et ses fantaisies. Ceci paroîtra mieux par ce qui suit.

« Le gouvernement de plusieurs est ordinaire« ment fondé sur l'économie, dit M. de Montes« quieu; les négocians ayant l'œil sur toutes les « nations de la terre, portent à l'une ce qui man« que à l'autre. C'est ainsi que les républiques de « Tyr, de Carthage, d'Athènes, de Marseille, de « Florence, de Venise et de Hollande ont fait le « commerce. Cette espèce de trafic regarde le gou« vernement de plusieurs par sa nature, et le mo« narchique, par occasion; » *donc il n'en est pas entièrement banni*, ainsi que le prétend le cri-

tique. « Mais, dit encore l'auteur, il n'est guère
« possible que ce commerce d'économie puisse
« être fait par un peuple chez qui le luxe est éta-
« bli, qui dépense beaucoup, et qui ne voit que
« de grands objets, » c'est-à-dire de grands profits ;
car qu'y a-t-il qui puisse fournir aux grandes dépenses qu'entraîne le luxe, si ce n'est les grands
profits ?

OBSERVATION [1].

3°. Ce n'est pas la qualité des marchandises, dit
le critique, c'est leur quantité qui fait les plus
grands projets ; et un négociant qui entreprendroit de fournir à une nation toutes les choses
nécessaires à la vie, formeroit une plus grande
entreprise que celui qui ne lui procureroit qu'une
partie de ce qui peut contribuer à ses plaisirs, à
ses fantaisies, à son orgueil en un mot ; celui qui
feroit le commerce d'économie dans cette supposition, seroit occupé de plus grands objets que
l'autre qui feroit le commerce du luxe.

RÉPONSE.

Le négociant qui formeroit une pareille entreprise feroit réellement le commerce du luxe et
non celui d'économie, parce que s'il entendoit
son métier, il ne se chargeroit d'une affaire d'aussi

[1] Page 187.

grande conséquence que dans la vue de gros profits, car je soutiens, encore une fois, que, dans le sens de l'auteur, le trafic des choses nécessaires à la vie n'est point uniquement ce qui constitue le commerce d'économie, non plus que le trafic des choses qui ont quelque rapport aux luxe n'est point ce qui constitue le commerce du luxe [1]. S'il en étoit autrement, il s'ensuivroit qu'il n'y auroit dans le monde que les orfèvres, les bijoutiers, les joailliers, les manufacturiers d'étoffes précieuses, et autres marchands, artistes ou artisans de cette espèce, qui feroient le commerce du luxe. Mais, dans ce cas, quel sera le commerce de nos armateurs des différens ports du royaume, qui envoient tous les ans six à sept cents vaisseaux dans nos colonies de l'Amérique, à la côte d'Afrique, ou au Levant? Dira-t-on qu'ils font le commerce d'économie? Je ne crois pas que personne s'avisât de le soutenir.

M. de Montesquieu n'a point voulu parler du commerce tel que le font les marchands de nos villes méditerranées. Il n'y avoit pas d'apparence

---

[1] Lorsque M. de Montesquieu a dit que dans les pays d'économie, les négocians, ayant l'œil sur toutes les nations de la terre, portent à l'une ce qui manque à l'autre, il n'a pas entendu parler uniquement des choses nécessaires à la vie; il y a compris aussi les superflues, puisqu'il est vrai que dans un pays de luxe ce superflu fait partie des besoins.

que dans le peu de pages qu'il emploie à ce sujet, il eût dessein d'approfondir, ni même d'indiquer tous les commerces possibles; il dit lui-même que cette matière mériteroit d'être traitée avec plus d'étendue : il ne s'agit donc ici que du commerce dans le grand, du commerce externe et maritime de nation à nation, relativement aux avantages réciproques et au but que chacune d'elles peut avoir en le faisant. Or, dans ce sens, tout ce qu'a dit l'auteur s'accorde merveilleusement avec ce que nous voyons partout où il y a du commerce.

Qu'il me soit permis d'ajouter encore quelques réflexions à ce sujet.

Les Hollandais naviguent à meilleur marché qu'aucun autre peuple de l'Europe ; cela n'est pas difficile à comprendre; leur commerce étant fondé sur une économie continuelle, je n'en excepte pas même leurs plus grandes entreprises, ils ont été obligés de tirer parti de tout ce qui y a rapport; leurs vaisseaux sont d'une construction et d'une voilure qui demandent moins de monde, pour la manœuvre, que ceux des autres nations; leurs matelots se contentent de gages très-modiques, et de la nourriture la plus grossière ; les propriétaires mêmes des navires sont satisfaits, lorsque les voyages d'une année leur rendent quelque chose au-delà de l'intérêt ordinaire que leur argent leur produiroit dans le commerce intérieur de leur pays ; enfin, il n'y a point de nation qui pût ni qui voulût courir les mêmes risques au même prix. Il faut donc que dans les pays où règne le commerce du luxe, on leur abandonne ce qu'on appelle le *cabotage*, et quelques autres branches semblables, qu'il seroit inutile de vouloir leur ravir : dans ce sens, et dans bien d'autres, on peut les appeler, avec juste raison, *les facteurs*, ou, si l'on veut, les voituriers de l'univers, *portitores terrarum*. Ils sont, à l'égard des autres nations de l'Europe, ce qu'est un commissionnaire à l'égard de son commettant ; et c'est là ce qui constitue véritablement le commerce d'économie. Aussi il semble que tout ce que l'auteur de l'*Esprit des Lois* a dit de ce commerce soit fondé sur la connoissance que nous avons de celui de ce peuple industrieux, et de quelques villes anséatiques ; là, l'on se contente de gagner peu, et même moins qu'aucune autre nation, et l'on se dédommage en gagnant continuellement. Dans ces pays, où la mode n'a pas été poussée jusqu'à se faire des besoins au-dessus de son état et de ses moyens, l'argent y est aussi plus abondant qu'ailleurs ; il y produit à peine la moitié de l'intérêt qu'il donne dans les monarchies où règne le luxe. C'est à cette raison principalement, c'est-à-dire à la quantité considérable d'argent qui reste sans emploi, que j'attribuerois cette hardiesse pour les grandes entreprises que l'auteur remarque dans les républiques, et qui ne se trouve que rarement dans les monarchies, où chacun est bien plus empressé de s'assurer un état au-dessus de celui du négociant, de courir après les honneurs, de se procurer toutes les aisances dépendantes du luxe; enfin de jouir de sa fortune, que de former de nouveaux projets de commerce; en sorte que l'on peut dire qu'en général, dans les monarchies, chacun fait le commerce afin de pouvoir le quitter; au lieu que dans les républiques on ne l'entreprend que dans l'espérance de le continuer et de l'augmenter; ce qui revient à ce que dit l'auteur, qu'un commerce mène à l'autre; le petit au médiocre, le médiocre au grand : aussi voyons-nous que les plus grands projets de commerce ont presque tous été conçus par des négocians républicains. La fameuse hanse teutonique ne prit-elle pas naissance dans de petites républiques? La compagnie des Indes ne s'est-elle pas formée et accrue en Hollande, avant qu'aucune puissance de l'Europe pensât à faire un pareil établissement [1]? moins, sans doute, par le défaut de moyens, que pour n'avoir pas des négocians hardis et intelligens, capables de former et de diriger une telle entreprise.

[1] Les premiers établissemens des Portugais sembloient avoir plutôt pour objet la conquête que le commerce.

Cette compagnie hollandaise apporta dès sa naissance, dans la conduite de ses affaires, assez de ce même esprit d'économie qui a toujours régné dans le commerce de la nation, pour faire celui qu'elle méditoit aux Indes plus avantageusement que ses concurrens. Quelle hardiesse dans les projets! Quelle promptitude dans l'exécution! Quelle valeur, quelle conduite dans les amiraux chargés du commandement de ses escadres et de la formation de ses établissemens! Les traités avantageux que ces amiraux firent avec divers rois d'Asie, sont encore cités aujourd'hui comme des modèles dans ce genre; et les sages mesures qu'ils prirent dans la suite acquirent ou conservèrent à la compagnie tous les avantages dont elle a joui depuis, et qui l'ont rendue la plus riche et la plus florissante de toutes celles de l'Europe. Ce n'étoit cependant que des négocians accoutumés au commerce d'économie, qui faisoient toutes ces grandes choses; l'état n'y prenoit d'autre part que celle qu'il falloit pour leur donner de l'encouragement et les protéger.

4°. L'auteur a dit : « La plus grande certitude « de sa propriété, que l'on croit avoir dans les « états républicains, fait tout entreprendre; et « parce que l'on est sûr de ce que l'on a acquis, « on ose le risquer pour en acquérir davantage. » Sur quoi le critique se récrie que cette propriété est aussi assurée dans les monarchies que dans les républiques ; l'on ne voit point, dit-il, que des biens légitimement acquis par le commerce, dans les monarchies, deviennent jamais la proie du souverain.

Je conviens avec l'observateur, que rien n'est plus rare en France, et dans tous les royaumes policés de l'Europe, qu'un négociant attaqué à cause de ses grandes richesses ; je crois même que l'histoire n'en fournit qu'un seul exemple, qui est celui de Jacques Cœur, sous Charles VII ; encore fallut-il lui supposer d'autres crimes. Ce n'est point aussi de quoi il s'agit ici. Je prie qu'on fasse attention que M. de Montesquieu ne dit point que cette certitude qu'on a de sa propriété est réellement mieux fondée dans les républiques que dans les monarchies ; mais il dit qu'on le croit ainsi *dans les états républicains ;* au lieu qu'il semble, à entendre le critique, que l'auteur ait voulu dire que les négocians établis dans les monarchies sont dans le même préjugé ; qu'ils craignent les injustices du gouvernement, et que tôt ou tard on ne les dépouille de leurs biens. Ils ne peuvent craindre autre chose, si ce n'est que ces états n'étant point fondés naturellement sur le commerce, il n'y soit plus négligé qu'ailleurs.

5°. Je ne dirai plus qu'un mot sur une observation du critique au sujet du climat, par rapport au commerce : il voit une contradiction où il n'y en a point ; son erreur vient de ce qu'il fait dire à l'auteur que les grandes entreprises de commerce ne sont que pour les états où règne le luxe [1]. Or, je soutiens que M. de Montesquieu n'a jamais dit pareille chose ; au contraire, il dit que les grandes entreprises de commerce ne sont point pour les monarchies où règne le luxe, mais pour les états républicains où il ne règne pas.

Mais, dira le critique, l'auteur prétend que, dans les états où règne le luxe, on dépense beaucoup, et que l'on n'y voit que de grands objets ; je lui réponds, encore un coup, que ces grands objets sont relatifs aux profits et non aux entreprises ; en sorte que, pour déterminer un négociant établi dans un pays de luxe à faire une entreprise quelconque, il faut lui présenter un profit plus considérable que s'il vivoit dans un pays d'où le luxe est banni, et où règne le commerce d'économie. Supposons, par exemple, deux négocians établis, l'un dans une ville maritime de France, et l'autre à Amsterdam ; qu'on propose à l'un et à l'autre une entreprise qui ne leur promette, tout risque à part, que quatre ou cinq pour cent de profit, après avoir occupé leurs fonds pendant une année entière ; le Hollandais saisira l'affaire

---

[1] Page 192.

avec empressement; le Français, au contraire, la refusera : pourquoi cela? C'est que l'un vit dans un pays d'économie, et l'autre dans un pays de luxe; c'est qu'on a bien de la peine à faire valoir, à Amsterdam, son argent au-delà de trois à trois et demi pour cent par an, au lieu que, dans le commerce de France, il en produit jusqu'à six.

Voici enfin la dernière observation du critique : je me hâte d'y répondre.

OBSERVATION [1].

Proposition de l'auteur.

« En Perse, lorsque le roi a condamné quel-
« qu'un, on ne peut plus lui en parler, ni deman-
« der grâce. Cette manière de penser, ajoute-t-il,
« y a été de tout temps; l'ordre que donna Assuérus
« d'exterminer les Juifs, ne pouvant être *révoqué*,
« on prit le parti de leur donner la permission de
« se défendre; » sur quoi le critique oppose ces mots du chapitre VIII du livre d'Esther : « S'il
« est vrai que je vous suis chère, dit la reine à
« Assuérus, et s'il vous plaît de me convaincre
« que mes prières ne vous sont pas importunes,
« *révoquez*, je vous en supplie, par de nouvelles
« lettres, les ordres que le perfide Aman, irré-
« conciliable ennemi de mon peuple, avait en-

[1] Page 195.

« voyés en votre nom, dans toute l'étendue de
« vos provinces, pour y faire mourir, dans un
« seul jour, tous les Juifs.... » Et au chapitre vi
des fragmens, v. 17, du livre d'Esther, le prince
y dit expressément : « Notre intention est que les
« lettres obtenues par Aman contre les Juifs, et
« envoyées sous notre nom à toutes nos provinces,
« soient regardées comme surprises et de nulle
« valeur.....» Le critique cite encore ces deux vers
de Racine :

> Oui, je t'entends; allons par des ordres contraires
> *Révoquer* d'un méchant les ordres sanguinaires.

Et il finit par ces mots : « Assuérus ne croyoit donc
« pas, comme l'auteur de l'*Esprit des Lois*, que
« ses ordres fussent irrévocables.

RÉPONSE.

Je n'emprunterai, pour combattre le critique,
ni l'autorité des historiens, ni celle des commentateurs; je ne citerai pas même les poëtes. Deux ou
trois réflexions et le texte sacré me suffisent.

Je demande au critique, si le but de l'édit que
donna Assuérus n'avoit pas été, ainsi que le dit
l'auteur, de permettre aux Juifs de se défendre ;
qu'étoit-il nécessaire qu'il leur fût adressé? C'est
le roi lui-même qui s'exprime ainsi parlant à
Mardochée : « Écrivez donc aux Juifs, au nom du

« roi, comme vous le jugerez à propos; et scellez
« les lettres de mon anneau; car c'étoit la cou-
« tume, ajoute l'historien sacré, que nul n'osoit
« s'opposer aux lettres qui étoient envoyées au
« nom du roi, et cachetées de son anneau. » Je remarquerai en passant, qu'il y a des traductions de l'hébreu qui portent: Car *l'écriture qui est écrite au nom du roi, et qui est scellée de son sceau, ne se révoque point.* Mais voyons l'édit même sur lequel le critique s'appuie le plus, tel qu'il est rapporté au chapitre vi des fragmens, v. 9, du livre d'Esther; nous y trouvons qu'Assuérus emploie différens motifs pour justifier le changement qu'il fait aux précédens ordres d'Aman contre les Juifs. Il y dit, entre autres: « Si nous ordonnons des
« choses qui paroissent différentes, vous ne devez
« pas croire que cela vienne de la légèreté de no-
« tre esprit, mais plutôt que c'est la vue du bien
« public qui nous oblige de former nos ordonnan-
« ces selon la diversité des temps et la nécessité
« de nos affaires. » Cette espèce d'excuse de la part d'un prince aussi despotique et aussi absolu, n'est-elle pas une preuve qu'il sentoit que même ce changement de ses premiers ordres étoit contre la loi et les usages? Ce qu'il ajoute un peu plus loin fait voir avec évidence que cet édit se réduisoit principalement à permettre aux Juifs de défendre leur vie, et à ordonner aux gouverneurs

des provinces de les secourir..... « Nous ordon-
« nons, dit le roi, que cet édit que nous vous en-
« voyons soit affiché dans toutes les villes, afin
« qu'il soit permis aux Juifs de garder leurs lois ;
« et vous aurez soin de leur donner du secours,
« afin qu'ils puissent tuer ceux qui se préparoient
« à les perdre. »

Quant à la démarche que fit Esther, d'intercéder pour les Juifs, je pourrois dire qu'une femme chérie, qui compte sur sa beauté et sur l'amour d'un grand roi pour elle, se permet bien des choses contre les usages, surtout quand elle est animée par quelque grand intérêt : or, il ne s'agissoit pas moins ici que de ce qu'Esther avoit de plus cher dans le monde, de la vie de toute la nation, et de la sienne peut-être. Mais il pouvoit aussi y avoir un dessein particulier de la Providence ; car, ainsi que le disoit Mardochée à Esther [1] : « Qui sait si ce n'est point pour cela même
« que vous avez été élevée à la dignité royale,
« afin d'être en état d'agir dans une occasion
« comme celle-ci ? » Sur cette remontrance, Esther se résolut de courir le risque de parler au roi; mais les craintes qu'elle témoigna dans cette occasion, et toutes les précautions qu'elle prit, prouvent bien qu'elle s'exposoit beaucoup.

---

[1] Chap. IV, vers. 14.

Si le critique ne trouve point ce raisonnement assez décisif, et s'il lui reste encore quelque scrupule à ce sujet, il faut lui faire voir, par une autorité qui ne laisse aucun doute, que non seulement il n'étoit point permis d'intercéder en faveur de ceux que le roi avoit condamnés, mais que le roi lui-même ne pouvoit, de son abondant, accorder la grâce à personne; c'est dans le chapitre VI de Daniel, vers. 8 et suivans, que je trouve une décision formelle en faveur de cette opinion. La voici (ce sont les ennemis de Daniel qui parlent) : « Confirmez donc maintenant, ô roi! cet
« avis, et faites cet édit, afin qu'il demeure ferme,
« comme ayant été établi par les Mèdes et par les
« Perses, sans qu'il soit permis à personne de le
« violer . . . .
« . . ô roi! n'avez-vous pas ordonné que, pen-
« dant l'espace de trente jours, tout homme qui
« feroit quelques prières à quelqu'un des dieux
« ou des hommes, sinon à vous seul, ô roi! seroit
« jeté dans la fosse aux lions? Le roi leur répon-
« dit : Ce que vous dites est vrai, et *c'est une or-*
« *donnance des Perses et des Mèdes, qu'il n'est*
« *permis à personne de violer.* Alors ils dirent au
« roi : Daniel, un des captifs d'entre les enfans
« de Juda, sans avoir égard à votre loi, ni à l'édit
« que vous avez fait, prie son Dieu chaque jour à
« trois heures différentes. Ce que le roi ayant en-

« tendu, il fut extrêmement affligé. Il prit en lui-
« même la résolution de délivrer Daniel; et jus-
« qu'au soleil couché, il fit tout ce qu'il put pour
« le sauver. Mais ces personnes, voyant bien
« quelle étoit l'intention du roi, lui dirent : *O roi!*
« *sachez que c'est une loi des Mèdes et des Perses,*
« *qu'il n'est point permis de rien changer dans*
« *tous les édits que le roi fait.* Alors Daniel fut
« emmené par le commandement du roi, et ils le
« jetèrent dans la fosse aux lions; et le roi dit à
« Daniel : Votre Dieu, que vous adorez sans
« cesse, vous délivrera. »

Voilà donc un roi qui se trouve dans l'impossibilité de sauver un favori qu'il aime, parce que, *suivant la loi des Mèdes et des Perses, il n'est point permis de rien changer dans tous les édits que le roi fait.* Mais s'il n'étoit pas permis aux rois de Perse de rien changer à leurs propres édits, il leur étoit sans doute encore moins permis de les révoquer en entier, ni à qui que ce fût d'oser intercéder pour les coupables.

Il me reste à observer qu'il y a des versions qui portent le mot de *révoquer*, au lieu de ceux de *violer* et *changer*, qui sont employés dans la Vulgate et dans la traduction de Sacy, dont je me sers.

Il résulte de tout ce que je viens de dire, que

l'auteur s'appuie sur des autorités suffisantes, puisqu'il cite d'ailleurs *Chardin*, et qu'il a ainsi en sa faveur les historiens sacrés et profanes.

COMMENTAIRE

SUR

QUELQUES PRINCIPALES MAXIMES

DE

L'ESPRIT DES LOIS;

PAR VOLTAIRE.

AVANT-PROPOS.

Montesquieu fut compté parmi les hommes les plus illustres du dix-huitième siècle, et cependant il ne fut pas persécuté : il ne fut qu'un peu molesté pour ses *Lettres persanes*, ouvrage imité du *Siamois* de Dutresny, et de l'*Espion turc*; imitation très-supérieure aux originaux, mais au-dessous de son génie. Sa gloire fut l'*Esprit des Lois;* les ouvrages des Grotius et des Puffendorf n'étoient que des compilations; celui de Montesquieu parut être celui d'un homme d'état, d'un philosophe, d'un bel esprit, d'un citoyen. Presque tous ceux qui étoient les juges naturels d'un tel livre, gens de lettres, gens de loi de tous les pays, le regardèrent, et le regardent encore comme le code de la raison et de la liberté. Mais dans les deux sectes des jansénistes et des jésuites qui existoient encore, il se trouva des écrivains qui prétendirent se signaler contre ce livre, dans l'espérance de réussir à la faveur de son nom, comme les insectes s'attachent à la poursuite de l'homme, et se nourrissent de sa substance. Il y avoit quelques misérables profits alors à débiter des brochures théologiques, et en attaquant les philosophes. Ce fut une belle occasion pour le gazetier des nouvelles ecclésiastiques, qui vendoit toutes les semaines l'histoire moderne des sacristains de paroisse, des porte-dieu, des fossoyeurs, et des marguilliers. Cet homme cria contre le président de Montesquieu : Religion, religion ! Dieu, Dieu ! et il l'appela déiste et athée, pour mieux vendre sa gazette. Ce qui semble peu croyable, c'est que Montesquieu daigna lui répondre. Les trois doigts qui avoient écrit l'*Esprit des Lois* s'abaissèrent jusqu'à écraser par la force de la raison et à coups d'épigrammes la guêpe convulsionnaire qui bourdonnoit à ses oreilles quatre fois par mois.

Il ne fit pas le même honneur aux jésuites ; ils se vengèrent de son indifférence en publiant à sa mort qu'ils l'avoient converti. On ne pouvoit attaquer sa mémoire par une calomnie plus lâche et plus ridicule. Cette turpitude fut bien reconnue, lorsque, peu d'années après, les jésuites furent proscrits sur le globe entier qu'ils avoient trompé par tant de controverses et troublé par tant de cabales.

Ces hurlemens des chiens du cimetière Saint-Médard, et ces déclamations de quelques régens de collége, ex-jésuites, ne furent pas entendus au milieu des applaudissemens de l'Europe. Cependant une petite société de savans, nourris dans la connoissance des affaires et des hommes, s'assembla long-temps pour examiner avec impartialité ce livre si célèbre. Elle fit imprimer, pour elle et pour quelques amis, vingt-quatre exemplaires de son travail, sous le titre d'*Observations sur l'Esprit des Lois*, en trois petits volumes [1]. J'en ai tiré des instructions, et j'y joins mes doutes.

[1] Les *Observations sur le livre intitulé* L'ESPRIT DES LOIS, divisées en trois parties, 3 vol. petit in-8°, sont de Claude Dupin, fermier-général, mort en 1769; elles ont été revues par les PP. Plesse et Berthier. On croit que la préface est de madame Dupin, épouse de l'auteur, morte en 1800, à près de cent ans; elle avoit eu J.-J. Rousseau pour instituteur de son fils et pour secrétaire. Les *Observations* avaient été imprimées chez Guérin et Delatour; et le *premier Catalogue des livres* de ce dernier, 1808, in-8°, n° 57, dit que « il n'en a été mis dans la circulation que « trente exemplaires, donnés en présent par l'auteur; tout le « reste de l'édition a été supprimé. » Cette suppression fut faite par l'auteur lui-même, à la demande de madame de Pompadour, qui protégeoit Montesquieu. (*Note de M. Beuchot.*)

COMMENTAIRE

SUR

QUELQUES PRINCIPALES MAXIMES

DE

L'ESPRIT DES LOIS.

I.

Ne discutons point la foule de ces propositions qu'on peut attaquer et défendre long-temps sans convenir de rien. Ce sont des sources intarissables de disputes. Les deux contendans tournent sans avancer, comme s'ils dansoient un menuet; ils se retrouvent à la fin tous deux au même endroit dont ils étoient partis.

Je ne rechercherai point si Dieu a ses lois, ou si sa pensée, sa volonté sont sa seule loi; si les bêtes ont leurs lois, comme dit l'auteur;

Ni s'il y avoit des rapports de justice avant qu'il existât des hommes, ce qui est l'ancienne querelle des réaux et des nominaux;

Ni si un être intelligent, créé par un autre être intelligent, et ayant fait du mal à son camarade intelligent, peut être supposé devoir subir la peine du talion, par l'ordre du créateur intelligent, avant que ce créateur ait créé;

Ni si le monde intelligent n'est pas si bien gouverné que le monde non intelligent, et pourquoi;

Ni s'il est vrai que l'homme viole les lois de DIEU *en qualité d'être intelligent*, ou si plutôt il n'est pas privé de son intelligence dans l'instant qu'il viole ces lois.

Ne nous jouons point dans les subtilités de cette métaphysique; gardons-nous d'entrer dans ce labyrinthe.

II.

L'Anglais Hobbes prétend que l'état naturel de l'homme est un état de guerre, parce que tous les hommes ont un droit égal à tout.

Montesquieu, plus doux, veut croire que l'homme n'est qu'un animal timide qui cherche la paix.

Il apporte en preuve l'histoire de ce sauvage trouvé, il y a cinquante ans, dans les forêts de Hanovre, et que le moindre bruit effrayoit.

Il me semble que si l'on veut savoir comment la pure nature humaine est faite, il n'y a qu'à considérer les enfans de nos rustres. Le plus poltron s'enfuit devant le plus méchant; le plus foible est battu par le plus fort : si un peu de sang coule, il pleure, il crie; les larmes, les plaintes que la douleur arrache à cette machine, font une impression soudaine sur la machine de son camarade qui le battoit. Il s'arrête comme si une puissance supérieure lui saisissoit la main, il s'émeut, il s'attendrit, il embrasse son ennemi qu'il a blessé ; et le lendemain, s'il y a des noisettes à partager, ils recommenceront le combat : ils sont déjà hommes, et ils en useront ainsi un jour avec leurs frères, avec leurs femmes.

Mais laissons là les enfans et les sauvages, n'examinons que bien rarement les nations étrangères qui ne nous sont pas assez connues. Songeons à nous.

III.

« La noblesse entre en quelque façon dans l'es-
« sence de la monarchie, dont la maxime fonda-
« mentale est, point de monarchie, point de no-
« blesse ; point de noblesse, point de monarque.
« Mais on a un despote. » (Liv. II, chap. IV.)

Cette maxime fait souvenir de l'infortuné Charles Ier, qui disoit : Point d'évêque, point de monarque. Notre grand Henri IV auroit pu dire à la faction des Seize : Point de noblesse, point de monarque. Mais qu'on me dise ce que je dois entendre par despote et par monarque.

Les Grecs et ensuite les Romains entendoient par le mot grec *despote* un père de famille, un maître de maison ; *despotes, herus, patronus, despoina, hera, patrona*, opposé à *therapon* ou *therapsos, famulus, servus.* Il me semble qu'aucun Grec, qu'aucun Romain ne se servit du mot despote ou d'un dérivé de despote, pour signifier un roi. *Despoticus* ne fut jamais un mot latin. Les Grecs du moyen âge s'avisèrent, vers le commencement du quinzième siècle, d'appeler despotes des seigneurs très-foibles, dépendans de la puissance des Turcs, despotes de Servie, de Valachie, qu'on ne regardoit que comme des maîtres de maison. Aujourd'hui les empereurs de Turquie, de Maroc, de Perse, de l'Indoustan, de la Chine, sont appelés par nous despotes; et nous attachons à ce titre l'idée d'un fou féroce, qui n'écoute que son caprice; d'un barbare qui fait ranger devant lui ses courtisans prosternés, et qui pour se divertir ordonne à ses satellites d'étrangler à droite et d'empaler à gauche.

Le terme de *monarque* emportoit originairement l'idée d'une puissance bien supérieure à celle du mot *despote* : il signifioit seul prince, seul dominant, seul puissant; il sembloit exclure toute puissance intermédiaire.

Ainsi chez presque toutes les nations, les langues se sont dénaturées. Ainsi les mots de pape, d'évêque, de prêtre, de diacre, d'église, de jubilé, de pâques, de fêtes, noble, vilain, moine, chanoine, clerc, gendarme, chevalier, et une infinité d'autres, ne donnent plus les mêmes idées qu'ils donnoient autrefois; c'est à quoi l'on ne sauroit faire trop d'attention dans toutes ses lectures.

J'aurois désiré que l'auteur, ou quelque autre écrivain de sa force, nous eût appris clairement pourquoi la noblesse est l'essence du gouvernement monarchique. On seroit porté à croire qu'elle est l'essence du gouvernement féodal, comme en Allemagne; et de l'aristocratie, comme à Venise [1].

[1] Il ne peut y avoir aucune autre différence entre le despotisme et la monarchie que l'existence de certaines règles, de certaines formes, de certains principes, consacrés par le temps et l'opinion, et dont le monarque se fait une loi de ne pas s'écarter. S'il n'est lié que par son serment, par la crainte d'aliéner les esprits de sa nation, le gouvernement est monarchique; mais s'il existe un corps, une assemblée, du consentement desquels il ne puisse se passer, lorsqu'il veut déroger à ces lois premières; si ce corps a le droit de s'opposer à l'exécution de ses lois nouvelles, lorsqu'elles sont contraires aux lois établies; dès-lors il n'y a plus de monarchie, mais une aristocratie. Le monarque, pour être juste, est censé devoir respecter les règles consacrées par l'opinion, tandis que le despote n'est obligé de respecter que les premiers principes du droit naturel, la religion, les mœurs. La différence est moins dans la forme de la constitution que dans l'opinion des peuples, qui ont une idée plus ou moins étendue de ce qui constitue les droits de l'homme et du citoyen.

Or, il est difficile, en admettant cette explication, de deviner

IV.

« Autant que le pouvoir du clergé est dange-
« reux dans une république, autant il est conve-

pourquoi il faut qu'il y ait dans une monarchie un corps d'hommes jouissant de priviléges héréditaires. Les priviléges sont une charge de plus pour le peuple, un découragement pour tout homme de mérite qui ne fait point partie de ce corps. M. de Montesquieu pouvoit-il croire que dans un pays éclairé un homme sans noblesse, mais ayant de l'éducation, n'auroit pas autant de noblesse d'âme, d'horreur pour les bassesses, qu'un gentilhomme? Croyoit-il que la connoissance des droits de l'humanité ne donne pas autant d'élévation que celle des prérogatives de la noblesse? Ne vaudroit-il pas mieux chercher à donner aux âmes des hommes de tous les états plus d'énergie, que de vouloir conserver dans celles des nobles quelques restes de l'orgueil de leur ancienne indépendance? Ne seroit-il point plus utile au peuple d'une monarchie de chercher les moyens d'y établir un ordre plus simple, au lieu d'y conserver soigneusement les restes de l'anarchie?

Il est sûr que dans toute monarchie modérée, où les propriétés sont assurées, il y aura des familles qui, ayant conservé des richesses, occupé des places, rendu des services pendant plusieurs générations, obtiendront une considération héréditaire. Mais il y a loin de là à la noblesse, à ses exemptions, à ses prérogatives, aux chapitres nobles, aux tabourets, aux cordons, aux certificats des généalogistes, à toutes ces inventions nuisibles ou ridicules dont une monarchie peut sans doute se passer.

L'auteur de cette note prend la liberté d'assurer ses lecteurs, s'il en a, qu'en plaidant la cause du bonheur du peuple contre la vanité des nobles, ce ne sont point du tout ses intérêts qu'il défend ici.

« nable dans une monarchie, surtout dans celles
« qui vont au despotisme. Où en seroient l'Es-
« pagne et le Portugal depuis la perte de leurs
« lois, sans ce pouvoir qui arrête seul la puis-
« sance arbitraire? barrière toujours bonne lors-
« qu'il n'y en a point d'autre; car, comme le des-
« potisme cause à la nature humaine des maux
« effroyables, le mal même qui le limite est un
« bien. » (Liv. II, chap. IV.)

On voit que dès l'abord l'auteur ne met pas une grande différence entre la monarchie et le despotisme; ce sont deux frères qui ont tant de ressemblance qu'on les prend souvent l'un pour l'autre. Avouons que ce furent de tout temps deux gros chats à qui les rats essayèrent de pendre une sonnette au cou. Je ne sais si les prêtres ont posé cette sonnette, ou s'il auroit plutôt fallu en attacher une aux prêtres : tout ce que je sais, c'est qu'avant Ferdinand et Isabelle il n'y avoit point d'inquisition en Espagne. Cette habile Isabelle, ce plus qu'habile Ferdinand firent leurs marchés avec l'inquisition : autant en firent leurs successeurs pour être plus puissans. Philippe II et les prêtres inquisiteurs partagèrent toujours les dépouilles. Cette inquisition si abhorrée dans l'Europe devoit-elle être chère à l'auteur des Lettres persanes?

Il se fait ici une règle générale que les prêtres

sont en tout temps et en tous lieux les correcteurs des princes. Je ne conseillerois pas à un homme qui se mêleroit d'instruire, de poser ainsi des règles générales. A peine a-t-il établi un principe, l'histoire s'ouvre devant lui et lui montre cent exemples contraires. Dit-il que les évêques sont le soutien des rois, vient un cardinal de Retz, viennent des primats de Pologne et des évêques de Rome, et une foule d'autres prélats, à remonter jusqu'à Samuël, qui forment de terribles argumens contre sa thèse.

Dit-il que les évêques sont les sages précepteurs des princes, on lui montre aussitôt un cardinal du Bois qui n'en a été que le Mercure.

Avance-t-il que les femmes ne sont pas propres au gouvernement, il est démenti depuis Tomiris jusqu'à nos jours.

Mais continuons à nous éclairer avec l'*Esprit des Lois* [1].

[1] Le clergé a du crédit à Constantinople au moins autant qu'en Espagne. A quoi ce crédit a-t-il été utile? A quoi a servi celui du clergé de France? A laisser deux millions de citoyens sans existence légale, sans propriété assurée; à soustraire aux impôts un cinquième au moins des biens du royaume. N'est-il pas évident qu'ami ou ennemi du monarque, un clergé puissant ne peut servir qu'à imposer un double joug au peuple? Un homme en est-il plus libre parce qu'il a deux maîtres?

V.

Au lieu de continuer, je rencontre par hasard le chapitre II du livre X, par lequel j'aurois dû commencer. C'est un singulier cours de droit public. Voyons.

« Entre les sociétés, le droit de la défense natu-
« relle entraîne quelquefois la nécessité d'attaquer,
« lorsqu'un peuple voit qu'un peuple voisin pros-
« père, et qu'une plus longue paix mettroit ce
« peuple voisin en état de le détruire, etc. »

Si c'étoit Machiavel qui adressât ces paroles au bâtard abominable de l'abominable pape Alexandre VI, je ne serois point étonné. C'est l'esprit des lois de Cartouche et de Desrues. Mais que cette maxime soit d'un homme comme Montesquieu! on n'en croit pas ses yeux.

Je vois ensuite que, pour en adoucir la cruauté, il ajoute « que l'attaque doit être faite par ce peu-
« ple jaloux, dans le moment où c'est le seul moyen
« d'empêcher sa destruction. »

Mais il me semble que c'est mal s'excuer, et bien évidemment se contredire. Car si vous ne tombez sur votre voisin que dans le seul moment où il va vous détruire, c'est donc lui qui vous attaquoit en effet. Vous vous êtes donc borné à vous défendre contre votre ennemi.

Je vois que vous vous êtes laissé entraîner aux

grands principes du machiavélisme : « Ruinez qui
« pourroit un jour vous ruiner ; assassinez votre
« voisin qui pourroit devenir assez fort pour vous
« tuer ; empoisonnez-le au plus vite, si vous crai-
« gnez qu'il n'emploie contre vous son cuisinier. »

Quelque grand politique pourra penser que cela
est très-bon à faire ; mais en vérité cela est très-
mauvais à dire. Vous vous corrigez sur-le-champ,
en disant qu'il n'est permis d'égorger son voisin
que quand ce voisin vous égorge. Ce n'est plus
l'état de la question. Vous vous supposez ici dans
le cas d'une simple et honnête défensive. Vous avez
voulu d'abord n'écrire qu'en homme d'état, vous
en avez rougi ; vous avez voulu réparer la chose
en vous remettant à écrire en honnête homme,
et vous vous êtes trompé dans votre calcul. Revenons à l'ordre que j'ai interrompu.

VI.

« Comme la mer qui semble vouloir couvrir la
« terre est arrêtée par les herbes et par les moin-
« dres graviers qui sont sur le rivage ; ainsi les mo-
« narques, dont le pouvoir paroît sans bornes,
« s'arrêtent par les plus petits obstacles, et sou-
« mettent leur fierté naturelle à la plainte et à la
« prière. » (Liv. II , chap. IV.)

Voilà donc, poétiquement parlant, l'Océan

qui devient monarque ou despote. Ce n'est pas là le style d'un législateur. Mais assurément ce n'est ni de l'herbe ni du gravier qui cause le reflux de la mer, c'est la loi de la gravitation, et je ne sais d'ailleurs si la comparaison des larmes du peuple avec du gravier est bien juste.

VII.

« Les Anglais, pour favoriser la liberté, ont
« ôté toutes les puissances intermédiaires qui for-
« moient leur monarchie. » (Liv. II, chap. iv.)

Au contraire, les Anglais ont rendu plus légal le pouvoir des seigneurs spirituels et temporels, et ont augmenté celui des communes. On est étonné que l'auteur soit tombé dans une méprise si palpable. Je passe une foule d'autres assertions qui me semblent autant d'erreurs, et qui ont été fortement relevées par les sages critiques dont j'ai parlé à la fin de l'avant-propos.

VIII.

« Il ne suffit pas qu'il y ait dans la monarchie
« des rangs intermédiaires, il faut encore un dépôt
« de lois...... L'ignorance naturelle à la noblesse,
« son inattention, son mépris pour le gouverne-
« ment civil, exigent qu'il y ait un corps qui fasse
« sans cesse sortir les lois de la poussière où elles

« seroient ensevelies..... Dans les états despotiques « il n'y a point de lois fondamentales, il n'y a point « de dépôt de lois. » (Liv. II, chap. IV.)

Les savans cités ci-dessus ont remarqué qu'il n'est pas surprenant que dans un pays sans lois il n'y ait pas de dépôt de lois. Mais on pourroit incidenter; on pourroit dire que l'auteur n'a voulu parler que des lois fondamentales. Sur quoi je demanderois : Qu'entendez-vous par lois fondamentales? Sont-ce des lois primitives qu'on ne puisse pas changer? Mais la monarchie étoit fondamentale à Rome, et elle fit place à une loi contraire.

La loi du christianisme, dictée par Jésus-Christ, fut ainsi énoncée : « Il n'y aura point parmi vous « de premier; si quelqu'un veut être le premier, « il sera le dernier. » Or, voyez, je vous prie, comme cette loi fondamentale a été exécutée. La bulle d'or de Charles IV est regardée comme une loi fondamentale en Allemagne; on y a dérogé en plus d'un article. Puisque les hommes ont fait leurs lois, il est clair qu'ils peuvent les abolir. Il est à remarquer que ni Grotius, ni les auteurs du dictionnaire encyclopédique, ni Montesquieu, n'ont traité des lois fondamentales.

A l'égard de la noblesse, à laquelle Montesquieu impute tant de frivolité, tant de mépris pour le gouvernement civil, tant d'incapacité de garder des registres, il pouvoit se souvenir que la diète de Ratisbonne, la chambre des pairs à Londres, le sénat de Venise, sont composés de la plus ancienne noblesse de l'Europe [1].

IX.

« La vertu n'est point le principe du gouverne-
« ment monarchique. Dans les monarchies, la po-
« litique fait faire les grandes choses avec le moins
« de vertu qu'elle peut..... L'ambition dans l'oisi-
« veté, la bassesse dans l'orgueil, le désir de s'en-
« richir sans travail, l'aversion pour la vérité, la
« flatterie, la trahison, la perfidie, le mépris de
« tous les devoirs, la crainte de la vertu du prince,
« l'espérance de ses foiblesses, et plus que tout
« cela, le ridicule perpétuel jeté sur la vertu,
« forment, je crois, le caractère du plus grand
« nombre des courtisans, marqué dans tous les
« lieux et dans tous les temps. Or, il est très-
« malaisé que les principaux d'un état soient mal-
« honnêtes gens, et que les inférieurs soient gens
« de bien....; que si dans le peuple il se trouve
« quelque malheureux honnête homme, le car-
« dinal de Richelieu, dans son testament politique,
« insinue qu'un monarque doit se garder de s'en

---

[1] D'ailleurs comment est-il utile à un pays qu'un corps d'hommes ignorans, légers, pleins de mépris pour le gouvernement civil, y soit élevé au-dessus des citoyens?

« servir, tant il est vrai que la vertu n'est pas
« le ressort du gouvernement monarchique [1]. »
(Liv. III, chap. v.)

C'est une chose assez singulière que ces anciens lieux communs contre les princes et leurs courtisans soient toujours reçus d'eux avec complaisance, comme de petits chiens qui jappent et qui amusent. La première scène du cinquième acte du *Pastor fido* contient la plus éloquente et la plus touchante satire qu'on ait jamais faite des cours; elle fut très-accueillie par Philippe II, et par tous les princes qui virent ce chef-d'œuvre de la pastorale.

Il en est de ces déclamations comme de la satire des femmes de Boileau; elle n'empêchoit pas qu'il n'y eût des femmes très-honnêtes et très-respectables. De même, quelque mal que l'on dît de la cour de Louis XIV, ces invectives n'empêchèrent pas que dans les temps de ses plus grands revers, ceux qui avoient part à sa confiance, les Beauvilliers, les Torcy, les Villars, les Villeroi, les Pontchartrain, les Chamillart, ne fussent les hommes les plus vertueux de l'Europe. Il n'y avoit que son confesseur Le Tellier qui ne fût pas reconnu généralement pour un si honnête homme.

[1] Il auroit fallu examiner si en général les sénateurs, dans une aristocratie puissante, sont plus honnête gens que les courtisans d'un monarque.

Quant au reproche que Montesquieu fait à Richelieu d'avoir dit que, « s'il se trouve un mal-
« heureux honnête homme, il faut se garder de
« s'en servir, » il n'est pas possible qu'un ministre qui avoit du moins le sens commun ait eu l'extravagance de donner à son roi un conseil si abominable. Le faussaire qui forgea ce ridicule testament du cardinal de Richelieu a dit tout le contraire. On l'a déjà observé plus d'une fois, et il faut le répéter, car il n'est pas permis de tromper ainsi l'Europe. Voici les propres paroles du prétendu testament, c'est au chap. IV :

« On peut dire hardiment que de deux per-
« sonnes dont le mérite est égal, celle qui est la
« plus aisée en ses affaires est préférable à l'autre,
« étant certain qu'il faut qu'un pauvre magistrat
« ait l'âme d'une trempe bien forte, si elle ne se
« laisse quelquefois amollir par la considération
« de ses intérêts. Aussi l'expérience nous apprend
« que les riches sont moins sujets à concussion
« que les autres, et que la pauvreté contraint un
« pauvre officier à être fort soigneux du revenu
« de son sac. »

X.

« Si le gouvernement monarchique manque
« d'un ressort, il en a un autre, l'honneur..... La
« nature de l'honneur est de demander des préfé-

« rences, des distinctions. Il est donc par la chose
« même placé dans le gouvernement monarchi-
« que. » (Liv. III , chap. vi et vii.)

Il est clair par la chose même que ces préférences, ces distinctions, ces honneurs, cet honneur, étoient dans la république romaine tout autant pour le moins que dans les débris de cette république, qui forment aujourd'hui tant de royaumes. La préture, le consulat, les haches, les faisceaux, le triomphe, valoient bien des rubans de toutes couleurs, et des dignités de principaux domestiques.

XI.

« Ce n'est point l'honneur qui est le principe
« des états despotiques. Les hommes y étant tous
« égaux et tous esclaves, on ne peut se préférer à
« rien. » (Liv. III, chap. viii.)

Il me semble que c'est dans les petits pays démocratiques que les hommes sont égaux, ou affectent au moins de le paroître. Je voudrois bien savoir si à Constantinople un grand-visir, un beglier-bey, un bacha à trois queues, ne sont pas supérieurs à un homme du peuple. Je ne sais d'ailleurs quels sont les états que l'auteur appelle monarchiques, et quels sont les despotiques. J'ai bien peur qu'on ne confonde trop souvent les uns avec les autres.

XII.

« C'est apparemment dans ce sens que des cadis
« ont soutenu que le grand-seigneur n'étoit point
« obligé de tenir sa parole ou son serment lors-
« qu'il bornoit par-là son autorité. » (Liv. III,
chap. ix.)

Il cite Ricaut en cet endroit. Mais Ricaut dit seulement :

« Il y a même de ces gens-là qui soutiennent
« que le grand-seigneur peut se dispenser des
« promesses qu'il a faites par serment, quand
« pour les accomplir il faut donner des bornes à
« son autorité. »

Ricaut ne parle ici que d'une secte à morale relâchée. On dit que nous en avons eu chez nous de pareilles.

Le sultan des Turcs, et tout autre sultan, ne peut promettre qu'à ses sujets ou aux puissances voisines. Si ce sont des promesses à ses sujets, il n'y a point de serment. Si ce sont des traités de paix, il faut qu'il les observe ou qu'il fasse la guerre. L'Alcoran ne dit dans aucun endroit qu'on peut violer son serment; et il dit en cent endroits qu'il faut le garder. Il se peut que pour entreprendre une guerre injuste, comme elles le sont presque toutes, le grand turc assemble un conseil de conscience; il se peut que quelques docteurs musulmans aient imité certains autres docteurs qui ont dit qu'il ne faut garder la foi ni aux infidèles ni aux hérétiques. Mais il reste à savoir si cette jurisprudence est celle des Turcs.

L'auteur de l'*Esprit des Lois* donne cette prétendue décision des cadis comme une preuve du despotisme du sultan. Il me semble que ce seroit au contraire une preuve qu'il est soumis aux lois, puisqu'il seroit obligé de consulter des docteurs pour se mettre au-dessus des lois. Nous sommes voisins des Turcs; nous ne les connoissons pas. Le comte de Marsigli, qui a vécu si long-temps au milieu d'eux, dit qu'aucun auteur n'a donné une véritable connoissance ni de leur empire ni de leurs lois. Nous n'avons eu même aucune traduction tolérable de l'Alcoran avant celle que nous a donnée l'anglais Saale, en 1734. Presque tout ce qu'on a dit de leur religion et de leur jurisprudence est faux : et les conclusions que l'on en tire tous les jours contre eux sont trop peu fondées. On ne doit, dans l'examen des lois, citer que des lois reconnues.

XIII.

« Dans les monarchies, les lois de l'éducation « auront pour objet l'honneur; dans les républi- « ques, la vertu; et dans le despotisme, la crainte.» (Liv. IV, chap. 1.)

J'oserois croire que l'auteur a trop raison, du moins en certains pays. J'ai vu des enfans de valets de chambre à qui on disoit : Monsieur le marquis, songez à plaire au roi. J'entendois dire que dans les sérails de Maroc et d'Alger on crioit : Prends garde au grand eunuque noir; et qu'à Venise les gouvernantes disoient aux petits garçons : Aime bien la république. Tout cela se modifie de mille manières, et chacun de ces trois dictons pourroit produire un gros livre.

XIV.

« Dans une monarchie, il faut mettre une cer-
« taine noblesse dans les vertus, une certaine
« franchise dans les mœurs, une certaine poli-
« tesse dans les manières. » (Liv. IV, chap. II.)

De telles maximes nous paroîtroient convenables dans *l'art de se rendre agréable dans la conversation*, par l'abbé de Bellegarde, ou dans *les moyens de plaire*, de Moncrif ; nos diseurs de riens auroient pu s'étendre merveilleusement sur ces trivialités, qui sont de tous les pays, et qui ne tiennent en rien aux lois.

XV.

« Aujourd'hui nous recevons trois éducations
« différentes ou contraires; celle de nos parens,
« celle de nos maîtres, et celle du monde..... Il y

« a un grand contraste dans les engagemens de la
« religion et ceux du monde, chose que les an-
« ciens ne connoissoient pas. » (Liv. IV, chap. IV.)

Il est très-vrai qu'entre les dogmes reçus dans l'enfance et les notions que le monde communique, il est une distance immense, une antipathie invincible.

Il est aussi très-vrai que les Grecs et les Romains ne purent connoître cette antipathie. On ne leur enseignoit dès le berceau que des fables, des allégories, des emblèmes qui devenoient bientôt la règle et la passion de toute leur vie. Leur valeur ne pouvoit mépriser le dieu Mars. L'emblème de Vénus, des Grâces et des Amours, ne pouvoit choquer un jeune homme amoureux. S'il brilloit au sénat, il ne pouvoit mépriser Mercure, le dieu de l'éloquence. Il se voyoit entouré de dieux qui protégeoient ses talens et ses désirs. Nous avons dans notre éducation un avantage bien supérieur. Nous apprenons à soumettre notre jugement et nos inclinations à des choses divines que notre foiblesse ne peut jamais comprendre.

XVI.

« Lycurgue, mêlant le larcin avec l'esprit de
« justice, le plus dur esclavage avec l'extrême li-
« berté, etc., donna de la stabilité à sa ville. »
(Liv. IV, chap. VI.)

J'oserai dire qu'il n'y a point de larcin dans une ville où l'on n'avoit nulle propriété, pas même celle de sa femme. Le larcin étoit le châtiment de ce qu'on appelle le personnel, l'égoïsme. On vouloit qu'un enfant pût dérober ce qu'un Spartiate s'approprioit; mais il falloit que cet enfant fût adroit; s'il prenoit grossièrement, il étoit puni; c'est une éducation de Bohême. Au reste, nous n'avons point les réglemens de police de Lacédémone; nous n'en avons d'idée que par quelques lambeaux de Plutarque, qui vivoit long-temps après Lycurgue[1].

XVII.

« M. Penn est un véritable Lycurgue. » (Liv. IV, chap. VI.)

Je ne sais rien de plus contraire à Lycurgue qu'un législateur et un peuple qui ont toute guerre en

---

[1] L'histoire des Lacédémoniens ne commence à être un peu certaine que vers la guerre de Xercès; et on ne voit alors qu'un peuple intrépide à la vérité, mais féroce et tyrannique. Il est bien vraisemblable qu'il en est des beaux siècles de Lacédémone comme des temps de la primitive Église, de celui où tous les capucins mouroient en odeur de sainteté, de l'âge d'or, etc. D'ailleurs il n'y a rien à répondre à la cruauté exercée contre les Ilotes, et qui remonte à ces beaux siècles. On peut être fort ignorant, avoir beaucoup d'esprit, être tempérant, aimer jusqu'à la fureur sa liberté ou l'agrandissement de sa république, et cependant être très-méchant et très-corrompu.

horreur. Je fais des vœux ardens pour que Londres ne force point les bons Pensylvaniens à devenir aussi méchans que nous, et que les anciens Lacédémoniens qui firent le malheur de la Grèce.

XVIII.

« Le Paraguay peut nous fournir un autre exem-
« ple. On a voulu en faire un crime à la société
« qui regarde le plaisir de commander comme le
« seul bien de la vie. Mais il sera toujours beau de
« gouverner les hommes en les rendant heureux.»
(Liv. IV, chap. vi.)

Sans doute, rien n'est plus beau que de gouverner pour faire des heureux. Et c'est dans cette vue que l'auteur appelle l'ordre des jésuites *la société par excellence.* Cependant M. de Bougainville nous apprend que les jésuites faisoient fouetter sur les fesses les pères de famille dans le Paraguay. Fait-on le bonheur des hommes en les traitant en esclaves et en enfans? Cette honteuse pédanterie étoit-elle tolérante?

Mais les jésuites étoient encore puissans quand Montesquieu écrivoit.

XIX.

« Les Épidamniens, sentant leurs mœurs se
« corrompre par leur communication avec les
« barbares, élurent un magistrat pour faire tous

« les marchés au nom de la cité et pour la cité. »
(Liv. IV, chap. vi.)

Les Épidamniens étoient les habitans de Dirrachium, aujourd'hui Durazzo; des Scythes ou des Celtes étoient venus s'établir dans le voisinage. Plutarque dit que tous les ans ces Épidamniens nommoient un commissaire entendu pour trafiquer au nom de la ville avec ces étrangers. Ce commissaire n'étoit point un magistrat, c'étoit un courtier, *poletes*; mais qu'importe? Ceux qui ont critiqué savamment l'*Esprit des Lois* disent que si l'on envoyoit un conseiller du parlement faire tous les marchés de la ville de Paris, le commerce n'en iroit pas mieux.

Mais quel rapport tant de vaines questions ont-elles avec la législation? Est-il bien vrai que les Épidamniens aient eu le maintien des mœurs pour objet? Comment ces barbares auroient-ils corrompu des Grecs? Cette institution n'est-elle pas plutôt l'effet d'un esprit de monopole? Peut-être dira-t-on un jour que c'est pour conserver nos mœurs que nous avons établi la compagnie des Indes. Avouons avec madame du Deffant que souvent l'*Esprit des Lois* est de l'esprit sur les lois.

XX.

« Chap. viii du liv. IV. Explication d'un para-

« doxe des anciens par rapport aux mœurs. » Il s'agit de musique et d'amour.

L'auteur se fonde sur un passage de Polybe, mais sans le citer. Il dit que « la musique étoit « nécessaire aux Arcades, qui habitoient un pays « où l'air est triste et froid ; » et il finit par dire que, selon Plutarque, « les Thébains établirent « l'amour des garçons pour adoucir leurs mœurs. » Ce dernier trait seroit un plaisant esprit des lois. Examinons au moins la musique. Ce sujet est intéressant dans le temps où nous sommes.

Il semble assez prouvé que les Grecs entendirent d'abord par ce mot *musique* tous les beaux-arts. La preuve en est, que plus d'une muse présidoit à un art qui n'a aucun rapport avec la musique proprement dite, comme Clio à l'histoire, Uranie à la connoissance du ciel, Polymnie à la gesticulation. Elles étoient filles de *Mémoire*, pour marquer qu'en effet le don de la mémoire est le principe de tout, et que, sans elle, l'homme seroit au-dessous des bêtes.

Ces notions paroissent avoir été transmises aux Grecs par les Égyptiens. On le voit par le Mercure Trismégiste, traduit de l'égyptien en grec, seul livre qui nous reste de ces immenses bibliothèques de l'Égypte. Il y est parlé à tout moment de l'harmonie de la musique avec laquelle Dieu arrangea les sphères de l'univers. Toute espèce d'arrangement et d'ordre fut donc réputée musique en Grèce; et à la fin, ce mot ne fut plus consacré qu'à la théorie et à la pratique des sons de la voix et des instrumens. Les lois, les actes publics, étoient annoncés au peuple en musique. On sait que la déclaration de guerre contre Philippe, père d'Alexandre, fut chantée dans la grande place d'Athènes. On sait que Philippe, après sa victoire de Chéronée, insulta aux vaincus en chantant le décret d'Athènes fait contre lui, et en battant la mesure.

C'étoit donc d'abord cette musique prise dans le sens le plus étendu, cette musique qui signifie la culture des beaux-arts, laquelle polit les mœurs des Grecs, et surtout celles des Arcades. *Soli cantare periti Arcades.*

Je vois encore moins comment l'amour des garçons peut entrer dans le code de Montesquieu. Nous rougissons, dit-il (liv. IV, chap. VIII), de lire dans Plutarque que les Thébains, pour adoucir les mœurs de leurs jeunes gens, établirent par les lois un amour qui devroit être proscrit par toutes les nations du monde.

Pourquoi un philosophe tel que Montesquieu accuse-t-il un philosophe tel que Plutarque d'avoir fait l'éloge de cette infamie? Plutarque, dans la vie de Pélopidas, s'exprime ainsi : « On prétend « que Gorgidas fut le premier qui leva le bataillon

« sacré, et qui le composa de trois cents hommes
« choisis, entretenus aux frais de la ville, liés en-
« semble par les sermens de l'amitié..... comme
« Iolas fut attaché à Hercule. Ce bataillon fut pro-
« bablement appelé sacré, comme Platon appelle
« sacré un ami conduit par un dieu..... On dit que
« cette troupe se maintint invincible jusqu'à la
« bataille de Chéronée. Philippe, visitant les
« morts, et voyant ces trois cents guerriers éten-
« dus les uns auprès des autres, et couverts de
« nobles blessures par devant, leur donna des lar-
« mes, et s'écria : Périssent tous ceux qui pour-
« roient soupçonner que de si braves gens aient
« pu jamais souffrir ou commettre des choses
« honteuses! »

Plutarque avoue qu'ils furent calomniés; mais il justifie leur mémoire. De bonne foi étoit-ce là un régiment de sodomites? Montesquieu devoit-il apporter contre eux le témoignage de Plutarque? Il ne lui arrive que trop souvent de falsifier ainsi les textes dont il fait usage.

XXI.

« Pour aimer la frugalité il faut en jouir. Ce ne
« seront point ceux qui seront corrompus par les
« délices qui aimeront la vie frugale. Et si cela
« avoit été naturel et ordinaire, Alcibiade n'au-

« roit pas fait l'admiration de l'univers. » (Liv. V, chap. v.)

Je ne prétends point faire des critiques grammaticales à un homme de génie; mais j'aurois souhaité qu'un écrivain si spirituel et si mâle se fût servi d'une autre expression que celle de jouir de la frugalité. J'aurois désiré bien davantage qu'il n'eût point dit qu'Alcibiade fut admiré de *l'univers*, pour s'être conformé, dans Lacédémone, à la sobriété des Spartiates. Il ne faut point, à mon avis, prodiguer ainsi les applaudissemens de l'univers. Alcibiade étoit un simple citoyen, riche, ambitieux, vain, débauché, insolent, d'un caractère versatile. Je ne vois rien d'admirable à faire quelque temps mauvaise chère avec les Lacédémoniens, lorsqu'il est condamné dans Athènes par un peuple plus vain, plus insolent et plus léger que lui, sottement superstitieux, jaloux, inconstant, passant chaque jour de la témérité à la consternation, digne enfin de l'opprobre dans lequel il croupit lâchement depuis tant de siècles sur les débris de la gloire de quelques grands hommes et de quelques artistes industrieux. Je vois dans Alcibiade un brave étourdi qui ne mérite certainement pas l'admiration de *l'univers*, pour avoir corrompu la femme d'Agis, son hôte et son protecteur, pour s'être fait chasser de Sparte, pour s'être réduit à mendier un nouvel asile chez un satrape de Perse, et pour y périr entre les bras d'une courtisane. Plutarque et Montesquieu ne m'en imposent point; j'admire trop Caton et Marc-Aurèle pour admirer Alcibiade.

Je passe une douzaine de pages sur la monarchie, le despotisme et la république, parce que je ne veux me brouiller ni avec le grand-turc, ni avec le grand-mogol, ni avec la milice d'Alger. Je ferai seulement deux légères remarques historiques sur les deux chapitres que voici.

XXII.

Chap. xii, liv. V. « Qu'on n'aille pas chercher « la magnanimité dans les états despotiques. Le « prince n'y donneroit point une grandeur qu'il « n'a pas lui-même. Chez lui il n'y a pas de « gloire. »

Ce chapitre est court; en est-il plus vrai? On ne peut, ce me semble, refuser la magnanimité à un guerrier juste, généreux, clément, libéral. Je vois trois grands visirs Kiuperli ou Kuprogli, qui ont eu ces qualités. Si celui qui prit Candie, assiégée pendant dix années, n'a pas encore la célébrité des héros du siége de Troie, il avoit plus de vertu, et sera plus estimé des vrais connoisseurs qu'un Diomède et qu'un Ulysse. Le grand-visir Ibrahim, qui, dans la dernière révolution, s'est sacrifié pour conserver l'empire à son maître, Achmet III, et qui a attendu à genoux la mort pendant six heures, avoit certes de la magnanimité.

XXIII.

Chap. XIII, liv. V. « Quand les sauvages de la « Louisiane veulent avoir du fruit, ils coupent « l'arbre au pied, et cueillent le fruit. Voilà le gou- « vernement despotique. »

Ce chapitre est un peu plus court encore; c'est un ancien proverbe espagnol.

Le sage roi Alphonse VI disoit : « Élague sans « abattre. » Cela est plus court encore. C'est ce que Savédra répète dans ses méditations politiques. C'est ce que don Ustariz, véritable homme d'état, ne cesse de recommander dans sa théorie pratique du commerce. « Le laboureur, quand il « a besoin de bois, coupe une branche et non pas « le pied de l'arbre. » Mais ces maximes ne sont employées que pour donner plus de force aux sages représentations que fait Ustariz au roi son maître.

Il est vrai que, dans les lettres intitulées édifiantes et même curieuses, recueil onzième, page 315, un jésuite nommé Marest parle ainsi des naturels de la Louisiane : « Nos sauvages ne sont pas ac- « coutumés à cueillir les fruits aux arbres. Ils « croient faire mieux d'abattre l'arbre même. Ce

« qui est cause qu'il n'y a presque aucun arbre
« fruitier aux environs du village. »

Ou le jésuite qui raconte cette imbécillité est bien crédule, ou la nature humaine des Mississipiens n'est pas faite comme la nature humaine du reste du monde. Il n'y a sauvage si sauvage qui ne s'aperçoive qu'un pommier coupé ne porte plus de pommes. De plus, il n'y a point de sauvage auquel il ne soit plus aisé et plus commode de cueillir un fruit que d'abattre l'arbre. Mais le jésuite Marest a cru dire un bon mot.

XXIV.

« En Turquie, lorsqu'un homme meurt sans
« enfans mâles, le grand-seigneur a la propriété,
« les filles n'ont que l'usufruit. » (Livre V, chapitre XIV.)

Cela n'est pas ainsi : le grand-seigneur a droit de prendre tout le mobilier des mâles morts à son service, comme les évêques chez nous prenoient le mobilier des curés, les papes le mobilier des évêques ; mais le grand-turc partage toujours avec la famille, ce que les papes ne faisoient pas toujours. La part des filles est réglée. (Voyez le sura ou chapitre IV de l'Alcoran.)

XXV.

« Par la loi de Bantam, le roi prend toute la

« succession, même la femme et les enfans. »
(Liv. V, chap. xiv.)

Pourquoi ce bon roi de Bantam attend-il la mort du chef de famille ? Si tout lui appartient, que ne prend-il le père avec la mère ?

Est-il possible qu'un homme sérieux daigne nous parler si souvent des lois de Bantam, de Macassar, de Bornéo, d'Achem ? qu'il répète tant de contes de voyageurs, ou plutôt d'hommes errans, qui ont débité tant de fables, qui ont pris tant d'abus pour des lois, qui, sans sortir du comptoir d'un marchand hollandais, ont pénétré dans les palais de tant de princes de l'Asie ?

XXVI.

« C'est un usage reçu dans les pays despotiques,
« que l'on n'aborde qui que ce soit au-dessus de
« soi sans lui faire un présent, pas même les rois.
« L'empereur du Mogol ne reçoit point les requê-
« tes de ses sujets qu'il n'en ait reçu quelque chose.
« Ces princes vont jusqu'à corrompre leurs pro-
« pres grâces. » (Liv. V, chap. xvii.)

Je crois que cette coutume étoit établie chez les régules lombards, ostrogoths, wisigoths, bourguignons, francs. Mais comment faisoient les pauvres qui demandoient justice? Les rois de Pologne ont continué jusqu'à nos jours à recevoir des présens, certains jours de l'année. Joinville convient que saint Louis en recevoit tout comme un autre. Il lui dit un jour avec sa naïveté ordinaire, au sortir d'une longue audience particulière que le roi avoit accordée à l'abbé de Cluny : « N'est-il « pas vrai, sire, que les deux beaux chevaux que « ce moine vous a donnés ont un peu prolongé la « conversation. »

XXVII.

« La vénalité des charges est bonne dans un état « monarchique, parce qu'elle fait faire, comme « un métier de famille, ce qu'on ne voudroit « pas entreprendre pour la vertu [1]. » (Liv. V, chap. xix.)

La fonction divine de rendre justice, de disposer de la fortune et de la vie des hommes, un métier de famille ! De quelles raisons l'ingénieux auteur soutient-il une thèse si indigne de lui ? Voici comme il s'explique : « Platon ne peut souf- « frir cette vénalité ; c'est, dit-il, comme si, dans « un navire, on faisoit quelqu'un pilote pour son « argent. Mais Platon parle d'une république fon- « dée sur la vertu, et nous parlons d'une monar- « chie. » (Liv. V, chap. xix.)

---

[1] Est-ce par vertu que l'on accepte en Angleterre la charge de juge du banc du roi; qu'on sollicitoit à Rome la place de préteur? Quoi! on ne trouveroit point de conseillers pour juger dans les parlemens de France, si on leur donnoit les charges gratuitement?

Une monarchie, selon Montesquieu, n'est donc fondée que sur des vices ? Mais pourquoi la France est-elle la seule monarchie de l'univers qui soit souillée de cet opprobre de la vénalité passée en loi de l'état ? Pourquoi cet étrange abus ne fut-il introduit qu'au bout de onze cents années ? On sait assez que ce monstre naquit d'un roi alors indigent et prodigue, et de la vanité de quelques citoyens, dont les pères avoient amassé de l'argent. On a toujours attaqué cet abus par des cris impuissans, parce qu'il eût fallu rembourser les offices qu'on avoit vendus. Il eût mieux valu mille fois, dit un sage jurisconsulte, vendre les trésors de tous les couvens, et l'argenterie de toutes les églises, que de vendre la justice. Lorsque François Ier prit la grille d'argent de Saint-Martin, il ne fit tort à personne ; Saint-Martin ne se plaignit point ; il se passa très-bien de sa grille. Mais vendre publiquement la place de juge, et faire jurer à ce juge qu'il ne l'a point achetée, c'est une sottise sacrilége qui a été l'une de nos modes [1].

---

[1] La vénalité, détruite en 1771, a été rétablie en 1774. C'est un mal auquel l'ouvrage de Montesquieu a contribué. Lorsqu'un usage funeste, soutenu par l'intérêt et le préjugé, peut encore s'appuyer de l'opinion d'un homme illustre, il reste long-temps indestructible. Quant au serment, on a cessé de l'exiger, depuis que la magistrature a cessé de croire que la vénalité étoit un abus contre lequel elle ne devoit jamais se lasser de protester.

XXVIII.

« On est étonné de la punition de cet aréopa-
« gite, qui avoit tué un moineau qui, poursuivi
« par un épervier, s'étoit réfugié dans son sein. »

« On est surpris que l'aréopage ait fait mourir
« un enfant qui avoit crevé les yeux à son oiseau.
« Qu'on fasse attention qu'il ne s'agit point là
« d'une condamnation pour crime ; mais d'un ju-
« gement de mœurs dans une république fondée
« sur les mœurs. » (Liv. V, chap. xix.)

Non, je ne suis point surpris de ces deux jugemens atroces, car je n'en crois rien ; et un homme
comme Montesquieu devoit n'en rien croire.
Quoiqu'on reproche aux Athéniens beaucoup d'inconséquences, de légèretés cruelles, de très-mau-
vaises actions, et une plus mauvaise conduite, je
ne pense point qu'ils aient eu l'absurdité aussi
ridicule que barbare de tuer des hommes et des
enfans pour des moineaux. C'est un jugement de
mœurs, dit Montesquieu [1] ; quelles mœurs ! Quoi

[1] Une république fondée sur les mœurs, où l'on punit de mort arbitrairement des actions qui indiquent des dispositions à la cruauté ! Ne voit-on pas plutôt dans ces jugemens l'emportement d'un peuple sauvage et barbare, mais qui commence à saisir quelques idées d'humanité. N'est-il pas encore plus vraisemblable que ce sont des contes, comme tant d'autres jugemens célèbres, depuis celui de l'aréopage, en faveur de Minerve, jusqu'à ceux de Sancho Pança dans son île?

donc! n'y a-t-il pas une dureté de mœurs plus horrible à tuer votre compatriote, qu'à tordre le cou à un moineau ou à lui crever l'œil?

Vous me parlez sans cesse de monarchie fondée sur l'honneur, et de république fondée sur la vertu. Je vous dis hardiment qu'il y a dans tous les gouvernemens de la vertu et de l'honneur.

Je vous dis que la vertu n'a eu nulle part à l'établissement ni d'Athènes, ni de Rome, ni de Saint-Marin, ni de Raguse, ni de Genève. On se met en république quand on le peut. Alors l'ambition, la vanité, l'intérêt de chaque citoyen veille sur l'intérêt, la vanité, l'ambition de son voisin. Chacun obéit volontiers aux lois pour lesquelles il a donné son suffrage. On aime l'état dont on est seigneur pour un cent-millième, si la république a cent mille bourgeois. Il n'y a là aucune vertu. Quand Genève secoua le joug de son comte et de son évêque, la vertu ne se mêla point de cette aventure. Si Raguse est libre, qu'elle n'en rende point grâce à la vertu, mais à vingt-cinq mille écus d'or qu'elle paie tous les ans à la Porte ottomane. Que Saint-Marin remercie le pape de sa situation, de sa petitesse, de sa pauvreté. S'il est vrai que Lucrèce (chose fort douteuse) ait fait chasser les rois de Rome pour s'être tuée après s'être laissé violer, il y a de la vertu dans sa mort, c'est-à-dire du courage et de l'honneur, quoiqu'il y eût un peu de foiblesse à laisser faire le jeune Tarquin. Mais je ne vois pas que les Romains fussent plus vertueux en chassant Tarquin le Superbe, que les Anglais ne l'ont été en renvoyant Jacques II. Je ne conçois pas même qu'un Grison, ou un bourgeois de Zug, doive avoir plus de vertu qu'un homme domicilié à Paris ou à Madrid.

Quant à la ville d'Athènes, j'ignore si Cécrops fut son roi dans le temps qu'elle n'existoit pas. J'ignore si Thésée le fut avant ou après qu'il eut fait le voyage de l'enfer. Je croirai, si l'on veut, que les Athéniens eurent la générosité d'abolir la royauté dès que Codrus se fut dévoué pour eux. Je demande seulement si ce roi Codrus, qui se sacrifie pour son peuple, n'avoit pas quelque vertu. En vérité, toutes ces questions subtiles sont trop délicates pour avoir quelque solidité. Il faut le redire, c'est de l'esprit sur les lois.

XXIX.

« Dans les monarchies il ne faut point de cen-
« seurs. Elles sont fondées sur l'honneur; et la na-
« ture de l'honneur est d'avoir pour censeur tout
« l'univers. » (Liv. V, chap. XIX.)

Que signifie cette maxime? Tout homme n'a-t-il pas pour censeur l'univers, en cas qu'il en soit connu? Les Grecs mêmes, du temps de leur Sophocle, jusqu'à celui de leur Aristote, crurent que l'univers avoit les yeux sur eux. Toujours de l'esprit; mais ce n'est pas ici sur les lois [1].

XXX.

« En Turquie, on termine promptement toutes « les disputes. La manière de les finir est indiffé- « rente, pourvu qu'on finisse. Le bacha, d'abord « éclairci, fait distribuer à sa fantaisie des coups « de bâton aux plaideurs, et les renvoie chez eux.» (Liv. VI, chap. II.)

Cette plaisanterie seroit bonne à la comédie italienne. Je ne sais si elle est convenable dans un livre de législation; il ne faudroit y chercher que la vérité. Il est faux que dans Constantinople un bacha se mêle de rendre la justice. C'est comme si on disoit qu'un brigadier, un maréchal de camp fait l'office de lieutenant civil, et de lieutenant criminel. Les cadis sont les premiers juges; ils

---

[1] La censure est très-bonne, en général, pour maintenir dans un peuple les préjugés utiles à ceux qui gouvernent; pour conserver dans un corps tous les vices qui naissent de l'esprit de corps : la censure fut établie à Rome par le sénat, pour contre-balancer le pouvoir des tribuns. Elle étoit un instrument de tyrannie. On prit les mœurs pour prétexte; on profita de la haine naturelle du peuple pour les riches. La crainte d'être dégradé par le censeur doit être d'autant plus terrible, qu'on est plus sensible à l'honneur, aux distinctions, aux prérogatives. Des hommes guidés par la vertu riroient des jugemens des censeurs, et emploieroient leur éloquence à faire abolir cet établissement ridicule.

sont subordonnés aux cadileskers, et les cadileskers au vizir-azem, qui juge lui-même avec les visirs du banc. L'empereur est souvent présent à l'audience, caché derrière une jalousie ; et le visir-azem, dans les causes importantes, lui demande sa décision par un simple billet, sur lequel l'empereur décide en deux mots. Le procès s'instruit sans le moindre bruit, avec la plus grande promptitude. Point d'avocats, encore moins de procureurs et de papier timbré. Chacun plaide sa cause sans oser élever sa voix. Nul procès ne peut durer plus de dix-sept jours. Il reste à savoir si notre chicane, nos plaidoiries si longues, si répétées, si fastidieuses, si insolentes, ces immenses monceaux de papiers fournis par ces harpies de procureurs, ces taxes ruineuses imposées sur toutes les pièces qu'il faut timbrer et produire, tant de lois contradictoires, tant de labyrintes qui éternisent chez nous les procès; si, dis-je, cet effroyable chaos vaut mieux que la jurisprudence des Turcs, fondée sur le sens commun, l'équité et la promptitude. C'étoit à corriger nos lois que Montesquieu devoit consacrer son ouvrage, et non à railler l'empereur d'Orient, le grand-visir et le divan [1].

[1] Quand les lois sont très-simples, il n'y a guère de procès où l'une des deux parties ne soit évidemment un fripon, parce que les discussions roulent sur des faits et non sur le droit. Voilà

XXXI.

« Lorsque Louis XIII voulut être juge dans le « procès du duc de La Valette, le président de « Bélièvre dit que c'étoit une chose étrange qu'un « prince opinât au procès d'un de ses sujets, etc. »

L'auteur ajoute qu'alors le roi seroit juge et partie, qu'il perdroit le plus bel attribut de la souveraineté, celui de faire grâce, etc. (Liv. VI, chap. v.)

Voilà jusqu'ici le seul endroit où l'auteur parle de nos lois dans son *Esprit des Lois*; et malheureusement, quoiqu'il eût été président à Bordeaux, il se trompe. C'étoit originairement un droit de la pairie, qu'un pair accusé criminellement fût jugé par le roi, son principal pair. François II avoit opiné dans le procès contre le prince de Condé, oncle de Henri IV. Charles VII avoit donné sa voix dans le procès du duc d'Alençon; et le parlement même l'avoit assuré que c'étoit son devoir d'être à la tête des juges. Aujourd'hui la présence du roi au jugement d'un pair, pour le condamner, paroîtroit un acte de tyrannie. Ainsi tout change. Quant au droit de faire grâce, dont l'au-

pourquoi on fait dans l'Orient un si grand usage des témoins dans les affaires civiles, et qu'on distribue quelquefois des coups de bâton aux plaideurs et aux témoins qui en ont imposé à la justice.

teur dit que le prince se priveroit s'il étoit juge, il est clair que rien ne l'empêcheroit de condamner et de pardonner.

Je suis obligé de m'abstenir de plusieurs autres questions, sur lesquelles j'aurois des éclaircissemens à demander. Il faut être court, et il y a trop de livres; mais je m'arrête un instant sur l'anecdote suivante.

XXXII.

« Soixante et dix personnes conspirèrent contre « l'empereur Basile. Il les fit fustiger; on leur « brûla les cheveux et le poil. Un cerf l'ayant pris « par la ceinture, quelqu'un de sa suite tira son « épée, coupa sa ceinture et le délivra. Il lui fit « trancher la tête. Qui pourroit penser que, sous « le même prince on eût rendu ces deux jugemens?» (Liv. VI, chap. XVI.)

L'*Esprit des Lois* est plein de ces contes qui n'ont assurément aucun rapport aux lois. Il est vrai que, dans la misérable histoire bysantine, monument de la décadence de l'esprit humain, de la superstition la plus forte, et des crimes de toute espèce, on trouve ce récit, tome III, page 576, traduction de Cousin.

C'est au président Cousin et au président Montesquieu à chercher la raison pour laquelle l'extravagant tyran Basile n'osa pas punir de mort les complices d'une conjuration contre lui, et la raison ou la démence qui le força d'assassiner celui qui lui avoit sauvé la vie. Mais s'il falloit rechercher pourquoi tant de plats tyrans ont commis tant d'extravagances et tant de barbaries, la vie ne suffiroit pas; et quel fruit en pourroit-il revenir? Qu'a de commun l'inepte cruauté de Basile avec l'*Esprit des Lois?*

XXXIII.

« C'est un grand ressort des gouvernemens mo-
« dérés que les lettres de grâce. Ce pouvoir que
« le prince a de pardonner, *exécuté*[1] avec sagesse,
« peut avoir d'admirables effets. Le principe du
« gouvernement despotique, qui ne pardonne pas
« et à qui on ne pardonne jamais, le prive de ces
« avantages. » (Liv. VI, chap. XVI.)

Une telle décision, et celles qui sont dans ce goût, rendent, à mon avis, l'*Esprit des Lois* bien précieux! Voilà ce que n'ont dit ni Grotius, ni Puffendorf, ni toutes les compilations sur le droit des gens. On sait bien que *despotisme* est employé pour *tyrannie*. Car enfin, un despote ne peut-il pas donner des lettres de grâce tout aussi bien qu'un monarque? Où est la ligne qui sépare le gouvernement monarchique et le despotique?

[1] Il veut dire *employé*; on n'exécute point un pouvoir.

La monarchie commençoit à être un pouvoir très-mitigé, très-restreint en Angleterre, quand on força le malheureux Charles Ier à ne point accorder la grâce de son favori, le comte Straford. Henri IV en France, roi à peine affermi, pouvoit donner des lettres de grâce au maréchal de Biron; et peut-être cet acte de clémence, qui a manqué à ce grand homme, eût adouci enfin l'esprit de la ligue, et arrêté la main de Ravaillac.

Le foible et cruel Louis XIII devoit faire grâce à de Thou et à Marillac.

On ne devroit pas parler des lois et des mœurs indiennes et japonaises, que l'on connoît si peu, quand on a tant à dire sur les nôtres, qu'on doit connoître.

XXXIV.

« Nos missionnaires nous parlent du vaste em-
« pire de la Chine, qui mêle ensemble dans son
« principe l'honneur et la vertu.... J'ignore ce que
« c'est que cet honneur dont on parle chez des
« peuples à qui on ne fait rien faire qu'à coups de
« bâton..... Il s'en faut beaucoup que nos com-
« merçans nous donnent l'idée de cette vertu dont
« nous parlent nos missionnaires. » (Livre VIII,
chap. XXI.)

Encore une fois, j'aurois souhaité que l'auteur eût plus parlé des vertus qui nous regardent, et qu'il n'eût point été chercher des incertitudes à six mille lieues. Nous ne pouvons connoître la Chine que par les pièces authentiques fournies sur les lieux, rassemblées par Duhalde, et qui ne sont point contredites.

Les écrits moraux de Confucius, publiés six cents ans avant notre ère, lorsque presque toute notre Europe vivoit de gland dans ses forêts; les ordonnances de tant d'empereurs, qui sont des exhortations à la vertu; des pièces de théâtre même qui l'enseignent, et dont les héros se dévouent à la mort pour sauver la vie à un orphelin; tant de chefs-d'œuvre de morale traduits en notre langue; tout cela n'a point été fait à coups de bâton. L'auteur s'imagine ou veut faire croire qu'il n'y a dans la Chine qu'un despote et cent cinquante millions d'esclaves qu'on gouverne comme des animaux de basse-cour. Il oublie ce grand nombre de tribunaux subordonnés les uns aux autres; il oublie que quand l'empereur Cam-hi voulut faire obtenir aux jésuites la permission d'enseigner leur christianisme, il dressa lui-même leur requête à un tribunal.

Je crois bien qu'il y a dans ce pays si singulier des préjugés ridicules, des jalousies de courtisans, des jalousies de corps, des jalousies de marchands, des jalousies d'auteurs, des cabales, des friponneries, des méchancetés de toute espèce comme ailleurs; mais nous ne pouvons en connoître les détails. Il est à croire que les lois des Chinois sont assez bonnes, puisqu'elles ont été toujours adoptées par leurs vainqueurs, et qu'elles ont duré si long-temps. Si Montesquieu veut nous persuader que les monarchies de l'Europe, établies par des Goths, des Gépides et des Alains, sont fondées sur l'honneur, pourquoi veut-il ôter l'honneur à la Chine?

XXXV.

« Dans les villes grecques, l'amour n'avoit « qu'une forme que l'on n'ose dire. »

Et, en note, il cite Plutarque, auquel il fait dire :

Quant au vrai amour, les femmes n'y ont aucune part. « Plutarque parloit comme son siècle. (Liv. VII, chap. IX.)

Il passe de la Chine à la Grèce pour les calomnier l'une et l'autre. Plutarque, qu'il cite, dit tout le contraire de ce qu'il lui fait dire. Plutarque, dans son traité sur l'amour, fait parler plusieurs interlocuteurs. Protogène déclame contre les femmes, mais Daphneus fait leur éloge. Plutarque, à la fin du dialogue, décide pour Daphneus; il met l'amour céleste et l'amour conjugal au premier rang des vertus. Il cite l'histoire de Camma et celle d'Éponine, femme de Sabinus, comme des exemples de la vertu la plus courageuse.

Toutes ces méprises de l'auteur de l'*Esprit des Lois* font regretter qu'un livre qui pouvoit être si utile n'ait pas été composé avec assez d'exactitude, et que la vérité y soit trop souvent sacrifiée à ce qu'on appelle bel esprit.

XXXVI.

« La Hollande est formée par environ cinquante
« républiques toutes différentes les unes des au-
« tres. » (Liv. IX, chap. I.)

C'est là une grande méprise. Et, pour comble, il cite Janiçon, qui n'en dit pas un mot, et qui étoit trop attentif pour laisser échapper une telle bévue. Je crois voir ce qui a pu faire tomber l'ingénieux Montesquieu dans cette erreur; c'est qu'il y a cinquante-six villes dans les sept Provinces-Unies; et comme chaque ville a droit de voter dans sa province pour former le suffrage aux états généraux, il aura pris chaque ville pour une république.

XXXVII.

« J'ai ouï plusieurs fois déplorer l'aveuglement
« du conseil de François Ier, qui rebuta Christo-
« phe Colomb qui lui proposoit les Indes. En vé-
« rité, on fit peut-être par imprudence une chose
« bien sage. » (Liv. XXI, chap. XXII.)

Je tombe par hasard sur cette autre méprise,

plus étonnante encore que les autres. Lorsque Colombo fit ses propositions, François Ier n'étoit pas né. Colombo ne prétendoit point aller dans l'Inde, mais trouver des terres sur le chemin de l'Inde, d'occident en orient. Montesquieu, d'ailleurs, se joint ici à la foule des censeurs qui comparèrent les rois d'Espagne, possesseurs des mines du Mexique et du Pérou, à Midas périssant de faim au milieu de son or. Mais je ne sais si Philippe II fut si à plaindre d'avoir de quoi acheter l'Europe, grâce à ce voyage de Colombo [1].

XXXVIII.

« Un état qui en a conquis un autre, qui conti-
« nue à le gouverner selon ses lois, ou il lui en
« donne de nouvelles, ou il détruit la société et

---

[1] Les conquêtes en Amérique et les mines du Pérou enrichirent d'abord les rois d'Espagne; mais les mauvaises lois ont ensuite empêché l'Espagne de profiter des avantages qu'elle eût dû retirer de ses colonies. Montesquieu n'avoit aucune connoissance des principes politiques relatifs à la richesse, aux manufactures, aux finances, au commerce. Ces principes n'étoient point encore découverts, ou du moins n'avoient jamais été développés; et le caractère de son génie ne le rendoit pas propre aux recherches qui exigent une longue méditation, une analyse rigoureuse et suivie. Il lui eût été aussi impossible de faire le traité des richesses de Smith que les principes mathématiques de Newton. Nul homme n'a tous les talens; ce que ne veulent jamais comprendre ni les enthousiastes, ni les panégyristes.

« la disperse dans d'autres, ou enfin il extermine
« tous les citoyens. La première manière est con-
« forme au droit des gens d'aujourd'hui; la qua-
« trième manière est plus conforme au droit des
« gens des Romains. Nous sommes devenus meil-
« leurs; il faut rendre ici hommage à nos temps
« modernes, etc. » (Liv. X, chap. III.)

Hélas! de quels temps modernes parlez-vous?
Le seizième siècle en est-il? Songez-vous aux
douze millions d'hommes sans défense égorgés en
Amérique? Est-ce le siècle présent que vous louez?
Comptez-vous, parmi les usages modérés de la
victoire, les ordres, signés Louvois, d'embraser le
Palatinat et de noyer la Hollande.

Pour les Romains, quoiqu'ils aient été quelquefois cruels, ils ont été plus souvent généreux. Je
ne connois guère que deux peuples considérables
qu'ils aient exterminés, les Véiens et les Carthaginois. Leur grande maxime étoit de s'incorporer
les autres nations, au lieu de les détruire. Ils fon-
dèrent partout des colonies, établirent partout
les arts et les lois; ils civilisèrent les barbares, et,
donnant enfin le titre de citoyens romains aux
peuples subjugués, ils firent de l'univers connu
un peuple de Romains. Voyez comment le sénat
traita les sujets du grand roi Persée, vaincus et
faits prisonniers par Paul Émile; il leur rendit
leurs terres, et leur remit la moitié des impôts.

Il y eut sans doute, parmi les sénateurs qui gouvernèrent les provinces, des brigands qui les rançonnèrent : mais, si l'on vit des Verrès, on vit aussi des Cicéron; et le sénat de Rome mérita long-temps ce que dit Virgile :

Tu regere imperio populos, Romane, memento.
Énéide, liv. VI, v. 851.

Les Juifs même, les Juifs, malgré l'horreur et le mépris qu'on avoit pour eux, jouirent dans Rome de très-grands priviléges, et y eurent des synagogues secrètes avant et après la ruine de leur Jérusalem.

XXXIX.

« Le conquérant qui réduit le peuple en servi-
« tude doit toujours se réserver des moyens pour
« l'en faire sortir. Je ne dis point ici des choses
« vagues. Nos pères, qui conquirent l'empire ro-
« main, en agirent ainsi. » (Liv. X, chap. III.)

Je crois qu'on peut me permettre ici une réflexion. Plus d'un écrivain, qui se fait historien en compilant au hasard (je ne parle pas d'un homme comme Montesquieu), plus d'un prétendu historien, dis-je, après avoir appelé sa nation la première nation du monde, Paris, la première ville du monde, le fauteuil à bras où s'assied son roi, le premier trône du monde, ne fait point de difficulté de dire, *nous*, *nos aïeux*, *nos pères*, quand il parle des Francs qui vinrent des marais delà le Rhin et la Meuse, piller les Gaules et s'en emparer. L'abbé Véli dit *nous*. Hé! mon ami, est-il bien sûr que tu descendes d'un Franc? pourquoi ne serois-tu pas d'une pauvre famille gauloise?

XL.

« Je ne dis point ici des choses vagues. Les lois
« que nos pères firent dans le feu, dans l'action,
« dans l'impétuosité, dans l'orgueil de la victoire,
« ils les adoucirent. Leurs lois étoient dures, ils
« les rendirent impartiales. Les Bourguignons, les
« Goths et les Lombards, vouloient toujours que
« les Romains fussent le peuple vaincu. Les lois
« d'Euric, de Gondebaud, de Rotharis, firent du
« barbare et du Romain des concitoyens.» (Liv. X,
chap. III.)

Euric, ou plutôt Évaric, étoit un Goth que les vieilles chroniques peignent comme un monstre. Gondebaud fut un Bourguignon barbare, battu par un Franc barbare. Rotharis, le Lombard, autre scélérat de ces temps-là, étoit un bon arien, qui, régnant en Italie, où l'on savoit encore écrire, fit mettre par écrit quelques-unes de ses volontés despotiques. Voilà d'étranges législateurs à citer. Et Montesquieu appelle ces gens-là nos pères.

XLI.

« Les Français ont été chassés neuf fois de l'I-
« talie, à cause, disent les historiens, de leur in-
« solence à l'égard des femmes et des filles, etc. »
(Liv. X , chap. xi.)

Cela a été dit, mais cela est-il bien vrai ? S'agis-soit-il de femmes et de filles dans la guerre de 1741, quand les Français et les Espagnols furent obligés de se retirer ? Ce n'étoit pas assurément pour des femmes et pour des filles que François Ier fut prisonnier à la bataille de Pavie. Louis XII ne perdit point Naples et le Milanais pour des femmes et pour des filles.

On prétendit, au treizième siècle, que Charles d'Anjou perdit la Sicile parce qu'un Provençal avoit levé la jupe d'une dame le jour de Pâques, quoique l'assassinat de Conradin et du duc d'Autriche en fût la véritable cause. Et de là on a conclu que la galanterie des Français les a empêchés d'être maîtres de l'Italie. Voilà comme certains préjugés populaires s'établissent.

XLII.

« Si l'on veut lire l'admirable ouvrage de Tacite
« sur les mœurs des Germains, on verra que c'est
« d'eux que les Anglais ont tiré l'idée de leur gou-

« vernement politique. Ce beau système a été
« trouvé dans les bois. » (Liv. XI, chap. VI.)

Est-il possible qu'en effet la chambre des pairs, celle des communes, la cour d'équité, la cour de l'amirauté, viennent de la forêt noire? J'aimerois autant dire que les sermons de Tillotson et de Smalridge furent autrefois composés par les sorcières tudesques, qui jugeoient des succès de la guerre par la manière dont couloit le sang des prisonniers qu'elles immoloient. Les manufactures de draps d'Angleterre n'ont-elles pas été trouvées aussi dans les bois, où les Germains aimoient mieux vivre de rapine que de travailler, comme le dit Tacite?

Pourquoi n'avoir pas trouvé plutôt la diète de Ratisbonne que le parlement d'Angleterre dans les forêts d'Allemagne? Ratisbonne doit avoir profité plutôt que Londres d'un système trouvé en Germanie.

XLIII.

« L'établissement d'un visir est dans l'état des-
« potique une loi fondamentale. Le prince est na-
« turellement ignorant, paresseux; il abandonne
« les affaires. S'il les confioit à plusieurs, il y
« auroit des disputes entre eux; on feroit des bri-
« gues pour être le premier esclave; le prince
« seroit obligé de rentrer dans l'administration.

« Il est donc plus simple qu'il l'abandonne à un
« visir qui aura la même puissance que lui.» (Liv. II,
chap. v.)

Cette décision se trouve à la page 28 ; mais nous ne nous en sommes aperçus que trop tard. Elle a déjà été réfutée par les savans que nous avons cités. «Elle n'est pas plus juste, disent-ils, que si
« on supposoit la place des maires du palais une
« loi fondamentale de France Les abus de l'usur-
« pation doivent-ils être appelés des lois fonda-
« mentales? Le visiriat de la Turquie doit-il être
« regardé comme une règle générale, uniforme
« et fondamentale de tous les états du vaste con-
« tinent de l'Asie?

« Si l'établissement d'un visir étoit dans ces pays
« une loi fondamentale, il y auroit dans tous un
« visir, et nous voyons le contraire. Si c'étoit une
« loi fondamentale de ceux où il y en a, l'établis-
« sement de cet officier devroit avoir été fait
« lors de l'établissement de la monarchie et de la
« despotie.

«La loi fondamentale d'un état est une partie in-
« tégrante de cet état, et sans laquelle il ne peut
« exister. L'empire des califes a pris naissance en
« 622. Le premier grand-visir a été Abou-Mosle-
« mah, sous le calife Abou-Abbas-Saffah, dont le
« règne n'a commencé quen 131 de l'hégire.

« Donc l'établissement d'un grand-visir dans

« les états que l'auteur appelle despotiques n'est
« pas, comme il le prétend, une loi fondamentale
« de l'état. »

XLIV.

« Les Grecs et les Romains exigeoient une voix
« de plus pour condamner ; nos lois françaises en
« demandent deux ; les Grecs prétendoient que
« leur usage avoit été établi par les dieux, mais
« c'est le nôtre. Voyez le jugement de Coriolan,
« Denys d'Halicarnasse, liv. VII. » (Liv. XII,
chap. III.)

L'auteur oublie ici, que, selon Denys d'Halicarnasse, et selon tous les historiens romains, Coriolan fut condamné par les comices assemblés en tribus, que vingt et une tribus le jugèrent, que neuf prononcèrent son absolution, et douze sa condamnation ; chaque tribu valoit un suffrage. Montesquieu, par une légère inadvertance, prend ici le suffrage d'une tribu pour la voix d'un seul homme. Socrate fut condamné à la pluralité de trente-trois voix. Montesquieu nous fait bien de l'honneur de dire que c'est la France chez qui la manière de condamner a été établie par les dieux. En vérité, c'est l'Angleterre ; car il faut que tous les jurés y soient d'accord pour déclarer un homme coupable. Chez nous, au contraire, il a suffi de la prépondérance de cinq voix pour condamner au plus horrible supplice des jeunes gens qui n'étoient coupables que d'une étourderie passagère, laquelle exigeoit une correction et non la mort. Juste ciel! que nous sommes loin d'être des dieux en fait de jurisprudence [1]!

XLV.

« Un ancien usage des Romains défendoit de
« faire mourir des filles non nubiles. Tibère trouva
« l'expédient de les faire violer par le bourreau
« avant de les envoyer au supplice. Tyran subtil
« et cruel, il détruisoit les mœurs pour conserver
« les coutumes. » (Liv. XII, chap. xiv.)

Ce passage demande, ce me semble, une grande attention. Tibère, homme méchant, se plaignit au sénat de Séjan, homme plus méchant que lui, par

---

[1] Ce passage n'est pas intelligible. Quoi! il avoit fallu une inspiration divine pour juger à la pluralité des voix? Cet usage n'est-il pas établi nécessairement par l'égalité et par la force, lorsqu'il ne l'est pas encore par la raison? On a voulu dire apparemment que le jugement ne pouvant être porté en général que par une pluralité de cinq voix, par exemple, on exigeoit celle de six pour condamner : comme si en Angleterre un juré pouvoit prononcer le non *guilty* dès qu'il y a onze voix de cet avis, et le *guilty* seulement lorsqu'il y a unanimité. La loi des Grecs étoit encore divine par rapport à celle des Romains, où le jugement à la pluralité des tribus pouvoit être rendu à la minorité des suffrages ; ce qui étoit très-propre à favoriser, aux dépens du peuple, les intrigues du sénat ou celles des tribuns.

une lettre artificieuse et obscure. Cette lettre n'étoit point d'un souverain qui ordonnoit aux magistrats de faire selon les lois le procès à un coupable; elle sembloit écrite par un ami qui déposoit ses douleurs dans le sein de ses amis. A peine détailloit-il la perfidie et les crimes de Séjan. Plus il paroissoit affligé, plus il rendoit Séjan odieux. C'étoit livrer à la vengeance publique le second personnage de l'empire, et le plus détesté. Dès qu'on sut dans Rome que cet homme si puissant déplaisoit au maître, le consul, le préteur, le sénat, le peuple, se jetèrent sur lui comme sur une victime qu'on leur abandonnoit. Il n'y eut nulle forme de jugement; on le traîna en prison, on l'exécuta; il fut déchiré par mille mains, lui, ses amis et ses parens. Tibère n'ordonna point qu'on fît mourir la fille de ce malheureux, âgée de sept ans, malgré la loi qui défendoit cette barbarie; il étoit trop habile et trop réservé pour ordonner un tel supplice, et surtout pour autoriser le viol par un bourreau. Tacite et Suétone rapportent l'un et l'autre, au bout de cent ans, cette action exécrable; mais ils ne disent point qu'elle ait été commise ou par la permission de l'empereur, ou par celle du sénat[1]. De même que ce ne fut point

---

[1] *Tradunt temporis hujus auctores.* C'est un bruit vague qui se répandit dans le temps. Quiconque a vécu a entendu des faussetés lus odieuses, répétées vingt ans entiers par le public.

avec la permission du roi que la populace de Paris mangea le cœur du maréchal d'Ancre. Il est bien étrange qu'on dise que Tibère détruisit les mœurs pour conserver les coutumes. Il sembleroit qu'un empereur eût introduit la coutume nouvelle de violer les enfans, par respect pour la coutume ancienne de ne les pas faire pendre avant l'âge de puberté.

Cette aventure du bourreau et de la fille de Séjan m'a toujours paru bien suspecte, toutes les anecdotes le sont; et j'ai même douté de quelques imputations qu'on fait encore tous les jours à Tibère, comme de ces *spinthriæ* dont on parle tant, de ces débauches honteuses et dégoûtantes qui ne sont jamais que les excès d'une jeunesse emportée, et qu'un empereur de soixante et dix ans cacheroit à tous les yeux avec le même soin qu'une vestale cachoit ses parties naturelles dans une procession. Je n'ai jamais cru qu'un homme aussi adroit que Tibère, aussi dissimulé, et d'un esprit aussi profond, eût voulu s'avilir à ce point devant tous ses domestiques, ses soldats, ses esclaves, et surtout devant ses autres esclaves, les courtisans. Il y a des choses de bienséance jusque dans les plus indignes voluptés. Et de plus, je pense que, pour un tyran, successeur du discret tyran de Rome, c'eût été le moyen infaillible de se faire assassiner.

XLVI.

« Lorsque la magistrature japonaise a obligé les
« femmes de marcher nues, à la manière des
« bêtes, elle a fait frémir la pudeur. Mais lors-
« qu'elle a voulu contraindre une mère..... lors-
« qu'elle a voulu contraindre un fils.... Je ne puis
« achever, elle a fait frémir la nature même. »
(Liv. XII, chap. xiv.)

Un seul voyageur presque inconnu, nommé Reyergisbert, rapporte cette abomination, qu'on lui raconta d'un magistrat du Japon, et il prétend que ce magistrat se divertissoit à tourmenter ainsi les chrétiens, auxquels il ne faisoit point d'autre mal. Montesquieu se plaît à ces contes; il ajoute que, chez les Orientaux, on soumet les filles à des éléphans. Il ne dit point chez quels Orientaux on donne ce rendez-vous. Mais, en vérité, ce n'est là ni le Temple de Gnide, ni le Congrès de Cythère, ni l'Esprit des Lois.

C'est avec douleur, et en contrariant mon propre goût, que je combats ainsi quelques idées d'un philosophe citoyen, et que je relève quelques-unes de ses méprises. Je ne me serois pas livré, dans ce petit commentaire, à un travail si rebutant, si je n'avois été enflammé de l'amour de la vérité, autant que l'auteur l'étoit de l'amour de la gloire. Je suis en général si pénétré des maximes qu'il annonce, plutôt qu'il ne les développe; je suis si plein de tout ce qu'il a dit sur la liberté politique, sur les tributs, sur le despotisme, sur l'esclavage, que je n'ai pas le courage de me joindre aux savans qui ont employé trois volumes à reprendre des fautes de détail.

Il importe peut-être assez peu que Montesquieu se soit trompé sur la dot qu'on donnoit en Grèce aux sœurs qui épousoient leurs frères, et qu'il ait pris la coutume de Sparte pour la coutume de Crète.

Qu'il n'ait pas saisi le sens de Suétone sur la loi d'Auguste, qui défendit qu'on courût nu jusqu'à la ceinture avant l'âge de puberté. *Lupercalibus vetuit currere imberbes.*

Qu'il se soit mépris sur la manière dont la banque de Gênes est gouvernée, et sur une loi que Gênes fit publier dans la Corse.

Qu'il ait dit que « les lois à Venise défendent le « commerce aux nobles vénitiens, » tandis que ces lois leur recommandent le commerce, et que, s'ils ne le font plus, c'est qu'il n'y a plus d'avantage.

« Que le gouvernement moscovite cherche à « sortir du despotisme, » tandis que ce gouvernement russe est à la tête de la finance, des armées, de la magistrature, de la religion ; que les évêques et les moines n'ont plus d'esclaves comme autrefois, et qu'ils sont payés par une pension du gouvernement. Il cherche à détruire l'anarchie, les prérogatives odieuses des nobles, le pouvoir des grands, et non a établir des corps intermédiaires, à diminuer son autorité.

Qu'il fasse un faux calcul sur le luxe, en disant « que le luxe est zéro dans qui n'a que le néces-« saire, que le double du nécessaire est égal à un, « et que le double de cette unité est trois, » puisqu'en effet on n'a pas toujours trois de luxe, pour avoir deux fois plus de bien qu'un autre.

Qu'il ait dit que « chez les Samnites le jeune « homme déclaré le meilleur prenoit la femme « qu'il vouloit; » et qu'un auteur de l'opéra comique ait fait une farce sur cette prétendue loi, sur cette fable rapportée dans Stobée, fable qui regarde les Sunnites, peuple de Scythie, et non pas les Samnites.

« Qu'en Suisse on ne paie point de tribut, mais « qu'il en sait la raison particulière.

« Que dans ses montagnes stériles, les vivres « sont si chers, et le pays si peuplé, qu'un Suisse « paie quatre fois plus à la nature qu'un Turc ne « paie au sultan. » On sait assez que tout cela est faux. Il y a des impôts en Suisse tels qu'on les payoit autrefois aux ducs de Zehringuen et aux moines; mais il n'y a aucun impôt nouveau, aucune taxe sur les denrées et sur le commerce.

Les montagnes, loin d'être stériles, sont de trèsfertiles pâturages qui font la richesse du pays. La viande de boucherie y est la moitié moins chère qu'à Paris. Et enfin un Suisse ne peut payer quatre fois plus à la nature qu'un Turc au sultan, à moins qu'il ne boive et ne mange quatre fois davantage. Il y a peu de pays où les hommes, en travaillant aussi peu, jouissent de tant d'aisance.

Qu'il ait dit que, « dans les états mahométans, « on est non seulement maître des biens et de la « vie des femmes esclaves; » ce qui est absolument faux, puisque, dans le vingt-quatrième sura ou chapitre de l'Alcoran, il est dit expressément: « Traitez bien vos esclaves; si vous voyez en eux « du mérite, partagez avec eux les richesses que « Dieu vous a données; ne forcez pas vos fem« mes esclaves à se prostituer à vous; » puisque enfin on punit de mort à Constantinople le maître qui a tué son esclave, à moins que le maître ne prouve que l'esclave a levé la main sur lui : et si l'esclave prouve que son maître l'a violée, elle est déclarée libre avec dépens.

« Qu'à Patane la lubricité des femmes est si « grande, que les hommes sont obligés de se faire « certaines garnitures pour se mettre à l'abri de « leurs entreprises. » C'est un nommé Sprenkel qui a fait ce conte absurde, bien indigne assurément de l'*Esprit des Lois*. Et le même Sprenkel dit qu'à Patane les maris sont si jaloux de leurs femmes, qu'ils ne permettent pas à leurs meilleurs amis de les voir, elles ni leurs filles.

« Que la féodalité est un événement arrivé une « fois dans le monde, et qui n'arrivera peut-être « jamais, » etc.

Quoique la féodalité, les bénéfices militaires, aient été établis, en différens temps et sous différentes formes, sous Alexandre sévère, sous les rois lombards, sous Charlemagne, dans l'empire ottoman, en Perse, dans le Mogol, au Pégu, en Russie, et que les voyageurs en aient trouvé des traces dans un grand nombre des pays qu'ils ont découverts.

« Que chez les Germains il y avoit des vassaux « et non pas des fiefs. Les fiefs étoient des che- « vaux de bataille, des armes, des repas. »

Quelle idée! il n'y a point de vassalité sans terre. Un officier à qui son général aura donné à souper n'est pas pour cela son vassal.

« Qu'en Espagne on a défendu les étoffes d'or « et d'argent. Un pareil décret seroit semblable à « celui que feroient les états de Hollande, s'ils dé- « fendoient la consommation de la cannelle. »

On ne peut faire une comparaison plus fausse, ni dire une chose moins politique. Les Espagnols n'avoient point de manufactures; ils auroient été obligés d'acheter ces étoffes de l'étranger. Les

Hollandais, au contraire, sont les seuls possesseurs de la cannelle; ce qui étoit raisonnable en Espagne, suivant les opinions alors reçues, eût été absurde en Hollande.

Je n'entrerai point dans la discussion de l'ancien gouvernement des Francs vainqueurs des Gaulois; dans ce chaos de coutumes toutes bizarres, toutes contradictoires; dans l'examen de cette barbarie, de cette anarchie qui a duré si longtemps, et sur lesquelles il y a autant de sentimens différens que nous en avons en théologie. On n'a perdu que trop de temps à descendre dans ces abîmes de ruines; et l'auteur de l'*Esprit des Lois* a dû s'y égarer comme les autres.

Toutes les origines des nations sont l'obscurité même, comme tous les systèmes sur les premiers principes sont un chaos de fables. Lorsqu'un aussi beau génie que Montesquieu se trompe, je m'enfonce dans d'autres erreurs en découvrant les siennes. C'est le sort de tous ceux qui courent après la vérité; ils se heurtent dans leur course, et tous sont jetés par terre. Je respecte Montesquieu jusque dans ses chutes, parce qu'il se relève pour monter au ciel. Je vais continuer ce petit commentaire pour m'instruire en l'étudiant sur quelques points, non pour le critiquer : je le prends pour mon guide, non pour mon adversaire.

DU CLIMAT.

De tout temps on a su combien le sol, les eaux, l'atmosphère, les vents, influent sur les végétaux, les animaux et les hommes. On sait assez qu'un Basque est aussi différent d'un Lapon qu'un Allemand l'est d'un nègre, et qu'un coco l'est d'une nèfle. C'est à propos de l'influence du climat que Montesquieu examine, au chapitre XII du livre XIV, pourquoi les Anglais se tuent si délibérément. « C'est, dit-il, l'effet d'une maladie. Il « y a apparence que c'est un défaut de filtration « du suc nerveux. » Les Anglais, en effet, appellent cette maladie *spleen*, qu'ils prononcent *splin*; ce mot signifie la rate. Nos dames autrefois étoient malades de la rate. Molière a fait dire à des bouffons [1] :

> Veut-on qu'on rabatte,
> Par des moyens doux,
> Les vapeurs de rate
> Qui nous minent tous?
> Qu'on laisse Hippocrate,
> Et qu'on vienne à nous.

Nos Parisiennes étoient donc tourmentées de la rate; à présent elles sont affligées de vapeurs, et, en aucun cas, elles ne se tuoient. Les Anglais ont

[1] L'Amour médecin, acte III, scène VIII.

le *splin* ou la *splin*, et se tuent par humeur. Ils s'en vantent, car quiconque se pend à Londres, ou se noie, ou se tire un coup de pistolet, est mis dans la gazette.

Depuis la querelle de Philippe de Valois et d'Édouard III, pour la loi salique, les Anglais en ont toujours voulu aux Français ; ils leur prirent non seulement Calais, mais presque tous les mots de leur langue, et leurs maladies, et leurs modes, et prétendirent enfin à l'honneur exclusif de se tuer. Mais si l'on vouloit rabattre cet orgueil, on leur prouveroit que, dans la seule année 1764, on a compté à Paris plus de cinquante personnes qui se sont donné la mort. On leur diroit que, chaque année, il y a douze suicides dans Genève, qui ne contient que vingt mille âmes, tandis que les gazettes ne comptent pas plus de suicides à Londres, qui renferme environ sept cent mille *spleen* ou *splin*.

Les climats n'ont guère changé depuis que Romulus et Remus eurent une louve pour nourrice. Cependant, pourquoi, si vous en exceptez Lucrèce, dont l'histoire n'est pas bien avérée, aucun Romain de marque n'a-t-il eu une assez forte *spleen* pour attenter à sa vie ? Et pourquoi ensuite, dans l'espace de si peu d'années, Caton d'Utique, Brutus, Cassius, Antoine, et tant d'autres, donnèrent-ils cet exemple au monde ? N'y a-t-il pas quelque autre raison que le climat qui rendit ces suicides si communs?

Montesquieu dit dans ce livre (c. xv), que le climat de l'Inde est si doux que les lois le sont aussi. « Ces lois, dit-il, ont donné les neveux aux « oncles, les orphelins aux tuteurs, comme on « les donne ailleurs à leurs pères[1]. Ils ont réglé « la succession par le mérite reconnu du succes- « seur. Il semble qu'ils ont pensé que chaque ci- « toyen devoit se reposer sur le bon naturel des « autres. Heureux climat qui fait naître la candeur « des âmes, et produit la douceur des mœurs! »

Il est vrai que dans vingt endroits l'illustre auteur peint le vaste pays de l'Inde et tous les pays de l'Asie comme des états monarchiques ou despotiques, dans lesquels tout appartient au maître, et où les sujets ne connoissent point la propriété; de sorte que, si le climat produit des citoyens si honnêtes et si bons, il y fait des princes bien rapaces et bien tyrans. Il ne s'en souvient plus ici; il copie la lettre d'un jésuite nommé Bouchet au président Cochet, insérée dans le quatorzième recueil des Lettres curieuses et édifiantes; et il copie trop souvent ce recueil. Ce Bouchet, dès qu'il est arrivé à Pondichéry, avant de savoir un mot de la langue du pays[2], répète à M. Cochet tous les

---

[1] Les législateurs de l'Inde.

[2] J'ai connu autrefois ce Bouchet; c'étoit un imbécile, aussi-

contes qu'il a entendu faire à des facteurs. J'en crois plus volontiers le colonel Scrafton, qui a contribué aux conquêtes du lord Clive, et qui joint à la franchise d'un homme de guerre une intelligence profonde de la langue des brames.

Voici ses paroles, que j'ai citées ailleurs :

« Je vois avec surprise tant d'auteurs assurer
« que les possessions des terres ne sont point hé-
« réditaires dans ce pays, et que l'empereur est
« l'héritier universel. Il est vrai qu'il n'y a point
« d'acte de parlement dans l'Inde, point de pou-
« voir intermédiaire qui retienne légalement l'au-
« torité impériale dans ses limites; mais l'usage
« consacré et invariable de tous les tribunaux, est
« que chacun hérite de ses pères. Cette loi non
« écrite est plus constamment observée qu'en au-
« cun état monarchique. »

Cette déclaration d'un des conquérans des plus belles contrées de l'Inde vaut bien celle d'un jésuite; et toutes deux doivent balancer au moins l'opinion de ceux qui prétendent que cette riche

---

bien que frère Courbeville, son compagnon. Il a vu des femmes indiennes prouver leur fidélité à leurs maris en plongeant une main dans l'huile bouillante sans se brûler. Il ne savoit pas que le secret consiste à verser l'eau dans le vase long-temps avant l'huile, et que l'huile est encore froide quand l'eau qui bout soulève l'huile à gros bouillons. Il répète l'histoire des deux *Sosies* pour prouver le christianisme aux brames.

partie de la terre, peuplée de cent dix millions d'hommes, n'est habitée que par des despotes et des esclaves.

Toutes les relations qui nous sont venues de la Chine nous ont appris que chacun y jouit de son bien beaucoup plus librement que dans l'Inde. Il n'est pas croyable qu'il y ait un seul pays dans le monde où la fortune et les droits des citoyens dépendent du chaud et du froid.

Le climat étend son pouvoir, sans doute, sur la force et la beauté du corps, sur le génie, sur les inclinations. Nous n'avons jamais entendu parler ni d'une Phrynée samoïède ou négresse, ni d'un Hercule lapon, ni d'un Newton topinambou; mais je ne crois pas que l'illustre auteur ait eu raison d'affirmer que les peuples du nord ont toujours vaincu ceux du midi : car les Arabes acquirent par les armes, en très-peu de temps, au nom de leur patrie, un empire aussi étendu que celui des Romains, et les Romains eux-mêmes avoient subjugué les bords de la mer Noire, qui sont presque aussi froids que ceux de la mer Baltique.

L'illustre auteur croit que les religions dépendent du climat. Je pense avec lui que les rites en dépendent entièrement. Mahomet n'auroit défendu le vin et les jambons, ni à Bayonne, ni à Mayence. On entroit chaussé dans les temples de la Tauride, qui est un pays froid; il falloit entrer nu-pieds dans celui de Jupiter Ammon, au milieu des sables brûlans. On ne s'avisera point en Égypte de peindre Jupiter armé du tonnerre, puisqu'il y tonne si rarement. On ne figurera point les réprouvés par l'emblème des boucs dans une île comme Ithaque, où les chèvres sont la principale richesse du pays.

Une religion dont les cérémonies les plus essentielles se feront avec du pain et du vin, quelque sublime, quelque divine qu'elle soit, ne réussira pas d'abord dans un pays où le vin et le froment sont inconnus.

La croyance qui constitue proprement la religion est d'une nature toute différente. Elle dépendit chez les Gentils uniquement de l'éducation. Les enfans troyens furent élevés dans la persuasion qu'Apollon et Neptune avoient bâti les murs de Troie, et les enfans athéniens bien appris ne doutoient pas que Minerve ne leur eût donné des olives. Les Romains, les Carthaginois, eurent une autre mythologie. Chaque peuple eut la sienne.

Je ne puis croire à la foiblesse d'organes que Montesquieu attribue aux peuples du midi, et à cette paresse d'esprit qui fait, selon lui, « que les « lois, les mœurs et les manières sont aujourd'hui « en Orient comme elles étoient il y a mille ans. » Montesquieu dit toujours que les lois forment les *manières*. J'aurois dit les *usages*. Mais il me semble que les manières du christianisme détruisirent, depuis Constantin, les manières de la Syrie, de l'Asie mineure et de l'Égypte; que les manières un peu brutales de Mahomet chassèrent les belles manières des anciens Perses, et même les nôtres. Les Turcs sont venus ensuite qui ont tout bouleversé, de façon qu'il n'en reste plus rien que les eunuques et les bouffons [1].

ESCLAVAGE.

Si quelqu'un a jamais combattu pour rendre aux esclaves de toute espèce le droit de la nature, la liberté, c'est assurément Montesquieu. Il a opposé la raison et l'humanité à toutes les sortes d'esclavages : à celui des nègres qu'on va acheter sur la côte de Guinée pour avoir du sucre dans les îles Caraïbes; à celui des eunuques, pour garder les femmes et pour chanter le dessus dans la chapelle

[1] On a peut-être attribué trop d'influence au climat. Il paroît que partout la société humaine a été formée par de petites peuplades qui, après s'être plus ou moins civilisées, ont fini par se réunir ou par être absorbées dans de grands empires. La différence la plus réelle est celle qui existe entre les Européens et le reste du globe; et cette différence est l'ouvrage des Grecs. Ce sont les philosophes d'Athènes, de Milet, de Syracuse, d'Alexandrie, qui ont rendu les habitants de l'Europe actuelle supérieurs aux autres hommes. Si Xerxès eût vaincu à Salamine, nous serions peut-être encore des barbares.

du pape; à celui des infortunés mâles et femelles qui sacrifient leur volonté, leurs devoirs, leurs pensées, toute leur existence, dans un âge où les lois ne permettent pas qu'on dispose d'un fonds de quatre pistoles. Il a même attaqué adroitement cette espèce d'esclavage qui fait d'un citoyen un diacre ou un sous-diacre, et qui vous prive du droit de perpétuer votre famille, à moins que vous ne rachetiez ce droit à Rome chez un protonotaire; dignité qui fut inconnue aux Marcellus et aux Scipions. Il a surtout déployé son éloquence contre l'esclavage de la glèbe, où croupissent encore tant de cultivateurs, gémissant sous des commis pour prix de nourrir des hommes leurs frères.

Je veux me joindre à ce défenseur de la nature humaine, et j'ose m'adresser, à qui? au roi de France lui-même, quoique je sois un étranger. Un Persan et un Indien des îles Moluques vinrent demander justice à Louis XIV, et l'obtinrent. Pourquoi ne la demanderois-je pas à Louis XVI? Je me jette de loin à ses pieds, et je lui dis :

Petit-fils de saint Louis, achevez l'ouvrage de votre père. Je ne vous implore pas pour que vous alliez débarquer à Joppé, sur le rivage où l'on dit qu'Andromède fut exposée à un monstre marin, et que Jonas fut avalé par un autre; je ne vous conjure pas de quitter votre royaume de France pour aller venger le baron de Lusignan que le grand Saladin chassa autrefois de son petit royaume de Jérusalem, et pour délivrer quelques descendans inconnus de nos insensés croisés, lesquels descendans pourroient avoir hérité des fers de leurs ancêtres, et servir des musulmans dans l'Arabie ou dans l'Égypte : mais je vous conjure de délivrer plus de cent mille de vos fidèles sujets qui sont chez vous esclaves des moines. Il est difficile de comprendre comment des saints qui ont fait vœu d'humilité, d'obéissance et de chasteté, ont cependant des royaumes dans votre royaume, et commandent à des esclaves qu'ils appellent leurs mainmortables.

Dom Titrier fit, vers le milieu du quatorzième siècle, des titres authentiques, signés de tous les rois et de tous les empereurs des siècles précédens, par lesquels, *attendu que le monde alloit finir*, on donnoit toutes les terres, tous les biens périssables, tous les hommes et toutes les filles à ces moines qui avoient déjà le ciel appartenant à eux en propre. C'est en vertu de ces pièces probantes qu'ils ont encore des esclaves dans la Bourgogne, dans la Franche-Comté, le Nivernais, le Bourbonnais, l'Auvergne, la Marche et quelques autres provinces. Ils s'arrogent des droits que vous n'avez pas, et que vous rougiriez d'avoir. Ils appellent ces esclaves, *nos serfs, nos mainmortables*.

En vain saint Louis abolit cet opprobre de la nature humaine dans les terres de son obéissance ; en vain sa digne mère, la reine Blanche, vint elle-même ouvrir dans Paris les prisons aux habitans de Châtenai, que des gens d'église avoient chargés de chaînes, en qualité de serfs de l'église ; en vain Louis le Jeune, en 1141, Louis X, en 1315, et enfin Henri II, en 1553, crurent détruire par leurs édits solennels cette espèce de crime de lèse-majesté, et sûrement de lèse-humanité : on voit encore dans vos états plus d'esclaves de moines que vous n'avez de troupes nationales.

Il y a, Sire, à votre conseil, depuis plusieurs années, un procès entre douze mille chefs de familles d'un canton presque inconnu de la Franche-Comté, et vingt moines sécularisés. Les douze mille hommes prétendent n'appartenir qu'à votre majesté, ne devoir leurs services et leur sang qu'à votre majesté. Les vingt cénobites prétendent qu'ils sont, au nom de Dieu, les maîtres absolus des personnes et du pécule, et des enfans de ces douze mille hommes.

Je vous conjure, Sire, de juger entre la nature et l'église ; rendez des citoyens à l'état et des sujets à votre couronne. Le feu roi de Sardaigne, dont les filles sont l'ornement et l'exemple de votre cour, décida la même affaire peu de temps avant

sa mort. Il détruisit la mainmorte dans ses états
par les plus sages ordonnances. Mais vous avez
dans le ciel un plus grand exemple, saint Louis,
dont le sang coule dans vos veines, et dont les
vertus sont dans votre âme. Les ministres qui vous
seconderont dans cette entreprise seront comme
vous chers à la postérité.

DES FRANCS.

On a déjà remarqué que Daniel, dans sa préface sur l'histoire de France [1], où il parle beaucoup plus de lui-même que de la France, a voulu nous persuader que Clovis doit être bien plus intéressant que Romulus. Hénault a été de l'avis de Daniel. On pouvoit répondre à l'un et à l'autre : Vous êtes orfèvre, M. Josse. Ils auroient pu s'apercevoir que le berceau d'Hercule, par exemple, exciteroit plus de curiosité que celui d'un homme ordinaire. Nous venons tous de sauvages ignorés, Français, Espagnols, Germains, Anglais, Scandinaviens, Sarmates; chacune de ces nations, renfermée

---

[1] C'est sa première préface, où il donne, pour écrire l'histoire, des règles qu'il ne prend que chez lui, et non la préface historique, qui est un chef-d'œuvre de bonne critique. On voit qu'il y profite des recherches de Condormoi et de Valois, et qu'il est meilleur historien des Francs qu'il ne l'est des Français dans le cours de son grand ouvrage. On peut seulement le blâmer de donner toujours aux Francs le nom de Français. Au reste, ni Mézerai, ni lui, ni Velly, ne sont des Tite-Live; et je crois qu'il est impossible qu'il y ait des Tite-Live chez nos nations modernes.

dans ses limites, se fait valoir par ses différens mérites; chacune a ses grands hommes, et compte à peine les grands hommes de ses voisins; mais toutes ont les yeux sur l'ancienne Rome. Romulus, Numa, Brutus, Camillus, leur appartiennent à toutes. L'hidalgo espagnol, et le gentleman english, apprennent à lire dans la langue de César. On aime à voir le foible ruisseau dont est sorti à la fin ce grand fleuve qui a inondé la terre.

On ne prononce aujourd'hui le nom d'Ostrogoth, de Wisigoth, de Hun, de Franc, de Vandale, d'Hérule, de toutes ces hordes qui ont détruit l'empire romain, qu'avec le dégoût et l'horreur qu'inspirent les noms des bêtes sauvages puantes. Mais chaque peuple de l'Europe veut couvrir de quelque éclat la turpitude de son origine. L'Espagne vante son saint Ferdinand, l'Angleterre son saint Édouard, la France son saint Louis. Si à Madrid on remonte aux rois goths, nous remontons dans Paris aux rois francs. Mais qui étoient ces Francs que Montesquieu de Bordeaux appelle *nos pères?* C'étoient, comme tous les autres barbares du nord, des bêtes féroces qui cherchoient de la pâture, un gîte, et quelques vêtemens contre la neige.

D'où venoient-ils? Clovis n'en savoit rien, ni nous non plus. On savoit seulement qu'ils demeuroient à l'orient du Rhin et du Mein, et que leurs bœufs, leurs vaches et leurs moutons ne leur suffisoient pas. N'ayant point de villes, ils alloient, quand ils le pouvoient, piller les villes romaines dans la Gaule germanique et dans la Belgique. Ils s'avançoient quelquefois jusqu'à la Loire, et revenoient partager dans leurs repaires tout ce qu'ils avoient volé. C'est ainsi qu'en usèrent leurs capitaines Clodion, Mérovée et Childéric, père de Clovis, lequel Childéric mourut et fut enterré dans un grand chemin près de Tournay, selon l'usage de ces peuples et de ces temps.

Tantôt les empereurs achetoient quelques trèves à leurs brigandages, tantôt ils les punissoient, selon qu'ils avoient, dans ces cantons éloignés, quelques troupes et quelque argent. Constantin avoit pénétré lui-même jusque dans leurs retraites, en 313 de notre ère, avoit saisi leurs chefs, qui étoient, dit-on, les ancêtres de Clovis, et les avoit condamnés aux bêtes dans le cirque de Trèves, comme des esclaves révoltés et des voleurs publics.

Les Francs, depuis ce jour, eurent de nouvelles rapines à chercher, et la mort ignominieuse de leurs chefs à venger sur les Romains. Ils se joignirent souvent à toutes les hordes allemandes qui passoient aisément le Rhin, malgré les colonies romaines de Cologne, de Trèves, de Mayence. Ils surprirent Cologne et la pillèrent. Lorsque Julien étoit césar dans les Gaules, ce grand homme qui fut, comme je l'ai déjà dit, le sauveur et le père de nos contrées, partit de la petite rue qu'on appelle aujourd'hui des Mathurins, où l'on voit encore les restes de sa maison, et courut sauver d'une invasion la Gaule et notre pays, en 357. Il passa le Rhin, reprit Cologne, repoussa les entreprises des Francs et celles de l'empereur Constancius, qui vouloit le perdre; vainquit toutes les hordes allemandes et franques, signala sa clémence non moins que sa valeur, nourrit également les vainqueurs et les vaincus, fit régner l'abondance et la paix des rives du Rhin et de la Meuse jusqu'aux Pyrénées, et ne quitta les Gaules qu'après avoir fait leur bonheur, laissant chez toutes les âmes honnêtes la mémoire la plus chère et la plus justement respectée.

Après lui tout changea. Il ne faut qu'un seul homme pour sauver un empire, et un seul pour le perdre. Plus d'un empereur hâta la décadence de Rome. Les théâtres des victoires de tant de grands hommes, les monumens de tant de magnificences et de tant de bienfaits répandus sur le genre humain asservi pour son bonheur, furent inondés de barbares inconnus, comme des champs fertiles sont dévastés par des nuées de sauterelles. Il en vint jusque des frontières de la Chine. Les bords de la mer Baltique, de la mer Noire, de la mer Caspienne, vomirent des monstres qui dévorèrent les nations et qui détruisirent tous les arts.

Je ne crois pas cependant que cette multitude de dévastateurs ait été aussi immense qu'on le dit. La peur exagère. Je vois d'ailleurs que c'est toujours le petit nombre qui fait les révolutions. Sha-Nadir, de nos jours, n'avoit pas quarante mille soldats quand il mit à ses pieds le grand-mogol, et qu'il emporta toutes ses richesses. Les Tartares, qui subjuguèrent la Chine vers l'an 1620, n'étoient qu'en très-petit nombre. Tamerlan, Gengiskan, ne commencèrent pas la conquête de la moitié de notre hémisphère avec dix mille hommes. Mahomet n'en eut pas mille à sa première bataille. César ne vint dans les Gaules qu'avec quatre légions; il n'avoit que vingt-deux mille combattans à la bataille de Pharsale, et Alexandre partit avec quarante mille pour la conquête de l'Asie.

On nous dit qu'Attila fondit des extrémités de la Sibérie au bord de la Loire, suivi de sept cent mille Huns. Comment les auroit-il nourris? On ajoute qu'ayant perdu deux cent mille de ces Huns dans quelques escarmouches, il en perdit encore trois cent mille dans les champs Catalauniques, qui sont inconnus; après quoi il alla mettre l'Illyrie en cendres, assiéger et détruire Aquilée, sans que personne l'en empêchât. *Et voilà justement comme on écrit l'histoire.*

Quoi qu'il en soit, ce fut dans ce bouleversement singulier de l'Europe que les Francs vinrent, comme les autres, prendre leur part du pillage. La province séquanoise étoit déjà envahie par des Bourguignons qui ne savoient pas eux-mêmes leur origine. Des Wisigoths s'emparoient d'une partie du Languedoc, de l'Aquitaine, et de l'Espagne. Le Vandale Genseric, qui s'étoit jeté sur l'Afrique, en partit par mer pour aller piller Rome sans aucune opposition. Il y entra comme on vient dans une de ses maisons qu'on veut démeubler pour embellir une autre demeure. Il fit enlever tout l'or, l'argent, tous les ornemens précieux, malgré les larmes du pape Léon, qui avoit composé avec Attila, et qui ne put fléchir Genseric.

Les Gaulois qui ne s'étoient défendus ni contre les Bourguignons, ni contre les Goths, ne résistèrent pas plus aux Francs, qui arrivèrent l'an 486, ayant à leur tête le jeune Clovis, âgé, dit-on, de quinze ans. Il est à présumer qu'ils entrèrent d'abord dans la Gaule belgique en petit nombre, comme les Normands entrèrent depuis dans la Neustrie, et que leur troupe augmenta de tous les brigands volontaires qui se joignirent à eux en chemin, dans l'espoir de la rapine, unique solde de tous les barbares.

Une preuve évidente que Clovis avoit très-peu de troupes, c'est que, dans la rédaction de la loi des Saliens-francs, nommée communément la loi salique, faite sous ses successeurs, il est dit expressément : « C'est cette nation qui, en petit nom-« bre, terrassa la puissance romaine : » *gens parva numero.*

Il y avoit encore un fantôme de commandant romain, nommé Siagrius, qui, dans la désolation générale, avoit conservé quelques troupes gauloises sous les murs de Soissons; elles ne résistèrent pas. Le même peuple qui avoit coûté dix années de travaux et de négociations à César, ne coûta qu'un jour à cette petite troupe de Francs. C'est que, lorsque César les voulut subjuguer, ils avoient toujours été libres ; et quand ils eurent les Francs en tête, il y avoit plus de cinq cents ans qu'ils étoient asservis.

CLOVIS.

Quel étoit donc ce héros de quinze ans, qui, des marais des Chamaves et des Bructères, vint à Soissons mettre en fuite un général, et jeter les fondemens, non pas *du premier trône de l'univers*, comme le dit si souvent l'abbé Velly, mais d'un des plus florissans états de l'Europe? On ne nous dit point qui fut le Chiron ou le Phénix de ce jeune Achille. Les Francs n'écrivirent point son histoire. Comment fut-il conquérant et législateur dans l'âge qui touche à l'enfance? c'est un exemple unique. Un Auvergnat devinant Euclide à douze ans n'est pas si au-dessus de l'ordre commun. Ce qui est encore unique sur le globe, c'est que la troisième race règne dans cet état depuis huit cents ans, alliée, sans doute, à celle de Charlemagne, qui l'étoit à celle de Clovis, ce qui fait une continuité d'environ treize siècles.

La France, à la vérité, n'est pas, à beaucoup près, aussi étendue que l'étoit la Gaule sous les Romains; elle a perdu tout le pays qu'on appeloit la France orientale dans le moyen âge; celui de Trèves, de Mayence, de Cologne, la plus grande partie de la Flandre. Mais, à la longue, l'industrie de ses peuples l'a soutenue malgré les guerres les plus funestes, les captivités de ses rois, les invasions des étrangers, et les sanglantes discordes que la religion a fait naître dans son sein.

Cette belle province romaine ne tomba pas d'abord au pouvoir du prince des Francs. Les plus fertiles parties avoient été envahies par les princes ariens, bourguignons et goths dont j'ai parlé. Clovis et ses Francs étoient de la religion qu'on nommoit païenne depuis Théodose, du mot latin *pagus*, bourgade, la religion chrétienne devenue dominante n'ayant guère laissé que dans les campagnes l'ancien culte de l'empire. Les évêques athanasiens orthodoxes qui dominoient dans tout ce qui n'étoit pas Goth ou Bourguignon, et qui avoient sur les peuples une puissance presque sans bornes, pouvoient, avec le bâton pastoral, briser l'épée de Clovis.

Le savant abbé Dubos a très-bien démêlé que ce jeune conquérant avoit la dignité de maître de la milice romaine, dans laquelle il avoit succédé à son père Childéric, dignité que les empereurs conféroient à plusieurs chefs de tribu chez les Francs, pour les attacher (si l'on pouvoit) au service de l'empire. Ainsi, ayant attaqué Siagrius, il pouvoit être regardé comme un rebelle et comme un traître. Il pouvoit être puni, si la fortune des Romains changeoit. Les évêques pouvoient surtout armer les peuples contre lui. Le vieillard vénérable saint Remi, évêque de Reims, avoit écrit à Clovis, vers le temps de son expédition contre Siagrius, cette fameuse lettre que l'abbé Dubos fait tant valoir, et que Daniel a ignorée. « Nous avons appris que vous êtes maître
« de la milice; n'abusez point de votre bénéfice
« militaire. Ne disputez point la préséance aux
« évêques de votre département; demandez tou-
« jours leurs conseils; élevez vos compatriotes;
« mais que votre prétoire soit ouvert à tout le
« monde..... Admettez les jeunes gens à vos plai-
« sirs, et les vieillards à vos délibérations, etc. »

Cette lettre étoit d'un père qui donne des leçons

à son fils. Elle fait voir tout l'ascendant que la réputation prenoit sur la puissance. La grâce fit le reste ; et, bientôt après, Clovis se fit non-seulement chrétien, mais orthodoxe.

Le jésuite Daniel embellit son histoire en supposant qu'il fit une harangue à ses soldats pour les engager à se faire chrétiens comme lui, et qu'ils crièrent tous de concert : « Nous renonçons aux « dieux mortels, et nous ne voulons plus adorer « que l'immortel. Nous ne reconnoissons plus « d'autre dieu que celui que le saint évêque Remi « nous prêche. »

Il n'est pas vraisemblable que toute une armée ait répondu à son roi par une antithèse, et par une longue phrase étudiée. Daniel auroit dû songer que les Francs de Clovis croyoient leurs dieux immortels, tout comme les jésuites croyoient ou feignoient de croire à l'immortalité de leur François Xavier et de leur Ignace de Loyola.

Il est triste que Clovis, étant à peine catéchumène, fit tuer Siagrius, que les Wisigoths lui avoient remis entre les mains. Il est encore plus triste qu'ayant été baptisé long-temps après, il séduisit un prince franc de ses parens, nommé Sigebert, et marchanda avec lui un parricide. Sigebert assassina son père, qui régnoit dans Cologne ; et Clovis, au lieu de payer l'argent promis, l'assassina lui-même, et se rendit maître de la ville. Il traita de même un autre prince nommé Kararic.

Il y avoit un autre Franc, nommé Ragnacaire, qui commandoit dans Cambrai. Il fit un marché avec les propres soldats de ce Ragnacaire pour l'assassiner, et quand les meurtriers lui demandèrent leur salaire, il les paya en fausse monnoie.

Un autre de ses camarades francs, Renomer, s'étoit cantonné dans le pays du Maine, il le fit poignarder de même par des coupe-jarrets, et se défit ainsi de tous ceux qui lui faisoient quelque ombrage.

Daniel dit que, « pour satisfaire à la justice de « Dieu, il employa ses soins et ses finances à « quantité de choses fort utiles à la religion; il « commença ou acheva des églises et des monas- « tères. »

Si ce prince orthodoxe, méconnoissant l'esprit du christianisme, commit tant d'atrocités, Gondebaud l'arien, oncle de la célèbre sainte Clotilde, ne fut pas moins souillé de crimes. Il assassina dans la ville de Vienne son propre frère et sa belle-sœur, père et mère de Clotilde. Il mit le feu à la chambre où un autre de ses frères étoit renfermé, et l'y brûla vif; il fit jeter sa femme dans la rivière; et Clotilde échappa à peine à ces massacres. Ce Gondebaud d'ailleurs étoit un législateur. C'étoient là les mœurs des Francs, et ce que Montesquieu appelle les *manières*.

On sait trop que les enfans de Clovis ne dégénérèrent pas; le cœur saigne quand on est forcé de rapporter les actions politiques de cette famille.

Clotilde, après la mort de son mari, voulut venger la mort de son père et de sa mère sur Gondebaud, son oncle. Elle arma contre lui ses quatre enfans, Thierri, roi de Metz, Clotaire de Soissons, Childebert de Paris, et Clodomir d'Orléans. Clodomir fut tué, ayant été abandonné de ses frères dans une bataille. Il laissoit trois enfans dont le plus âgé avoit à peine dix ans; Clodomir leur père leur avoit laissé la province d'Orléans à partager selon l'usage. Clotaire ne se contenta pas d'épouser la veuve de son frère, il voulut s'emparer du bien de ses neveux. Son frère Childebert s'unit avec lui dans cette entreprise; ils s'accordèrent à partager le petit état d'Orléans. La veuve de Clovis, qui élevoit ses petits-enfans, s'opposa à cette injustice; Clotaire et Childebert se saisirent des trois enfans dont ils devoient être les protecteurs. Ils envoyèrent à leur grand'mère une paire de ciseaux et un poignard, par un Auvergnat nommé Arcadius. « Il faut, lui dit ce député, choisir
« entre l'un et l'autre. Voulez-vous que ces ci-
« seaux coupent les cheveux de vos petits-fils, ou
« que ce poignard les égorge? »

L'usage étoit alors de regarder comme ensevelis dans le monachisme les enfans qu'on avoit tondus. Des ciseaux tenaient lieu des trois vœux. Clotilde, dans sa colère, répondit : « J'aime mieux « les voir morts que moines. » Clotaire et Childebert n'exécutèrent que trop à la lettre ce que la reine avoit prononcé dans l'excès de sa douleur. On croit que ce fut dans une maison où est actuellement l'église des Barnabites à Paris, que ce crime fut commis. Clotaire perça d'abord l'aîné d'un coup d'épée, et le jeta mort à ses pieds. Le puîné attendrit un moment Childebert par ses cris et par ses larmes. Childebert se laissa toucher. Clotaire, inflexible, arracha l'enfant des bras de son frère, et le renversa sur son aîné expirant. Le troisième fut sauvé par un domestique. Il prit, quand il put se connoître, le parti que sa grand'mère avoit refusé; il se fit moine; on le déclara saint après sa mort, afin qu'il y eût quelqu'un du sang de Clovis qui pût apaiser Dieu. Clotilde vit ses fils jouir du bien et du sang de ses petits-fils.

Tel fut long-temps l'esprit des lois dans la monarchie naissante. Le siècle des Frédégonde et des Brunehault ne fut pas moins abominable. Plus on parcourt l'histoire, et plus on se félicite d'être né dans notre siècle.

DU CARACTÈRE DE LA NATION FRANÇAISE.

Est-ce l'influence du climat qui a produit cette série d'atrocités et d'horreurs si avérées et si incroyables? Les assassinats, soit prétendus politiques, soit prétendus juridiques, soit ouvertement commis par un usage commun, se sont succédé presque sans interruption depuis le temps de Clovis jusqu'au temps de la fronde. Est-ce l'atmosphère humide des bords de la Seine qui donna le pouvoir à un pape français et à des cardinaux français qui pilloient la France, et leur inspira de brûler solennellement et à petit feu le grand-maître de l'ordre du Temple, le frère du dauphin d'Auvergne, et cinquante-neuf chevaliers, vis-à-vis l'endroit où est aujourd'hui la statue de Henri IV? Est-ce l'intempérie du climat qui arma en un jour plus de cent mille rustres dans les environs de Paris après la bataille de Poitiers, qui les déchaîna dans la moitié de la France, et leur inspira cette rage nommée la jaquerie, avec laquelle ils démolirent tous les châteaux de la noblesse, égorgèrent et brûlèrent les gentilshommes, leurs femmes et leurs filles?

Parlerai-je des fureurs des Bourguignons et des Armagnacs, exercées dans Paris et dans tout le royaume, de cette guerre civile continuelle et générale, de ce jour affreux où la populace parisienne de la faction bourguignone massacra le connétable d'Armagnac, le chancelier de Marle, l'archevêque de Reims, l'archevêque de Tours, cinq autres évêques, une foule de magistrats, de gentilshommes, de prêtres, qu'on jetoit dans les rues du haut de leurs maisons, et qu'on recevoit sur des piques?

Pour mettre le comble à ces horreurs, les Anglais saccageoient le reste du royaume après leur victoire d'Azincourt. Le roi de France, ayant perdu l'usage de la raison, étoit abandonné de ses domestiques, déshonoré publiquement par sa femme, livré à tout ce que l'oubli de soi-même, les ulcères, la vermine ont de plus affreux et de plus révoltant. Il avoit vu son frère, le duc d'Orléans, assassiné par son cousin le duc de Bourgogne; son fils, depuis le roi Charles VII, venger le duc d'Orléans, en assassinant son coupable cousin; ce fils déshérité, dépouillé, banni par sa mère. Le sang coula d'un bout de la France à l'autre tous les jours de la misérable vie de ce roi, laquelle ne fut qu'un long supplice.

Les règnes suivans éprouvèrent d'aussi grands malheurs. Quatre gentilshommes périrent tour à tour dans des supplices recherchés par les vengeances de ce Louis XI, si dissimulé et si violent, si barbare et si timidement superstitieux, si étourdi et si profondément méchant.

On croit être au temps des Phalaris. Les peuples ne valoient pas mieux que les rois. Retracerai-je le tableau de la Saint-Barthélemi, si souvent retracé, et qui effraiera long-temps les yeux de la postérité ?

Il ne faut pas croire que cette journée fut unique. Elle fut précédée et suivie de quinze ans de perfidies, d'assassinats, de combats particuliers, de combats de province à province, de ville à ville, jusqu'à la paix de Vervins. Douze parricides médités contre Henri IV, et enfin la main de Ravaillac terminèrent cette horrible carrière.

Elle recommença sous Louis XIII, dont le triste règne occupa tant d'assassins et de bourreaux. Louis XIV vit dans son enfance toutes les folies et toutes les fureurs de la fronde.

Est-ce là ce peuple qui fut pendant quarante ans, sous ce même Louis XIV, également doux et valeureux, renommé par la guerre et par les beaux-arts, industrieux et docile, savant et aimable, le modèle de tous les autres peuples ? Il avoit pourtant le même climat que du temps de Clovis, de Charles VI, et de Charles IX.

Convenons donc que si le climat fait les hommes blonds ou bruns, c'est le gouvernement qui fait leurs vertus et leurs vices. Avouons qu'un véritablement bon roi est le plus beau présent que le ciel puisse faire à la terre.

DU CARACTÈRE DES AUTRES NATIONS.

Est-ce la sécheresse des deux Castilles, et la fraîcheur des eaux du Guadalquivir qui rendirent les Espagnols si long-temps esclaves tantôt des Carthaginois, tantôt des Romains, puis des Goths, des Arabes, et enfin de l'inquisition? Est-ce à leur climat ou à Christophe Colomb qu'ils doivent la possession du Nouveau-Monde?

Le climat de Rome n'a guère changé; cependant y a-t-il rien de plus bizarre que de voir aujourd'hui des *zocolanti*, des récollets dans ce même capitole où Paul Émile triomphoit de Persée, et où Cicéron fit entendre sa voix?

Depuis le dixième siècle jusqu'au seizième, cent petits seigneurs et deux grands se disputèrent les villes de l'Italie par le fer et par le poison. Tout à coup cette Italie se remplit de grands artistes en tout genre. Aujourd'hui elle produit de charmantes cantatrices et des *sonnettieri*. Cependant l'Apennin est toujours à la même place, et l'Éridan, qui a changé son beau nom en celui de Pô, n'a pas changé son cours.

D'où vient que dans les restes de la forêt d'Hercinie, comme vers les Alpes, et sur les plaines arrosées par la Tamise, comme sur celles de Naples et de Capoue, le même abrutissement fanatique parmi les peuples, les mêmes fraudes parmi les prêtres, la même ambition parmi les princes, ont également désolé tant de provinces fertiles et tant de bruyères incultes? Pourquoi le terrain humide et le ciel nébuleux de l'Angleterre ont-ils été autrefois cédés par un acte authentique à un prêtre qui demeure au Vatican? Et pourquoi par un acte semblable les orangers devers Capoue, Naples et Tarente lui paient-ils encore un tribut? En bonne foi, ce n'est pas au chaud et au froid, au sec et à l'humide qu'on doit attribuer de pareilles révolutions. Le sang de Conradin et de Frédéric d'Autriche a coulé sous la main des bourreaux, tandis que le sang de saint Janvier se liquéfioit à Naples dans un beau jour; de même que les Anglais ont coupé la tête sur un billot à la reine Marie Stuart, et à son petit-fils Charles Ier, sans s'informer si le vent souffloit du nord ou du midi.

Montesquieu, pour expliquer le pouvoir du climat, nous dit qu'il a fait geler une langue de mouton [1], et que les houppes nerveuses de cette langue se sont manifestées sensiblement, quand elle a été dégelée. Mais une langue de mouton n'expliquera jamais pourquoi la querelle de l'empire et du sacerdoce scandalisa et ensanglanta l'Europe pendant plus de six cents ans. Elle ne

[1] Liv. XIV, chap. II.

rendra point raison des horreurs de la rose rouge et de la rose blanche, et de cette foule de têtes couronnées qui sont tombées en Angleterre sur les échafauds. Le gouvernement, la religion, l'éducation, produisent tout chez les malheureux mortels qui rampent, qui souffrent, et qui raisonnent sur ce globe.

Cultivez la raison des hommes vers le mont Vésuve, vers la Tamise, et vers la Seine; vous verrez moins de Conradin livrés au bourreau, suivant l'avis d'un pape; moins de Marie Stuart mourant par le dernier supplice; moins de catafalques élevés par des pénitens blancs à un jeune protestant coupable d'un suicide; moins de roues et de bûchers dressés pour des hommes innocens; moins d'assassins sur les grands chemins, et sur les fleurs de lis.

DE LA LOI SALIQUE.

La plupart des hommes qui n'ont pas eu le temps de s'instruire, les dames, les courtisans, les princesses même, qui ne connoissent la loi salique que par les propos vagues du monde, s'imaginent que c'est une loi fondamentale, par laquelle autrefois la nation française assemblée exclut à jamais les femmes du trône. Nous avons déjà démontré qu'il n'y a point de loi fondamentale, et que, s'il en existoit une établie par des hommes, d'autres hommes peuvent la détruire. Il n'y a rien de fondamental que les lois de la nature posées par Dieu même. Mais voici de quoi il s'agit.

La tribu des Francs-saliens, dont Clovis étoit le chef, ne pouvoit avoir de loi écrite. Elle se gouvernoit par quelques coutumes, comme toutes les nations qui n'avoient pas été enchaînées et policées par les Romains. Ces coutumes furent, dit-on, rédigées depuis par écrit, dans un latin inintelligible, par ce même Clotaire qui avoit massacré les petits-fils de sa mère Clotilde presque entre ses bras, et qui depuis fit brûler son propre fils, sa femme et ses enfans. Ce prince parricide fut heureux, ou du moins le parut; car il recueillit toute la succession de la France orientale et occidentale. Il se peut qu'il fit publier la loi salique, parce qu'il y avoit dans cette loi un article qui excluoit les filles de tout héritage. Il avoit deux nièces qu'il vouloit dépouiller; il les enferma dans une obscure prison. L'histoire ne dit point pourquoi il épargna leur sang. On ne peut pas toujours tuer; la barbarie a, comme les autres inclinations, des momens de relâche. Il se contenta donc, à ce qu'on prétend, de promulguer cette loi qui sembloit ne rien laisser aux filles, tandis qu'elle donnoit des royaumes aux mâles. Daniel ne dit point que ce fut Clotaire qui rédigea cette loi; il dit seulement que Clotaire fut très-dévot à Saint-Martin.

On a deux autres copies tronquées et informes d'une partie de cette loi salique : l'une donnée par Hérold, savant allemand ; l'autre par Pithou, savant français, à qui nous avons l'obligation d'avoir déterré les fables de Phèdre, et d'avoir été procureur général de la première chambre de justice érigée contre les déprédateurs des finances.

Ces deux éditions sont différentes, et ce n'est pas un signe de leur authenticité. L'édition d'Hérold commence par ces mots :

« In Christi nomine incipit pactus legis sa-
« licæ. Hi autem sunt qui legem salicam tracta-
« verunt. Vuisogast, Arogast, Salegast, et Vuindo-
« gast. »

L'édition de Pithou commence ainsi :

« Incipit tractatus legis salicæ. Gens Franco-
« rum inclyta, auctore Deo condita... Electi de
« pluribus viris quatuor is nominibus, Wisogas-
« tus, Bodogastus, Sologastus, et Widogastus... »

Les noms des rédacteurs francs ne sont pas les mêmes. L'une et l'autre copie sont sans date.

Charlemagne fit depuis transcrire en effet la

loi salique avec les lois allemandes et bavaroises. A ce mot de loi, on se figure un code, où les droits du souverain et du peuple sont réglés. Ce code salique si fameux commence par des cochons de lait, des porcs d'un an et de deux, des veaux engraissés, des bœufs et des moutons. On apprend du moins par là que le voleur d'un bœuf n'étoit condamné en justice qu'à trente-cinq sous, et que le voleur d'un taureau banal devoit en payer quarante-cinq. Il en coûtoit quinze pour avoir pris le couteau de son voisin. Le sou, *solidum*, d'argent valoit alors huit livres d'aujourd'hui.

On y trouve un article qui fait bien voir les mœurs du temps; c'est l'art. XLV qui traite *des meurtres commis à table*. C'étoit donc un usage assez commun d'égorger ses convives.

Par l'article LVIII il en coûte trois cents sous pour avoir tué un diacre, et six cents pour avoir tué un prêtre. Il est donc clair que la loi salique ne fut établie qu'après que les Francs se furent soumis au christianisme. Au reste, on peut présumer que le coupable étoit pendu quand il n'avoit pas de quoi payer. L'argent étoit si rare, qu'on ne faisoit justice que de ceux qui n'en avoient pas.

Par l'article LXVII, une sorcière qui a mangé de la chair humaine paie deux cents sous. Il faut même par l'énoncé qu'elle ait mangé un homme tout entier. *Si hominem comederit.*

Ce n'est qu'à l'article LXII qu'on trouve les deux lignes célèbres dont on fait l'application à la couronne de France. « De terrâ verò salicâ « nulla portio hæreditatis mulieri veniat, sed ad « virilem sexum tota terræ hæreditas perveniat. » Que nulle portion d'héritage de terre salique n'aille à la femme, mais que tout l'héritage de la terre soit au sexe masculin.

Ce texte n'a aucun rapport à ceux qui précèdent ou qui suivent. On pourroit soupçonner que Clotaire inséra ce passage dans le code franc, pour se dispenser de donner la subsistance à ses nièces. Mais sa cruauté n'avoit pas besoin de cet artifice. Il n'avoit pris aucun prétexte quand il égorgea ses deux neveux de sa propre main. Il avoit affaire à deux filles dénuées de tout secours, et il les tenoit en prison.

De plus, dans ce même passage qui ôte tout aux filles dans le petit pays des Francs-saliens, il est dit : « S'il ne reste que des sœurs de père, « qu'elles succèdent ; s'il n'y a que des sœurs de « mère, qu'elles aient tout l'héritage. »

Ainsi, par cette loi même, Clotaire auroit tout donné aux tantes, en pensant exclure les nièces.

On dira qu'il y a une énorme contradiction dans cette prétendue loi des Francs-saliens, et on aura grande raison. On en trouve dans les lois grecques et romaines. Nous avons vu et nous avons dit dans toute notre vie que ce monde ne subsiste que de contradictions.

Il y a bien plus, cette coutume cruelle fut abolie en France dès qu'elle y fut publiée. Rien n'est plus connu de tous ceux qui ont quelque teinture de notre ancienne histoire que cette formule par laquelle tout Franc-salien instituoit ses filles héritières de ses domaines :

« Ma chère fille, un usage ancien et impie ôte
« parmi nous toute portion paternelle aux filles :
« mais, ayant considéré cette impiété, j'ai vu que
« vous m'aviez été tous donnés de Dieu égale-
« ment, et je dois vous aimer de même. Ainsi,
« ma chère fille, je veux que vous héritiez par
« portion égale avec vos frères dans toutes mes
« terres. »

Or, une terre salique étoit un franc-aleu libre. Il est évident que, si une fille pouvoit en hériter, à plus forte raison la fille d'un roi. Il auroit été injuste et absurde de dire, notre nation est faite pour la guerre, le sceptre ne peut tomber de lance en quenouille. Et supposé qu'alors il y eût eu des armoiries peintes, et que les armoiries des rois francs eussent été des fleurs de lis, il eût été bien plus absurde de dire, comme on a dit depuis, *les lis ne travaillent ni ne filent.*

Voilà une plaisante raison pour exclure une princesse de son héritage ! Les tours de Castille filent encore moins que les lis; les léopards d'Angleterre ne filent pas plus que les tours. Cela n'empêchoit pas que les filles n'héritassent des couronnes de Castille et d'Angleterre sans difficulté.

Il est évident que si un roi des Francs, n'ayant qu'une fille, avoit dit par son testament : « Ma « chère fille, il y a parmi nous un usage ancien « et impie qui ôte toute portion paternelle aux « filles; et moi, considérant que vous m'avez été « donnée de Dieu, je vous déclare mon héritière, » tous les antrustions et tous les leudes auroient dû lui obéir. Si elle n'eût point porté les armes, on les auroit portées pour elle. Mais probablement elle auroit combattu à la tête de ses armées, comme ont fait notre héroïne Marguerite d'Anjou, non assez célébrée, et la magnanime comtesse de Montfort, et tant d'autres.

On pouvoit donc renoncer à la loi salique en faisant son testament, comme tout citoyen peut encore aujourd'hui renoncer par son testament à la loi Falcidia.

Pourquoi les deux ou trois lignes de la loi salique auroient-elles été si funestes aux filles des rois de France?

La France étoit-elle reconnue pour terre salique, pour terre du pays où coule la rivière Sala en Allemagne, ou pour terre de la Salle dans la

Campine? Les filles des rois étoient-elles de pire condition que les filles des pairs de France? La Guienne, la Normandie, le Ponthieu, Montreuil, appartinrent à des femmes, et vinrent au roi d'Angleterre par des femmes. Les comtés de Toulouse et de Provence tombèrent entre les mains des femmes sans nulle réclamation.

Philippe de Valois lui-même, qui combattit avec tant de malheur pour la loi salique, jugea en faveur du droit des femmes la cause de Jeanne, épouse de Charles de Blois, contre Montfort, et adjugea la Bretagne à Jeanne. Il décida de même le fameux procès de Robert d'Artois, prince du sang, descendant par mâles d'un frère de saint Louis, contre Mahaut, sa tante. S'il y avoit une province en France où la loi salique dût être en vigueur, c'étoit un des premiers cantons subjugués par les Francs-saliens, quand ils envahirent les Gaules. Cependant Philippe de Valois et sa cour des pairs donnèrent l'Artois aux femmes, et forcèrent le prince à commettre un crime de faux pour soutenir ses droits, du moins à ce qu'on dit.

Que conclure de tant d'exemples? encore une fois, que tout est contradictoire dans les gouvernemens et dans les passions des hommes.

Venons enfin à la grande querelle de Philippe de Valois et d'Édouard III, roi d'Angleterre.

Louis Hutin, arrière-petit-fils de saint Louis, ne laissa qu'une fille (je ne parle point d'un fils posthume qui ne vécut que peu de jours). Qui devoit succéder à Louis Hutin? Étoit-ce sa fille unique Jeanne, ou son second frère Philippe-le-Long? Louis n'avoit point employé la formule, « ma chère fille, il y a une loi impie. » Il ne la connoissoit pas, sans doute ; elle étoit ensevelie dans les formules de Marculfe, depuis le huitième siècle, au fond de quelque couvent de bénédictins qui n'étoient pas si savans que les bénédictins d'aujourd'hui. Le duc de Bourgogne, Eudes, oncle maternel de Jeanne, voulut en vain soutenir les droits de sa nièce ; en vain il s'empara d'abord de la petite forteresse du Louvre ; en vain il s'opposa au sacre ; le parti de Philippe-le-Long fut le plus puissant. Tout le monde crioit la loi salique! la loi salique! qu'on ne connoissoit que par ce peu de lignes qu'on répétoit si aisément, *filles n'héritent point de terres saliques*. Philippe-le-Long régna, et Jeanne fut oubliée.

Dès qu'il fut sacré, il convoqua, en 1317, une grande assemblée de notables, à la tête de laquelle étoit un cardinal nommé d'Arablai. L'université y fut appelée. Les membres laïques de cette assemblée qui savoient écrire signèrent *que filles n'héritent point du royaume*. Les autres firent apposer leurs sceaux à cet instrument authentique. Et, ce qui est fort étrange, les membres de l'université ne le signèrent point; quoique la souscription d'une compagnie réputée alors la seule savante, et qu'on a nommée le concile perpétuel des Gaules, manquât à un acte si intéressant, il n'en fut pas moins regardé comme une loi fondamentale du royaume.

Cette loi eut bientôt son plein effet à la mort de Philippe-le-Long. Il ne laissoit que des filles, et comme il avoit succédé à son frère Louis Hutin, son frère Charles-le-Bel lui succéda avec l'applaudissement de la France. La mort poursuivoit ces trois jeunes frères. Leurs règnes ne remplirent en tout qu'une durée de treize ans. Charles-le-Bel en mourant ne laissa encore que des filles. Sa veuve, Jeanne d'Évreux, étoit enceinte; il falloit nommer un régent. Le droit à cette régence fut disputé par les deux plus proches parens, le jeune Édouard III, roi d'Angleterre, neveu des trois rois de France derniers morts, et Philippe, comte de Valois, leur cousin germain. Édouard étoit neveu par sa mère, et Valois étoit cousin par son père. L'un alléguoit la proximité, l'autre sa descendance par les mâles. La cause fut jugée à Paris dans une nouvelle assemblée de notables, composée de pairs, de hauts-barons, et de tout ce qui pouvoit représenter la nation.

On décida d'une voix unanime que la mère

d'Édouard n'avoit pu transmettre à son fils aucun droit, puisqu'elle n'en avoit pas. La cause des Anglais étoit bien mauvaise ; mais ils disoient aux Français : « Ce n'est pas à vous à décider ; vous « êtes juges et parties, nous en appelons à Dieu et « à notre épée. » Édouard, en ce genre, devint le meilleur avocat de l'Europe, et Dieu fut pour lui.

PETITE DIGRESSION SUR LE SIÉGE DE CALAIS.

On nous peint ce prince comme le modèle de la bravoure et de la galanterie, ayant tout le bon sens dont les Anglais se piquoient, et tous les agrémens qu'on louoit dans les Français : politique et vif, plein de valeur et de grâces, opiniâtre et généreux. On lui reproche qu'au siége de Calais il exigea que six bourgeois vinssent lui demander pardon la corde au cou ; mais il faut songer que cette triste cérémonie étoit d'usage avec ceux qu'on regardoit comme ses sujets. Je n'ai jamais pu me persuader que le même roi qui les renvoya avec des présens eût en effet conçu le dessein de les faire étrangler, puisque dans le même temps, dès qu'il fut maître de Calais, il traita avec une générosité sans exemple des chevaliers français qui voulurent rentrer dans Calais par trahison. Ces chevaliers, Charni et Ribaumont, malgré les lois de la guerre, prirent le temps d'une trêve pour ourdir leur perfidie. Ils corrompirent le gouverneur. Édouard, qui étoit alors à Londres, et qui en fut informé, daigna venir lui-même dans Calais avec son jeune fils, le fameux Prince Noir, reçut les armes à la main les Français aux portes de la ville, s'attacha principalement à Ribaumont, le combattit long-temps comme dans un tournoi, l'abattit et en fut abattu, le prit enfin prisonnier lui et tous ses compagnons. Quel châtiment fit-il de ces braves, plus dangereux que six bourgeois de Calais, et sans doute plus coupables? Il les fit souper avec lui, et détacha de son bonnet un tour de perles dont il orna le bonnet de Ribaumont. Il fit plus, il se contenta de chasser le gouverneur de Calais, qui l'avoit trahi. C'étoit un Italien qui trahit en même temps le roi de France Philippe, et Philippe le fit écarteler. Je demande des deux rois, quel étoit le généreux, quel étoit le héros?

Je sais que depuis peu en France, dans des conjonctures très-malheureuses, on a voulu flatter la nation, en lui peignant la prise de Calais comme un événement glorieux pour elle, après la bataille de Crécy, et comme déshonorant pour Édouard. Si on vouloit consoler et flatter le gouvernement français, ce n'étoit pas la perte de Calais qu'il falloit célébrer, c'étoit l'héroïsme de François de Guise, qui le reprit au bout de deux cent dix années. Il faut avouer qu'Édouard fut un terrible ennemi, ou du moins un terrible interprète de la loi salique.

Elle fut dans un plus grand danger quand le roi d'Angleterre, Henri V, fut reconnu roi de France par tous les ordres du royaume.

Elle ne fut pas moins foulée aux pieds dans les états de Paris, quand Philippe II se disposait à donner la France à sa fille Claire-Eugénie. Personne ne peut savoir ce qui seroit arrivé, si la cour d'Espagne avoit laissé le prince de Parme avec plus de troupes en France, et surtout si Henri IV n'avoit eu la politique de changer de religion, et le bonheur d'être en même temps éclairé par la grâce.

Cette loi salique est sans doute affermie; elle sera indispensable et fondamentale tant que la France aura le bonheur d'avoir des princes de cette maison unique dans le monde qui règne depuis treize siècles [1]. Mais je suppose qu'un jour, dans vingt à trente siècles, il ne reste qu'une seule princesse de ce sang si auguste et si cher; que fera-t-on de ces lignes qui disent, *filles n'auront aucune portion de la terre?* Que fera-t-on de la devise, *les lis ne filent point?* On assemblera les

---

[1] Il est vraisemblable que Hugues Capet descendoit d'une petite-fille de Charlemagne, et Charlemagne d'une fille de Clotaire II.

états généraux ; les descendans de nos secrétaires du roi, les chevaliers de Saint-Michel et de Saint-Lazare d'aujourd'hui, qui seront alors les ducs et pairs, les grands officiers de la couronne, les gouverneurs de province, brigueront le trône de la France. Je suppose que cette princesse, qui restera seule du sang royal, aura toutes les vertus que nous chérissons avec respect dans les princesses de nos jours ; je suppose encore qu'elle sera très-belle et très-séduisante ; en conscience, Messieurs des états généraux, lui refuserez-vous le trône où se seront assis ses pères pendant quatre mille ans, et cela sous prétexte qu'il ne faut pas que la Gaule passe de lance en quenouille?

LETTRE D'HELVÉTIUS
A MONTESQUIEU,
SUR SON MANUSCRIT
DE L'ESPRIT DES LOIS [1].

Sans date.

J'AI relu jusqu'à trois fois, mon cher président, le manuscrit que vous m'avez fait communiquer. Vous m'avez vivement intéressé pour cet ouvrage à la Brède. Je n'en connoissois pas l'ensemble. Je

[1] L'on a imprimé dans plusieurs papiers publics que M. Helvétius, lors du grand succès de l'Esprit des Lois, en avoit témoigné sa surprise à quelques-uns de ses amis intimes. Voici l'anecdote telle qu'on la tient de M. Helvétius. Il étoit l'ami du président de Montesquieu, et passoit beaucoup de temps avec lui dans sa terre de la Brède, pendant sa tournée de fermier-général. Dans leurs conversations philosophiques, le président communiquoit à son ami ses travaux sur l'Esprit des Lois. Il lui fit ensuite passer le manuscrit avant de l'envoyer à l'impression. Helvétius, qui aimoit l'auteur autant que la vérité, fut alarmé, en lisant l'ouvrage, des dangers qu'alloit courir la réputation de Montesquieu. Il avoit souvent combattu de vive voix et par lettres des opinions qu'il croyoit d'autant plus dangereuses, qu'elles alloient être consacrées en maximes politiques par un des plus beaux génies de la France, et dans un livre étincelant d'esprit et rempli des plus grandes vérités. Sa modestie naturelle et son admiration pour l'auteur des

ne sais si nos têtes françaises seront assez mûres pour en saisir les grandes beautés; pour moi, elles me ravissent. J'admire l'étendue du génie qui les a créées, et la profondeur des recherches auxquelles il a fallu vous livrer pour faire sortir la lumière de ce fatras de lois barbares dont j'ai toujours cru qu'il y avoit si peu de profit à tirer pour l'instruction et le bonheur des hommes. Je vous vois, comme le héros de Milton, pataugeant

Lettres Persanes le mettant en défiance de son propre jugement, il pria Montesquieu de permettre qu'il communiquât son manuscrit à un ami commun, M. Saurin, auteur de Spartacus, esprit solide et profond, que tous deux estimoient comme l'homme le plus vrai et le juge le plus impartial. Saurin fut du même avis qu'Helvétius. Quand l'ouvrage eut paru, et qu'ils en virent le prodigieux succès, sans changer d'opinion, ils se turent en respectant celle du public et la gloire de leur ami.

Il convenoit d'imiter leur silence tant que les erreurs du président de Montesquieu n'étoient dans son livre qu'en théorie : mais aujourd'hui qu'elles viennent à l'appui de grands préjugés, et que les passions particulières les érigent en principes pratiques, il est important de les discuter et de mettre sous les yeux du public les jugemens que les amis de Montesquieu adressoient à lui-même. L'amitié pour les grands hommes après leur mort iroit trop loin si elle s'étendoit jusqu'à respecter les erreurs qu'ils auroient eux-mêmes désavouées s'ils en avoient reconnu les dangers. On ne croit donc plus trahir les intentions de M. Helvétius en publiant quelques-unes de ses lettres à Montesquieu. Elles ont paru utiles dans les circonstances actuelles. (*Note extraite de l'édition de 1795, 12 vol. in-18.*)

au milieu du chaos, sortir victorieux des ténèbres. Nous allons être, grâce à vous, bien instruits de l'esprit des législations grecques, romaines, vandales et wisigothes; nous connoîtrons le dédale tortueux au travers duquel l'esprit humain s'est traîné pour civiliser quelques malheureux peuples opprimés par des tyrans ou des charlatans religieux. Vous nous dites : Voilà le monde, comme il s'est gouverné, et comme il se gouverne encore. Vous lui prêtez souvent une raison et une sagesse qui n'est au fond que la vôtre, et dont il sera bien surpris que vous lui fassiez les honneurs.

Vous composez avec le préjugé comme un jeune homme, entrant dans le monde, en use avec les vieilles femmes qui ont encore des prétentions, et auprès desquelles il ne veut qu'être poli et paroître bien élevé. Mais aussi ne les flattez-vous pas trop? Passe pour les prêtres. En faisant leur part de gâteau à ces cerbères de l'église, vous les faites taire sur votre religion; sur le reste, ils ne vous entendront pas. Nos robins ne sont en état ni de vous lire, ni de vous juger. Quant aux aristocrates et à nos despotes de tout genre, s'ils vous entendent, ils ne doivent pas trop vous en vouloir; c'est le reproche que j'ai toujours fait à vos principes. Souvenez-vous qu'en les discutant à la Brède, je convenois qu'ils s'appliquoient à l'état actuel; mais qu'un écrivain qui vouloit être utile aux hommes, devoit plus s'occuper de maximes vraies dans un meilleur ordre de choses à venir, que de consacrer celles qui sont dangereuses, du moment que le préjugé s'en empare pour s'en servir et les perpétuer. Employer la philosophie à leur donner de l'importance, c'est faire prendre à l'esprit humain une marche rétrograde, et éterniser des abus que l'intérêt et la mauvaise foi ne sont que trop habiles à faire valoir. L'idée de la perfection ne fait à la vérité qu'amuser nos contemporains; mais elle instruit la jeunesse et sert à la postérité. Si nos neveux ont le sens commun, je doute qu'ils s'accommodent de nos principes de gouvernement, et qu'ils adaptent à des constitutions, sans doute meilleures que les nôtres, vos balances compliquées de pouvoirs intermédiaires. Les rois eux-mêmes, s'ils s'éclairent sur leurs vrais intérêts (et pourquoi ne s'en aviseroient-ils pas?), chercheront, en se débarrassant de ces pouvoirs, à faire plus sûrement leur bonheur et celui de leurs sujets.

Au lieu qu'en Europe, aujourd'hui la moins foulée des quatre parties du monde, qu'est un souverain alors que toutes les sources des revenus publics se sont égarées dans les cent mille canaux de la féodalité, qui les détourne sans cesse à son profit? La moitié de la nation s'enrichit de la misère de l'autre; la noblesse insolente cabale;

et le monarque qu'elle flatte en est lui-même opprimé sans qu'il s'en doute. L'histoire, bien méditée, en est une leçon perpétuelle. Un roi se crée des ordres intermédiaires ; ils sont bientôt ses maîtres, et les tyrans de son peuple. Comment contiendroient-ils le despotisme? Ils n'aiment que l'anarchie pour eux, et ne sont jaloux que de leurs priviléges, toujours opposés aux droits naturels de ceux qui les oppriment.

Je vous l'ai dit, je vous le répète, mon cher ami, vos combinaisons de pouvoirs ne font que séparer et compliquer les intérêts individuels au lieu de les unir. L'exemple du gouvernement anglais vous a séduit. Je suis loin de penser que cette constitution soit parfaite. J'aurois trop à vous dire sur ce sujet. Attendons, comme disoit Locke au roi Guillaume, que des revers éclatans, qui auront leur cause dans le vice de cette constitution, nous aient fait sentir ses dangers; que la corruption, devenue nécessaire pour vaincre la force d'inertie de la chambre haute, soit établie par les ministres dans les communes, et ne fasse plus rougir personne : alors on verra le danger d'un équilibre qu'il faudra rompre sans cesse pour accélérer ou retarder les mouvemens d'une machine si compliquée. En effet, n'est-il pas arrivé de nos jours qu'il a fallu des impôts pour soudoyer des parlemens qui donnent au roi le droit de lever des impôts sur le peuple?

La liberté même dont la nation anglaise jouit est-elle bien dans les principes de cette constitution, plutôt que dans deux ou trois bonnes lois qui n'en dépendent pas, que les Français pourroient se donner, et qui seules rendroient peut-être leur gouvernement plus supportable? Nous sommes encore loin d'y prétendre. Nos prêtres sont trop fanatiques, et nos nobles trop ignorans, pour devenir citoyens et sentir les avantages qu'ils gagneroient à l'être, à former une nation. Chacun sait qu'il est esclave, mais vit dans l'espérance d'être sous-despote à son tour.

Un roi est aussi esclave de ses maîtresses, de ses favoris et de ses ministres. S'il se fâche, le coup de pied qu'en reçoivent ses courtisans se rend et se propage jusqu'au dernier goujat. Voilà, j'imagine, dans un gouvernement, le seul emploi auquel peuvent servir les intermédiaires. Dans un pays gouverné par les fantaisies d'un chef, ces intermédiaires qui l'assiégent cherchent encore à le tromper, à l'empêcher d'entendre les vœux et les plaintes du peuple sur les abus dont eux seuls profitent. Est-ce le peuple qui se plaint que l'on trouve dangereux? non; c'est celui qu'on n'écoute pas. Dans ce cas, les seules personnes à craindre dans une nation sont celles qui l'empêchent d'être écoutée. Le mal est à son comble quand le souverain, malgré les flatteries des intermédiaires, est forcé d'entendre les cris de son peuple arrivés jusqu'à lui. S'il n'y remédie promptement, la chute de l'empire est prochaine. Il peut être averti trop tard que ses courtisans l'ont trompé.

Vous voyez que par intermédiaires j'entends les membres de cette vaste aristocratie de nobles et de prêtres dont la tête repose à Versailles, qui usurpe et multiplie à son gré presque toutes les fonctions du pouvoir par le seul privilége de la naissance, sans droit, sans talent, sans mérite, et retient dans sa dépendance jusqu'au souverain, qu'elle sait faire vouloir et changer de ministres, selon qu'il convient à ses intérêts.

Je finirai, mon cher président, par vous avouer que je n'ai jamais bien compris les subtiles distinctions, sans cesse répétées, sur les différentes formes de gouvernement. Je n'en connois que de deux espèces; les bons et les mauvais : les bons, qui sont encore à faire; les mauvais, dont tout l'art est, par différens moyens, de faire passer l'argent de la partie gouvernée dans la bourse de la partie gouvernante. Ce que les anciens gouvernemens ravissoient par la guerre, nos modernes l'obtiennent plus sûrement par la fiscalité. C'est la seule différence de ces moyens qui en forme les variétés. Je crois cependant à la possibilité d'un bon gouvernement, où, la liberté et la propriété du peuple respectées, on verroit l'intérêt général résulter, sans toutes vos balances, de l'intérêt particulier. Ce seroit une machine simple, dont les ressorts, aisés à diriger, n'exigeroient pas ce grand appareil de rouages et de contre-poids, si difficiles à remonter par les gens mal-habiles qui se mêlent le plus souvent de gouverner. Ils veulent tout faire, et agir sur nous comme sur une matière morte et inanimée, qu'ils façonnent à leur gré, sans consulter ni nos volontés ni nos vrais intérêts; ce qui décèle leur sottise et leur ignorance. Après cela, ils s'étonnent que l'excès des abus en provoque la réforme; ils s'en prennent à tout, plutôt qu'à leur maladresse, du mouvement trop rapide que les lumières et l'opinion publique impriment aux affaires. J'ose le prédire : nous touchons à cette époque.

LETTRE DU MÊME

A SAURIN,

AU SUJET DU MÊME MANUSCRIT.

J'AI écrit, mon cher Saurin, comme nous en étions convenus, au président, sur l'impression que vous avoit faite son manuscrit, ainsi qu'à moi. J'ai enveloppé mon jugement de tous les égards de l'intérêt et de l'amitié. Soyez tranquille ; nos avis ne l'ont point blessé. Il aime dans ses amis la franchise qu'il met avec eux. Il souffre volontiers les discussions, y répond par des saillies, et change rarement d'opinion. Je n'ai pas cru, en lui exposant les nôtres, qu'elles modifieroient les siennes ; mais nous n'avons pas pu dire :

> Cur ego amicum
> Offendam in nugis? Hæ nugæ seria ducent
> In mala derisum semel, exceptumque sinistre.

Quoi qu'il en coûte, il faut être sincère avec ses amis. Quand le jour de la vérité luit et détrompe l'amour-propre, il ne faut pas qu'ils puissent nous reprocher d'avoir été moins sévères que le public.

Je vous envoie sa réponse, puisque vous ne pouvez pas me venir chercher à la campagne. Vous la trouverez telle que je l'avois prévue. Vous verrez qu'il avoit besoin d'un système pour rallier toutes ses idées, et que, ne voulant rien perdre de tout ce qu'il avoit pensé, écrit ou imaginé, depuis sa jeunesse, selon les dispositions particulières où il s'est trouvé, il a dû s'arrêter à celui qui contrarieroit le moins les opinions reçues. Avec le genre d'esprit de Montaigne, il a conservé ses préjugés d'homme de robe et de gentilhomme : c'est la source de toutes ses erreurs. Son beau génie l'avoit élevé dans sa jeunesse jusqu'aux lettres persanes. Plus âgé, il semble s'être repenti d'avoir donné à l'envie ce prétexte de nuire à son ambition. Il s'est plus occupé à justifier les idées reçues que du soin d'en établir de nouvelles et de plus utiles. Sa manière est éblouissante. C'est avec le plus grand art du génie qu'il a formé l'alliage des vérités et des préjugés. Beaucoup de nos philosophes pourront l'admirer comme un chef-d'œuvre. Ces matières sont neuves pour tous les esprits; et moins je lui vois de contradicteurs et de bons juges, plus je crains qu'il ne nous égare pour long-temps.

Mais que diable veut-il nous apprendre par son

traité des fiefs? Est-ce une matière que devoit
chercher à débrouiller un esprit sage et raisonnable? Quelle législation peut résulter de ce chaos
barbare de lois que la force a établies, que l'ignorance a respectées, et qui s'opposeront toujours
à un bon ordre de choses? Depuis la formation
des empires, sans les conquérans qui ont tout
détruit, où en serions-nous avec toutes ces bigarrures d'institutions? Nous aurions donc hérité de
toutes les erreurs accumulées depuis l'origine du
genre humain. Elles nous gouverneroient encore;
et, devenues la propriété du plus fort ou du plus
fripon, ce seroit un terrible remède que la conquête pour nous en débarrasser. C'est cependant
l'unique moyen, si la voix des sages se mêle à
l'intérêt des puissances, pour les ériger en propriétés légitimes. Et quelles propriétés que celles
d'un petit nombre, nuisibles à tous, à ceux mêmes
qui les possèdent, et qu'elles corrompent par
l'orgueil et la vanité? En effet, si l'homme n'est
heureux que par des vertus et par des lumières
qui en assurent le principe, quelles vertus et quels
talens attendre d'un ordre d'hommes qui jouissent
de tout et peuvent prétendre à tout dans la société par le seul privilége de leur naissance? Le
travail de la société ne se fera que pour eux;
toutes les places lucratives et honorables leur
seront dévolues; le souverain ne gouvernera que

par eux, et ne tirera des subsides de ses sujets que pour eux. N'est-ce pas là bouleverser toutes les idées du bon sens et de la justice? C'est cet ordre abominable qui fausse tant de bons esprits, et dénature parmi nous tous les principes de morale publique et particulière.

L'esprit de corps nous envahit de toutes parts. Sous le nom de corps, c'est un pouvoir qu'on érige aux dépens de la grande société. C'est par des usurpations héréditaires que nous sommes gouvernés. Sous le nom de Français, il n'existe que des corporations d'individus, et pas un citoyen qui mérite ce titre. Les philosophes eux-mêmes voudroient former des corporations; mais, s'ils flattent l'intérêt particulier aux dépens de l'intérêt commun, je le prédis, leur règne ne sera pas long. Les lumières qu'ils auront répandues éclaireront tôt ou tard les ténèbres dont ils envelopperont les préjugés; et notre ami Montesquieu, dépouillé de son titre de sage et de législateur, ne sera plus qu'homme de robe, gentilhomme et bel esprit. Voilà ce qui m'afflige pour lui et pour l'humanité, qu'il auroit pu mieux servir.

REMERCIMENT
SINCÈRE
A UN HOMME CHARITABLE,

ATTRIBUÉ A VOLTAIRE.

Vous avez rendu service au genre humain en vous déchaînant sagement contre des ouvrages faits pour le pervertir. Vous ne cessez d'écrire contre l'*Esprit des Lois;* et même il paroît à votre style que vous êtes l'ennemi de toute sorte d'esprit. Vous avertissez que vous avez préservé le monde du venin répandu dans l'*Essai sur l'Homme*, de Pope; livre que je ne cesse de relire pour me convaincre de plus en plus de la force de vos raisons et de l'importance de vos services. Vous ne vous amusez pas, monsieur, à examiner le fond de l'ouvrage sur les lois, à vérifier les citations, à discuter s'il y a de la justesse, de la profondeur, de la clarté, de la sagesse; si les chapitres naissent les uns des autres, s'ils forment un tout ensemble; si enfin ce livre, qui devroit être utile, ne seroit pas par malheur un livre agréable.

Vous allez d'abord au fait; et, regardant M. de Montesquieu comme le disciple de Pope, vous les regardez tous deux comme les disciples de Spinosa. Vous leur reprochez avec un zèle merveilleux d'être athées, parce que vous découvrez, dites-vous, dans toute leur philosophie, les principes de la religion naturelle. Rien n'est assurément, monsieur, ni plus charitable ni plus judicieux que de conclure qu'un philosophe ne connoît point de Dieu, de cela même qu'il pose pour principe que Dieu parle au cœur de tous les hommes.

Un honnête homme est le plus noble ouvrage de Dieu, dit le célèbre poëte philosophe; vous vous élevez au-dessus de l'honnête homme. Vous confondez ces maximes funestes, que la divinité est l'auteur et le lien de tous les êtres; que tous les hommes sont frères; que Dieu est leur père commun; qu'il faut ne rien innover dans la religion, ne point troubler la paix établie par un monarque sage; qu'on doit tolérer les sentimens des hommes, ainsi que leurs défauts. Continuez, monsieur; écrasez cet affreux libertinage qui est au fond la ruine de la société. C'est beaucoup que, par vos *gazettes ecclésiastiques*, vous ayez saintement essayé de tourner en ridicule toutes les puissances; et, quoique la *grâce* d'être plaisant vous ait manqué, *volenti et conanti*, cependant vous avez le mérite d'avoir fait tous vos efforts pour écrire agréablement des invectives. Vous avez voulu quelquefois réjouir des saints; mais vous avez souvent essayé d'armer chrétiennement les fidèles les uns contre les autres. Vous prêchez le schisme pour la plus grande gloire de Dieu. Tout cela est très-édifiant; mais ce n'est point encore assez.

Votre zèle n'a rien fait qu'à demi, si vous ne parvenez pas à faire brûler les livres de Pope, de Locke et de Bayle, l'*Esprit des Lois*, etc., dans un bûcher auquel on mettra le feu avec un paquet de nouvelles ecclésiastiques.

En effet, monsieur, quels maux épouvantables n'ont pas faits dans le monde une douzaine de vers répandus dans l'*Essai sur l'Homme* de ce scélérat de Pope, cinq ou six articles du dictionnaire de cet abominable Bayle, une ou deux pages de ce coquin de Locke, et d'autres incendiaires de cette espèce? Il est vrai que ces hommes ont mené une vie pure et innocente, que tous les honnêtes gens les chérissoient et les consultoient; mais c'est par là qu'ils sont dangereux. Vous voyez leurs sectateurs, les armes à la main, troubler les royaumes, porter partout le flambeau des guerres civiles. Montaigne, Charron, le président de Thou, Descartes, Gassendi, Rohault, Le Vayer; ces hommes affreux, qui étoient dans les mêmes principes, bouleversèrent tout en

France. C'est leur philosophie qui fit donner tant de batailles, et qui causa la Saint-Barthélemi; c'est leur esprit de tolérantisme qui est la ruine du monde; et c'est votre saint zèle qui répand partout la douceur de la concorde.

Vous nous apprenez que tous les partisans de la religion naturelle sont les ennemis de la religion chrétienne. Vraiment, monsieur, vous avez fait là une belle découverte! Ainsi, dès que je verrai un homme sage, qui dans sa philosophie reconnoîtra partout l'Être suprême, qui admirera la Providence dans l'infiniment grand et dans l'infiniment petit, dans la production des mondes et dans celle des insectes, je conclurai de là qu'il est impossible que cet homme soit chrétien. Vous nous avertissez qu'il faut penser ainsi aujourd'hui de tous les philosophes. On ne pouvoit certainement rien dire de plus sensé et de plus utile au christianisme, que d'assurer que notre religion est bafouée dans toute l'Europe par tous ceux dont la profession est de chercher la vérité. Vous pouvez vous vanter d'avoir fait là une réflexion dont les conséquences seront bien avantageuses au public.

Que j'aime encore votre colère contre l'auteur de l'*Esprit des Lois*, quand vous lui reprochez d'avoir loué les Solon, les Platon, les Socrate, les Aristide, les Cicéron, les Caton, les Épictète, les Antonins et les Trajan! On croiroit, à votre dévote fureur contre ces gens-là, qu'ils ont tous signé le formulaire. Quels monstres, monsieur, que tous ces grands hommes de l'antiquité! Brûlons tout ce qui nous reste de leurs écrits avec ceux de Pope, et de Locke, et de M. de Montesquieu. En effet, tous ces anciens sages sont vos ennemis; ils ont tous été éclairés par la religion naturelle. Et la vôtre, monsieur, je dis la vôtre en particulier, paroît si fort contre la nature, que je ne m'étonne pas que vous détestiez sincèrement tous ces illustres réprouvés qui ont fait, je ne sais comment, tant de bien à la terre. Remerciez bien Dieu de n'avoir rien de commun ni avec leur conduite ni avec leurs écrits.

Vos saintes idées sur le gouvernement politique sont une suite de votre sagesse. On voit que vous connoissez les royaumes de la terre tout comme le royaume des cieux. Vous condamnez de votre autorité privée les gains que l'on fait dans les risques maritimes. Vous ne savez pas probablement ce que c'est que l'argent à la grosse, mais vous appelez ce commerce *usure*. C'est une nouvelle obligation que le roi vous aura d'empêcher ses sujets de commercer à Cadix. Il faut laisser cette œuvre de Satan aux Anglais et aux Hollandais, qui sont déjà damnés sans ressource. Je voudrois, monsieur, que vous nous dissiez combien vous rapporte le commerce sacré de vos nouvelles ecclésiastiques. Je crois que la bénédiction répandue sur ce chef-d'œuvre peut bien faire monter le profit à trois cents pour cent. Il n'y a point de commerce profane qui ait jamais si bien rendu.

Le commerce maritime, que vous condamnez, pourroit être excusé peut-être, en faveur de l'utilité publique, de la hardiesse d'envoyer son bien dans un autre hémisphère, et du risque des naufrages. Votre petit négoce a une utilité plus sensible; il demande plus de courage, et expose à de plus grands risques.

Quoi de plus utile en effet que d'instruire l'univers quatre fois par mois des aventures de quelques clercs tonsurés? Quoi de plus courageux que d'outrager votre roi et votre archevêque? Et quel risque, monsieur, que ces petites humiliations que vous pourriez essuyer en place publique! Mais je me trompe; il y a des charmes à souffrir pour la bonne cause. Il vaut mieux obéir à Dieu qu'aux hommes; et vous me paroissez tout fait pour le martyre, que je vous souhaite cordialement, étant votre très-humble et très-obéissant serviteur.

A Marseille, le 10 mai 1750.

FIN.

TABLE

DES MATIÈRES

CONTENUES DANS L'ESPRIT DES LOIS

ET DANS LA DÉFENSE.

Nota. Le chiffre *romain* indique le tome, le chiffre *arabe*, la page.

A.

Abbayes. Pourquoi les rois de France en abandonnèrent les élections, III, 422.

Abbés. Menoient autrefois leurs vassaux à la guerre, III, 329. — Pourquoi leurs vassaux n'étoient pas menés à la guerre par le comte, 333.

Abondance et rareté de l'or et de l'argent relatives : *abondance et rareté* réelles, II, 388.

Abyssins. Les suites qui résultent de la rigueur de leur carême prouvent que la religion devroit ne pas ôter la défense naturelle par l'austérité des pratiques de pure discipline, III, 74.

Accusateurs. Précautions que l'on doit prendre pour garantir les citoyens de leurs calomnies : exemples tirés d'Athènes et de Rome, II, 33. — S'ils accusent devant le prince, et non devant les magistrats, c'est une preuve de calomnie. Exception à cette regle, 38. — Du temps des combats judiciaires plusieurs ne pouvoient pas se battre contre un seul accusé, III, 185. — Quand étoient obligés de combattre pour leurs témoins provoqués par l'accusé, 192.

Accusations. A qui la faculté de les porter doit être confiée suivant la nature du gouvernement, I, 277, II, 26. — Celles de magie et d'hérésie doivent être poursuivies avec une grande circonspection. Preuves d'absurdités et de cruautés qui peuvent résulter de la poursuite indiscrète de ces accusations. Combien on doit se défier de celles qui sont fondées sur la haine publique, II, 9 et suiv. — L'équité naturelle demande que le degré de preuves soit proportionné à la grandeur de l'accusation, IV, 5, 16.

Accusation publique. Ce que c'est. Précautions nécessaires pour en prévenir les abus dans un état populaire, II, 33. Quand et pourquoi elle cessa d'avoir lieu à Rome contre l'adultère, I, 327.

Accusés. Doivent, dans les grandes accusations, pouvoir, concurremment avec la loi, se choisir leurs juges, I, 420. — Combien il faut de témoins et de voix pour leur condamnation, II, 4. — Pouvoient, à Rome et à Athènes, se retirer avant le jugement, 34. — C'est une chose injuste de condamner celui qui nie, et de sauver celui qui avoue, III, 81. — Comment se justifioient sous les lois saliques et autres lois barbares, 156. — Du temps des combats judiciaires, un seul ne pouvoit pas se battre contre plusieurs accusateurs, 185. — Ne produisent point de témoins en France. Ils en produisent en Angleterre : de là vient qu'en France les faux témoins sont punis de mort; en Angleterre non, 267.

Achat (Commerce d'), II, 375.

Achim. Pourquoi tout le monde y cherche à se vendre, II, 111.

Açilia (la loi). Les circonstances dans lesquelles cette loi fut rendue en font une des plus sages qu'il y ait, I, 290.

Acquisitions des gens de mainmorte. Ce seroit une imbécillité que de soutenir qu'on ne doit pas les borner, III, 45. Voy. *Clergé*, *Monastères*.

Actions des hommes. Ce qui les fait estimer dans une monarchie, I, 178. — Causes des grandes actions des anciens, 185.

Actions judiciaires. Pourquoi introduites à Rome et dans la Grèce, I, 268.

Action de bonne foi. Pourquoi introduites à Rome par les préteurs, et admises parmi nous, I, 269.

Actions tant civiles que criminelles. Étoient autrefois décidées par la voie du combat judiciaire, III, 171.

Adalingues. Avoient chez les Germains la plus forte composition, III, 340.

ADELHARD ou AGOBARD. C'est ce favori de Louis-le-Débonnaire qui a perdu ce prince par les dissipations qu'il lui a fait faire, III, 437, 440.

Adoption. Pernicieuse dans une aristocratie, I, 225. — Se faisoit chez les Germains par les armes, II, 210.

Adulation. Comment l'honneur l'autorise dans une monarchie, I, 179.

Adultere. Combien il est utile que l'accusation en soit publique dans une démocratie, I, 216. — Étoit soumis à Rome à une accusation publique : pourquoi, 325. — Quand et pourquoi il n'y fut plus soumis à Rome, 327. — Auguste et Tibère n'infligèrent que dans certains cas les peines prononcées par leurs propres lois contre ce crime, 330, 331. — Ce crime se multiplie en raison de la diminution des mariages, II, 470. — Il est contre la nature de permettre aux enfans d'accuser leur mère ou leur belle-mère de ce crime, III, 68. — La demande en séparation pour raison de ce crime doit être accordée au mari seulement, comme a fait le droit civil, et non pas aux deux conjoints, comme a fait le droit canonique, 75.

Adulterins. Il n'est point question de ces sortes d'enfans à la Chine, ni dans les autres pays de l'Orient : pourquoi, II, 434.

Ærarii. Qui l'on nommoit ainsi à Rome, III, 119.

Affranchis. Inconveniens de leur trop grand nombre, II, 128. — Loi abominable que leur grand nombre fit passer chez les Volsiniens, 129. — Sagesse des lois romaines à leur egard : part qu'elles leur laissoient dans le gouvernement de la république, 131. — Pourquoi ils dominent presque toujours à la cour des princes et chez les grands, 132.

Affranchissemens. Regles que l'on doit suivre à cet egard dans les differens gouvernemens, II, 128 et suiv.

Affranchissement des serfs. Est une

des sources des coutumes de France, III, 253.

Afrique. Il y naît plus de filles que de garçons : la polygamie peut donc y avoir lieu, II, 138. — Pourquoi il est et sera toujours si avantageux d'y commercer, 293. — Du tour de l'Afrique, 326. — Description de ses côtes, *ibid.* — Comment on y commerçoit avant la decouverte du cap de Bonne-Espérance, *ibid.* — Ce que les Romains en connoissoient, *ibid.* — Ce que Ptolomée le géographe en connoissoit, 328. — Le voyage des Phéniciens et d'Eudoxe autour de l'Afrique étoit regardé comme fabuleux par Ptolomée. Erreur singuliere de ce géographe a cet égard, 329. — Les anciens en connoissoient bien l'interieur et mal les côtes : nous en connoissons bien les côtes et mal l'intérieur, *ibid.* — Description de ses côtes occidentales, 330. — Les noirs y ont une monnoie sans en avoir aucune, 385. — Comparaison des mœurs de ses habitans chretiens avec celles de ceux qui ne le sont pas, III, 6.

Agilolfingues. Ce que c'etoit chez les Bavarois : leurs prérogatives, III, 341.

Agnats. Ce que c'etoit à Rome : leurs droits sur les successions, III, 108.

Agobard. Sa fameuse lettre a Louis le Debonnaire prouve que la loi salique n'etoit point établie en Bourgogne, III, 140. Elle prouve aussi que la loi de Gondebaud subsista long-temps chez les Bourguignons, 142. — Sa fameuse lettre semble prouver que la preuve par le combat n'etoit point en usage chez les Francs : elle y étoit cependant en usage, 167.

Agraire. Voyez *Loi agraire.*

Agriculture. Doit elle dans une république être regardée comme une profession servile ? I, 195.

— Etoit interdite aux citoyens dans la Grece, 196. Honorée a la Chine, II, 87.

Aieul. Les petits-enfans succédoient à l'aïeul paternel et non à l'aieul maternel : raison de cette disposition des lois romaines, III, 109.

Ainesse (droit d'). Ne doit pas avoir lieu entre les nobles dans l'aristocratie, I, 224. — Ce droit, qui etoit inconnu sous la premiere race de nos rois, s'etablit avec la perpétuité des fiefs, et passa même à la couronne qui fut regardée comme un fief, III, 465.

Air de cour. Ce que c'est dans une monarchie, I, 181.

Aistulphe. Ajouta de nouvelles lois à celles des Lombards, III, 129.

Alaric. Fit faire une compilation du code Théodosien, qui servit de lois aux Romains de ses etats, III, 137.

Alcibiade. Ce qui l'a rendu admirable, I, 204.

Alcoran. Ce livre n'est pas inutile à la liberté dans les pays despotiques, II, 45. — Gengiskan le fait fouler aux pieds de ses chevaux, III, 40.

Alep (Caravane d'). Sommes immenses qu'elle porte en Arabie, II, 347.

Aleux. Comment furent changés en fiefs, III, 402 et suiv., 433.

Alexandre. Son empire fut divisé parce qu'il etoit trop grand pour une monarchie, I, 362. — Bel usage qu'il fit de sa conquête de la Bactriane, 391. — Sagesse de sa conduite pour conquerir et pour conserver ses conquêtes, 401. — Comparé à Cesar, 408. — Sa conquête : révolution qu'elle causa dans le commerce, II, 311. — Ses decouvertes, ses projets de commerce et ses travaux, 313. — A-t-il voulu établir le siége de son empire dans l'Arabie ? 316. — Commerce des rois grecs qui lui succederent, 317 et suiv. — Voyage de sa flotte, 323 et suiv. — Pourquoi il n'attaqua pas les colonies grecques établies dans l'Asie, ce qui en résulta, 339.— Revolution que sa mort causa dans le commerce, 349. — On peut prouver, en suivant la methode de M. l'abbe Dubos, qu'il n'entra point dans la Perse en conquérant, mais qu'il y fut appelé par les peuples, III, 366.

ALEXANDRE, empereur. Ne veut pas que le crime de lese-majesté indirect ait lieu sous son règne, II, 17.

Alexandrie. Le frère y pouvoit epouser sa sœur, soit utérine, soit consanguine, I, 207. — Où et pourquoi elle fut bâtie, II, 315.

Alger. Les femmes y sont nubiles a neuf ans : elles doivent donc être esclaves, II, 134. — On y est si corrompu qu'il y a des serails ou il n'y a pas une seule femme, 142. — La dureté du gouvernement fait que chaque père de famille y a un trésor enterré, 376.

Aliénation des grands offices et des fiefs. S'étant introduite diminua le pouvoir du roi, III, 457 et suiv.

Allemagne. Republique federative, et par la regardee en Europe comme eternelle, I, 371. — Sa république federative plus imparfaite que celles de Hollande et de Suisse, 373. — Pourquoi cette republique federative subsiste malgré le vice de sa constitution, 374. — Sa situation vers le milieu du règne de Louis XIV contribua à la grandeur relative de la France, 381.—Inconvenient d'un usage qui se pratique dans ses diètes, 423. — Quelle sorte d'esclavage y est établi, II, 116.—Ses mines sont utiles, parce qu'elles ne sont pas abondantes, 370. — Origine des grands fiefs que les ecclésiastiques y possèdent, III, 433. — Pourquoi les fiefs y ont plus long temps conservé leur constitution primitive qu'en France, 463. — L'empire y est resté electif, parce qu'il a conservé la nature des anciens fiefs, 466.

Allemands. Les lois avoient établi un tarif pour régler chez eux les punitions des différentes insultes que l'on pouvoit faire aux femmes, II, 97.—Ils tenoient toujours leurs esclaves armes, et cherchoient à leur elever le courage, 122. — Quand et par qui leurs lois furent rédigées, III, 127. Simplicité de leurs lois : cause de cette simplicité, 128. —Leurs lois criminelles etoient faites sur le même plan que les lois ripuaires, 157. Voyez *Ripuaires.*

Alliance. L'argent que les princes emploient pour en acheter est presque toujours perdu, II, 69.

Allie. Ce qu'on appeloit ainsi à Rome, II, 425.

Allodiales (terres). Leur origine, III, 328.

Ambassadeurs. Ne sont soumis ni aux lois ni aux princes du pays ou ils sont : comment leurs fautes doivent être punies, III, 100.

Ambition. Est fort utile dans une monarchie, I, 169. — Celle des corps d'un état ne prouve pas toujours la corruption des membres, III, 243.

Ame. Il est egalement utile ou pernicieux à la société civile de la croire mortelle ou immortelle, suivant les différentes consequences que chaque secte tire de ses principes à ce sujet, III, 26. — Le dogme de son immortalité se divise en trois branches, 28.

Amendement des jugemens. Ce que c'étoit : par qui cette procédure fut établie : a quoi fut substituée, III, 212.

Amendes. Les seigneurs en payoient autrefois une de

soixante livres, quand les sentences de leurs juges etoient réformées sur l'appel ; abolition de cet usage absurde, III, 219. — Suppléoient autrefois à la condamnation des depens, pour arrêter l'esprit processif, 223, 224.

Américains. Raisons admirables pour lesquelles les Espagnols les ont mis en esclavage, II, 108. — Consequences funestes qu'ils tiroient du dogme de l'immortalité de l'âme, III, 26.

Amerique. Les crimes qu'y ont commis les Espagnols avoient la religion pour prétexte, II, 108. — C'est sa fertilité qui y entretient tant de nations sauvages, 181. — Sa decouverte : comment on y fait le commerce, 359. — Sa decouverte a lié les trois autres parties du monde : c'est elle qui fournit la matière du commerce, 364. — L'Espagne s'est appauvrie par les richesses qu'elle en a tirees, 365, 366. — Sa decouverte a favorisé le commerce et la navigation de l'Europe, 380. — Pourquoi sa découverte diminua de moitié le prix de l'usure, 381. — Quel changement sa decouverte a dû apporter dans le prix des marchandises, 386. — Les femmes s'y faisoient avorter pour épargner à leurs enfans les cruautes des Espagnols, 441. — Pourquoi les sauvages y sont si peu attachés à leur propre religion, et sont si zeles pour la nôtre quand ils l'ont embrassee, III, 41.

Amimones. Magistrats de Gnide : inconvéniens de leur indépendance, I, 429.

Amortissement. Il est essentiel pour un état qui doit des rentes d'avoir un fonds d'amortissement, II, 415.

Amortissement (droit d'). Son utilité. La France doit sa prospérité à l'exercice de ce droit ; il faudroit encore l'y augmenter, III, 46.

Amour. Raisons physiques de l'insensibilité des peuples du nord, et de l'emportement de ceux du midi pour ses plaisirs, II, 79. — A trois objets et se porte plus ou moins vers chacun d'eux, selon les circonstances, dans chaque siècle et dans chaque nation, III, 181.

Amour antiphysique. Naît souvent de la polygamie, II, 141.

Amour de la patrie. Produit la bonté des mœurs, I, 201. — Ce que c'est dans la democratie, *ibid*.

Amphictyon. Auteur d'une loi qui est en contradiction avec elle-même, III, 260.

Anastase (l'empereur). Sa clémence est portée à un excès dangereux, I, 303.

Anciens. En quoi leur éducation étoit supérieure à la nôtre, I, 187. — Pourquoi ils n'avoient pas une idee claire du gouvernement monarchique, 439. — Leur commerce, II, 297.

Anglais. Ce qu'ils ont fait pour favoriser leur liberté, I, 154. — Ce qu'ils seroient s'ils la perdoient, *ibid*. — Pourquoi ils n'ont pu introduire la démocratie chez eux, 160. — Ont rejeté l'usage de la question sans aucun inconvénient, 297. — Pourquoi plus faciles à vaincre chez eux qu'ailleurs, 380. — C'est le peuple le plus libre qui ait jamais existé sur la terre : leur gouvernement doit servir de modèle aux peuples qui veulent être libres, II, 32. — Raisons physiques du penchant qu'ils ont à se tuer : comparaison à cet égard entre eux et les Romains, 94. — Leur caractère : gouvernement qu'il leur faut en conséquence, 95. — Pourquoi les uns sont royalistes et les autres parlementaires : pourquoi ces deux partis se haissent mutuellement si fort, et pourquoi les particuliers passent souvent de l'un à l'autre, 247. — On les conduit plutôt par leurs passions que par la raison, 250.— pourquoi ils supportent des impôts si onereux, *ibid.* — Pourquoi et jusqu'à quel point ils aiment leur liberté, 251.— Source de leur crédit, *ibid.* — Trouvent dans leurs emprunts mêmes des ressources pour conserver leur liberté, *ibid.* — Pourquoi ne font point et ne veulent point faire de conquêtes, *ibid.* — Causes de leur humeur sombre, de leur timidité, et de leur fierté, 260. — Caractère de leurs écrits, 261.

Angles. Tarif des compositions de ce peuple, III, 340.

Angleterre. Fournit la preuve qu'une démocratie ne peut s'etablir sans vertu, I, 160. — Pourquoi les emplois militaires y sont toujours unis avec les magistratures, 254. Comment on y juge les criminels, 267. — Pourquoi il y a dans ce pays moins d'assassinats qu'ailleurs, 297. — Peut-il y avoir du luxe dans ce royaume? 317 —Pourquoi la noblesse y defendit si fort Charles Ier, 350. — Sa situation vers le milieu du règne de Louis XIV contribua à la grandeur relative de la France, 382. — Objet principal de son gouvernement, 417. Description de sa constitution, *ibid.* Conduite qu'y doivent tenir ceux qui y représentent le peuple, 423. — Le systeme de son gouvernement est tiré du livre des mœurs des Germains par Tacite: quand ce système périra? 435. —Sentiment de l'auteur sur la liberté de ses peuples, et sur la question de savoir si son gouvernement est préférable aux autres, *ibid.* — Les jugemens s'y font à peu près comme ils se faisoient à Rome du temps de la république, 461. — Comment et dans quel cas on y prive un citoyen de sa liberté, pour conserver celle de tous, II, 32.— On y leve mieux les impôts sur les boissons qu'en France, 56. —Avances que les marchands y font à l'état, 64.—Effet du climat de ce royaume, 95.—Dans quelques petits districts de ce royaume la succession appartient au dernier des mâles, raison de cette loi, 193. —Effets qui ont dû suivre, caractère qui a dû se former, et manières qui resultent de sa constitution, 246 et suiv. — Le climat a produit ses lois, en partie, *ibid.* — Causes des inquietudes du peuple et des rumeurs qui en sont l'effet: leur utilité, 248. — Pourquoi le roi y est souvent obligé de donner sa confiance à ceux qui l'ont le plus choqué, et de l'ôter à ceux qui l'ont le mieux servi, *ibid.* — Pourquoi on y voit tant d'ecrits, 250.—Pourquoi on y fait moins de cas des vertus militaires que des vertus civiles, 252.—Causes de son commerce, de l'economie de ce commerce, de sa jalousie sur les autres nations, 253. — Comment elle gouverne ses colonies, 253, 254. — Comment elle gouverne l'Irlande, *ibid.* — Source et motif de ses forces supérieures de mer, de sa fierté, de son influence dans les affaires de l'Europe, de sa probité dans les négociations: pourquoi elle n'a ni places fortes ni armées de terre, 254. — Pourquoi son roi est presque toujours inquiété au dedans et respecté au dehors, 255.—Pourquoi le roi, y ayant une autorité si bornée, a tout l'appareil et tout l'extérieur d'une puissance absolue, 255, 256.—Pourquoi il y a tant de sectes de religion: pourquoi ceux qui n'en ont aucune ne veulent pas qu'on les oblige à changer celle qu'ils auroient s'ils en avoient une : pourquoi le catholicisme y est haï : quelle sorte de persécution il y essuie, 256, 257. — Pourquoi les membres du clergé y ont des mœurs plus régulières qu'ailleurs : pourquoi ils font de meilleurs ouvrages pour prouver la révélation et la providence : pourquoi on aime mieux leur laisser leurs abus que de souffrir qu'ils deviennent reformateurs, 257. — Les rangs y sont plus séparés, et les personnes plus confondues qu'ailleurs, *ibid*. — Le gouvernement y fait plus de cas des personnes utiles que de celles qui ne font qu'amuser, 258. — Son luxe est un luxe qui lui est particulier, *ibid*. — Il y a peu de politesse : pourquoi, *ibid*. — Pourquoi les femmes y sont timides et vertueuses, et les hommes débauchés, 259. — Pourquoi il y a beaucoup de politiques, *ibid*. — Son esprit sur le commerce, 271. — C'est le pays du monde où l'on a le mieux su se prévaloir de la religion, du commerce, et de la liberté, 272. — Entraves dans lesquelles elle met ses commerçans : liberté qu'elle donne à son commerce, 276. — La facilité singulière du commerce y vient de ce que les douanes y sont en régie, 278. — Excellence de sa politique touchant le commerce en temps de guerre, *ibid*. — La faculté qu'on y a accordée à la noblesse de pouvoir faire le commerce est ce qui a le plus contribue à affoiblir la monarchie, 284. — Elle est ce qu'Athènes auroit dû être, 308. — Conduite injuste et contradictoire que l'on y tint contre les juifs dans les siècles de barbarie, 555. — C'est elle qui, avec la France et la Hollande, fait tout le commerce de l'Europe, 365. — Dans le temps de la rédaction de sa grande chartre, tous les biens d'un Anglais représentoient de la monnoie, 377. — La liberté qu'y ont les filles sur le mariage y est plus tolérable qu'ailleurs, 71. — L'augmentation des pâturages y diminue le nombre des habitans, 458. — Combien y vaut un homme, 449. — L'esprit de commerce et d'industrie s'y est établi par la destruction des monastères et des hôpitaux, 481. — Loi de ce pays touchant les mariages contraires à la nature, II, 66. — Origine de l'usage qui veut que tous les jurés soient de même avis pour condamner à mort, 200. — La peine des faux témoins n'y est point capitale ; elle l'est en France : motifs de ces deux lois, 267 — Comment on y prévient les vols, 329. — Est-ce être sectateur de la religion naturelle que de dire que l'homicide de soi-même est en Angleterre l'effet d'une maladie ? IV, 26.

ANIUS ASELLUS. Pourquoi il put, contre la lettre de la loi Voconienne, instituer sa fille unique héritière, III, 118.

ANNIBAL. Les Carthaginois en l'accusant devant les Romains sont une preuve que, lorsque la vertu est bannie de la démocratie, l'état est proche de sa ruine, I, 163. — Véritable motif du refus que les Carthaginois firent de lui envoyer du secours en Italie, 393. — S'il eût pris Rome sa trop grande puissance auroit perdu Carthage, *ibid*.

Anonymes (lettres). Cas que l'on en doit faire, II, 59.

Anthropophages. Dans quelle contrée de l'Afrique il y en avoit, II, 329.

Antilles. Nos colonies dans ces îles sont admirables, II, 364.

Antioche. Julien l'apostat y causa une affreuse famine, pour y avoir baissé le prix des denrées, II, 384.

ANTIPATER. Forme à Athènes par sa loi sur le droit de suffrage la meilleure aristocratie qui fut possible, I, 150.

Antiquaires. L'auteur se compare à celui qui alla en Egypte, jeta un coup d'œil sur les pyramides, et s'en retourna, III, 255.

ANTONIN. Abstraction faite des vérités revélées, est le plus grand objet qu'il y ait eu dans la nature, III, 14.

Antrustions. Etymologie de ce mot, III, 325.—On nommoit ainsi, du temps de Marculfe, ce que nous nommons vassaux, *ibid*. — Etoient distingues des Francs par les lois mêmes, 326. — Ce que c'etoit : il paroît que c'est d'eux que l'auteur tire principalement l'origine de notre noblesse française, 370. — C'etoit à eux principalement que l'on donnoit autrefois les fiefs, 376, 377.

Appel. Celui que nous connoissons aujourd'hui n'etoit point en usage du temps de nos pères: ce qui en tenoit lieu, III, 195. — Pourquoi étoit autrefois regardé comme felonie, *ibid*. — Précautions qu'il falloit prendre pour qu'il ne fût point regardé comme felonie, 196. — Devoit se faire autrefois sur-le-champ et avant de sortir du lieu ou le jugement avoit été prononcé, 216. — Différentes observations sur les appels qui etoient autrefois en usage, *ibid*. — Quand il fut permis aux vilains d'appeler de la cour de leur seigneur, 217.—Quand on a cessé d'ajourner les seigneurs et les baillis sur les appels de leurs jugemens, 219. — Origine de cette façon de prononcer sur les appels dans les parlemens : *La cour met l'appel au néant : La cour met l'appel et ce dont a été appelé au néant*, 220. — C'est l'usage des appels qui a introduit celui de la condamnation aux dépens, 223.—Leur extrême facilité a contribué à abolir l'usage constamment observé dans la monarchie, suivant lequel un juge ne jugeoit jamais seul, 247. — Pourquoi Charles VII n'a pu en fixer le temps dans un bref délai, et pourquoi ce delai s'est étendu jusqu'à trente ans, 277.

Appel de defaute de droit. Quand cet appel a commencé d'être en usage, III, 206.—Ces sortes d'appels ont souvent été des points remarquables dans notre histoire : pourquoi, 207. — En quel cas, contre qui il avoit lieu : formalités qu'il falloit observer dans cette sorte de procedure : devant qui il se relevoit, 208 et suiv. — Concouroit quelquefois avec l'appel de faux jugemens, 210. — Usage qui s'y observoit, 217.—Voyez *Défaute de droit*.

Appel de faux jugement. Ce que c'etoit : contre qui on pouvoit l'interjeter : précautions qu'il falloit prendre pour ne pas tomber dans la felonie contre son seigneur, ou être obligé de se battre contre tous ses pairs, III, 195 et suiv. — Formalités qui devoient s'y observer suivant les differens cas, 196. — Ne se decidoit pas toujours par le combat judiciaire, 202. — Ne pouvoit avoir lieu contre les jugemens rendus dans la cour du roi, ou dans celle des seigneurs par les hommes de la cour du roi, *ibid*.—Saint-Louis l'abolit dans les seigneuries de ses domaines, et en laissa subsister l'usage dans celles de ses barons, mais sans qu'il y eût de combat judiciaire, 211. — Usage qui s'y observoit, 218.

Appel de faux jugement a la cour du roi. Etoit le seul appel établi ; tous les autres proscrits et punis, III, 206.

Appel en jugement. Voy. *Assignation*.

APPIUS (décemvir). Son attentat

sur Virginie affermit la liberté à Rome, II, 36.

Arabes. Leur boisson avant Mahomet etoit de l'eau ; le climat l'exige, II, 89. Leur liberté, 190.—Leurs richesses ; d'ou ils les tirent : leur commerce ; leur inaptitude a la guerre : comment ils deviennent conquerans, 346. — Comment la religion adoucissoit chez eux les fureurs de la guerre, III, 22. — L'atrocité de leurs mœurs fut adoucie par la religion de Mahomet, 23. — Les mariages entre parens, au quatrieme degre, sont prohibés chez eux : ils ne tiennent cette loi que de la nature, 86, 87.

Arabie. Alexandre a t-il voulu y etablir le siége de son empire ? II, 316.—Son commerce etoit-il utile aux Romains ? 348. — C'est le seul pays, avec ses environs, où une religion qui défend l'usage du cochon peut être bonne ; raisons physiques, III, 33.

Aragon. Pourquoi on y fit des lois somptuaires dans le treizième siècle, I, 315.—Le clergé y a moins acquis qu'en Castille, parce qu'il y a en Aragon quelque droit d'amortissement, III, 46.

ARBOGASTE. Sa conduite avec l'empereur Valentinien est un exemple du génie de la nation française à l'egard des maires du palais, III, 395.

Arcades. Ne devoient la douceur de leurs mœurs qu'à la musique, I, 194.

ARCADIUS. Maux qu'il causa a l'empire en faisant la fonction de juge, I, 274.—Ce qu'il pensoit des paroles criminelles, II, 22. — Appela les petits-enfans à la succession de l'aieul maternel, III, 126.

ARCADIUS et HONORIUS. Furent tyrans, parce qu'ils étoient foibles, II, 15.—Loi injuste de ces princes ; 47.

Areopage. Ce n'etoit pas la même chose que le senat d'Athènes, I, 215. Justifié d'un jugement qui paroit trop severe, 257.

Areopagite. Puni avec justice pour avoir tué un moineau, I, 257.

Argent. Funestes effets qu'il produit, I, 191.- Peut être proscrit d'une petite republique : necessaire dans un grand etat, 193.—Dans quel sens il seroit utile qu'il y en eût peu : dans quel sens il seroit utile qu'il y en eût beaucoup, 381. — De sa rareté relative a celle de l'or, 387.—Differens egards sous lesquels il peut être considéré : ce qui en fixe la valeur relative : dans quel cas on dit qu'il est rare ; dans quel cas on dit qu'il est abondant dans un etat, *ibid.* 388. — Il est juste qu'il produise des interêts à celui qui le prête, 417. Voyez *Monnaie.*

Argiens. Actes de cruauté de leur part detestés par tous les autres etats de la Grece, I, 286.

Argonautes. Etoient nommés aussi *Minyares*, II, 310.

Argos. L'ostracisme y avoit lieu, III, 262.

Ariane (l'). Sa situation. Sémiramis et Cyrus y perdent leurs armées ; Alexandre, une partie de la sienne, II, 312.

ARISTÉE. Donne des lois dans la Sardaigne, II, 176.

Aristocratie. Ce que c'est, I, 138. — Les suffrages ne doivent pas s'y donner comme dans la democratie, 143. — Les suffrages doivent y être secrets, 144. — Quelles sont les lois qui en derivent, 146 et suiv.—Entre les mains de qui reside la souveraine puissance, *ibid.* — Ceux qui y gouvernent y sont odieux : combien les distinctions y sont affligeantes : comment elle peut se rencontrer dans la democratie : quand elle est renfermée dans le sénat : comment elle peut être divisée en trois classes ; autorité de chacune de ces trois classes : il est utile que le peuple y ait une certaine influence dans le gouvernement : quelle est la meilleure qui soit possible : quelle est la plus imparfaite, 147 et suiv.—Quel en est le principe, 164, 165. — Inconveniens de ce gouvernement, *ibid.* Quels crimes commis par les nobles y sont punis : quels restent impunis, *ibid.* — Quelle est l'âme de ce gouvernement, *ibid.* — Comment les lois doivent se rapporter au principe de ce gouvernement, 218 et suiv. — Quelles sont les principales sources des désordres qui y arrivent, 219. — Les distributions faites au peuple y sont utiles, 221. — Usage qu'on y doit faire des revenus de l'état, *ibid.* — Par qui les tributs y doivent être leves, 222.—Les lois y doivent être telles que les nobles soient contraints de rendre justice au peuple, 223. — Les nobles ne doivent être ni trop pauvres ni trop riches : moyen de prévenir ces deux excès, 224.—Les nobles n'y doivent point avoir de contestations, 225.—Le luxe en doit être banni, 311.—De quels habitans est composée, *ibid.*—Comment se corrompt le principe de ce gouvernement : 1° si le pouvoir des nobles devient arbitraire ; 2° si les nobles deviennent héréditaires ; 3° si les lois font sentir aux nobles les delices du gouvernement plus que ses périls et ses fatigues ; 4° si l'etat est en sûreté au dehors, 344 et suiv. — Ce n'est point un etat libre par sa nature, 415. — Pourquoi les écrits satiriques y sont punis sévèrement, II, 23. — C'est le gouvernement qui approche le plus de la monarchie : consequences qui en résultent, 173.

Aristocratie héréditaire. Inconvéniens de ce gouvernement, I, 345.

ARISTODÈME. Fausses precautions qu'il prit pour conserver son pouvoir dans Cumes, I, 399.

ARISTOTE. Refuse aux artisans le droit de cité, I, 195. — Ne connoissoit pas le veritable etat monarchique, 439. – Dit qu'il y a des esclaves par nature, mais ne le prouve pas, II, 112.—Sa philosophie causa tous les malheurs qui accompagnèrent la destruction du commerce, 354. — Ses préceptes sur la propagation, 449.—Sources du vice de quelques-unes de ses lois, 285.

Armees. Précautions à prendre pour qu'elles ne soient pas, dans la main de la puissance executrice, un instrument qui ecrase la liberté publique : de qui elles doivent être composees, de qui leur nombre, leur existence et leur subsistance doivent dependre : où elles doivent habiter en temps de paix ; à qui le commandement en doit appartenir, I, 433. — Etoient composees de trois classes d'hommes dans les commencemens de la monarchie : comment etoient divisées, III, 332 et suiv.—Comment et par qui étoient commandées sous la première race de nos rois : grades des officiers qui les commandoient, comment on les assembloit, 328, 395, 396. — Etoient composees de plusieurs milices, 332.

Armes. C'est a leur changement que l'on doit l'origine de bien des usages, III, 180, 181.

Armes a feu (port des). Puni trop rigoureusement à Venise : pourquoi, III, 105.

Armes enchantees. D'où est venue l'opinion qu'il y en avoit, III, 182.

Arrêts. Doivent être recueillis et appris dans une monarchie : causes de leur multiplicité et de leur variete, I, 259 et suiv. —Origine de la formule de ceux qui se prononcent sur les appels, III, 219. — Quand on a commencé à en faire des compilations, 238.

ARRIBAS, roi d'Épire. Se trompa dans le choix des moyens qu'il employa pour tempérer le pouvoir monarchique, I, 440.

Arrière-fiefs. Comment se sont formés, III, 453. — Leur établissement fit passer la couronne de la maison des Carlovingiens dans celle des Capetiens, 465.

Arrière-vassaux. Étoient tenus au service militaire en conséquence de leurs fiefs, III, 528.

Arrière-vasselage. Ce que c'étoit dans les commencemens : comment est parvenu à l'état où nous le voyons, III, 453.

ARTAXERXÈS. Pourquoi il fit mourir tous ses enfans, I, 242.

Artisans. Ne doivent point, dans une bonne démocratie, avoir le droit de cité, I, 195.

Arts. Les Grecs, dans les temps héroïques, élevoient au pouvoir suprême ceux qui les avoient inventés, I, 441. — C'est la vanité qui les perfectionne, II, 222. — Leurs causes et leurs effets, 297. — Dans nos états ils sont nécessaires à la population, 474, 475.

As. Révolution que cette monnoie essuya à Rome dans sa valeur, III, 404.

Asiatiques. D'où vient leur penchant pour le crime contre nature, II, 13. — Regardent comme autant de faveurs les insultes qu'ils reçoivent de leurs princes, 44.

Asie. Pourquoi les peines fiscales y sont moins sévères qu'en Europe, II, 60. — On n'y publie guère d'édits que pour le bien et le soulagement des peuples : c'est le contraire en Europe, 66. — Pourquoi les derviches y sont en si grand nombre, 86. — C'est le climat qui y a introduit et qui y maintient la polygamie, 135. — Il y naît beaucoup plus de filles que de garçons : la polygamie peut donc y avoir lieu, 138. — Pourquoi, dans les climats froids de ce pays, une femme peut avoir plusieurs hommes, *ibid.* — Causes physiques du despotisme qui la désole, 160 et suiv. — Ses différens climats comparés avec ceux de l'Europe : causes physiques de leurs différences : conséquences qui resultent de cette comparaison pour les mœurs et le gouvernement de ses différentes nations : raisonnemens de l'auteur confirmés à cet égard par l'histoire : observations historiques fort curieuses, *ibid.* — Quel etoit autrefois son commerce : comment, et par où il se faisoit, 297. — Epoques et causes de sa ruine, 341. — Quand et par qui elle fut découverte ; comment on y fit le commerce, 359 et suiv.

Asie mineure. Etoit pleine de petits peuples, et regorgeoit d'habitans avant les Romains, II, 450.

Asile. La maison d'un sujet fidèle aux lois et au prince doit être son asile contre l'espionnage, II, 38.

Asiles. Leur origine : les Grecs en prirent plus naturellement l'idée que les autres peuples ; cet établissement, qui etoit sage d'abord, dégénéra en abus et devint pernicieux, III, 41. — Pour quels criminels ils doivent être ouverts, *ibid.* — Ceux que Moïse établit étaient très-sages : pourquoi, 42.

Assemblées du peuple. Le nombre des citoyens qui y ont voix doit être fixé dans la démocratie, I, 139. — Exemple célebre des malheurs qu'entraîne ce défaut de précaution, *ibid.* — Pourquoi à Rome on ne pouvoit pas faire de testament ailleurs, III, 110.

Assemblée de la nation chez les Francs, II, 212. — Etoient frequentes sous les deux premières races : de qui composées : quel en etoit l'objet, III, 149.

Assignations. Ne pouvoient à Rome se donner dans la maison du defendeur : en France, ne peuvent pas se donner ailleurs. Ces deux lois qui sont contraires dérivent du même esprit, III, 266.

Assises. Peines de ceux qui y avoient été jugés, et qui, ayant demande de l'être une seconde fois, succomboient, III, 205.

Associations de villes. Plus nécessaires autrefois qu'aujourd'hui : pourquoi, I, 371.

Assyriens. Conjectures sur la source de leur puissance et de leurs grandes richesses, II, 297. — Conjectures sur leur communication avec les parties de l'Orient et de l'Occident les plus reculées, 298. — Ils épousoient leurs meres par respect pour Semiramis, III, 88.

Athées. Parlent toujours de religion, parce qu'ils la craignent, III, 36.

Athéisme. Vaut-il mieux pour la société que l'idolâtrie, III, 4. —N'est pas la même chose que la religion naturelle, puisqu'elle fournit les principes pour combattre l'atheisme, V, 29.

Athenes. Les etrangers que l'on y trouvoit mêles dans les assemblées du peuple etoient punis de mort : pourquoi, I, 139. — Le bas peuple n'y demanda jamais à être elevé aux grandes dignités, quoiqu'il en eût le droit : raisons de cette retenue, 141. — Comment le peuple y fut divise par Solon, 142. — Sagesse de sa constitution, 146. — Pourquoi cette republique étoit la meilleure aristocratie possible, 150. — Avoit autant de citoyens du temps de son esclavage que lors de ses succes contre les Perses, 162. — En perdant la vertu, elle perdit sa liberté sans perdre ses forces : descriptions et causes des revolutions qu'elle a essuyees, 162 et suiv. — Source de ses dépenses publiques, 202. — Contradiction dans ses lois touchant l'égalité des biens, 205. — On y pouvoit epouser sa sœur consanguine, et non sa sœur uterine. Esprit de cette loi, 206. — Le senat n'y étoit pas la même chose que l'areopage, 215, 216. — Il y avoit dans cette ville un magistrat particulier pour veiller sur la conduite des femmes, 324. — La victoire de Salamine corrompit cette république, 344. — Causes de l'extinction de la vertu dans cette ville, 346. — Son ambition ne porta nul prejudice a la Grèce, parce qu'elle cherchoit non la domination, mais la preéminence sur les autres republiques, 360. — Comment on y punissoit les accusateurs qui n'avoient pas pour eux la cinquieme partie des suffrages, II, 33, 34.—Les lois y permettoient à l'accusé de se retirer avant le jugement, 34. — L'abus de vendre les debiteurs y fut aboli par Solon, *ibid.* — Comment on y avoit fixe les impôts sur les personnes, 53, 54. — Pourquoi les esclaves n'y causèrent jamais de trouble, 123. — Lois justes et favorables etablies par cette république en faveur des esclaves, 190. — La faculté de répudier y etoit respective entre le mari et la femme, 128. — Son commerce, 266.—Solon y abolit la contrainte par corps : la trop grande generalite de cette loi n'etoit pas bonne, 279. — Eut l'empire de la mer ; elle n'en profita pas : pourquoi, 307. — Son commerce fut plus borné qu'il n'auroit dû l'être, 308. — Les bâtards tantôt y étoient citoyens, et tantôt ils ne l'etoient pas, 436. — Il y avoit trop de fêtes, III, 30.—Raisons physiques de la maxime reçue à Athènes, par laquelle on croyoit honorer davantage les dieux en leur offrant de petits presens qu'en immolant des bœufs, 33. — Dans quel cas les enfans y etoient obliges de nourrir leurs peres tombes dans l'indigence : justice et injustice de cette loi, 69. — Avant Solon, aucun citoyen n'y pouvoit faire de testament : comparaison des lois de cette république, à cet egard, avec celles de Rome, 111. — L'ostracisme y etoit une chose admirable. tandis qu'il fit mille maux à Syracuse, 262. — Il y avoit une loi qui vouloit qu'on fit mourir, quand la ville etoit assiégée, tous les gens inutiles. Cette loi abominable étoit la suite d'un abominable droit des gens, 273. — L'auteur a-t-il fait une faute, en disant que le plus petit nombre y fut exclus du cens fixé par Antipater, IV, 87.

Athéniens. Pourquoi n'augmentèrent jamais les tributs qu'ils levèrent sur les Elotes, II, 51. — Pourquoi ils pouvoient s'affranchir de tout impôt, 62. — Leur humeur et leur caractère étoient a peu près semblables à celui des Français, 221. — Quelle étoit originairement leur monnoie : ses inconvéniens, 375.

Attila. Son empire fut divise, parce qu'il étoit trop grand pour une monarchie, I, 362. — En épousant sa fille, il fit une chose permise par les lois scythes, III, 85.

Attique. Pourquoi la démocratie s'y etablit plutôt qu'a Lacédemone, II, 173.

Atualpa, *ynca.* Traitement cruel que lui firent les Espagnols, III, 101.

Aubaine. Epoque de l'établissement de ce droit insensé : tort qu'il fit au commerce, II, 352.

Auguste. Se donna bien de garde de detruire le luxe ; il fondoit une monarchie, et dissolvoit une republique, I, 313. — Quand et comment il faisoit valoir les lois faites contre l'adultère, 329. — Attacha aux ecrits la peine du crime de lese majesté ; et cette loi acheva de porter le coup fatal a la liberté, II, 23. — Loi tyrannique de ce prince, 26. — La crainte d'être regarde comme tyran l'empêcha de se faire appeler Romulus, 217. — Fut souffert, parce que, quoiqu'il eût la puissance d'un roi, il n'en affectoit point le faste, *ibid.* — Avoit indispose les Romains par des lois trop dures ; se les reconcilia en leur rendant un comedien qui avoit ete chasse : raisons de cette bizarrerie, 218. — Entreprend la conquête de l'Arabie; prend des villes, gagne des batailles, et perd son armée, 347. — Moyens qu'il employa pour multiplier les mariages, 455. — Belle harangue qu'il fit aux chevaliers romains, qui lui demandoient la révocation des lois contre le celibat, 456. — Comment il opposa les lois civiles aux ceremonies impures de la religion, III, 21. — Fut le premier qui autorisa les fideicommis, 114.

Augustin (Saint). Se trompe en trouvant injuste la loi qui ôte aux femmes la faculté de pouvoir être instituées héritières, III, 71.

Aumônes. Celles qui se font dans les rues ne remplissent pas les obligations de l'etat envers les pauvres : quelles sont ces obligations, II, 479.

Aureng-Zeb. Se trompoit en croyant que s'il rendoit son état riche il n'auroit pas besoin d'hôpitaux, II, 480.

Auteurs. Ceux qui sont célèbres, et qui font de mauvais ouvrages, reculent prodigieusement le progres des sciences, III, 325.

Authentiques. Hodie quantiscum-

QUE est une loi mal entendue, III, 78. — QUOD HODIE est contraire au principe des lois civiles, 79.
Auto-da-fé. Ce que c'est : combien cette cruelle execution est injuste et ridicule, III, 55.
Autorité royale. Dans les mains d'un habile homme, s'etend ou se resserre, suivant les circonstances. Elle doit encourager, et laisser aux lois le soin de menacer, II, 40, 41.
AUTRICHE (La maison d'). Faux principe de sa conduite en Hongrie, I, 350. — Fortune prodigieuse de cette maison, II, 360. — Pourquoi elle possede l'empire depuis si longtemps, III, 466.
Avarice. Dans une démocratie où il n'y a plus de vertu, c'est la frugalité, et non le desir d'avoir, qui y est regardée comme avarice, I, 161. — Pourquoi elle garde l'or et l'argent, et l'or plutôt que l'argent, II, 387.
Aveugles. Mauvaise raison que donne la loi romaine qui leur interdit la faculté de plaider, III, 279.
Avortement. Les Américaines se le procuroient pour ne pas fournir des sujets à la barbarie, II, 441.
Avoués. Menoient à la guerre les vassaux des évêques et des abbés, III, 329.
Avoues de la partie publique. Il ne faut pas les confondre avec ce que nous appelons aujourd'hui partie publique : leurs fonctions, III, 225. — Epoque de leur extinction, 229.

B.

Bachas. Pourquoi leur tête est toujours exposee, tandis que celle du dernier sujet est toujours en sûreté, I, 172. — Pourquoi absolus dans leurs gouvernemens, 2,7. - Terminent les proces en faisant distribuer à leur fantaisie des coups de bâton aux plaideurs, 265. — Sont moins libres en Turquie qu'un homme qui, dans un pays où l'on suit les meilleures lois criminelles possibles, est condamné à être pendu, et doit l'être le lendemain, II. 4.
Bactriens. Alexandre abolit un usage barbare de ce peuple, I, 391.
Baillie ou *garde.* Quand elle a commence à être distinguee de la tutelle, II, 209.
Baillis. Quand ont commencé à être ajournes sur l'appel de leurs jugemens; et quand cet usage a cessé, III, 219. — Comment rendoient la justice, 245. — Quand et comment leur juridiction commença à s'étendre, 247. — Ne jugeoient pas d'abord ; faisoient seulement l'instruction, et prononçoient le jugement fait par les prud'hommes : quand commencèrent à juger eux mêmes, et même seuls, *ibid.* — Ce n'est point par une loi qu'ils ont eté crées, et qu'ils ont eu le droit de juger, 248. — L'ordonnance de 1287, que l'on regarde comme le titre de leur creation, n'en dit rien : elle ordonne seulement qu'ils seront pris parmi les laïques : preuves, 248, 249.
BALBI. Pensa faire etouffer de rire le roi de Pegu, en lui apprenant qu'il n'y avoit point de roi à Venise, II, 216.
Baleine. La pêche de ce poisson ne rend presque jamais ce qu'elle coûte : elle est cependant utile aux Hollandais, II, 271.
BALUZE. Erreur de cet auteur prouvée et redressée, III, 388.

Ban. Ce que c'etoit dans le commencement de la monarchie, III, 332.

Banques. Sont un établissement propre aux etats qui font le commerce d'economie : c'est trop en risquer les fonds, que d'en établir dans une monarchie, II, 274. — Ont avili l'or et l'argent, 569.

Banque de Saint-George. L'influence qu'elle donne au peuple de Gênes dans le gouvernement fait toute la prospérité de cet état, I, 147.

Banquiers. En quoi consiste leur art et leur habileté, II, 396 et suiv. Sont les seuls qui gagnent lorsqu'un etat hausse ou baisse sa monnaie, 598 et suiv. — Comment peuvent être utiles à un etat, 412.

Bantam. Comment les successions y sont réglees, I, 239. Il y a dix femmes pour un homme : c'est un cas bien particulier de la polygamie, II, 139. — On y marie les filles à treize et quatorze ans, pour prevenir leurs debauches, 147. — Il y naît trop de filles pour que la propagation y puisse être proportionnée a leur nombre, 441.

Barbares. Difference entre les barbares et les sauvages, II, 183. — Les Romains ne vouloient point de commerce avec eux, 407. — Pourquoi tiennent peu a leur religion, III, 41.

Barbares qui conquirent l'empire romain. Leur conduite, après la conquête des provinces romaines, doit servir de modele aux conquerans, I, 388. — C'est de ceux qui ont conquis l'empire romain, et apporté l'ignorance dans l'Europe, que nous vient la meilleure espece de gouvernement que l'homme ait pu imaginer, 438.—Ce sont eux qui ont dépeuplé la terre, 473. — Pourquoi ils embrassèrent si facilement le christianisme, III, 41. — Furent appelés à l'esprit d'équité par l'esprit de liberté; faisoient les grands chemins aux depens de ceux a qui ils étoient utiles, 92, 93. — Leurs lois n'etoient point attachees a un certain territoire : elles étoient toutes personnelles, 132. — Chaque particulier suivoit la loi de la personne a laquelle la nature l'avoit subordonné, 133. — Etoient sortis de la Germanie : c'est dans leurs mœurs qu'il faut chercher les sources des lois féodales, 288. — Est il vrai qu'apres la conquête des Gaules, ils firent un reglement général pour établir partout la servitude de la glebe? 293. — Pourquoi leurs lois sont écrites en latin : pourquoi on y donne aux mots latins un sens qu'ils n'avoient pas originairement : pourquoi on y en a forgé de nouveaux, 320.

Barons. C'est ainsi que l'on nommoit autrefois les maris nobles, III, 190.

Basile, *empereur*. Bizarreries des punitions qu'il faisoit subir, I, 296.

Batards. Il n'y en a point à la Chine : pourquoi, II, 454. — Sont plus ou moins odieux, suivant les divers gouvernemens, suivant que la polygamie ou le divorce sont permis ou defendus, ou autres circonstances, 435. — Leurs droits aux successions dans les différens pays sont réglés par les lois civiles ou politiques, III, 73.

Baton. Ç'a eté pendant quelque temps la seule arme permise dans les duels; ensuite on a permis le choix du baton ou des armes; enfin la qualité des combattans a decidé, III, 177. — Pourquoi encore aujourd'hui regarde comme l'instrument des outrages, 179.

Bavarois. Quand et par qui leurs lois furent redigées, III, 127. — Simplicité de leurs lois : causes de cette simplicité, 128.

— On ajoute plusieurs capitulaires à leurs lois : suites qu'eut cette operation, 150. — Leurs lois criminelles etoient faites sur le même plan que les lois ripuaires, 157. Voyez *Ripuaires*. — Leurs lois permettoient aux accusés d'appeler au combat les temoins que l'on produisoit contre eux, 193.

BAYLE. Paradoxes de cet auteur, III, 3, 9.—Est-ce un crime de dire que c'est un grand homme? et est-on obligé de dire que c'etoit un homme abominable ? IV, 17.

Beau fils. Pourquoi il ne peut epouser sa belle mère, III, 88.

Beaux-frères. Pays où il doit leur être permis d'epouser leur belle-sœur, III, 89, 90.

BEAUMANOIR. Son livre nous apprend que les barbares qui conquirent l'empire romain exercèrent avec moderation les droits les plus barbares, III, 92, 93. — En quel temps il vivoit, 174.— C'est chez lui qu'il faut chercher la jurisprudence du combat judiciaire, 184. — Pour quelles provinces il a travaillé, 235. — Son excellent ouvrage est une des sources des coutumes de France, 253.

Beau-père. Pourquoi ne peut epouser sa belle-fille, III, 88.

BELIÈVRE (le president de). Son discours à Louis XIII, lorsqu'on jugeoit devant ce prince le duc de La Valette, I, 272.

Belle-fille. Pourquoi ne peut epouser son beau père, III, 88.

Belle-mere. Pourquoi ne peut épouser son beau-fils, III, 88.

Belles-sœurs. Pays où il leur doit être permis d'epousei leur beau-frère, III, 89.

Bénéfices. La loi qui, en cas de mort de l'un des deux contendans, adjuge le bénefice au survivant, fait que les ecclesiastiques se battent, comme des dogues anglais, jusqu'à la mort, III, 259.

Bénéfices. C'est ainsi que l'on nommoit autrefois les fiefs et tout ce qui se donnoit en usufruit, III, 327.— Ce que c'etoit que *se recommander pour un bénéfice*, 355.

Bénéfices militaires. Les fiefs ne tirent point leur origine de cet etablissement des Romains, III, 311. — Il ne s'en trouve plus du temps de Charles-Martel; ce qui prouve que le domaine n'etoit pas alors inalienable, 402.

Bengale (golfe de). Comment decouvert, II, 521.

BENOIT LÉVITE. Bevue de ce malheureux compilateur des capitulaires, III, 147.

Besoins. Comment un état bien policé doit soulager et prevenir ceux des pauvres, II, 479.

Bêtes. Sont elles gouvernees par les lois générales du mouvement, ou par une motion particuliere? Quelle suite de rapport elles ont avec Dieu; comment elles conservent leur individu, leur espèce : quelles sont leurs lois : les suivent-elles invariablement ? Leurs avantages et leurs desavantages comparés aux nôtres, I, 128.

Bétis. Combien les mines d'or qui etoient la source de ce fleuve produisoient aux Romains, II, 535.

Bien. Il est mille fois plus aisé de faire le bien que de le bien faire, III, 243.

Bien (*gens de*). Il est difficile que les inferieurs le soient quand la plupart des grands d'un état sont malhonnêtes gens, I, 167. — Sont fort rares dans les monarchies : ce qu'il faut avoir pour l'être, 168.

Bien particulier. C'est un paralogisme de dire qu'il doit céder au bien public, III, 91.

Bien public. Il n'est vrai qu'il doit l'emporter sur le bien particulier que quand il s'agit de la liberté du citoyen, et non quand il s'agit de la propriete des biens, III, 91.

Biens. Combien il y en a de sortes parmi nous : la variete dans leurs especes est une des sources de la multiplicite de nos lois, et de la variation dans les jugemens de nos tribunaux, 1, 260. — Il n'y a point d'inconvenient, dans une monarchie, qu'ils soient inegalement partages entre les enfans, 227.

Biens (*cessions de*). Voyez *Cessions de biens*.

Biens ecclésiastiques. Voyez *Clergé*, *Evêques*.

Biens fiscaux. C'est ainsi que l'on nommoit autrefois les fiefs, III, 326.

Bienséances. Celui qui ne s'y conforme pas se rend incapable de faire aucun bien dans la societe : pourquoi, I, 180.

BIGNON (M.). Erreur de cet auteur, III, 356.

Billon. Son établissement à Rome prouve que le commerce de l'Arabie et des Indes n'etoit pas avantageux aux Romains, II, 348.

Bills d'attainder. Ce que c'est en Angleterre : compares à l'ostracisme d'Athenes, aux lois qui se faisoient à Rome contre des citoyens particuliers, II, 32.

Blé. C'etoit la branche la plus considerable du commerce interieur des Romains, II, 351. — Les terres fertiles en blé sont fort peuplees : pourquoi, 443.

Bohême. Quelle sorte d'esclavage y est établi, II, 116.

Boissons. On lève mieux en Angleterre les impôts sur les boissons qu'en France, II, 56.

Bonne-Espérance. Voyez *Cap.*

Bon sens. Celui des particuliers consiste beaucoup dans la mediocrité de leurs talens, I, 203.

Bonzes. Leur inutilite pour le bien public a fait fermer une infinité de leurs monastères a la Chine, I, 318.

Bouclier. C'etoit chez les Germains une grande infamie de l'abandonner dans le combat, et une grande insulte de reprocher à quelqu'un de l'avoir fait : pourquoi cette insulte devint moins grande, III, 180.

Boulangers. C'est une injustice outree que d'empaler ceux qui sont pris en fraude, III, 105.

BOULAINVILLIERS (le marquis de). A manque le point capital de son systeme sur l'origine des fiefs : jugement sur son ouvrage : eloge de cet auteur, III, 301.

Bourguignons. Leur loi excluoit les filles de la concurrence avec leurs frères à la succession des terres et de la couronne, II, 202. Pourquoi leurs rois portoient une longue chevelure, 203. Leur majorite etoit fixée à quinze ans, 206 — Quand et pour qui firent ecrire leurs lois, III, 127. — Par qui elles furent recueillies, 129. — Pourquoi elles perdirent de leur caractère, *ibid.* — Elles sont assez judicieuses, 130. — Differences essentielles entre leurs lois et les lois saliques, 132 et suiv. — Comment le droit romain se conserva dans les pays de leur domaine et de celui des Goths, tandis qu'il se perdit dans celui des Francs, 137 et suiv. — Conservèrent long temps la loi de Gondebaud, 142. — Comment leurs lois cessèrent d'être en usage chez les Français, 147. — Leurs lois criminelles étoient faites sur le même plan que les lois ripuaires, 157. Voyez *Ripuaires*. — Epoque de l'usage du combat judiciaire chez eux, 170. — Leur loi permettoit aux accuses d'appeler au combat les temoins que l'on produisoit contre eux, 192. — S'etablirent dans la partie orientale de la Gaule ; y porterent les mœurs germaines : de là les fiefs dans ces contrees, 293, 294.

Boussole. On ne pouvoit, avant

son invention, naviguer que près des côtes, II, 300.—C'est par son moyen qu'on a découvert le cap de Bonne-Espérance. 326. — Les Carthaginois en avoient-ils l'usage? 556. — Découvertes qu'on lui doit, 359 et suiv.

Brésil. Quantité prodigieuse d'or qu'il fournit a l'Europe, II, 368.

Bretagne Les successions dans le duché de Rohan appartiennent au dernier des mâles : raisons de cette loi, II, 193. — Les coutumes de ce duché tirent leur origine des assises du duc Geoffroi, III, 252.

Brigues. Sont necessaires dans un état populaire, I, 145. — Dangereuses dans le sénat, dans un corps de nobles, nullement dans le peuple, *ibid*. — Sagesse avec laquelle le sénat de Rome les prévint, 290.

BRUNEHAULT. Son éloge ; ses malheurs : il en faut chercher la cause dans l'abus qu'elle faisoit de la disposition des fiefs et autres biens des nobles, III, 380 et suiv. — Comparée avec Frédegonde, 385, 386.—Son supplice est l'epoque de la grandeur des maires du palais, 398.

BRUTU. Par quelle autorité il condamna ses propres enfans, I, 461.—Quelle part eut, dans la procédure contre les enfans de ce consul, l'esclave qui decouvrit leur conspiration pour Tarquin, II, 26.

Bulle unigenitus. Est elle la cause occasionelle de l'*Esprit des Lois?* IV, 27.

C.

Cadavres. Peines chez les Germains contre ceux qui les exhumoient, III, 339.

CADHISJA, femme de Mahomet. Coucha avec lui n'étant âgée que de huit ans, II, 134.

Calicut, royaume de la côte de Coromandel. On y regarde, comme une maxime d'état, que toute religion est bonne, III, 61.

Calmouks, peuples de la grande Tartarie. Se font une affaire de conscience de souffrir chez eux toutes sortes de religions, III, 61.

Calomniateurs. Maux qu'ils causent lorsque le prince fait lui-même la fonction de juge, I, 274.— Pourquoi accusent plutôt devant le prince que devant les magistrats, II, 40.

CALVIN. Pourquoi il bannit la hiérarchie de sa religion, III, 9.

Calvinisme. Semble être plus conforme à ce que Jesus-Christ a dit qu'à ce que les apôtres ont fait, III, 9.

Calvinistes. Ont beaucoup diminué les richesses du clergé, III, 411.

CAMBYSE. Comment profita de la superstition des Egyptiens, III, 75.

CAMOENS (le). Beautés de son poeme, II, 359

Campagne Il y faut moins de fêtes que dans les villes, III, 30, 31.

Canada. Les habitans de ce pays brûlent ou s'associent leurs prisonniers, suivant les circonstances, II, 449.

Cananeens. Pourquoi détruits si facilement, I, 373.

Candeur. Necessaire dans les lois, III, 282.

Canons. Differens recueils qui en ont eté faits : ce qu'on inséra dans ces differens recueils : ceux qui ont été en usage en France, III, 149. — Le pouvoir qu'ont les évêques d'en faire étoit pour eux un prétexte de ne pas se soumettre aux capitulaires, *ibid.*

Cap de Bonne-Espérance. Cas où il seroit plus avantageux d'aller aux Indes par l'Egypte que par ce cap, II, 325. — Sa découverte étoit le point capital pour faire le tour de l'Afrique : ce qui empêchoit de le découvrir, 326. Decouvert par les Portugais, 359

CAPÉTIENS. Leur avénement à la couronne, comparé avec celui des Carlovingiens, III, 428. — Comment la couronne de France passa dans leur maison, 465.

Capitale. Celle d'un grand empire est mieux placée au nord qu'au midi de l'empire, II, 171.

Capitulaires. Ce malheureux compilateur Benoît Levite n'a-t-il pas transformé une loi visigothe en capitulaire? III, 147. — Ce que nous nommons ainsi, 149. Pourquoi il n'en fut plus question sous la troisième race, *ibid.* — De combien d'especes il y en avoit : on négligea le corps des capitulaires, parce qu'on en avoit ajouté plusieurs aux lois des barbares, 150. — Comment on leur substitua les coutumes, 152. Pourquoi tomberent dans l'oubli, 174.

Cappadociens. Se croyoient plus libres dans l'état monarchique que dans l'état républicain, I, 413.

Captifs. Le vainqueur a-t-il droit de les tuer? II, 103, 104.

CARACALLA. Ses rescrits ne devroient pas se trouver dans le corps des lois romaines, III, 284.

Caractère. Comment celui d'une nation peut être formé par les lois, II, 24 et suiv.

Caravane d'Alep. Sommes immenses qu'elle porte en Arabie, II, 347.

CARLOVINGIENS. Leur avénement à la couronne fut naturel, et ne fut point une révolution, III,

425. — Leur avénement à la couronne comparé avec celui des Capétiens, 427. — La couronne, de leur temps, etoit tout à la fois elective et hereditaire : preuves, 428 et suiv. — Causes de la chute de cette maison, 434. — Causes principales de leur affoiblissement, 448. — Perdirent la couronne, parce qu'ils se trouverent depouillés de tous leurs domaines, 463. — Comment la couronne passa de leur maison dans celle des Capétiens, 465.

Carthage. La perte de sa vertu la conduisit à sa ruine, I, 163. — Époques des differentes gradations de la corruption de cette republique, 358. — Véritables motifs du refus que cette république fit d'envoyer des secours à Annibal, 393. — Etoit perdue si Annibal avoit pris Rome, *ibid.* — A qui le pouvoir de juger y fut confié, 465, 466. Nature de son commerce, II, 266. — Son commerce : ses découvertes sur les côtes d'Afrique, 330. — Ses precautions pour empêcher les Romains de negocier sur mer, 336, 337. — Sa ruine augmenta la gloire de Marseille, 338.

Carthaginois. Plus faciles à vaincre chez eux qu'ailleurs : pourquoi, I, 381. La loi qui leur defendoit de boire du vin etoit une loi du climat, II, 89. — Ne réussirent pas à faire le tour de l'Afrique, 326. Trait d'histoire qui prouve leur zèle pour leur commerce, 336. — Avoient-ils l'usage de la boussole ? *ibid.* — Bornes qu'ils imposerent au commerce des Romains : comment tinrent les Sardes et les Corses dans la dépendance, 363.

CARVILIUS RUGA. Est-il bien vrai qu'il soit le premier qui ait osé à Rome repudier sa femme ? II, 155.

Caspienne. Voyez *Mer.*

Cassitérides. Quelles sont les îles

que l'on nommoit ainsi, II, 356.

CASSIUS. Pourquoi ses enfans ne furent pas punis pour raison de la conspiration de leur pere, II, 30.

Caste. Jalousie des Indiens pour la leur, III, 73.

Castille. Le clergé y a tout envahi, parce que les droits d'indemnité et d'amortissement n'y sont point connus, III, 46.

Catholicisme. Pourquoi haï en Angleterre : quelle sorte de persecution il y souffre, II, 257. — Il s'accommode mieux d'une monarchie que d'une république, III, 8. — Les pays où il domine peuvent supporter un plus grand nombre de fêtes que les pays protestans, 31.

Catholiques. Pourquoi sont plus attaches à leur religion que les protestans, III, 37.

CATON. Prêta sa femme à Hortensius, III, 97.

CATON *l'ancien.* Contribua de tout son pouvoir pour faire recevoir a Rome les lois Voconienne et Oppienne : pourquoi, III, 116.

Causes majeures. Ce que c'etoit autrefois parmi nous : elles etoient reservees au roi, III, 264.

Celibat. Comment César et Auguste entreprirent de le detruire a Rome, II, 454 et suiv. — Comment les lois romaines le proscrivirent : le christianisme le rappela, 457. — Comment et quand les lois romaines contre le celibat furent énervées, 465. — L'auteur ne blâme point celui qui a été adopté par la religion, mais celui qu'a formé le libertinage, 470. — Combien il a fallu de lois pour le faire observer à de certaines gens, quand, de conseil qu'il étoit, on en fit un precepte, III, 11. — Pourquoi il a ete plus agreable aux peuples à qui il sembloit convenir le moins, 44. — Il n'est pas mauvais en lui-même ; il ne l'est que dans le cas où il seroit trop etendu, *ibid.* — Dans quel esprit l'auteur a traite cette matiere : a-t il eu tort de blâmer celui qui a le libertinage pour principe ? et a t il en cela rejete sur la religion des desordres qu'elle déteste ? IV, 51.

Cens. Comment doit être fixé, dans une democratie, pour y conserver l'egalité morale entre les citoyens, I, 209. — Quiconque n'y étoit pas inscrit, à Rome, etoit au nombre des esclaves : comment se faisoit-il qu'il y eût des citoyens qui n'y fussent pas inscrits ? III, 117, 118.

Cens. Voyez *Census.*

Censeurs. Nommoient à Rome les nouveaux senateurs : utilite de cet usage, I, 148. — Quelles sont leurs fonctions dans une democratie, 216. — Sagesse de leur établissement à Rome, 224. — Dans quels gouvernemens ils sont necessaires, 256. — Leur pouvoir, et utilite de ce pouvoir à Rome, 456. — Avoient toujours, à Rome, l'œil sur les mariages pour les multiplier, II, 453.

Censives. Leur origine : leur établissement est une des sources des coutumes de France, III, 251.

Censure. Qui l'exerçoit à Lacedemone, I, 216. — A Rome, *ibid.* — Sa force ou sa foiblesse dependoit, à Rome, du plus ou du moins de corruption, 358. — Epoque de son extinction totale, 359. — Fut détruite à Rome par la corruption des mœurs. II, 454.

Census ou *Cens.* Ce que c'etoit dans les commencemens de la monarchie française, et sur qui se levoit, III, 317 et suiv. — Ce mot est d'un usage si arbitraire dans les lois barbares, que les auteurs des systèmes particuliers sur l'etat ancien de

DES MATIÈRES.   335

notre monarchie, entre autres l'abbé Dubos, y ont trouve tout ce qui favorisoit leurs idées, 319. — Ce qu'on appeloit ainsi dans les commencemens de la monarchie etoit des droits économiques, et non pas fiscaux, 320.—Etoit, independamment de l'abus que l'on a fait de ce mot, un droit particulier leve sur les serfs par les maitres : preuves, *ibid.* et suiv. — Il n'y en avoit point autrefois de general dans la monarchie qui derivât de la police generale des Romains; et ce n'est point de ce cens chimérique que derivent les droits seigneuriaux : preuves, 322.

Centeniers. Etoient autrefois des officiers militaires : par qui et pourquoi furent établis, III, 328. — Leurs fonctions étoient les mêmes que celles du comte et du gravion, 336.—Leur territoire n'etoit pas le même que celui des fidèles, 355, 356.

Centumvirs. Quelle etoit leur competence à Rome, I, 461.

Centuries. Ce que c'étoit ; a qui elles procuroient toute l'autorité, I, 451.

Cérémonies religieuses. Comment multipliées, III, 43.

Cerites (tables des). Dernière classe du peuple romain, III, 119.

Cerne. Cette côte est au milieu des voyages que fit Hannon sur les côtes occidentales d'Afrique, II, 330.

César. Enchérit sur la rigueur des lois portes par Sylla, I, 293.— Compare a Alexandre, 408. — Fut souffert parce que, quoiqu'il eût la puissance d'un roi, il n'en affectoit point le faste, II, 217. — Par une loi sage, il fit que les choses qui representoient la monnoie devinrent monnoie comme la monnoie même, 376.—Par quelle loi il multiplia les mariages, 454.— La loi par laquelle il défendit de garder chez soi plus de soixante sesterces étoit sage et juste : celle de Law, qui portoit la même defense, etoit injuste et funeste, III, 261. — Décrit les mœurs des Germains en quelques pages : ces pages sont des volumes ; on y trouve les codes des lois barbares, 288, 289.

Césars. Ne sont point auteurs des lois qu'ils publierent pour favoriser la calomnie, II, 27.

Cession de biens. Ne peut avoir lieu dans les états despotiques, utile dans les etats modérés, I, 244. — Avantages qu'elle auroit procurés à Rome, si elle eût eté etablie du temps de la republique, *ibid.*

Ceylan. Un homme y vit pour dix sous par mois : la polygamie y est donc en sa place, II, 137.

Chaindasuinde. Fut un des reformateurs des lois des Wisigoths, III, 129.-Proscrivit les lois romaines, 144.-Veut inutilement abolir le combat judiciaire, 171.

Champagne. Les coutumes de cette province ont eté accordees par le roi Thibaut, III, 252.

Champions. Chacun en louoit un pour un certain temps, pour combattre dans ses affaires, III, 176.- Peines que l'on infligeoit a ceux qui ne se battoient pas de bonne foi, 186.

Change. Répand l'argent partout ou il a lieu, II, 382.—Ce qui le forme. Sa definition : ses variations causes de ces variations: comment il attire les richesses d'un etat dans un autre; ses differentes positions et ses differens effets, 388.—Est un obstacle aux coups d'autorite que les princes pourroient faire sur le titre des monnoies, 409.— Comment gêne les etats despotiques, 410. Voyez *Lettres de change.*

Charbon-de-terre. Les pays qui en produisent sont plus peuples que d'autres, II, 443.

Charges. Doivent-elles être vénales ? I , 255.

CHARLES-MARTEL. C'est lui qui fit rediger les lois des Frisons, III , 128. — Les nouveaux fiefs qu'il fonda prouvent que le domaine des rois n'etait pas alors inalienable , 402. — Opprima par politique le clergé , que Pepin, son père, avoit protégé par politique, 409. — Entreprit de depouiller le clergé dans les circonstances les plus heureuses : la politique lui attachoit le pape et l'attachoit au pape, 411. — Donna les biens de l'eglise indifferemment en fiefs et en aleux : pourquoi, 423.—Trouva l'etat si épuisé qu'il ne put le relever , 441. — A-t-il rendu le comte de Toulouse hereditaire ? 457.

CHARLEMAGNE. Son empire fut divisé, parce qu'il etoit trop grand pour une monarchie, I , 362. — Sa conduite envers les Saxons , 388. — Est le premier qui donna aux Saxons la loi que nous avons, III, 128. — Faux capitulaire qu'on lui a attribué, 147. — Quelle collection de canons il introduisit en France, 150. Les règnes malheureux qui suivirent le sien firent perdre jusqu'à l'usage de l'ecriture , et oublier les lois romaines , les lois barbares et les capitulaires , auxquels on substitua les coutumes, 152. — Retablit le combat judiciaire, 171.—Étendit le combat judiciaire des affaires criminelles aux affaires civiles, 171, 172. — Comment il veut que les querelles qui pourroient naître entre ses enfans soient videes , 173. — Veut que ceux à qui le duel est permis se servent du bâton : pourquoi , 177. — Réforme un point de la loi salique : pourquoi, 180.—Compte parmi les grands esprits , 284. — N'avoit d'autre revenu que son domaine : preuves, 316.—Accorda aux evêques la grâce qu'ils lui demandèrent de ne plus mener eux-mêmes leurs vassaux à la guerre : ils se plaignirent quand ils l'eurent obtenue, 329. - Les justices seigneuriales existoient de son temps , 357. — Etoit le prince le plus vigilant et le plus attentif que nous ayons eu , 406. - C'est à lui que les ecclesiastiques sont redevables de l'etablissement des dimes , 417. — Sagesse et motifs de la division qu'il fit des dimes ecclesiastiques, 421 — Éloge de ce grand prince ; tableau admirable de sa vie, de ses moeurs , de sa sagesse, de sa bonte, de sa grandeur d'âme , de la vaste etendue de ses vues, et de sa sagesse dans l'exécution de ses desseins , 431 et suiv. — Par quel esprit de politique il fonda tant de grands evêches en Allemagne, 433.— Après lui, on ne trouve plus de rois dans sa race , 434.—La force qu'il avoit mise dans la nation subsista sous Louis le-Debonnaire, qui perdoit son autorité au dedans, sans que la puissance parût diminuee au dehors, 438. — Comment l'empire sortit de sa maison, 464.

CHARLES II , dit *le Chauve.* Defend aux evêques de s'opposer à ses lois , et de les negliger , sous prétexte du pouvoir qu'ils ont de faire des canons, III , 149.— Trouva le fisc si pauvre , qu'il donnoit et faisoit tout pour de l'argent; il laissa même échapper pour de l'argent les Normands, qu'il pouvoit détruire , 441.— A rendu héréditaires les grands offices , les fiefs et les comtes : combien ce changement affoiblit la monarchie, 457.— Les fiefs et les grands offices devinrent après lui, comme la couronne etoit sous la seconde race, electifs et hereditaires en même temps, 460.

CHARLES IV , dit *le Bel.* Est auteur d'une ordonnance generale con-

cernant les dépens, III, 225.
CHARLES VII. Est le premier roi qui ait fait rédiger par écrit les coutumes de France : comment on y procéda, III, 253. — Loi de ce prince, inutile parce qu'elle étoit mal rédigée, 277.
CHARLES IX. Il y avoit, sous son règne, vingt millions d'hommes en France, II, 474. Davila s'est trompé dans la raison qu'il donne de la majorité de ce prince à quatorze ans commencés, 280.
CHARLES II, *roi d'Angleterre*. Bon mot de ce prince, I, 296.
CHARLES XII, *roi de Suède*. Son projet de conquête étoit extravagant : causes de sa chute : comparé avec Alexandre, I, 400.
CHARLES-QUINT. Sa grandeur, sa fortune, II, 560.
CHARONDAS. Ce fut lui qui trouva le premier le moyen de reprimer les faux témoins, II, 3.
Chartres. Celles des premiers rois de la troisieme race, et celles de leurs grands vassaux, sont une des sources de nos coutumes, III, 252.
Chartres d'affranchissement Celles que les seigneurs donnèrent à leurs serfs sont une des sources de nos coutumes, III, 253.
Chasse. Son influence sur les mœurs, I, 197.
Chemins. On ne doit jamais les construire aux depens des fonds des particuliers, sans les indemniser, III, 92. — Du temps de Beaumanoir, on les faisoit aux dépens de ceux à qui ils étoient utiles, 93.
CHERÉAS. Son exemple prouve qu'un prince ne doit jamais insulter ses sujets, II, 44.
Chevalerie. Origine de tout le merveilleux qui se trouve dans les romans qui en parlent, III, 182.
Chevaliers romains. Perdirent la republique quand ils quittèrent leurs fonctions naturelles pour devenir juges et financiers en même temps, I, 468 et suiv.
Chicane. Belle description de celle qui est aujourd'hui en usage : elle a force d'introduire la condamnation aux dépens, III, 225.
CHILDEBERT. Fut declaré majeur a quinze ans, II, 207. — Pourquoi il egorgea ses neveux, 209. — Comment il fut adopté par Gontran, 210. — A établi les centenies : pourquoi, III, 329. — Son fameux decret mal interprété par l'abbé Dubos, 371 et suiv.
CHILDÉRIC. Pourquoi fut expulsé du trône, II, 205.
CHILPÉRIC. Se plaint que les évêques seuls etoient dans la grandeur, tandis que lui roi n'y étoit plus, III, 407.
Chine. Etablissement qui paroît contraire au principe du gouvernement de cet empire, I, 258. Comment on y punit les assassinats, 296. — On y punit les peres pour les fautes de leurs enfans : abus dans cet usage, 301. — Le luxe en doit être banni : est la cause des differentes révolutions de cet empire : détail de ces revolutions, 317. — On y a fermé une mine de pierres précieuses, aussitôt qu'elle a été trouvée · pourquoi, 318. — L'honneur n'est point le principe du gouvernement de cet empire : preuves, 365. — Fecondité prodigieuse des femmes : et y cause quelquefois des revolutions : pourquoi, 367. — Cet empire est gouverné par les lois et par le despotisme en même temps : explication de ce paradoxe, 369. — Son gouvernement est un modèle de conduite pour les conquérans d'un grand état, 409. — Quel est l'objet de ses lois, 416. — Tyrannie injuste qui s'y exerce, sous pretexte du crime de lèse-majesté, II, 14. — L'idée qu'on y a du prince y met peu de liberté, 45. — On n'y ouvre point les ballots de ceux qui ne

sont pas marchands, 60. — Les peuples y sont heureux, parce que les tributs y sont en régie, 72. — Sagesse de ses lois, qui combattent la nature du climat, 84, 85. — Coutume admirable de cet empire pour encourager l'agriculture, 87. — Les lois n'y peuvent pas venir à bout de bannir les eunuques des emplois civils et militaires, 132. Pourquoi les mahometans y font tant de progrès, et les chretiens si peu, 136. — Ce qu'on y regarde comme un prodige de vertu, 143. Les peuples y sont plus ou moins courageux, à mesure qu'ils approchent plus ou moins du midi, 160. — Causes de la sagesse de ses lois : pourquoi on n'y sent point les horreurs qui accompagnent la trop grande etendue d'un empire, 179. — Les législateurs y ont confondu la religion, les lois, les mœurs et les manieres : pourquoi, 232. — Les principes qui regardent ces quatre points font ce qu'on appelle les rites, 234. — Avantage qu'y produit la façon composée d'ecrire, *ibid.* — Pourquoi les conquerans de la Chine sont obligés de prendre ses mœurs ; et pourquoi elle ne peut pas prendre les mœurs des conquerans, 235. — Il n'est presque pas possible que le christianisme s'y établisse jamais : pourquoi, 236. Comment les choses qui paroissent de simples minuties de politesse y tiennent avec la constitution fondamentale du gouvernement, 238. — Le vol y est défendu ; la friponnerie y est permise : pourquoi, 240. — Tous les enfans d'un même homme, quoique nés de diverses femmes, sont censés n'appartenir qu'à une seule : ainsi, point de bâtards, 434. — Il n'y est point question d'enfans adulterins, *ibid.* — Causes physiques de la grande population de cet empire, 442. — C'est le physique du climat qui fait que les pères y vendent leurs filles, et y exposent leurs enfans, 446. — L'empereur y est le souverain pontife, mais il doit se conformer aux livres de la religion : il entreprendroit en vain de les abolir, III, 50. — Il y eut des dynasties où les freres de l'empereur lui succedoient, à l'exclusion de ses enfans : raisons de cet ordre, 72. — Il n'y a point d'état plus tranquille, quoiqu'il renferme dans son sein deux peuples dont le ceremonial et la religion sont differens, 285.

Chinois. Sont gouvernés par les manières, II, 218. — Leur caractere comparé avec celui des Espagnols : leur infidelité dans le commerce leur a conservé celui du Japon : profits qu'ils tirent du privilege exclusif de ce commerce, 225. — Pourquoi ne changent jamais de manieres, 228. — Leur religion est favorable à la propagation, 468. — Consequences funestes qu'ils tirent de l'immortalité de l'âme etablie par la religion de Foe, 26.

Chrétiens. Un état composé de vrais chretiens pourroit fort bien subsister, quoi qu'en dise Bayle, III, 9. — Leur système sur l'immortalité de l'âme, 28.

Christianisme. Nous a ramené l'âge de Saturne, II, 113. — Pourquoi s'est maintenu en Europe, et a eté detruit en Asie, 136. — A donné son esprit à la jurisprudence, 467. — Acheva de mettre en credit dans l'empire le celibat, que la philosophie y avoit déjà introduit, 468. — N'est pas favorable à la propagation, 469. — Ses principes, bien graves dans le cœur, feroient beaucoup plus d'effet que l'honneur des monarchies, la vertu des républiques, et la crainte des etats despotiques, III, 9. — Beau tableau de cette religion, 17. — A dirigé admirablement bien pour la société les dogmes de l'immortalité de l'âme et de la résurrection des corps, 28. — Il semble, humainement parlant, que le climat lui a prescrit des bornes, 35. — Il est plein de bon sens dans les lois qui concernent les pratiques de culte : il peut se modifier suivant les climats, *ibid.* — Pourquoi il fut si facilement embrassé par les barbares qui conquirent l'empire romain, 41. — La fermeté qu'il inspire, quand il s'agit de renoncer à la loi, est ce qui l'a rendu odieux au Japon, 60. Il changea les réglemens et les lois que les hommes avoient faits pour conserver les mœurs des femmes, 77. — Effets qu'il produisit sur l'esprit féroce des premiers rois de France, 386. — Est la perfection de la religion naturelle : il y a donc des choses qu'on peut, sans impiété, expliquer sur les principes de la religion naturelle, IV, 29. Voyez *Religion chrétienne.*

CHRISTOPHE COLOMB. Voyez COLOMB.

CICÉRON. Regarde comme une des principales causes de la chute de la république les lois qui rendirent les suffrages secrets, I, 144, 145. — Vouloit que l'on abolît l'usage de faire des lois touchant les simples particuliers, II, 33. — Quels étoient selon lui les meilleurs sacrifices III, 48. — A adopté les lois d'épargne faites par Platon sur les funérailles, *ibid.* — Pourquoi regardoit les lois agraires comme funestes, 91. — Trouve ridicule de vouloir décider des droits des royaumes par les lois qui décident du droit d'une gouttière, 95. — Blâme Verrès d'avoir suivi l'esprit plutôt que la lettre de la loi Voconienne, 118. — Croit qu'il est contre l'équité de ne pas rendre un fidéicommis, 120.

CINQ-MARS (M. de). Prétexte injuste de sa condamnation, II, 16.

Circonstances. Rendent les lois ou justes et sages, ou injustes et funestes, III, 261.

Citation en justice. Ne pouvoit pas se faire à Rome dans la maison du citoyen ; en France, elle ne peut pas se faire ailleurs : ces deux lois, qui sont contraires, partent du même esprit, III, 266.

Citoyen. Revêtu subitement d'une autorité exorbitante devient monarque ou despote, I, 148. Quand il peut sans danger être élevé dans une république à un pouvoir exorbitant, *ibid.* — Il ne peut y en avoir dans un état despotique, 184.

Citoyens. Doivent-ils être autorisés à refuser les emplois publics ? I, 253. — Comment doivent se conduire dans le cas de la défense naturelle, 85. — Cas où, de quelque naissance qu'ils soient, ils doivent être jugés par les nobles, 430. Cas dans lesquels ils sont libres de fait, et non de droit ; *et vice versa*, II, 1. - Ce qui attaque le plus leur sûreté, 5. — Ne peuvent vendre leur liberté pour devenir esclaves, 103 -Sont en droit d'exiger de l'état une subsistance assurée, la nourriture, un vêtement convenable, et un genre de vie qui ne soit point contraire à la santé ; moyen que l'état peut employer pour remplir ces obligations, II, 477. — Ne satisfont pas aux lois en se contentant de ne pas troubler le corps de l'état ; il faut encore qu'ils ne troublent pas quelque citoyen que ce soit, III, 51.

Citoyen romain. Par quel privilége il étoit à l'abri de la tyrannie des gouverneurs de province, I, 471, 472. Pour l'être, il falloit être inscrit dans le cens : comment se faisoit-il qu'il y en eût qui n'y fussent pas inscrits ? III, 118.

Civilité. Ce que c'est : en quoi elle diffère de la politesse : elle est, chez les Chinois, pratiquée dans tous les états ; à Lacedemone, elle ne l'étoit nulle part : pourquoi cette différence, II, 232.

Classes. Combien il est important que celles dans lesquelles on distribue le peuple, dans les états populaires, soient bien faites, I, 142. — Il y en avoit six à Rome : distinction entre ceux qui etoient dans les cinq premieres et ceux qui étoient dans la derniere : comment on abusa de cette distinction pour eluder la loi Voconienne, III, 118.

CLAUDE, empereur. Se fait juge de toutes les affaires, et occasione par la quantité de rapines, I, 273. — Fut le premier qui accorda à la mere la succession de ses enfans, III, 114.

Clemence. Quel est le gouvernement où elle est le plus necessaire, I, 302. — Fut outrée par les empereurs grecs, 303.

Clergé. Point de vue sous lequel on doit envisager sa juridiction en France. Son pouvoir est convenable dans une monarchie ; il est dangereux dans une république, I, 153. — Son pouvoir arrete le monarque dans la route du despotisme, 153 et suiv. — Son autorité sous la premiere race, II, 214. Pourquoi les membres de celui d'Angleterre sont plus citoyens qu'ailleurs : pourquoi leurs mœurs sont plus regulieres : pourquoi ils font de meilleurs ouvrages pour prouver la révélation et la providence : pourquoi on aime mieux lui laisser ses abus que de souffrir qu'il devienne réformateur, 257. — Ses privileges exclusifs depeuplent un état, et cette depopulation est très-difficile à reparer, 478. — La religion lui sert de pretexte pour s'enrichir aux depens du peuple ; et la misere qui resulte de cette injustice est un motif qui attache le peuple à la religion, III, 39. — Comment on est venu à en faire un corps separé ; comment il a etabli ses prerogatives, 44, 276. — Cas où il seroit dangereux qu'il formât un corps trop étendu, 45. — Bornes que les lois doivent mettre à ses richesses, 45, 46. — Pour l'empêcher d'acquerir, il ne faut pas lui défendre les acquisitions, mais l'en degoûter : moyens d'y parvenir, *ibid.* — Son ancien domaine doit être sacré et inviolable ; mais le nouveau doit sortir de ses mains, 47. — La maxime qui dit qu'il doit contribuer aux charges de l'état est regardée à Rome comme une maxime de maltôte, et contraire à l'Ecriture, *ibid.* — Refondit les lois des Wisigoths, et y introduisit les peines corporelles, qui furent toujours inconnues dans les autres lois barbares auxquelles il ne toucha point, 129. — C'est des lois des Wisigoths qu'il a tiré en Espagne toutes celles de l'inquisition, 131. — Pourquoi continua de se gouverner par le droit romain sous la premiere race de nos rois, tandis que la loi salique gouvernoit le reste des sujets, 138. — Par quelles lois ses biens etoient gouvernés sous les deux premieres races, 149. — Il se soumit aux decretales, et ne voulut pas se soumettre aux capitulaires : pourquoi, *ibid.* — La roideur avec laquelle il soutint la preuve négative par serment, sans autre raison que parce qu'elle se faisoit dans l'eglise, preuve qui faisoit commettre mille parjures, fit etendre la preuve par le combat particulier, contre lequel il se déchaînoit, 167 et suiv. — C'est peut être par ménagement pour lui que Charlemagne voulut que le bâton fût la seule arme dont on pût se servir dans les duels, 177. — Exemple de modération de sa part, 242. Moyens par lesquels il s'est enrichi, *ibid.* — Tous les biens du royaume lui ont été donnés plusieurs fois : révolutions dans sa fortune ; quelles en sont les causes, 409. — Repousse les entreprises contre son temporel par des révélations de rois damnés, 413. — Les troubles qu'il causa pour son temporel furent terminés par les Normands, 416. — Assemblée à Francfort pour déterminer le peuple à payer la dîme, raconte comment le diable avoit dévoré les épis de blé lors de la dernière famine, parce qu'on ne l'avoit pas payée, 4 9. — Troubles qu'il causa après la mort de Louis le-Debonnaire, à l'occasion de son temporel, 442 et suiv — Ne peut reparer, sous Charles-le Chauve, les maux qu'il avoit faits sous ses prédécesseurs, 444.

CLERMONT (le comte de). Pourquoi faisoit suivre les etablissemens de saint Louis son père dans ses justices, pendant que ses vassaux ne les faisoient pas suivre dans les leurs, III, 215.

Climat. Forme la différence des caractères et des passions des hommes : raisons physiques, II, 75 et suiv. — Raisons physiques des contradictions singulieres qu'il met dans le caractere des Indiens, 81, 82. — Les bons legislateurs sont ceux qui s'opposent à ses vices, 84. — Les lois doivent avoir du rapport aux maladies qu'il cause, 88. — Effets qui résultent de celui d'Angleterre : il a formé en partie les lois et les mœurs de ce pays, 95, 246. — Detail curieux de quelques-uns de ces differens effets, 96, 97. — Rend les femmes nubiles plus tôt ou plus tard : c'est donc de lui que dépend leur esclavage ou leur liberté, 134, 135.—Il y en a où le physique a tant de force que la morale n'y peut presque rien, 143. — Jusqu'à quel point ses vices peuvent porter le désordre : exemples, 147. — Comment il influe sur le caractere des femmes, *ibid.* — Influe sur le courage des hommes et sur leur liberté : preuves par faits, 159, 160.—C'est le climat presque seul, avec la nature, qui gouverne les sauvages, 218. — Gouverne les hommes concurremment avec la religion, les lois, les mœurs, etc. De là naît l'esprit général d'une nation, 218, 219. — C'est lui qui fait qu'une nation aime à se communiquer ; qu'elle aime par conséquent à changer ; et, par la même consequence, qu'elle se forme le goût, 221. — Il doit regler les vues du législateur au sujet de la propagation, 446. — Influe beaucoup sur le nombre et la qualité des divertissemens des peuples : raison physique, III, 51.—Rend la religion susceptible de lois locales relatives à sa nature, et aux productions qu'il fait naître, 31, 32. — Semble, humainement parlant, avoir mis des bornes au christianisme et au mahometisme, 35. — L'auteur ne pouvoit pas en parler autrement qu'il n'a fait, sans courir les risques d'être regardé comme un homme stupide, IV, 46.

Climats chauds. Les esprits et les temperamens y sont plus avancés, et plus tôt épuisés qu'ailleurs : conséquence qui en résulte dans l'ordre legislatif, I, 243. — On y a moins de besoins, il en coûte moins pour vivre ; on y peut donc avoir un plus grand nombre de femmes, II, 137.

CLODOMIR. Pourquoi ses enfans furent égorgés avant leur majorité, II, 209.

CLOTAIRE. Pourquoi egorgea ses neveux, II, 209. — A établi les centeniers : pourquoi, III, 329. — Pourquoi persecuta Brunehault, 381. — C'est sous son règne que les maires du palais devinrent perpétuels et si puissans, 382. — Ne peut reparer les maux faits par Brunehault et Fredégonde, qu'en laissant la possession des fiefs à vie, et en rendant aux ecclesiastiques les privileges qu'on leur avoit ôtes, 384. — Comment reforma le gouvernement civil de la France, 385 et suiv. — Pourquoi on ne lui donna point de maire du palais, 390 — Fausse interpretation que les ecclesiastiques donnent à sa constitution pour prouver l'anciennete de leur dime, 417.

CLOVIS. Comment il devint si puissant et si cruel, II, 211. — Pourquoi lui et ses successeurs furent si cruels contre leur propre maison, ibid. — Réunit les deux tribus de Francs, les Saliens et les Ripuaires; et chacune conserva ses usages, III, 127. — Toutes les preuves qu'apporte l'abbé Dubos, pour prouver qu'il n'entra point dans les Gaules en conquerant, sont ridicules et dementies par l'histoire, 361, 362. A t il ete fait proconsul, comme le pretend l'abbé Dubos ? 364. — La perpetuité des offices de comte, qui n'etoient qu'annuels, commença à s'acheter sous son règne : exemple, à ce sujet, de la perfidie d'un fils envers son père, 3-9.

Cochon. Une religion qui en défend l'usage ne peut convenir que dans les pays où il est rare, et dont le climat rend le peuple susceptible des maladies de la peau, III, 33.

Code civil. C'est le partage des terres qui le grossit : il est donc fort mince chez les peuples où ce partage n'a point lieu, II, 184.

Code des etablissemens de saint Louis. Il fit tomber l'usage d'assembler les pairs dans les justices seigneuriales pour juger, III, 246.

Code de Justinien. Comment il a pris la place du code Théodosien, dans les provinces de droit écrit, III, 156. — Temps de la publication de ce code, 244, 245 — N'est pas fait avec choix, 284.

Code des lois barbares. Roule presque entierement sur les troupeaux : pourquoi, III, 295.

Code Theodosien. De quoi est compose, II, 245. — Gouverna, avec les lois barbares, les peuples qui habitoient la France sous la première race, III, 137. — Alaric en fit faire une compilation pour régler les differends qui naissoient entre les Romains de ses etats, ibid. — Pourquoi il fut connu en France avant celui de Justinien, 244.

Cognats. Ce que c'etoit : pourquoi exclus de la succession, III, 108.

COINTE (le pere LE). Le raisonnement de cet historien en faveur du pape Zacharie detruiroit l'histoire, s'il etoit adopte, III, 426.

Colchide. Pourquoi etoit autrefois si riche et si commerçante, et est aujourd'hui si pauvre et si deserte, II, 296.

Colléges. Ce n'est point là que, dans les monarchies, on reçoit la principale education, I, 178.

COLOMB (CHRISTOPHE). Decouvre l'Amérique, II, 360. — François I eut-il tort ou raison de le rebuter ? 369.

Colonies. Comment l'Angleterre gouverne les siennes, II, 255.

— Leur utilité, leur objet ; en quoi les nôtres different de celles des anciens : comment on doit les tenir dans la dépendance, 361. — Nous tenons les nôtres dans la même dépendance que les Carthaginois tenoient les leurs, sans leur imposer des lois aussi dures, 363.

Combat judiciaire. Étoit admis comme une preuve par les lois barbares, excepté par la loi salique, III, 157. — La loi qui l'admettoit comme preuve etoit la suite et le remède de celle qui etablissoit les preuves négatives, 158. — On ne pouvoit plus, suivant la loi des Lombards, l'exiger de celui qui s'etoit purgé par serment, 159. — La preuve que nos pères en tiroient dans les affaires criminelles n'etoit pas si imparfaite qu'on le pense, 162 et suiv. — Son origine : pourquoi devint une preuve juridique : cette preuve avoit quelques raisons fondées sur l'experience, 164. — L'entêtement du clergé pour un autre usage aussi pernicieux le fit autoriser, 167. — Comment il fut une suite de la preuve négative, 170. — Fut porté en Italie par les Lombards, 171. — Charlemagne, Louis-le-Debonnaire, et les Othons, l'etendirent des affaires criminelles aux affaires civiles, 171, 172. — Sa grande extension est la principale cause qui fit perdre aux lois saliques, aux lois ripuaires, aux lois romaines, et aux capitulaires, leur autorité, 174 et suiv. — C'etoit l'unique voie par laquelle nos pères jugeoient toutes les actions civiles et criminelles, les incidens et les interlocutoires, 175. — Avoit lieu pour une demande de douze deniers, 176. — Quelles armes on y employoit, 177, 178. — Mœurs qui lui etoient relatives, 181 et suiv. — Étoit fondé sur un corps de jurisprudence, 184.

— Auteurs à consulter pour en bien connoître la jurisprudence, *ibid.* — Règles juridiques qui s'y observoient, 185 et suiv. — Precautions que l'on prenoit pour maintenir l'egalité entre les combattans, 185, 186. — Il y avoit des gens qui ne pouvoient l'offrir ni le recevoir : on leur donnoit des champions, 186. — Detail des cas où il ne pouvoit avoir lieu, 188. — Ne laissot pas d'avoir de grands avantages, même dans l'ordre civil, 189. — Les femmes ne pouvoient l'offrir à personne sans nommer leur champion : mais on pouvoit les y appeler sans ces formalites, 190. — A quel âge on pouvoit y appeler et y être appelé, 191. — L'accusé pouvoit elider le temoignage du second temoin de l'enquête, en offrant de se battre contre le premier, 192. — De celui entre une partie et un des pairs du seigneur, 194. — Quand, comment et contre qui il avoit lieu, en cas de defaute de droit, 204, 205. — Saint Louis est celui qui a commencé à l'abolir, 211. — Epoque du temps où l'on a commencé à s'en passer dans les jugemens, 215. — Quand il avoit pour cause l'appel de faux jugement, il ne faisoit qu'aneantir le jugement, sans decider la question, 220. — Lorsqu'il étoit en usage, il n'y avoit point de condamnation de dépens, 223 et suiv. — Repugnoit à l'idée d'une partie publique, 226. — Cette façon de juger demandoit très peu de suffisance dans ceux qui jugeoient, 245.

Conediennes. Il étoit defendu, à Rome, aux ingénus, de les épouser, II, 463.

Conuces par tribus. Leur origine : ce que c'étoit à Rome, I, 455.

Commerce. Comment une nation vertueuse le doit faire pour ne pas se corrompre par la frequentation des etrangers, I,

192. — Les Grecs regardoient la profession de tout bas commerce comme infâme, et par conséquent comme indigne du citoyen, 196. — Vertus qu'il inspire au peuple qui s'y adonne : comment on en peut maintenir l'esprit dans une démocratie, 211.—Doit être interdit aux nobles dans une aristocratie, 222. — Doit être favorisé dans une monarchie, mais il est contre l'esprit de ce gouvernement que les nobles le fassent, 227. — Il suffit que les commerçans puissent espérer de devenir nobles. II, 285.— Est nécessairement très borné dans un état despotique, I, 245. — Est-il diminué par le trop grand nombre d'habitans dans la capitale, 308 — Causes, économie et esprit de celui d'Angleterre, II, 251, 252 — Adoucit et corrompt les mœurs, 263.—Dans les pays où il règne, tout, jusqu'aux actions humaines et aux vertus morales, se trafique. Il détruit le brigandage; mais il entretient l'esprit d'intérêt, 264. — Entretient la paix entre les nations ; mais n'entretient pas l'union entre les particuliers, 265. — Sa nature doit être réglée, ou même se règle d'elle même par celle du gouvernement, 266 et suiv. — Il y en a de deux sortes ; celui de luxe, et celui d'économie : à quelle nature de gouvernement chacune de ces espèces de commerce convient le mieux, 266, 267. — Le commerce d'économie force le peuple qui le fait à être vertueux. Exemple tiré de Marseille, 269. — Le commerce d'économie a fondé des états composés de fugitifs persécutés, ibid. — Il y a des cas où celui qui ne donne rien, celui même qui est desavantageux, est utile, 270.—Ses intérêts doivent l'emporter sur les intérêts politiques, 272.—Moyens propres à abaisser les états qui font le commerce d'économie. Est-il bon d'en faire usage ? ibid. — On ne doit, sans de grandes raisons, exclure aucune nation de son commerce, encore moins s'assujettir à ne commercer qu'avec une seule nation, 273. — L'établissement des banques est bon pour le commerce d'économie seulement, 274. — L'établissement des compagnies de négocians ne convient point dans la monarchie ; souvent même ne convient pas dans les états libres, 275. — Ses intérêts ne sont point opposés à l'établissement d'un port franc dans les états libres ; c'est le contraire dans les monarchies, ibid., 276. — Il ne faut pas confondre la liberté du commerce avec celle du commerçant : celle du commerçant est fort gênée dans les états libres, et fort étendue dans les états soumis à un pouvoir absolu, 276. — Quel en est l'objet, 277.—Est il bon de confisquer les marchandises prises sur les ennemis, et de rompre tout commerce, soit passif, soit actif, avec eux ? la liberté en est détruite par les douanes quand elles sont affermées, 277. 278. — Il est bon que la contrainte par corps ait lieu dans les affaires qui le concernent, 279. — Des lois qui en établissent la sûreté. 280. — Des juges pour le commerce, 281.—Dans les villes où il est établi, il faut beaucoup de lois, et peu de juges, 282.—Il ne doit point être fait par le prince, 283. — Celui des Portugais et des Castillans, dans les Indes orientales, fut ruiné quand leurs princes s'en emparèrent, 284. — Il est avantageux aux nations qui n'ont besoin de rien, et onéreux à celles qui ont besoin de tout, 288.—Avantages qu'en peuvent tirer les peuples qui sont en état de supporter une grande exportation,

et une grande importation en même temps, 290. — Rend utiles les choses superflues ; et les choses utiles necessaires, *ibid.* — Considere dans les revolutions qu'il a eues dans le monde 291 et suiv. — Pourquoi, malgré les revolutions auxquelles il est sujet, sa nature est irrevocablement fixée dans certains etats, comme aux Indes, *ibid.* — Pourquoi celui des Indes ne se fait et ne se fera jamais qu'avec de l'argent. *ibid*, 302. — Pourquoi celui qui se fait en Afrique est et sera toujours si avantageux, 293. — Raisons physiques des causes qui en maintiennent la balance entre les peuples du nord et ceux du midi, *ibid.* — Difference entre celui des anciens et celui d'aujourd'hui, 295. — Fuit l'oppression et cherche la liberté ; c'est une des principales causes des differences qu'on trouve entre celui des anciens et le nôtre, 296. Sa cause et ses effets, 297 — Celui des anciens, *ibid.* et suiv. — Comment, et par où il se faisoit autrefois dans les Indes, 298. — Quel etoit autrefois celui de l'Asie : comment et par où il se faisoit. *ibid.* — Nature et etendue de celui des Tyriens, 300. — Combien celui des Tyriens tiroit d'avantages de l'imperfection de la navigation des anciens, *ibid.* — Etendue et durée de celui des Juifs, 301. — Nature et etendue de celui des Égyptiens, *ibid.* De celui des Pheniciens, 302. — Nature de celui des Grecs avant et depuis Alexandre, 307 et suiv. — Celui d'Athènes fut plus borné qu'il n'auroit dû l'être, 308. — De Corinthe, *ibid* — De la Grèce avant Homere, 309. — Revolution que lui occasiona la conquete d'Alexandre, 311 et suiv. Préjugé singulier qui empechoit et qui empêche encore les Perses de faire celui des Indes, 312. — De celui qu'Alexandre avoit projeté d'établir, 313 et suiv. — De celui des rois grecs apres Alexandre, 317 et suiv. — Comment et par où on le fit aux Indes, après Alexandre, 320. — Celui des Grecs et des Romains aux Indes n'étoit pas si etendu, mais etoit plus facile que le nôtre, 324. — Celui de Carthage, 330. — La constitution politique, le droit civil, le droit des gens, et l'esprit de la nation, chez les Romains, etoient opposés au commerce, 343, 344. — Celui des Romains avec l'Arabie et les Indes, 346. — Revolutions qu'y causa la mort d'Alexandre, 349. — Interieur des Romains, 351. — De celui de l'Europe, apres la destruction des Romains en Occident, 352. — Loi des Wisigoths, contraire au commerce, 352. — Autre loi du même peuple, favorable au commerce, 353. — Comment se fit jour en Europe a travers la barbarie, 354 et suiv. — Sa chute, et les malheurs qui l'accompagnèrent dans les temps de barbarie, n'eurent d'autre source que la philosophie d'Aristote et les rêveries des scolastiques, *ibid.* - Ce qu'il devint depuis l'affoiblissement des Romains en Orient, 354. - Les lettres de change l'ont arraché des bras de la mauvaise foi pour le faire rentrer dans le sein de la probité, 357. — Comment se fait celui des Indes orientales et occidentales, 359 et suiv. — Lois fondamentales de celui de l'Europe, 362 et suiv. — Projets proposés par l'auteur sur celui des Indes, 372. — Dans quel cas il se fait par echange, 373, 374. — Dans quelle proportion il se fait, suivant les differentes positions des peuples qui le font ensemble, *ibid* On en devroit bannir les monnoies ideales, 379. Croit par une augmentation successive d'argent, et par de nouvelles decouvertes de terres et de mers, 386. — Pourquoi ne peut fleurir en Moscovie, 410. — Le nombre des fêtes, dans les pays qu'il maintient, doit être proportionné à ses besoins, III, 51.

Commerce d'economie. Ce que c'est : dans quels gouvernemens il convient et réussit le mieux, II, 266. — Des peuples qui ont fait ce commerce, 269. — Doit souvent sa naissance a la violence et a la vexation, *ibid.* — Il faut quelquefois n'y rien gagner, et même y perdre, pour y gagner beaucoup, 270, 271. — Comment on l'a quelquefois gêné, 272. — Les banques sont un etablissement qui lui est propre, 274. — On peut, dans les etats ou il se fait, etablir un port franc, 275.

Commerce de luxe. Ce que c'est : dans quels gouvernemens il convient et reussit le mieux, II, 266. — Il ne lui faut point de banques, 274. — Il ne doit avoir aucuns priviléges, 275.

Commissaires. Ceux qui sont nommés pour juger les particuliers ne sont d'aucune utilité au monarque ; sont injustes, et funestes a la liberté des sujets, II, 37.

Commode. Ses rescrits ne devroient pas se trouver dans le corps des lois romaines, III, 234.

Communauté des biens. Est plus ou moins utile dans les differens gouvernemens, I, 334.

Communes. Il n'en etoit point question aux assemblees de la nation sous les deux premieres races de nos rois, III, 149.

Communion. Etoit refusée à ceux qui mouroient sans avoir donné une partie de leurs biens a l'église, III, 242.

Compagnies de négocians. Ne conviennent presque jamais dans une monarchie ; pas toujours dans les républiques, II, 275. — Leur utilité, leur objet, *ibid.* — Ont avili l'or et l'argent, 369.

Compagnons. Ce que Tacite appelle ainsi chez les Germains : c'est dans les usages et les obligations de ces compagnons qu'il faut chercher l'origine du vasselage, III, 290, 325.

Compositions. Quand on commença à les regler plutôt par les coutumes que par le texte des lois, III, 152. — Tarif de celles que les lois barbares avoient etablies pour les differens crimes, suivant la qualité des differentes personnes, 134, 177. — Leur grandeur seule constituoit la difference des conditions et des rangs, 138, 340. — L'auteur entre dans le detail de la nature de celles qui etoient en usage chez les Germains, chez les peuples sortis de la Germanie pour conquerir l'empire romain, afin de nous conduire par la main à l'origine des justices seigneuriales, 337 et suiv. — A qui elles appartenoient : pourquoi on appeloit ainsi les satisfactions dues, chez les barbares, par les coupables à la personne offensee ou à ses parens, 340, 341. — Les redacteurs des lois barbares crurent en devoir fixer le prix, et le firent avec une precision et une finesse admirables, *ibid.* — Ces reglemens ont commencé a tirer les Germains de l'état de pure nature, 341. — Etoient reglees suivant la qualité de l'offensé, *ibid.* — Formoient, sur la tête de ceux en faveur de qui elles etoient etablies, une prerogative proportionnée au prix dont le tort qu'ils eprouvoient devoit être reparé, 342. — En quelles espèces on les payoit, *ibid.* — L'offensé etoit le maitre, chez les Germains, de recevoir la composition ou de la refuser, et de se réserver sa vengeance : quand on commença à être obligé de la recevoir, 343. — On en trouve, dans le code des lois barbares, pour les actions involontaires, 344. — Celles qu'on payoit aux vassaux du roi étoient plus fortes que celles qu'on payoit aux hommes libres, 403.

Comte. Etoit superieur au seigneur, III, 186. — Différence entre sa juridiction, sous la seconde race, et celle de ses officiers, 204. — Les jugemens rendus dans sa cour ne ressortissoient point devant les *missi dominici*, 205. Renvoyoit au jugement du roi les grands qu'il prevoyoit ne pouvoir pas reduire a la raison, *ibid.* — On etoit autrefois obligé de reprimer l'ardeur qu'ils avoient de juger et de faire juger, 206 — Leurs fonctions sous les deux premieres races, 314. — Comment et avec qui ils alloient a la guerre dans les commencemens de la monarchie, 328, 330. — Quand menoit les vassaux des leudes à la guerre, 329. — Sa juridiction a la guerre, 332. — C'etoit un principe fondamental de la monarchie, que le comte reunit sur sa tête et la puissance militaire et la juridiction civile ; et c'est dans ce double pouvoir que l'auteur trouve l'origine des justices seigneuriales, 333 et suiv. — Pourquoi ne menoit pas à la guerre les vassaux des evêques et des abbés, ni les arrierevassaux des leudes, 333. — Étymologie de ce mot, 334. — N'avoient pas plus de droit dans leurs terres que les autres seigneurs dans la leur, 334, 335. — Différence entre eux et les ducs, 335. — Quoiqu'ils reunissent sur leur tête les puissances militaire, civile et fiscale, la forme des jugemens les empêchoit d'être despotiques : quelle etoit cette forme, 336. — Leurs fonctions etoient les mêmes que celles du gravion et du centenier, *ibid.* — Combien il lui falloit d'adjoints pour juger, *ibid.* — Commencèrent dès le règne de Clovis à se procurer par argent la perpetuité de leurs offices, qui, par leur nature, n'étoient qu'annuels : exemple de la perfidie d'un fils envers son père, 379. — Ne pouvoit dispenser personne d'aller a la guerre, 455. — Quand leurs offices commencerent a devenir hereditaires et attaches à des fiefs, 457.

Comtes. Ne furent pas donnés à perpetuité en même temps que les fiefs, III, 403

Concubinage. Contribue peu à la propagation : pourquoi, II, 431. — Il est plus ou moins fletri, suivant les divers gouvernemens, et suivant que la polygamie ou le divorce sont permis ou defendus, 435. — Les lois romaines ne lui avoient laisse de lieu que dans le cas d'une très-grande corruption de mœurs, *ibid.* et suiv.

Condamnation de depens. N'avoit point lieu autrefois en France en cour laie : pourquoi, III, 223.

Condamnés. Leurs biens etoient consacres à Rome : pourquoi, I, 270.

Conditions. En quoi consistoient leurs différences chez les Francs, III, 138.

Confesseurs des rois. Sage conseil qu'ils devroient bien suivre, I, 384.

Confiscations. Fort utiles et justes dans les etats despotiques : pernicieuses et injustes dans les etats moderés, I, 245. Voyez *Juifs*.

Confiscations des marchandises. Loi excellente des Anglais sur cette matiere, II, 278.

Confrontation des témoins avec l'accusé Est une formalité requise par la loi naturelle, III, 66.

Confucius. Sa religion n'admet point l'immortalité de l'âme ; et tire de ce faux principe des consequences admirables pour la société, III, 26.

Conquérans. Causes de la dureté de leur caractere, I, 280. — Leurs droits sur le peuple conquis, 385. Voyez *Conquête.* — Jugement sur la generosité pretendue de quelques-uns, 411.

Conquête. Quel en est l'objet, I, 133. — Lois que doit suivre un conquerant, 385 — Erreurs dans lesquelles sont tombés nos auteurs sur le droit public, touchant cet objet. Ils ont admis un principe aussi faux qu'il est terrible, et en ont tiré des conséquences encore plus terribles, 386. — Quand elle est faite, le conquerant n'a plus droit de tuer : pourquoi, 387. — Son objet n'est point la servitude, mais la conservation : conséquences de ce principe, *ibid.* — Avantages qu'elle peut apporter au peuple conquis, 388. — (Droit de). Sa définition, 390. — Tel usage qu'en firent le roi Gélon et Alexandre, 391. — Quand et comment les republiques en peuvent faire, 392. — Les peuples conquis par une aristocratie sont dans l'etat le plus triste, 394. — Comment on doit traiter le peuple vaincu, 397. — Moyens de la conserver, 409. — Conduite que doit tenir un état despotique avec le peuple conquis, 410.

Conrad, empereur. Ordonna le premier que la succession des fiefs passeroit aux petits enfans ou aux frères, suivant l'ordre de succession : cette loi s'étendit peu à peu pour les successions directes à l'infini, et pour les collaterales au septième degré, III, 461.

Conseil du prince. Ne peut être dépositaire des lois, I, 155. — Ne doit point juger les affaires contentieuses : pourquoi, 275.

Conseils. Si ceux de l'Évangile etoient des lois, ils seroient contraires à l'esprit des lois évangeliques, III, 10.

Conservation. C'est l'objet general de tous les etats, I, 416.

Conspirations. Precautions que doivent apporter les legislateurs dans les lois, pour la révélation des conspirations, II, 28.

Constance. Belle loi de cet empereur, II, 40.

Constantin. Changement qu'il apporta dans la nature du gouvernement, I, 295. — C'est à ses idees sur la perfection que nous sommes redevables de la juridiction ecclesiastique, II, 467. — Abrogea presque toutes les lois contre le célibat, 468. — A quels motifs Zosime attribue sa conversion, III, 16. — Il n'imposa qu'aux habitans des villes la necessité de chômer le dimanche, 30. — Respect ridicule de ce prince pour les evêques, 278.

Constantin Ducas (le faux). Punition singuliere de ses crimes, I, 295.

Constantinople. Il y a des serails ou il ne se trouve pas une seule femme, II, 142.

Consuls. Nécessité de ces juges pour le commerce, II, 282.

Consuls romains. Par qui et pourquoi leur autorité fut démembrée, I, 449. — Leur autorité et leurs fonctions, 456. Quelle étoit leur competence dans les jugemens, 460. — Avantage de celui qui avoit des enfans sur celui qui n'en avoit point, II, 459.

Contemplation. Il n'est pas bon pour la société que la religion donne aux hommes une vie trop contemplative, III, 15.

Continence. C'est une vertu qui ne doit etre pratiquée que par peu de personnes, II, 468.

Continence publique. Est nécessaire dans un état populaire, I, 321.

Contrainte par corps. Il est bon qu'elle n'ait pas lieu dans les affaires civiles ; il est bon qu'elle ait lieu dans les affaires de commerce, II, 279.

Contumace. Comment etoit punie dans les premiers temps de la monarchie, III, 404.

Coples Les Saxons appeloient ainsi ce que nos peres appeloient comtes, III, 334.

Corinthe. Son heureuse situation; son commerce; sa richesse : la religion y corrompit les mœurs. Fut le seminaire des courtisanes, II, 308, 309. — Sa ruine augmenta la gloire de Marseille, 338.

Cornéliennes. Voyez *Lois Corneliennes*

Corps legislatif Quand, pendant combien de temps, par qui, doit etre assemble, proroge, et renvoye, dans un etat libre, I, 426 et suiv.

Corruption. De combien il y en a de sortes, I, 286. — Combien elle a de sources dans une democratie : quelles sont ces sources, 338, 339. — Ses effets funestes, 346.

Cosmes. Magistrats de Crète. Vices dans leur institution, I, 428.

Coucy (le sire de) Ce qu'il pensoit de la force des Anglais, I, 380.

Coups de bâton. Comment punis par les lois barbares, III, 177.

Couronne. Les lois et les usages des differens pays en reglent differemment la succession, et ces usages, qui paroissent injustes a ceux qui ne jugent que sur les idees de leurs pays, sont fondes en raison, III, 70 et suiv. — Ce n'est pas pour la famille regnante qu'on a fixé la succession, mais pour l'intéret de l'etat, 94. Son droit ne se règle pas comme les droits des particuliers : elle est soumise au droit politique; les droits des particuliers le sont au droit civil, 95. — On en peut changer l'ordre de succession, si celui qui est etabli detruit le corps politique pour lequel il a eté etabli, 102. La nation a droit d'en exclure, et d'y faire renoncer, 103.

Couronne de France. C'est par la loi salique qu'elle est affectee aux males exclusivement, II, 202. Sa figure ronde est-elle le fondement de quelque droit du roi? III, 279. Étoit elective sous la seconde race, 429. — Le droit d'ainesse ne s'y est etabli que quand il s'est établi dans les fiefs, apres qu'ils sont devenus perpetuels, 467. — Pourquoi les filles en sont exclues, tandis qu'elles ont droit à celles de plusieurs autres royaumes, 471.

Cours des princes. Combien ont eté corrompues dans tous les temps, I, 167.

Courtisans. Peinture admirable de leur caractere, II, 258. — En quoi, dans une monarchie, consiste leur politesse : cause de la delicatesse de leur goût, I, 181. — Difference essentielle entre eux et les peuples, II, 43.

Courtisanes. Il n'y a qu'elles qui soient heureuses à Venise, I, 311. — Corinthe en etoit le séminaire, II, 309. — Leurs enfans sont-ils obliges, par le droit naturel, de nourrir leurs peres indigens? III, 69.

Cousins germains. Pourquoi le mariage entre eux n'est pas permis, III, 86. — Étoient autrefois regardes et se regardoient eux mêmes comme frères, 87. — Pourquoi et quand le mariage fut permis entre eux à Rome, *ibid.* — Chez quels peuples leurs mariages doivent etre regardés comme incestueux, 89.

Coutumes anciennes Combien il est important pour les mœurs de les conserver, I, 214 — *De France.* L'ignorance de l'écriture, sous les regnes qui suivirent celui de Charlemagne, fit oublier les lois barbares, le droit romain, et les capitulaires, auxquels on substitua les coutumes, III, 151. — Pourquoi ne prévalurent pas sur le droit romain dans les provinces voisines de l'Italie, 152. — Il y en avoit dès la première et la seconde race des rois : elles n'etoient point la même chose que les lois des peuples barbares; preuves : leur véritable origine, 153, 154. — Quand commencerent a faire plier les lois sous leur autorite, 155. — Ce seroit une chose inconsideree de les vouloir toutes reduire en une générale, 230.

Coutumes de France. Leur origine; les differentes sources ou elles ont été puisées : comment, de particulieres qu'elles etoient pour chaque seigneurie, sont devenues generales pour chaque province : quand et comment ont été redigées par écrit, et ensuite réformees, III, 251 et suiv. — Contiennent beaucoup de dispositions tirees du droit romain, 254.

Coutumes de Bretagne. Tirent leur source des assises de Geoffroi, duc de cette province, III, 252.

Coutumes de Champagne. Ont été accordees par le roi Thibaut, III, 252.

Coutumes de Montfort. Tirent leur origine des lois du comte Simon, III, 252.

Coutumes de Normandie. Ont été accordées par le duc Raoul, III, 252.

Crainte. Est un des premiers sentimens de l'homme en etat de nature, I, 130. — A fait rapprocher les hommes et a formé les sociétés, 151. Est le principe du gouvernement despotique, 171.

Créanciers. Quand commencèrent à être plutôt poursuivis à Rome par leurs debiteurs, qu'ils ne poursuivoient leurs debiteurs, II, 36.

Création. Est soumise à des lois invariables, I, 126. — Ce que l'auteur en dit prouve-t-il qu'il est athée? IV, 9.

Créature. La soumission qu'elle doit au créateur derive d'une loi anterieure aux lois positives, I, 126, 127.

Credit. Moyens de conserver celui d'un etat, ou de lui en procurer un, s'il n'en a pas, II, 414, 415.

CRÉMUTIUS CORDUS. Injustement condamné, sous pretexte de crime de lèse-majeste, II, 24

Crete. Ses lois ont servi d'original à celles de Lacedemone, I, 189. — La sagesse de ses lois la mit en etat de resister longtemps aux efforts des Romains, *ibid.* — Les Lacedemoniens avoient tiré de la Crete leurs usages sur le vol, III, 271.

Crotois. Moyen singulier dont ils usoient avec succes pour maintenir le principe de leur gouvernement : leur amour pour la patrie, I, 352.—Moyen infâme qu'ils employoient pour empêcher la trop grande population, II, 449. — Leurs lois sur le vol etoient bonnes à Lacedémone, et ne valoient rien à Rome, III, 272.

CRILLON. Sa bravoure lui inspire le moyen de concilier son honneur avec l'obeissance a un ordre injuste de Henri III, I, 182.

Crimes. Quels sont ceux que les nobles commettent dans une aristocratie, I, 164. — Quoique tous publics de leur nature, sont neanmoins distingues relativement aux differentes espèces de gouvernement, 166. — Combien il y en avoit de sortes à Rome, et par qui y étoient jugés, 464. — Peines qui doivent être infligées à chaque nature de crime, II, 5 et suiv. — Combien il y en a de sortes, *ibid.* — Ceux qui ne font que troubler l'exercice de la religion doivent être renvoyés dans la classe de ceux qui sont contre la police, 5, 6. — Ceux qui choquent la tranquillité des citoyens, sans en attaquer la sûreté : comment doivent être punis : peines contre ceux qui attaquent la sûreté publique, 7. — Les paroles doivent-elles être mises au nombre des crimes ? 20, 21. — On doit en les punissant respecter la pudeur, 25, 26. — Dans quelle religion on n'en doit point admettre d'inexpiables, III, 17. — Tarif des sommes que la loi salique imposait pour punition, 134, 135. — On s'en purgeoit, dans les lois barbares autres que la loi salique, en jurant qu'on n'etoit pas coupable, et en faisant jurer la même chose a des témoins en nombre proportionné à la grandeur du crime, 157, 158. — N'etoient punis par les lois barbares que par des peines pécuniaires ; il ne falloit point alors de partie publique, 225. — Les Germains n'en connoissoient que deux capitaux : la poltronnerie, et la trahison, 337.

Crimes cachés. Quels sont ceux qui doivent être poursuivis, II, 6.

Crimes capitaux. On en faisoit justice chez nos peres par le combat judiciaire, qui ne pouvoit se terminer par la paix, III, 186.

Crimes contre Dieu C'est à lui seul que la vengeance doit en être reservée, II, 6.

Crimes contre la pureté. Comment doivent être punis, II, 7

Crimes contre nature. Il est horrible, très-souvent obscur, et trop severement puni : moyens de le prevenir, II, 12, 13. — Quelle en est la source parmi nous, 13.

Crime de lèse-majesté. Par qui et comment doit être jugé dans une republique, I, 270. Voy. *Lèse-majesté.*

Criminels. Pourquoi il est permis de les faire mourir, II, 105. — A quels criminels on doit laisser des asiles, III, 42. — Les uns sont soumis à la puissance de la loi, les autres à son autorité, 104.

Critique. Préceptes que doivent suivre ceux qui en font profession, et surtout le gazetier ecclesiastique, IV, 73 et suiv.

Croisades. Apporterent la lèpre dans nos climats. Comment on l'empêcha de gagner la masse du peuple, II, 92. — Servirent de pretextes aux ecclésiastiques pour attirer toutes sortes de matieres et de personnes à leurs tribunaux, III, 239.

CROMWELL. Ses succes empêcherent la démocratie de s'etablir en Angleterre, I, 160.

Cuivre. Différentes proportions de la valeur du cuivre a celle de l'argent, II, 381.

Culte. Le soin de rendre un culte a Dieu est bien different de la magnificence de ce culte, III, 48

Culte extérieur. Sa magnificence attache à la religion, III, 39. — A beaucoup de rapport avec la magnificence de l'etat, 48.

Culture des terres. N'est pas en raison de la fertilite, mais en raison de la liberté, II, 175. — La population est en raison de la culture des terres et des arts, 182. — Suppose des arts, des connoissances, et la monnoie, 187.

Cumes. Fausses précautions que prit Aristodeme pour se conserver la tyrannie de cette ville, I, 399. Combien les lois criminelles y etoient imparfaites, II, 3.

Curies. Ce que c'etoit à Rome ; à qui elles donnoient le plus d'autorité, I, 450.

Cynète. Les peuples y etoient plus cruels que dans tout le reste de la Grèce, parce qu'ils

ne cultivoient pas la musique, I, 194.
Cyrus. Fausses précautions qu'il prit pour conserver ses conquêtes, I, 399.
Czar. Voyez Pierre I.
Czarine (la feue). Injustice qu'elle commit, sous prétexte du crime de lèse majesté, II, 21.

D.

Dagobert. Pourquoi fut obligé de se défaire de l'Austrasie en faveur de son fils, III, 591.—Ce que c'étoit que sa chaire, 474.
Danois. Consequences funestes qu'ils tiroient du dogme de l'immortalité de l'ame, III, 26.
Dantzick. Profits que cette ville tire du commerce de ble qu'elle fait avec la Pologne, II, 274.
Darius. Ses decouvertes maritimes ne lui furent d'aucune utilite pour le commerce, II, 312.
Davila. Mauvaise raison de cet auteur touchant la majorité de Charles IX, III, 280.
Debiteurs. Comment devroient être traités dans une republique, II, 54.—Époque de leur affranchissement de la servitude à Rome: revolution qui en pensa resulter, 35, 36.
Deconfes. Ce que c'etoit: étoient punis par la privation de la communion et de la sepulture, III, 242.
Decemvirs. Pourquoi établirent des peines capitales contre les auteurs de libelles et contre les poetes, I, 292. Leur origine, leur maladresse, et leur injustice dans le gouvernement: causes de leur chute, 454.—Il y a, dans la loi des douze tables, plus d'un endroit qui prouve leur dessein de choquer l'esprit de la démocratie, 35.
Décimaires. Voy. Les décimaires.
Decretales. On en a beaucoup insére dans les recueils des canons, III, 149.—Comment on en prit les formes judiciaires plutôt que celles du droit romain, 259. Sont, à proprement parler, des rescrits des papes; et les rescrits sont une mauvaise sorte de législation: pourquoi, 283.
Defaute de droit. Ce que c'étoit, III, 204.—Quand, comment et contre qui donnoit lieu au combat judiciaire, 207, 208. Voyez Appel de défaute de droit.
Défontaines. C'est chez lui qu'il faut chercher la jurisprudence du combat judiciaire, III, 184.—Passage de cet auteur, mal entendu jusqu'ici, expliqué, 217.—Pour quelles provinces il a travaillé, 255.—Son excellent ouvrage est une des sources des coutumes de France, 253.
Deisme. Quoiqu'il soit incompatible avec le spinosisme, le gazetier ecclesiastique ne laisse pas de les cumuler sans cesse sur la tête de l'auteur: preuve qu'il n'est pas deiste, ni athée, IV, 4.
Delateurs. Comment a Venise ils font parvenir leurs delations, I, 225.—Ce qui donna naissance, à Rome, a ce genre d'hommes funestes: etablissement sage, parmi nous, à cet égard, 277. Voyez Accusateurs, Accusés, Accusations.
Delicatesse de goût. Source de celle des courtisans, I, 181.
Delos. Son commerce: sources de ce commerce: époques de sa grandeur et de sa chute, II, 339.
Dimenti. Origine de la maxime qui impose à celui qui en a reçu

un, la nécessité de se battre, III, 178.

DÉMÉTRIUS DE PHALÈRE. Dans le dénombrement qu'il fit des citoyens d'Athènes, en trouve autant dans cette ville esclave, qu'elle en avoit lorsqu'elle défendit la Grèce contre les Perses, I, 162.

Démocratie. Quelles sont les lois qui dérivent de sa nature, I, 138 et suiv. — Ce que c'est, *ibid* — Quelles en sont les lois fondamentales, *ibid.* - Quel est l'état du peuple dans ce gouvernement, 139. Le peuple y doit nommer ses magistrats et le sénat, 140. -D'ou dépend sa durée et sa prospérité, 141. — Les suffrages ne doivent pas s'y donner comme dans l'aristocratie, 143. — Les suffrages du peuple y doivent être publics; ceux du sénat secrets: pourquoi cette différence, 144, 145. — Comment l'aristocratie peut s'y trouver mêlée : quand elle est renfermée dans le corps des nobles, 147. -La vertu en est le principe, 160 Ce que c'est que cette vertu, 187. — Pourquoi n'a pu s'introduire en Angleterre, 160 Pourquoi n'a pu revivre à Rome après Sylla, 161. Les politiques grecs ont eu sur son principe des vues bien plus justes que les modernes, *ibid.* — La vertu est singulièrement affectée à ce gouvernement, 187. La vertu doit y être le principal objet de l'éducation manière de l'inspirer aux enfans, *ibid.* — Quels sont les attachemens qui doivent y régner sur le cœur des citoyens, 201. — Comment on y peut établir l'égalité, 204. — Comment on y doit fixer le cens, pour conserver l'égalité morale, 208, 209. Comment les lois y doivent entretenir la frugalité, 210. — Dans quel cas les fortunes peuvent y être inégales sans inconvénient, 211. — Moyens de favoriser le principe de ce gouvernement, 213. — Les distributions faites au peuple y sont pernicieuses, 221. Le luxe y est pernicieux, 309. — Causes de la corruption de son principe, 356 — Point juste de l'égalité qui doit y être introduite et maintenue, 342. — Preuve tirée des Romains, 356. Un état démocratique peut il faire des conquêtes ? quel usage il doit faire de celles qu'il a faites, 392 et suiv. — Le gouvernement y est plus dur que dans une monarchie, conséquences de ce principe, 394. — On croit communément que c'est le gouvernement ou le peuple est le plus libre, 414. — Ce n'est point un état libre par sa nature, 415. — Pourquoi on n'y empêche pas les écrits satiriques, II, 24. Il n'y faut point d'esclaves, 103. — On y change les lois touchant les bâtards, suivant les différentes circonstances, 434.

Denier. Revolutions que cette monnoie essuya dans sa valeur à Rome, II, 404 et suiv.

Deniers publics. Qui, de la puissance exécutrice ou de la puissance législative, en doit fixer la quotité et en régler la régie dans un état libre, I, 432 et suiv.

Dénonciateurs. Voy. *Accusateurs, Accusés, Accusations, Délateurs.*

Denrées. En peut on fixer le prix ? II, 585.

DENIS Injustice de ce tyran, II, 20.

DENYS-LE-PETIT. Sa collection des canons, III, 149.

Dépens. Il n'y avoit point autrefois de condamnation de dépens en cour laie, III, 223.

Dépopulation. Comment on peut y remédier, II, 477.

Dépôt des lois Nécessaire dans une monarchie : à qui doit être confié, I, 154.

Derviches. Pourquoi sont en si grand nombre aux Indes, II, 86.

DESCARTES. Fut accusé, ainsi que

l'auteur de l'*Esprit des Lois*, d'atheisme, contre lequel il avoit fourni les plus fortes armes, IV, 82.

Deserteurs. La peine de mort n'en a point diminué le nombre : ce qu'il y faudroit substituer, I, 284.

Desirs. Regle sûre pour en connoître la legitimité, II, 115.

Despote. L'etablissement d'un visir est pour lui une loi fondamentale, I, 156. — Plus son empire est etendu, moins il s'occupe des affaires, 157. — En quoi consiste sa principale force : pourquoi ne peut pas souffrir qu'il y ait de l'honneur dans ses états, 171. — Quel pouvoir il transmet a ses ministres, 172. Avec quelle rigueur il doit gouverner, *ibid.* — Pourquoi n'est point obligé de tenir son serment, *ibid.* — Pourquoi ses ordres ne peuvent jamais être revoqués, 173, 174. —La religion peut être opposée à ses volontés, 174. — Est moins heureux qu'un monarque, 233. — Il est les lois, l'etat et le prince, 236. — Son pouvoir passe tout entier a ceux a qui il le confie, 246. — Ne peut récompenser ses sujets qu'en argent, 250. —Sa volonte ne doit trouver aucun obstacle, 261. — Il peut être juge des crimes de ses sujets, 271. — Peut reunir sur sa tete le pontificat et l'empire : barrieres qui doivent être opposées a son pouvoir spirituel, III, 50.

Despotisme. Le mal qui le limite est un bien, I, 152, 153. — Loi fondamentale de ce gouvernement, 155. — Pourquoi dans les etats ou il regne la religion a tant de force, *ibid.* — Comment est exercé par le prince qui en est saisi, 156. — Langueur affreuse dans laquelle il plonge le despote, *ibid.*—Peut se soutenir sans beaucoup de probité, 159. — Quel en est le principe, 171, 234. — Etat déplorable où il réduit les hommes, 172. — Horreur qu'inspire ce gouvernement, *ibid.* — Ne se soutient souvent qu'à force de repandre du sang, 173 - Quelle sorte d'obeissance il exige de la part des sujets, *ibid.* — La volonté du prince y est subordonnée à la religion, 174. — Quelle doit être l'education dans les etats ou il regne, 184. — L'autorité du despote et l'obeissance aveugle du sujet supposent de l'ignorance dans l'un et dans l'autre, *ibid.* Les sujets d'un etat ou il regne n'ont aucune vertu qui leur soit propre, 185. — Comparé avec l'etat monarchique, 231.— La magnanimité en est bannie, 233. Comment les lois sont relatives à ses principes, 234. — Portrait hideux et fidele de ce gouvernement, du prince qui le tient en main, et des peuples qui y sont soumis, 234, 244 ; II, 145 et suiv. — Pourquoi, tout horrible qu'il est, la plupart des peuples y sont soumis, I, 242, 243 — Il regne plus dans les climats chauds qu'ailleurs, 243. — La cession de biens ne peut y être autorisee, 244. — L'usure y est comme naturalisée, *ibid.* — La misère arrive de toutes parts dans les états qu'il desole, *ibid.* — Le péculat y est comme naturel, 245 — L'autorité du moindre magistrat y doit être absolue, 248. — La venalité des charges y est impossible, 255. — Il n'y faut point de censeurs, 257, 258. Causes de la simplicité des lois dans les etats où il regne, 262. — Il n'y a point de loi, 267. La severité des peines y convient mieux qu'ailleurs, 278. — Outre tout, et ne connoit point de tempérament, 288. — Désavantage de ce gouvernement, 297. — La question ou torture peut convenir dans ce gouvernement, 298.—La loi du

DES MATIÈRES. 355

talion y est fort en usage, 300. — La clemence y est moins nécessaire qu'ailleurs, 302. Le luxe y est necessaire, 314. — Pourquoi les femmes y doivent être esclaves, 322; II, 144, 251. — Les dots des femmes y doivent être à peu près nulles, I, 333. — La communauté de biens y seroit absurde, 334. Les gains nuptiaux des femmes y doivent être très-modiques, *ibid.* — C'est un crime contre le genre humain de vouloir l'introduire en Europe, 350. — Son principe même, lorsqu'il ne se corrompt pas, est la cause de sa ruine, 351. — Propriétés distinctes de ce gouvernement, 364 — Comment les etats ou il regne pourvoient a leur sûreté, 375. — Les places fortes sont pernicieuses dans les etats despotiques, 377. — Conduite que doit tenir un etat despotique avec le peuple vaincu, 410. — Objet general de ce gouvernement, 416 — Moyens d'y parvenir, 419. — Il n'y a point d'ecrits satiriques dans les etats ou il regne : pourquoi, II, 24 — Des lois civiles qui peuvent y mettre un peu de liberté, 45. — Tributs que le despote doit lever sur les peuples qu'il a rendus esclaves de la glebe, 53. — Les tributs y doivent être très-legers : les marchands y doivent avoir une sauve garde personnelle, 59. — On n'y peut pas augmenter les tributs, 63. — Nature des présens que le prince y peut faire à ses sujets; tributs qu'il peut lever, 64. — Les marchands n'y peuvent pas faire de grosses avances, 65. — La regie des impôts y rend les peuples plus heureux que dans les etats modérés ou ils sont affermées, 71. — Les traitans y peuvent être honorés; mais ils ne le doivent être nulle part ailleurs, 73. — C'est le gouvernement ou l'esclavage civil est le plus tolerable, 102. Pourquoi on y a une grande facilité à se vendre, 111. — Le grand nombre d'esclaves n'y est point dangereux, 119. — N'avoit lieu en Amerique que dans les climats situés vers la ligne : pourquoi, 60 — Pourquoi regne dans l'Asie et dans l'Afrique, *ibid.* et suiv. — On n'y voit point changer les mœurs et les manieres, 226. Peut s'allier très difficilement avec la religion chrétienne ; très bien avec la mahometane, 316; III, 5. — Il n'est pas permis d'y raisonner bien ou mal, II, 60. — Ce n'est que dans ce gouvernement que l'on peut forcer les enfans à n'avoir d'autre profession que celle de leur pere, 286. — Les choses n'y représentent jamais la monnoie qui en devroit être le signe, 376. Comment est gêné par le change, 410. — La depopulation qu'il cause est très difficile a réparer, 477. — S'il est joint à une religion contemplative, tout est perdu, III, 15. Il est difficile d'etablir une nouvelle religion dans un grand empire ou il règne, 61 — Les lois n'y sont rien, ou ne sont qu'une volonté capricieuse et transitoire du souverain : il y faut donc quelque chose de fixe; et c'est la religion qui est quelque chose de fixe, 65. — L'inquisition y est destructive, comme le gouvernement, 80, 81. — Les malheurs qu'il cause viennent de ce que tout y est incertain, 94.

Dettes. Toutes les demandes qui s'en faisoient à Orleans se vidoient par le combat judiciaire, III, 176. — Il suffisoit, du temps de saint Louis, qu'une dette fut de douze deniers pour que le demandeur et le defendeur pussent terminer leurs differends par le combat judiciaire, *ibid.* Voyez *Débiteurs*, *Lois*, *Republiques*, *Rome*, *Solon*.

Dettes de l'état. Sont payees par

quatre classes de gens : quelle est celle qui doit être la moins ménagée, II, 416.

Dettes publiques. Il est pernicieux pour un état d'être chargé de dettes envers les particuliers : inconvénient de ces dettes, II, 413. — Moyens de les payer, sans fouler ni l'état ni les particuliers, 414 et suiv.

Deutéronome. Contient une loi qui ne peut pas être admise chez beaucoup de peuples, II, 28 et suiv.

Dictateurs. Quand ils étoient utiles; leur autorité; comment ils l'exerçoient, sur qui elle s'étendoit; quelle étoit sa durée et ses effets, I, 148, 456 — Comparés aux inquisiteurs d'état de Venise, I, 148.

Dictionnaire On ne doit point chercher celui d'un auteur ailleurs que dans son livre même, IV, 85.

Dieu. Ses rapports avec l'univers, I, 126 — Motifs de sa conduite, *ibid* — La loi qui nous porte vers lui est la première par son importance, et non la première dans l'ordre des lois, 130. — Les lois humaines doivent le faire honorer, et jamais le venger, II, 6. Les raisons humaines sont toujours subordonnées à sa volonté, 156. — C'est être également impie que de croire qu'il n'existe pas, qu'il ne se mêle point des choses d'ici bas, ou qu'il s'apaise par des sacrifices, III, 48. Veut que nous méprisions les richesses : nous ne devons donc pas lui prouver que nous les estimons, en lui offrant nos trésors, 48, 49. — Ne peut avoir pour agréables les dons des impies, 49 Ne trouve d'obstacles nulle part où il veut établir la religion chrétienne, IV, 49, 50.

Digeste. Epoque de la découverte de cet ouvrage : changemens qu'il opéra dans les tribunaux, III, 244.

Dignités. Avec quelles précautions doivent être dispensées dans la monarchie, I, 348, 349.

Dimanche. La nécessité de le chômer ne fut d'abord imposée qu'aux habitans des villes, III, 30.

Dimes ecclesiastiques. Pepin en jeta les fondemens : mais leur établissement ne remonte pas plus haut que Charlemagne, III, 417 et suiv — A quelle condition le peuple consentit de les payer, 420.

Distinctions. Celles des rangs établies parmi nous sont utiles : celles qui sont établies aux Indes par la religion sont pernicieuses, III, 29.

Distributions faites au peuple. Autant elles sont pernicieuses dans la démocratie, autant elles sont utiles dans l'aristocratie, I, 221.

Divinité. Voyez DIEU.

Division du peuple en classes Combien il est important qu'elle soit bien faite dans les états populaires, I, 142.

Divorce. Différences entre le divorce et la répudiation, II, 151, 152. — Les lois des Maldives et celles du Mexique font voir l'usage qu'on en doit faire, 153. — A une grande utilité politique, et peu d'utilité civile, *ibid.* — Lois et usages de Rome et d'Athenes sur cette matiere, 154 et suiv. — N'est conforme a la nature que quand les deux parties, ou l'une d'elles, y consentent, III, 67. — C'est s'eloigner des principes des lois civiles que de l'autoriser pour cause de vœux en religion, 79.

Dogmes. Ce n'est point leur vérité ou leur fausseté qui les rend utiles ou pernicieux ; c'est l'usage ou l'abus que l'on en fait, III, 25. — Ce n'est point assez qu'un dogme soit établi par une religion, il faut qu'elle le dirige, 27.

Domaine. Doit être inaliénable : pourquoi, III, 94. — Etoit autrefois le seul revenu des rois : preuves, 316. — Comment ils le faisoient valoir, *ibid.* — On etoit bien eloigné autrefois de le regarder comme inaliénable, 401.—Louis le-Debonnaire s'est perdu parce qu'il l'a dissipé, 440.

Domat (M.). Il est vrai que l'auteur a commencé son livre autrement que M. Domat n'a commencé le sien, IV, 19.

Domination. Les hommes n'en auroient pas même l'idée s'ils n'etoient pas en société, I, 129. — (*Esprit de*). Gâte presque toutes les meilleures actions, III, 243.

Domitien. Ses cruautés soulagèrent un peu les peuples, I, 173. — Pourquoi fit arracher les vignes dans la Gaule, II, 345.

Donations à cause de noces. Les differens peuples y ont apposé différentes restrictions, suivant leurs différentes mœurs, II, 244.

Dots. Quelles elles doivent être dans les differens gouvernemens, I, 333.

Douaire. Les questions qu'il faisoit naître ne se decidoient point par le combat judiciaire, III, 190. — Voyez *Gains nuptiaux.*

Douanes. Lorsqu'elles sont en ferme, elles detruisent la liberté du commerce et le commerce même, II, 277. — Celle de Cadix rend le roi d'Espagne un particulier très-riche dans un état très-pauvre, 371.

Droit. Diverses classes détaillées de celui qui gouverne les hommes : c'est dans ce detail qu'il faut trouver les rapports que les lois doivent avoir avec l'ordre des choses sur lesquelles elles statuent, III, 63.

Droit canonique. On ne doit pas régler sur ses principes ce qui est reglé par ceux du droit civil, III, 75. — Concourut, avec le droit civil, à abolir les pairs, 246.

Droit civil. Ce que c'est, I, 133. — Gouverne moins les peuples qui ne cultivent point les terres, que le droit des gens, II, 184, 206. — De celui qui se pratique chez les peuples qui ne cultivent point les terres, 184, 185. — Gouverne les nations et les particuliers, 362, 363. — Cas où l'on peut juger par ses principes, en modifiant ceux du droit naturel, III, 69. — Les choses réglées par ses principes ne doivent point l'être par ceux du droit canonique, et rarement par les principes des lois de la religion : elles ne doivent point l'être non plus par celles du droit politique, 75 et suiv., 91 et suiv. — On ne doit pas suivre ses dispositions générales, quand il s'agit de choses soumises à des règles particulières tirées de leur propre nature, 105.

Droit coutumier. Contient plusieurs dispositions tirées du droit romain, III, 254.

Droit de conquête. D'où il derive : quel en doit être l'esprit, I, 385. — Sa définition, 390.

Droit de la guerre. D'où il dérive, I, 384.

Droit des gens. Quel il est, et quel en est le principe, I, 133. — Les nations les plus feroces en ont un, *ibid.*—Ce que c'est, 383. — De celui qui se pratique chez les peuples qui ne cultivent point les terres, II, 184. — Gouverne plus les peuples qui ne cultivent point les terres, que le droit civil, *ibid.* — De celui des Tartares : causes de sa cruauté, qui paroît contradictoire avec leur caractère, 193. — Celui de Carthage etoit singulier, 330.—Les choses qui lui appartiennent ne doivent pas être decidées par les lois civiles, et par les lois politiques, III, 99. — La violation de ce droit est aujourd'hui le prétexte le plus ordinaire des guerres, 207.

Droit des maris. Ce que c'étoit à Rome, II, 458.

Droit écrit (Pays de). Dès le temps de l'édit de Pistes, ils étoient distingués de la France coutumière, III, 141. Voyez *Pays de droit écrit.*

Droit naturel. Il est, dans les états despotiques, subordonné à la volonté du prince, I, 174. — Gouverne les nations et les particuliers, II, 562. Cas où l'on peut modifier ses principes, en jugeant par ceux du droit civil, III, 69.

Droit politique. En quoi consiste, I, 133. — Il ne faut point régler par ses principes les choses qui dépendent des principes du droit civil; *et vice versa*, III, 91, 99. — Soumet tout homme aux tribunaux civils et criminels du pays où il est : exception en faveur des ambassadeurs, 99. — La violation de ce droit étoit un sujet fréquent de guerres, 207.

Droit public. Les auteurs qui en ont traité sont tombés dans de grandes erreurs : cause de ces erreurs, I, 386.

Droit romain. Pourquoi à ses formes judiciaires on substitua celles des décrétales, III, 259. — Sa renaissance, et ce qui en résulta : changemens qu'il opéra dans les tribunaux, 244. — Comment fut apporté en France : autorité qu'on lui attribua dans les différentes provinces, *ibid.* — Saint Louis le fit traduire, pour l'accréditer dans ses états : en fit beaucoup usage dans ses établissemens, 245. — Lorsqu'il commença à être enseigné dans les écoles, les seigneurs perdirent l'usage d'assembler leurs pairs pour juger, 246. — On en a inséré beaucoup de dispositions dans nos coutumes, 254. Voyez *Lois romaines, Rome, Romains.*

Droits honorifiques dans les églises. Leur origine, III, 424.

Droits seigneuriaux. Ceux qui existoient autrefois, et qui n'existent plus, n'ont point été abolis comme des usurpations, mais se sont perdus par négligence ou par les circonstances, III, 249 — Ne dérivent point, par usurpation, de ce cens chimérique que l'on prétend venir de la police générale des Romains : preuves, 324.

Dubos (M. l'abbé). Fausseté de son système sur l'établissement des Francs dans les Gaules : causes de cette fausseté III, 136. — Son ouvrage sur l'*Établissement de la monarchie française dans les Gaules*, semble être une conjuration contre la noblesse, 501, 502. — Donne aux mots une fausse signification, et imagine des faits pour appuyer son faux système, 509 et suiv. — Abuse des capitulaires, de l'histoire et des lois, pour établir son faux système, 511. — Trouve tout ce qu'il veut dans le mot *census*, et en tire toutes les conséquences qui lui plaisent, 518. — Idée générale de son livre : pourquoi, étant mauvais, il a séduit beaucoup de gens : pourquoi il est si gros, 360. — Tout son livre roule sur un faux système : réfutation de ce système, 361 et suiv. — Son système sur l'origine de notre noblesse française est faux et injurieux au sang de nos premières familles, et aux trois grandes maisons qui ont régné successivement sur nous, 367 et suiv. — Fausse interprétation qu'il donne au décret de Childebert, 371 et suiv. — Son éloge, et celui de ses autres ouvrages, 378.

Ducange (M.). Erreur de cet auteur relevée, III, 356.

Ducs. En quoi différoient des

comtes : leurs fonctions III, 335. — Où on les prenoit chez les Germains : leurs prerogatives, 541. C'etoit en cette qualité, plutôt qu'en qualité de rois, que nos premiers monarques commandoient les armées, 395.

Duels. Origine de la maxime qui impose la necessité de tenir sa parole à celui qui a promis de se battre, III, 178 — Moyen plus simple d'en abolir l'usage que ne sont les peines capitales, 187. Voyez *Combat judiciaire*.

E.

Eau bouillante. Voyez *Preuve par l'eau bouillante*.

Ecclesiastiques. La roideur avec laquelle ils soutinrent la preuve negative par serment, par la seule raison qu'elle se faisoit dans les eglises, fit etendre la preuve par le combat, contre laquelle ils étoient dechainés, III, 167 — Leurs entreprises sur la juridiction laie, 241 — Moyens par lesquels ils se sont enrichis, 212 — Ne doivent aux nouveaux mariés la permission de coucher ensemble les trois premieres nuits de leurs noces. Pourquoi ils s'etient reservé ces trois nuits plutôt que d'autres, *ibid* — Les privileges dont ils jouissoient autrefois sont la cause de la loi qui ordonne de ne prendre des baillis que parmi les laïques, 249. — Loi qui les fait se battre entre eux, comme des dogues anglais, jusqu'à la mort, 259. — Dechiroient, dans les commencemens de la monarchie, les rôles des taxes, 308 — Levoient des tributs réglés sur les serfs de leurs domaines ; et ces tributs se nommoient *census*, ou cens, 320 Les maux causés par Brunehault et par Fredegonde ne purent être reparés qu'en rendant aux ecclesiastiques leurs privileges, 384.—Origine des grands fiefs qu'ils possedent en Allemagne, 433. Voyez *Clergé*, *Roi de France*, *Seigneurs*.

Echange. Dans quel cas on commerce par echange, II, 373.

Echevins. Ce que c'etoit autrefois : respect qui etoit dû a leurs decisions, III, 206.—Étoient les mêmes personnes que les juges et les rathimburges, sous differens noms, 336.

Ecole de l'honneur. Où elle se trouve dans les monarchies, I, 178.

Ecrits. Quand, et dans quels gouvernemens peuvent être mis au nombre des crimes de lese-majesté, II, 23, 24.

Ecriture. L'usage s'en conserva en Italie, lorsque la barbarie l'avoit bannie de partout ailleurs ; de là vient que les coutumes ne purent prevaloir, dans certaines provinces, sur le droit romain, III, 152. — Quand la barbarie en fit perdre l'usage, on oublia le droit romain, les lois barbares et les capitulaires, auxquels on substitua les coutumes, *ibid*. — Dans les siecles où l'usage en etoit ignoré, on etoit forcé de rendre publiques les procedures criminelles, 221. — C'est le temoin le plus sûr dont on puisse faire usage, 250.

Edifices publics. Ne doivent jamais être elevés sur le fonds des particuliers, sans indemnité, III, 92.

Edile. Qualités qu'il doit avoir, I, 140.

Edit de Pistes. Par qui, en quelle année il fut donné : on y trouve les raisons pour lesquelles le droit romain s'est conservé dans les provinces qu'il gouverne encore, et a été aboli dans les autres, III, 141.

Education. Les lois de l'éducation doivent être relatives aux principes du gouvernement, I, 177 et suiv.—Ce n'est point au collège que se donne la principale éducation dans une monarchie, 178 — Quels en sont les trois principes dans une monarchie, ibid. — Sur quoi elle porte dans une monarchie, 179. — Doit, dans une monarchie, être conforme aux règles de l'honneur, 183.—Quelle elle doit être dans les états despotiques, 184. — Différence de ses effets, chez les anciens et parmi nous, 185. — Nous en recevons trois aujourd'hui : causes des inconséquences qu'elles mettent dans notre conduite, 186. — Quelle elle doit être dans une république, ibid. — Combien il dépend des pères qu'elle soit bonne ou mauvaise, ibid. — Combien les Grecs ont pris de soin pour la diriger du côté de la vertu, 188, 189. — Comment Aristodème faisoit élever les jeunes gens de Cumes, afin de leur énerver le courage, 399 —Les Perses avoient sur l'éducation, un dogme faux, mais fort utile, III, 28

Egalité. Doit être l'objet de la principale passion des citoyens d'une démocratie : effets qu'elle y produit, I, 201 et suiv. — Comment on en inspire l'amour dans une république, 202. — Personne n'y aspire dans une monarchie, ni dans les états despotiques, 203. — Comment doit être établie dans une démocratie, 204 et suiv — Il y a des lois qui, en cherchant à l'établir, la rendent odieuse, 208. — On ne doit pas chercher à l'établir strictement dans une démocratie, 209. — Dans quels cas peut être ôtée dans la démocratie, pour le bien de la démocratie, 209, 210. — Doit être établie et maintenue, dans une aristocratie, entre les familles qui gouvernent : moyens d'y réussir, 225 et suiv.—Dans quelles bornes doit être maintenue dans une démocratie, 542, 543. Ce que c'est : cesse entre les hommes dès qu'ils sont en société, ibid

Egalité réelle. Est l'âme de la démocratie très difficile à établir : comment y suppléer, I, 208.

Egica. Fit dresser, par le clergé, le code que nous avons des lois des Wisigoths, III, 129.

Eglise. A quelle superstition est redevable des fiefs qu'elle acquit autrefois, III, 307. Quand commença à avoir des justices territoriales : comment elle les acquit, 351.- Comment ses biens furent convertis en fiefs, 407.

Eglises. La piété les fonda ; et l'esprit militaire les fit passer entre les mains des gens de guerre. III, 410.—Les laïques s'en étoient emparés, sans que les évêques pussent faire usage des lois qui proscrivoient cet abus : autorité qui étoit restée aux évêques de ce temps-là : source de toutes ces choses, ibid.

Egypte. Est le principal siege de la peste, II, 93. — Est un pays formé par l'industrie des hommes, 178. — Quand et comment devint le centre de l'univers, 318. 319. — Plan de la navigation de ses rois, 319 et suiv. — Cas où il seroit avantageux d'en préférer la route à celle du cap de Bonne-Espérance, 325. — Pourquoi son commerce aux Indes fut moins considérable que celui des Romains, 349, 350. — Son commerce et sa richesse, après l'affoiblissement des Romains en Orient, 354.— C'est le seul pays, et ses environs, où une religion qui défend l'usage du cochon puisse être bonne : raisons physiques, III, 33, 54.

Egyptiens. Leur pratique sur la lèpre a servi de modèle aux lois des Juifs touchant cette maladie, II, 91. Nature et etendue de leur commerce, 301. — Ce qu'ils connoissoient des côtes orientales de l'Afrique, du temps de leurs rois grecs, 327. — Pourquoi avoient consacré certaines familles au sacerdoce, III, 44. Leur stupide superstition, lorsque Cambyse les attaqua, prouve qu'il ne faut point decider par les préceptes de la religion, lorsqu'il s'agit de ceux de la loi naturelle, 75. — Epousoient leurs sœurs, en l'honneur d'Isis, 88. — Pourquoi le mariage entre le beau-frère et la belle-sœur étoit permis chez eux, 90. — Le jugement qu'ils portèrent de Solon, en sa présence, appliqué à ceux qui rendent modernes les siècles anciens, 319.

Elections. Avantages de celles qui se font par le sort, dans les démocraties, I, 145. — Comment Solon a corrigé les défectuosités du sort, *ibid.* — Pourquoi les rois ont abandonné pendant quelque temps le droit qu'ils ont d'elire les évêques et les abbés, III, 422.

Election à la couronne de France. Appartenoit, sous la seconde race, aux grands du royaume : comment en usoient, III, 428.

Election des papes. Pourquoi abandonnée par les empereurs au peuple de Rome, III, 422.

Eléens. Comme prêtres d'Apollon, jouissoient d'une paix eternelle : sagesse de cette constitution religieuse, III, 22.

Elotes. Pourquoi les Lacédémoniens n'augmentèrent jamais les tributs qu'ils levoient sur eux, II, 51.

Empereurs romains. Les plus mauvais etoient les plus prodigues en recompenses, I, 251. Maux qu'ils causèrent, quand ils furent juges eux mêmes, 273. — Proportionnèrent la rigueur des peines au rang des coupables, 294. — N'infligèrent des peines contre le suicide que quand ils furent devenus aussi avares qu'ils avoient ete cruels, III, 265 — Leurs rescrits sont une mauvaise sorte de législation, 285.

Empire (l'). A toujours du rapport avec le sacerdoce. II, 467.

Empire d'Allemagne Pourquoi, sortant de la maison de Charlemagne, est devenu electif purement et simplement, III, 428 — Comment en sortit, 464. — Est resté électif, parce qu'il a conservé la nature des anciens fiefs, 466

Empire romain. Les peuples qui le conquirent étoient sortis de la Germanie. C'est dans leurs mœurs qu'il faut chercher les sources des lois feodales, III, 288

Emplois militaires. Doit-on forcer un citoyen d'en accepter un inférieur à celui qu'il occupe ? I, 253. — Sont-ils compatibles sur la même tête avec les emplois civils ? *ibid.*

Emplois publics. Doit-on souffrir que les citoyens les refusent ? I, 252.

Emulation. Est funeste dans un état despotique, I, 184, 185.

Enchantemens. Source du préjugé où l'on etoit autrefois qu'il y avoit des gens qui usoient d'enchantemens dans les combats, III, 183 — Origine de ceux dont il est parlé dans les livres de chevalerie, *ibid.*

Enfans. Il n'est bon que dans les états despotiques de les forcer à suivre la profession de leur père, I, 286. — Quand doivent suivre la condition du père ; quand doivent suivre celle de la mère, 432. — Comment se reconnoissent dans les pays où il y a plusieurs ordres de femmes legitimes, 453. Il n'est point incommode d'en avoir dans un peuple naissant; il l'est d'en avoir dans un peuple formé, 439, 140. — Privilege qu'ils donnoient a Rome à ceux qui en avoient un certain nombre, 459. — L'usage de les exposer est il utile? lois et usages des Romains sur cette matiere, 470 et suiv. — Les Perses avoient, au sujet de l'education de leurs enfans, un dogme faux, mais fort utile, III, 28. — Il est contre la loi de nature de les forcer à se porter accusateurs contre leur pere ou leur mère, 68. — Dans quel cas le droit naturel leur impose la loi de nourrir leurs peres indigens, 69. — La loi naturelle les autorise a exiger des alimens de leur père, mais non pas sa succession : elle leur est due en vertu du droit civil ou politique, 71. — L'ordre politique demande souvent, non pas toujours, que les enfans succèdent aux peres, *ibid*. — Pourquoi ne peuvent epouser ni leurs peres, ni leurs meres, 85. — Habitoient tous, et s'etablissoient dans la maison du pere : de la l'origine de la prohibition des mariages entre parens, 86. — Dans l'ancienne Rome, ne succédoient point à leur mere, et *vice versa* motifs de cette loi, 108. — Pouvoient être vendus a Rome par leur père : de la la faculté sans bornes de tester, 110. — S'ils naissent parfaits à sept mois, est ce par la raison des nombres de Pythagore? 279.

Enquete. L'accusé pouvoit arrêter celle qui se preparoit contre lui, en offrant le combat au premier temoin que l'on produisoit, III, 192. — C'est par la voie des enquêtes que l'on décidoit autrefois toutes sortes de questions, tant de fait que de droit : comment on a suppleé à une voie si peu sûre, 250.

Enquetes (Chambres des). Ne pouvoient autrefois, dans leurs arrêts, employer cette forme, *l'appel au neant* ; *l'appel et ce dont a été appelé au néant* : pourquoi, III, 220.

Envoyés du roi. Voyez *Missi dominici*.

ÉPAMINONDAS. Est une preuve de la superiorité de l'education des anciens sur la nôtre, 1, 186. — Sa mort entraina la ruine de la vertu à Athenes, 346.

Ephese. Cause des transports du peuple de cette ville, quand il sut qu'il pouvoit appeler la sainte Vierge *mere de Dieu*, III, 57.

Ephores. Moyen de suppléer à cette magistrature tyrannique, I, 422. — Vice dans l'institution de ceux de Lacedemone, 428.

Epidamniens. Precautions qu'ils prirent contre la corruption que les barbares auroient pu leur communiquer par la voie du commerce, I, 192.

Epoux. Ne pouvoient à Rome se faire des dons autrement qu'avant le mariage, II, 244. — Ce qu'ils pouvoient se donner par testament, 460. — Ce qu'ils pouvoient se donner chez les Wisigoths; et quand pouvoient se donner, 244.

Epreuve par le fer Quand avoit lieu chez les Ripuaires, III, 165.

Equilibre. Ce qui le maintient entre les puissances de l'Europe, II, 68.

Equité. Il y a des rapports d'équité qui sont anterieurs à la loi positive qui les etablit : quels ils sont, I, 127.

Erreur. Quelle en est la source la plus feconde, III, 319.

Erudition. Embarras qu'elle cause à ceux chez qui elle est trop vaste, III, 312.

Eschine. Pourquoi condamné à l'amende, II, 33.

Esclavage. Pourquoi plus commun dans le midi que dans le nord, II, 81. — Les juris-consultes romains se sont trompés sur l'origine de l'esclavage : preuves de leurs erreurs, 103. — Est contraire au droit naturel et au droit civil, 104.—Peut il deriver du droit de la guerre? *ibid*. — Peut-il venir du mépris qu'une nation conçoit pour une autre, ce mépris étant fondé sur la différence des usages? Raison admirable des Espagnols, pour tenir les Américains en esclavage, 107, 108. — Raisons admirables du droit que nous avons de tenir les nègres en esclavage, 109.— Sa véritable origine, 110. — Origine de cet esclavage tres-doux que l'on trouve dans quelques pays, 112 — Est contre la nature; mais il y a des pays où il est fondé sur une raison naturelle, *ibid.* — Est inutile parmi nous, 113. — Ceux qui voudroient qu'il pût s'établir parmi nous sont bien injustes et ont les vues bien courtes, 115.—Combien il y en a de sortes : le reel et le personnel : leurs definitions, 16. Ce que les lois doivent faire par rapport à l'esclavage, 117. — Ses abus, *ibid.* — Est une partie des coutumes du peuple esclave, 246. Voy. *Esclaves, Servitude.*

Esclavage civil Ce que c'est : il est pernicieux au maitre et à l'esclave : dans quel pays il est le plus tolerable, II, 102.

Esclavage de la glèbe. Quels tributs doivent se payer dans les pays ou il a lieu, II, 51 et suiv. — Quelle en est ordinairement l'origine, *ibid.*

Esclavage domestique. Ce que l'auteur appelle ainsi, II, 154.

Esclaves. Ne doivent pas être affranchis pour accuser leurs maitres, II, 26. — Quelle part doivent avoir dans les accusations, 27. Il est absurde qu'on le soit par naissance, 05, 106 — leur grand nombre est plus ou moins dangereux, suivant la nature du gouvernement, 119 et suiv. — Il est plus ou moins dangereux qu'ils soient armés, suivant la nature du gouvernement, 121 — La douceur des lois qui les concernent, et des maitres a qui ils appartiennent, est le vrai moyen de les tenir dans le devoir, 125. — Reglemens a faire entre leurs maitres et eux, 126. Etoient mis à Rome au niveau des betes, 128. — Il est contre la loi naturelle de le condamner comme parricides, lor qu'ils tue: t un homme libre en se défendant contre lui, 111, 66. — Hors des serails, il est absurde que la loi civile eur mette entre les mains le soin de la vengeance publique, domestique et particuliere, 98. — Voyez *Esclavage, Servitude.*

Esclaves (guerre des). Principale cause de cette guerre attribuée aux traitans, I, 469

Espagne. Combien le pouvoir du clergé y est utile au peuple, I, 153. — Moyens étranges et absurdes qu'elle employa pour conserver sa vaste monarchie, 365 — Heureuse étendue de ce royaume, 578. — Sa situation contribua, vers le milieu du regne de Louis XIV, à la grandeur relative de la France, 582. — Singularité des lois que les Wisigoths y avoient établies : elles provenoient du climat, II, 98. Mauvaise politique de cette monarchie touchant le commerce, en temps de guerre, 278 Opinion des anciens sur ses richesses : ce qu'il en faut croire : ses mines d'or et argent, 334, 355 — S'est appauvrie par les richesses qu'elle a tirées de l'Amerique, 365. — Absurdité de ses lois sur l'emploi de l'or et de l'argent, 569, 370. —

N'est qu'un accessoire, dont les Indes sont le principal, 370. — C'est un mauvais tribut pour son roi, que celui qu'il tire de la douane de Cadix, 371. — Pourquoi l'intérêt de l'argent y diminua de moitié aussitôt après la découverte des Indes, 381. — La liberté sans bornes qu'y ont les enfans de se marier à leur goût est moins raisonnable qu'elle ne le seroit ailleurs, 438. — Etoit pleine de petits peuples, et regorgeoit d'habitans, avant les Romains, 450. — Comment le droit romain s'y est perdu, III, 144. — C'est l'ignorance de l'écriture qui a fait tomber les lois wisigothes, 152. — Pourquoi ses lois féodales ne sont pas les mêmes que celles de France, 304.

Espagnols. Biens qu'ils pouvoient faire aux Mexicains; maux qu'ils leur ont faits, I, 390. — Raisons admirables pour lesquelles ils ont mis les Américains en esclavage, II, 107. — La religion a été le prétexte de tous leurs crimes en Amérique, 108. — Maux qu'ils font à eux et aux autres par leur orgueil, 222. — Leur caractère comparé avec celui des Chinois : leur bonne foi éprouvée dans tous les temps : cette bonne foi, jointe à leur paresse, leur est pernicieuse, 224, 225. — Leurs conquêtes et leurs découvertes. Leur différend avec les Portugais : par qui jugé, 360, 361. — Ne feroient-ils pas mieux de rendre le commerce des Indes libre aux autres nations? 372. — Leur tyrannie sur les Indiens s'étend jusque sur les mariages, 437. — Leurs cruautés determinoient les femmes de l'Amérique à se procurer l'avortement, 441. — Ce n'est pas une absurdité de dire que leur religion vaut mieux pour leur pays que pour le Mexique, III, 32. — Ont violé cruellement et stupidement le droit des gens en Amérique, 101.

Espagnols ou *Wisigoths.* Motifs de leurs lois au sujet des donations à cause de noces, II, 244.

Espions. Leur portrait : il ne doit point y en avoir dans la monarchie, II, 38, 39.

Esprit des Loix. Ce que c'est, I, 136. Comment et dans quel ordre cette matière est traitée dans cet ouvrage, *ibid.* La nature de cet ouvrage n'a pas dû engager l'auteur à travailler pour faire croire la religion chrétienne : mais il a cherché à la faire aimer, IV, 3. — Est-ce la bulle *unigenitus* qui est la cause occasionelle de cet ouvrage? 27. — Cet ouvrage a été approuvé de toute l'Europe. Quel en est le but; ce qu'il contient. Pourquoi le gazetier ecclésiastique l'a si fort blâmé, et comment il a raisonné pour le blâmer, 32.

Esprit général d'une nation. Ce que c'est, II, 218. — Combien il faut être attentif à ne le point changer, 219.

Esséens. Sont une preuve que les lois d'une religion, quelle qu'elle soit, doivent être conformes à celles de la morale, III, 15.

Etablissemens de Philippe-Auguste et ceux de saint Louis sont une des sources des coutumes de France, III, 252.

Etablissemens de saint Louis. Révolutions qu'ils apportèrent dans la jurisprudence, III, 211 et suiv. — Pourquoi admis dans des tribunaux, et rejetés dans d'autres, 214. — Sont l'origine de la procédure secrète, 222. — Comment tombèrent dans l'oubli, 230. Ce qu'il faut penser du code que nous avons sous ce nom, *ibid.* — Ne furent point confirmés en parlement, 231. — Le code que nous avons sous ce nom est un ouvrage sur les *établissemens,* et non pas les etablissemens mêmes, 232. — Ce que c'est, comment, par qui a été fait ce code, et d'où il a été tiré, 253.

Etablissement le-roi. Ce que c'étoit du temps de saint Louis, III, 214. — Ce code est un ouvrage très précieux; pourquoi: ses défauts, sa forme, 256.

Etablissement de la monarchie française. Voyez DUBOS.

Etat Comment les etats se sont formés, et comment subsistent, I, 131. — Quelle en doit être la grandeur, pour qu'ils soient dans leur force, I, 377 et suiv. — Plus un etat est vaste, plus il est facile de le conquérir, 378. — Vie des etats, comparée avec celle des hommes : de cette comparai on derive le droit de la guerre, 583, 584. Chaque état, outre la conservation qui est leur objet general, en a un particulier. 416. —De combien de manieres un etat peut changer, 447. Quel est l'instant où il est le plus florissant, 448. — Sa richesse depend de celle des particuliers : conduite qu'il doit tenir à cet egard, II, 55.

Doit à tous les citoyens une subsistance assurée, la nourriture, un vêtement convenable, un genre de vie qui ne soit point contraire à la santé, 479. — Un grand, devenu accessoire d'un autre, s'affoiblit, et affoiblit le principal : consequences de ce principe, au sujet de la succession à la couronne, III, 102.

Etat civil. Ce que c'est, I, 155.
Etat modere. Quelles y doivent être les punitions, I, 278.
Etat politique. De quoi est forme, I, 154.
Etats. Etoient fréquemment assembles sous les deux premières races, de qui composes : quel en étoit l'objet, III, 149
Etats Pays d'). On ne connoît pas assez, en France, la bonté de leur gouvernement, II, 62.
Ethiopie. C'est la religion chrétienne qui en a banni le despotisme, III, 6.

Etrangers Ceux qui arrivoient autrefois en France etoient traites comme des serfs : de ce fait, l'auteur prouve que ce qu'on appeloit *census* ou *cens*, ne se levoit que sur les serfs, III, 321.

Etres. Ont tous leurs lois, I, 125.
Etres intelligens. Pourquoi sujets à l'erreur ? pourquoi s'ecartent de leurs lois primitives, et de celles qu'ils se prescrivent eux-mêmes, I, 87, 88.

EUCHER (Saint). Songe qu'il est ravi dans le paradis, d'où il voit Charles-Martel tourmenté dans l'enfer, dès son vivant, parce qu'il entreprit sur le temporel du clergé, III, 412, 413.

Eunuques. Pourquoi on leur confie, en Orient, des magistratures; pourquoi on y souffre qu'ils se marient : usage qu'ils peuvent faire du mariage, II, 132, 133. Il semble qu'ils sont un mal necessaire en Orient, 133 — Sont chargés, en Orient, du gouvernement interieur de la maison, 151.

EURIC C'est lui qui a donné les lois, et fait rediger les coutumes des Wisigoths, III, 129.

Europe. Se gouverne par les mœurs; d'où il suit que c'est un crime contre le genre humain d'y vouloir introduire le despotisme, I, 350. — Pourquoi le gouvernement de la plupart des etats qui la composent est moderé, 418 — Pourquoi les peines fiscales y sont plus severes qu'en Asie, II, 60.— Les monarques n'y publient guere d'édits qui n'affligent avant qu'on les ait vus; c'est le contraire en Asie, 66. La rigueur des tributs que l'on y paie vient de la petitesse des vues des ministres, *ibid.* — Le grand nombre de troupes qu'elle entretient, en temps de paix comme en temps de guerre, ruine les princes et les peuples,

68. Le monachisme y est multiplié, dans les differens climats, en raison de leur chaleur, 86. — Sages précautions qu'on y a prises contre la peste, 93. — Le climat ne permet guere d'y etablir la polygamie, 136. — Il y naît plus de garçons que de filles : la polygamie ne doit donc pas y avoir lieu : c'est aussi ce qui la rend moins peuplée que dans d'autres pays, 138, 441.- Ses differens climats comparés avec ceux de l'Asie : causes physiques de leurs differences : consequences qui resultent de cette comparaison pour les mœurs et pour le gouvernement des differentes nations: raisonnemens de l'auteur confirmés, a cet egard, par l'histoire : observations historiques curieuses, 160 et suiv — Inculte, ne seroit pas si fertile que l'Amerique, 181. — Pourquoi est plus commerçante aujourd'hui qu'elle ne l'etoit autrefois, 295. Le commerce y fut detruit avec l'empire d'Occident, 352. — Comment le commerce s'y fit jour à travers la barbarie, 354. — Son état, relativement à la découverte des Indes orientales et occidentales, 359 et suiv. — Lois fondamentales de son commerce, 362 et suiv. — Sa puissance et son commerce, depuis la decouverte de l'Amerique, 364. — Quantité prodigieuse d'or qu'elle tire du Brésil, 368. — Revolutions qu'elle a essuyées, par rapport au nombre de ses habitans, 473. — Ses progrès dans la navigation n'ont point augmenté sa population, 475. — Est actuellement dans le cas d'avoir besoin de lois qui favorisent la population, 476. — Ses mœurs depuis qu'elle est chrétienne, comparees avec celles qu'elle avoit auparavant, III, 6. — Les peuples du midi de l'Europe ont retenu le célibat, qui leur est plus difficile à observer qu'à ceux du nord, qui l'ont rejeté : raisons de cette bizarrerie, 45.

Europeens. Raisons pour lesquelles leur religion prend si peu dans certains pays, III, 62.

Evangile. Est l'unique source où il faut chercher les regles de l'usure, et non pas dans les rêveries des scolastiques, II, 355. — Est-il vrai que l'auteur en regarde les préceptes comme de simples conseils, IV, 38.

Evêches Pourquoi les rois en ont abandonné les élections pendant un temps, III, 422.

Evêques. Comment sont devenus si considerables, et ont acquis tant d'autorité des le commencement de la monarchie, II, 214. Ont refondu les lois des Wisigoths, desquelles viennent toutes les maximes, tous les principes et toutes les vues de l'inquisition, III, 131. Charles-le Chauve leur defend de s'opposer a ses lois, et de les negliger, sous pretexte du pouvoir qu'ils ont de faire des canons, 149. - Parce qu'ils sont évêques, sont ils plus croyables que les autres hommes? 278. Ceux d'autrefois avoient la charité de racheter des captifs, 306 — Leçons d'economie qu'ils donnent à Louis, frere de Charles-le-Chauve, afin qu'il n'incommode point les ecclesiastiques, 317. — Menoient anciennement leurs vassaux a la guerre : demanderent la dispense de les y mener, et se plaignirent quand ils l'eurent obtenue, 329. — Pourquoi leurs vassaux n'etoient pas menes a la guerre par le comte, 333. — Furent les principaux auteurs de l'humiliation de Louis-le-Debonnaire, et principalement ceux qu'il avoit tires de la servitude, 373. — Du temps de Chilperic, leurs richesses les mettoient plus dans la grandeur que le roi même, 407.—Lettre singuliere qu'ils ecrivirent a Louis-le Germanique, 413.— Par quel esprit de politique Charlemagne les multiplia, et les rendit si puissans en Allemagne, 453.— Quand quittèrent les habits mondains, et cessèrent d'aller à la guerre, 439.

Exclusion de la succession à la couronne. Quand peut avoir lieu contre l'heritier presomptif, III, 103.

Excommunications. Les papes en firent usage pour arrêter les progrès du droit romain, III, 244.

Exécutrice. Voyez *Puissance exécutrice.*

Exemples. Ceux des choses passées gouvernent les hommes, concurremment avec le climat, la religion, les lois, etc. De là naît l'esprit general d'une nation, II, 218.

Exhérédation. Peut être permise dans une monarchie, I, 227.

F.

FABIENS. Il est assez difficile de croire qu'il n'en echappa qu'un enfant, quand ils furent exterminés par les Véiens, II, 453.

Faculte d'empecher. Ce que c'est en matière de lois, I, 425.

Faculte de statuer. Ce que c'est, et à qui doit être confiee dans un etat libre, I, 425.

Famille. Comment chacune doit être gouvernee, I, 177. — La loi, qui fixe la famille dans une suite de personnes du même sexe, contribue beaucoup à la propagation, II, 432.

Famille (*Noms de*). Leur avantage sur les autres noms, II, 453.

Famille régnante. Celui qui le premier l'a fait monter sur le trône, et ses trois ou quatre successeurs immediats fuient les vices qui ont detrôné la famille qui les précedoit; et ces mêmes vices s'emparent enfin de leurs successeurs, et ouvrent le trône à une autre race, I, 320. Ce n'est pas pour elle qu'on a etabli l'ordre de succession a la couronne; c'est pour l'etat, III, 94.

Familles particulières. Comparees au clerge : il résulte de cette comparaison, qu'il est nécessaire de mettre des bornes aux acquisitions du clergé, III, 45.

Famines. Sont frequentes à la Chine : pourquoi : y causent des revolutions, I, 367.

Fatalite des materialistes. Absurde : pourquoi, I, 125.— Une religion qui admet ce dogme doit être soutenue par des lois civiles très sevères, et très sévèrement exécutees, III, 18 et suiv.

Fausser la cour de son seigneur. Ce que c'etoit : saint Louis abolit cette procedure dans les tribunaux de ses domaines; et introduisit, dans ceux des seigneurs, l'usage de fausser sans se battre, III, 211, 212.

Fausser le jugement. Ce que c'etoit. III, 195.

Faux monnoyeurs. Sont-ils coupables de lèse-majesté ? II, 17.

Fécondité. Plus constante dans les brutes que dans l'espece humaine : pourquoi, II, 430.

Felonie. Pourquoi l'appel etoit autrefois une branche de ce crime, III, 195.

Femmes. Leur caractère ; leur influence sur les mœurs. — Elles sont capricieuses, indiscrètes, jalouses, légères, intrigantes; leurs petites âmes ont l'art d'interesser celles des hommes. Si tous ces vices etoient en liberté dans un etat despotique, il n'y a point de mari, point de père de famille qui pût y être tranquille ; on y verroit couler des flots de sang, I, 322, II, 145. — Il y a des climats qui les portent si fort à la lubricité, qu'elles se livrent aux plus grands désordres, si elles ne sont retenues par une clôture exacte. Leur horrible caractère dans ces climats, 144, 145 — Ce caractère mis en opposition avec celui de nos Françaises, dont l'auteur fait une description galante, 149. — Il y a des climats où elles ne résistent jamais à l'attaque, 143. — Leur luxe rend le mariage si onereux, qu'il en dégoûte les citoyens, 453, 454. Un Romain pensoit qu'il est si difficile d'être heureux avec elles, qu'il faudroit s'en défaire, si l'on pouvoit subsister sans elles, 454. — Elles n'attachent constamment qu'autant qu'elles sont utiles pour les commodités de la vie intérieure, 185 et suiv. — Ne remplissent leurs devoirs qu'autant qu'elles sont séquestrées de la compagnie des hommes, privées d'amusemens, et éloignées des affaires, 145. — Leurs mœurs ne sont pures qu'autant qu'elles sont séquestrées de la société, 146. — Quand elles vivent peu avec les hommes, elles sont modestes, comme en Angleterre, II, 259. — Sont trop foibles pour avoir de l'orgueil ; elles n'ont que de la vanité, si l'esprit general de la nation ne les porte à l'orgueil, I, 322 ; II, 224. Leur foiblesse doit les exclure de la prééminence dans la maison ; et cette même foiblesse les rend capables de gouverner un état, I, 336. — La faculté que, dans certains pays, on donne aux eunuques de se marier est une preuve du mépris que l'on y fait de ce sexe, II, 133 — Sont juges très-éclairées sur une partie des choses qui constituent le mérite personnel. De là, en partie, notre liaison avec elles, provoquée d'ailleurs par le plaisir des sens, et par celui d'aimer et d'être aimé, III, 181. — Le commerce de galanterie avec elles produit l'oisiveté, fait qu'elles corrompent avant que d'être corrompues, qu'elles mettent tous les riens en valeur, réduisent à rien ce qui est important, et établissent les maximes du ridicule comme seules règles de la conduite, I, 322. — Leur desir de plaire, et le désir de leur plaire font que les deux sexes se gâtent, et perdent leur qualité distinctive et essentielle, II, 227. — Si elles gâtent les mœurs, elles forment le goût, 222. — Leur commerce nous inspire la politesse ; et cette politesse corrige la vivacité des Français, qui, autrement, pourroit les faire manquer à tous les égards, 219. — Leur communication avec les hommes inspire à ceux-ci cette galanterie qui empêche de se jeter dans la débauche, 259 — Plus le nombre de celles qu'on possède tranquillement et exclusivement est grand, plus on désire celles que l'on ne possède pas ; et l'on s'en dégoûte enfin totalement, pour se livrer à cet amour que la nature désavoue. Exemples tirés de Constantinople et d'Alger, 141. — Elles inspirent deux sortes de jalousie ; l'une de mœurs, l'autre de passion, 150. — Leur débauche nuit à la propagation, 431. — Dans qu'elle proportion elles influent sur la population, 442. — Leur mariage, dans un âge avancé, nuit à la propagation, 462 — Dans les pays où elles sont nubiles dès l'enfance, la beauté et la raison ne se rencontrant jamais en même temps, la polygamie s'introduit naturellement, II, 134, 135. — Ces deux avantages se trouvant réunis en même temps dans les femmes des pays tempérés et froids, la polygamie n'y doit pas avoir lieu, 135. — La pudeur leur est naturelle, parce qu'elles doivent toujours se défendre, et que la perte de leur pudeur cause de grands maux dans le moral et dans le civil, 149; III, 77. — Cet etat perpétuel de défense les porte a la sobriété ; seconde raison qui bannit la polygamie des pays froids, II, 156. — Leur influence sur la religion et sur le gouvernement. — La liberté qu'elles doivent avoir de concourir aux assemblées publiques dans les eglises, nuit a la propagation de la religion chrétienne, 256. — Un prince habile, en flattant leur vanité et leurs passions, peut changer, en peu de temps, les mœurs de sa nation. Exemple tiré de la Moscovie, 220. — Leur liberté s'unit naturellement avec l'esprit de la monarchie, 151. — Si elles ont peu de retenue, comme dans les monarchies, elles prennent cet esprit de liberté qui augmente leurs agrémens et leurs passions : chacun s'en sert pour avancer sa fortune, et elles font régner avec elles le luxe et la vanité, I, 322. — Vues que les législateurs doivent se proposer dans les règles qu'ils établissent concernant les mœurs des femmes, III, 7. — Leur luxe et les déreglemens qu'elles font naître sont utiles aux monarques. Auguste et Tibère en firent usage pour substituer la monarchie à la république, I, 303. — Leurs déportemens sont des prétextes dans la main des tyrans, pour persécuter les grands : exemple tiré de Tibère 330. — Les empereurs romains se sont bornés à punir leurs crimes, sans chercher à établir chez elles la pureté des mœurs, 331 et suiv. — Ces vices sont même quelquefois utiles a l'état, II, 219. —

L'envie de leur plaire etablit les modes, et augmente sans cesse les branches du commerce, 192. — Leur fecondité plus ou moins grande doit et e la mesure du luxe dans un etat monarchique. Exemple tiré de la Chine, I, 518. Loi bizarre de l'île de Formose, pour prévenir leur trop grande fecondité, II, 446. — Leurs vices les rendent fatales au gouvernement républicain. 1, 321. — Leur pluralité autorisée par le mahométisme, tenant le prince toujours séparé de ses sujets, lui fait oublier qu'il est homme, et qu'il ne peut pas tout. C'est le contraire dans les etats chrétiens, III, 5. — Lois et règles faites ou à faire concernant les femmes, II, 134. — Pour q 'elles n'influent pas sur les mœurs il faut les tenir séparées des hommes. Exemple tiré de la Chine, 227, 128. — Ne doivent point participer aux ceremonies religieuses, qui sont contraires a la pudeur. Moyen de concilier ces ceremonies avec la pudeur, III, 21. Les lois ne doivent jamais leur ôter la défense de la pudeur naturelle Exemples tirés de la loi de Henri VIII, qui condamne toute fille que le roi veut épouser, et qui, ayant eu un mauvais commerce, ne le lui déclare pas; et de celle de Henri II, qui condamne a mort toute fille qui ne déclare pas sa grossesse au magistrat, et dont l'enfant perit, 66 67. — C'est un bon moyen pour contenu que de rendre publique l'accusation d'adultère, I, 216. — Leur esclavage suit naturellement le des potisme du prince. II, 231.

Leur liberté sera fausse dans ces états, 227. On ne pourront pas les tenir en servitude dans une republique, 144. C'est un bon moyen pour les reduire, que de les attaquer par la vanité, 455. — On doit, dans une république, faire en sorte qu'elles ne puissent se prevaloir, pour le luxe, ni de leurs richesses, ni de l'espérance de leurs richesses : c'est le contraire dans une monarchie, III, 125. — On chercha a Rome à réprimer leur luxe, auquel les premieres lois avoient laissé une porte ouverte : ou défendit de les instituer héritieres, 122. — Cas ou la loi, chez premiers Romains, les appeloit a la succession ; cas ou elle les en excluoit, *ibid*. — La loi peut, sans blesser la nature, les exclure de toute succession, 70 — Pourquoi, et dans quel cas, la loi Pappienne, contre la disposition de la loi Voconienne, les rendit capables d'être légataires, tant de leurs maris que des étrangers, 122, 123. — Comment les lois romaines ont mis un frein aux libéralités que la séduction des femmes pourroit arracher des maris, II, 244. — Limitations de ces lois, en faveur de la propagation, 458. Leurs droits successifs chez les Germains et chez les Saliens, II, 196 et suiv. — Sont assez portées au mariage, sans qu'il faille les y exciter par l'appât des gains nuptiaux, I, 334. — Causes de cette propension au mariage, II, 459. — Quels doivent être leurs dots et leurs gains nuptiaux dans les différens gouvernemens, I, 335. — Étoient fort sages dans la Grece. Circonstances et réglemens qui maintenoient cette sagesse, 323. — A Rome, elles étoient comptables de leur conduite devant un tribunal domestique, 324. — Les traitemens que les maris peuvent exercer envers elles dépendent de l'esprit du gouvernement, II, 144. — Étoient, à Rome, et chez les Germains, dans une tutelle perpétuelle, I, 528. — Auguste, pour favoriser l'esprit de la monarchie qu'il fondoit, et en même temps pour favoriser la population, affranchit de cette tutelle celles qui avoient trois ou quatre enfans, II, 460. — La loi salique les tenoit dans une tutelle perpétuelle (1), II, 199. — Leurs mariages doivent être plus ou moins subordonnés à l'autorité paternelle, suivant les cir-

---

(1) M. de Montesquieu tire la preuve de cette tutelle perpétuelle établie par la loi salique, du titre 46 de cette loi, suivant l'edition de Baluze ; et 47, suivant d'autres éditions. Quoi qu'il en soit, l'auteur n'a pu trouver dans ce titre la tutelle dont il ne parle que par induction Il y est dit que celui qui veut épouser une veuve doit donner, en présence du juge et en public, une certaine somme aux personnes designées par la loi. Or, il paroit que cette somme étoit le prix du consentement que ces personnes donnoient au mariage ; d'où il y a lieu de conclure que la veuve etoit sous leur tutelle. D'ailleurs, la loi des Lombards ordonne expressément cette tutelle perpétuelle, et met les veuves au niveau des enfans orphelins. Voyez le Recueil de Baluze, tome I, page 544. Or, les personnes désignées sont en effet les parens du mari par femmes, suivant le degré de proximité. C'est, en premier lieu, le fils de la sœur du défunt ; après lui, c'est le fils de la niece ; à son défaut, le fils de la cousine maternelle ; ensuite, le frere et la mère du défunt. Si tous ces parens manquent, alors le frère du defunt est appelé, pourvu qu'il n'ait pas droit à sa succession. Si tous ceux-là manquent, le plus proche, après eux, est appelé jusqu'au sixieme degré, mais toujours sous la condition qu'il ne sera pas heritier de la veuve.

constances, 436. — Il est contre la nature de leur permettre de se choisir un mari à sept ans, III, 67. — Il est injuste, contraire au bien public, et à l'intérêt particulier, d'interdire le mariage à celles dont le mari est absent depuis long temps, quand elles n'en ont aucune nouvelle, 78.—Le respect qu'elles doivent à leurs maris est une des raisons qui empêchent que les meres ne puissent épouser leurs fils : leur fécondité prématurée en est une autre, 85. — Passent dans la famille du mari : le contraire pouvoit être etabli sans inconvenient, II, 432. Il est contre la nature que leurs propres enfans soient reçus à les accuser d'adultère, III, 68 — La loi civile qui, dans les pays où il n'y a point de serails, les soumet à l'inquisition de leurs esclaves, est absurde, 98. — Un mari ne pouvoit autrefois reprendre sa femme condamnée pour adultere : Justinien changea cette loi ; il songea plus, en cela, à la religion, qu'à la pureté des mœurs, 78 — Il est encore contre la loi naturelle de les forcer à se porter accusatrices contre leurs maris, 68. — Doivent, dans les pays où la répudiation est admise, en avoir le droit comme les hommes. Preuves, II, 152. — Il est contre la nature que le pere puisse même obliger sa fille à répudier son mari. III, 67. Pourquoi, dans les Indes, se brûlent à la mort de leurs maris, 29.—Les lois et la religion, dans certains pays, ont établi divers ordres de femmes legitimes pour le même homme, II, 4 3. Quand on en a plusieurs, on leur doit un traitement egal. Preuves tirées des lois de Moïse, de Mahomet et des Maldives, 142. — Doivent, dans les pays où la polygamie est établie, être séparées d'avec les hommes, 143. On doit pourvoir à leur etat civil, dans les pays ou la polygamie est permise, quand il s'y introduit une religion qui la défend, III, 80. — Chaque homme, à la Chine, n'en a qu'une legitime, à laquelle appartiennent tous les enfans des concubines de son mari, 66. — Pourquoi une seule peut avoir plusieurs maris dans les climats froids de l'Asie, II, 138. — Sous les lois barbares, on ne les faisoit passer par l'épreuve du feu que quand elles n'avoient point de champions pour les defendre, III, 166.— Ne pouvoient appeler en combat judiciaire sans nommer leur champion, et sans être autorisées de leurs maris; mais on pouvoit les appeler sans ces formalités, 190.

Féodales. Voyez *Lois féodales.*

Fer chaud. Voyez *Preuves.*

Fermes et revenus du roi. La regie leur est préferable : elles ruinent le roi, affligent et appauvrissent le peuple, et ne sont utiles qu'aux fermiers, qu'elles enrichissent indécemment, II, 70.

Fermiers. Leurs richesses énormes les mettent, en quelque sorte, au dessus du législateur, II, 71.

Fertilité. Rend souvent déserts les pays qu'elle favorise, II, 175. — Amollit les hommes, 177.

Fêtes. Leur nombre doit plutôt être proportionné au besoin des hommes qu'à la grandeur de l'être que l'on honore, III, 30.

Fiançailles. Temps dans lequel on les pouvoit faire à Rome, II, 461.

Fidéicommis. Pourquoi n'étoient pas permis dans l'ancien droit romain : Auguste fut le premier qui les autorisa, III, 114. — Furent introduits d'abord pour éluder la loi Voconienne : ce que c'étoit : il y eut des fidéicommissaires qui rendirent la succession; d'autres la gardèrent, 120 — Ne peuvent être faits que par des gens d'un bon naturel; ne peuvent être confiés qu'à d'honnêtes gens; et il y auroit de la rigueur à regarder ces honnêtes gens comme de mauvais citoyens, 121 — Il est dangereux de les confier à des gens qui vivent dans un siècle où les mœurs sont corrompues, 122.

Fidèles. Nos premiers historiens nomment ainsi ce que nous appelons vassaux, III, 325. Voyez *Vassaux.*

Fiefs. Il en faut dans une monarchie : doivent avoir les mêmes privilèges que les nobles qui les possèdent, I, 226 227. — Sont une des sources de la multiplicité de nos lois, et de la variation dans les jugemens de nos tribunaux, 260. — Dans les commencemens, ils n'étoient point héréditaires, II, 201, 202. — Ce n'étoit point la même chose que les terres saliques, *ibid.* et suiv. — Leur etablissement est postérieur à la loi salique, *ibid.* — Ce n'est point la loi salique qui en a formé l'établissement : c'est leur établissement qui a borné les dispositions de la loi salique, *ibid.* — Epoque de leur établissement, *ibid.* — Quand la tutelle commença à être distinguée de la baillie ou garde, 209 — Le gouvernement féodal est utile à la propagation, 4-5, 174. — C'est peut-être avec raison qu'on a exclu les filles du droit d'y succéder, III, 7 et suiv. — On les rendant héréditaires, on fut obligé d'introduire plusieurs usages que les lois saliques, ripuaires, etc., n'étoient plus applicables, 147 et suiv. — Leur multiplicité introduisit en France une dépendance plutôt féodale que politique, *ibid* — Origine de la règle qui dit : *Autre chose est le fief, autre chose est la justice*, 199. — Leur origine : théorie de leurs lois, et causes des révolutions qu'elles ont essuyées 287 et suiv. — Il n'y en avoit point d'autres chez les Germains, que des chevaux de bataille, des armes et des repas; mais il y avoit des vassaux, 291. — Est-il vrai que les Francs les ont établis en entrant dans la Gaule ? 295. — Le partage des terres qui se fit entre les barbares et les Romains, lors de la conquête des Gaules, prouve que les Romains ne furent pas tous mis en servitude; et que ce n'est point dans cette prétendue servitude générale qu'il faut chercher l'origine des fiefs, 297 — Leur origine est la même que celle de la servitude de la glèbe : quelle est cette origine, 303, 304. — Par quelle superstition l'église en a acquis, 307 Ne tirent point leur origine des bénéfices militaires des Romains, 311. — On en accordoit souvent les privilèges à des terres possédées par des hommes libres, 315. — Différens noms que l'on a donnés à cette espèce de biens, dans les différens temps, 326. — Furent d'abord amovibles : preuves, *ibid.* — Le *fredum* ne pouvoit appartenir qu'au seigneur du fief, à l'exclusion même du roi; d'où il suit que la justice ne pouvoit appartenir qu'au seigneur du fief, 348. — Celui qui avoit le fief avoit aussi la justice, *ibid* — Au défaut des contrats originaires de concession, où trouve-t-on la preuve que les justices étoient originairement attachées aux fiefs ? 359. — Ne se donnoient originairement qu'aux antrustions et aux nobles, 376. — Quoique amovibles, ne se donnoient et ne s'ôtoient pas par caprice : comment se donnoient : on commença à s'en assurer la possession à vie, par argent, des avant le règne de la reine Brunehault. 379 et suiv — Etoient héréditaires dès le temps de la fin de la première race, 400 401 — Il e faut pas confondre ceux qui furent créés par Charles-Martel, avec ceux qui existoient avant, 402.—Ceux qui les possédoient autrefois s'embarrassoient peu de les degrader: pourquoi, 406. N'etoient destinés, dans le principe, que pour la récompense des services: la devotion en fit un autre usage, 407. Comment les biens de l'eglise furent convertis en fiefs, ibid. - Les biens d'eglise que Charles-Martel donna en fief étoient ils à vie ou a perpétuité? 423. Origine des grands fiefs d'Allemagne possedes par les ecclésiastiques, 433. — Quand tout le monde devint capable d'en posseder, 447.—Quand et comment les fiefs se formèrent des aleux, 448.- Quand et comment il s'en forma qui ne relevoient point du roi, 453, 454. — Quand et dans quelles occasions ceux qui les tenoient etoient dispenses d'aller à la guerre, 455, 456. — Quand commencerent a devenir absolument hereditaires, 457, 458. —Quand le partage a commencé d'y avoir lieu, 459. Devinrent, sous la seconde race des rois, comme la couronne, electifs et héréditaires en même temps : qui est-ce qui heritoit ? qui est ce qui elisoit ? 460, 461. — Dans quels temps vivoient les auteurs des livres des fiefs, 461. — L'empereur Conrad etablit le premier que la succession des fiefs passeroit aux petits enfans, ou aux frères, suivant l'ordre de la succession : cette loi s'etendit peu à peu, pour les successions directes, a l'infini ; et pour les collaterales, au septieme degré, 462 — Pourquoi leur constitution primitive s'est plus long temps conservée en Allemagne qu'en France, ibid. —Leur heredite eteignit le gouvernement politique, forma le gouvernement feodal, et fit passer la couronne dans la maison de Hugues Capet, 465. — C'est de leur perpetuite que sont venus le droit d'aînesse, le rachat, les lods et ventes, etc., 468. Origine des lois civiles sur cette matière, 475.

Fief de reprise. Ce que nos pères appeloient ainsi, III, 406

Filles. Quand commencèrent chez les Francs à être regardées comme capables de succeder : effets de ce changement, II, 196. — N'etoient pas generalement exclues de la succession des terres, par la loi salique, 201.—La liberté qu'elles ont, en Angleterre, au sujet du mariage, y est plus tolerable qu'ailleurs, 458.—Sont assez portées au mariage : pourquoi, 459. — Leur nombre relatif a celui des garçons influe sur la propagation, 441, 442. — Vendues a la Chine par leurs peres, par raison de climat, 446. — Il est contraire à la loi naturelle de les obliger à decouvrir leur propre turpitude, III, 66 —Il est contre la loi naturelle de leur permettre de se choisir un mari à sept ans, 67. C'est peut être avec raison qu'on les a exclues de la succession aux fiefs, 71.— Pourquoi ne peuvent pas epouser leurs peres, 85. — Pourquoi pouvoient être preterites dans le testament du pere, et que les garçons ne le pouvoient pas être, 115. — Pourquoi ne succèdent point à la couronne de France, et succedent à plusieurs autres de l'Europe, 471. Celles qui, du temps de saint Louis, succedoient aux fiefs ne pouvoient se marier sans le consentement du seigneur, 476.

Fils. Pourquoi ne peuvent epouser leurs mères, III, 85. — Pourquoi ne pouvoient pas être préterits dans le testament de leurs pères, tandis que les filles pouvoient l'être, 113.

Fils de famille. Pourquoi ne pouvoit pas tester, même avec la permission de son père, en la puissance de qui il etoit. III, 113.

Finances. Causes de leur desordre dans nos etats, II, 66. Detruisent le commerce, 277.

Financier. Combien les peuples simples sont eloignes d'imaginer et de comprendre ce que c'est qu'un tel homme, III, 316.

Firmitas. Ce que c'etoit autrefois en matière feodale, III, 474.

Fisc. Comment les lois romaines en avoient arrêté la rapacité, II, 353. — Ce mot, dans l'ancien langage, etoit synonyme avec fief, III, 351.

Fiscaux. Voyez *Biens fiscaux.*

Florence. Pourquoi cette ville a perdu sa liberté, I, 270. — Quel commerce elle faisoit, II, 266.

Florins. Monnoie de Hollande : l'auteur explique par cette monnoie ce que c'est que le change, II, 389.

Foe. Son système : ses lois, en se prêtant a la nature du climat, ont causé mille maux dans les Indes, II, 84. — Sa doctrine engage trop dans la vie contemplative, III, 15. Consequences funestes que les Chinois prêtent au dogme de l'immortalité de l'âme, etabli par ce legislateur, 26.

Foi et hommage. Origine de ce doit feodal, III, 473.

Foi punique. La victoire seule a decidé si l'on devoit dire la foi punique, ou la foi romaine, II, 535.

Foiblesse. Est le premier sentiment de l'homme dans l'état de nature, I, 130. On doit bien se garder de profiter de celle d'un état voisin pour l'écraser, 382. — Etoit a Lacédémone le plus grand des crimes, III, 264.

Folie. Il y a des choses folles qui sont mences d'une manière fort sage, III, 190.

Fonds de terre. Par qui peuvent être possédés, II, 287, 288 — C'est une mauvaise loi que celle qui empêche de les vendre, pour en transporter le prix dans les pays étrangers, 411.

Fontenay (Bataille de). Causa la ruine de la monarchie, III, 450, 456.

Force defensive des etats, relativement les uns aux autres. Dans quelle proportion elle doit être, I, 577.

Force defensive d'un état. Cas ou elle est inférieure à la force offensive, I, 380.

Force des etats. Est relative, I, 381.

Force generale d'un état. En quelles mains peut être placée, I, 134.

Force offensive. Par qui doit être réglée, I, 383.

Forces particulières des hommes. Comment peuvent se reunir, I, 134.

Formalités de justice. Sont necessaires dans les monarchies et dans les republiques; pernicieuses dans le despotisme, I, 264 et suiv. — Fournissoient aux Romains, qui y etoient fort attaches, des pretextes pour eluder les lois, III, 118. — Sont pernicieuses quand il y en a trop, 256.

Formose. Dans cette ile, c'est le mari qui entre dans la famille de la femme, II, 432. — C'est le physique du climat qui y a etabli le precepte de religion qui defend aux femmes d'être mères avant trente cinq ans, 446. — La debauche y est autorisée, parce que la religion y fait regarder ce qui est necessaire comme indifferent, et comme necessaire ce qui est indifferent, III, 19. — Les mariages entre parens au quatrieme degré y sont prohibés : cette loi n'est point prise

ailleurs que dans la nature, 87.
Fortune. L'honneur prescrit, dans une monarchie, d'en faire plus de cas que de la vie, I, 183.
Français. Pourquoi ont toujours été chassés de l'Italie, I, 398. — Leur portrait : leurs manieres ne doivent point être gênées par des lois; on gêneroit leurs vertus, 380; II, 219 et suiv.— Seroit il bon de leur donner un esprit de pedanterie ? 220. — Mauvaise loi maritime des Français, III, 105, 106. — Origine et revolutions de leurs lois civiles, 127. — Comment les lois saliques, ripuaires, bourguignones et wisigothes cesserent d'être en usage chez les Français, 154 et suiv. — Ferocité tant des rois que des peuples de la premiere race, 586.
France. Les peines n'y sont pas assez proportionnees aux crimes, I, 296. — Y doit on souffrir le luxe? 317. — Heureuse etendue de ce royaume : heureuse situation de sa capitale, 378. — Fut, vers le milieu du règne de Louis XIV, au plus haut point de sa grandeur relative, 381. — Combien les lois criminelles y étoient imparfaites sous les premiers rois, II, 3. — Combien il y faut de voix pour condamner un accusé, 4. — On y leve mal les impôts sur les boissons, 56. — On n'y connoît pas assez la bonté du gouvernement des pays d'etats, 62. — Il ne seroit pas avantageux à ce royaume que la noblesse y pût faire le commerce, 285. — A quoi elle doit la constance de sa grandeur, 287. — Quelle y est la fortune et la récompense des magistrats, *ibid.* — C'est elle qui, avec l'Angleterre et la Hollande, fait tout le commerce de l'Europe, 365.- Les filles ne doivent pas y avoir tant de liberté, sur les mariages, qu'elles en ont en Angleterre, 438. — Nombre de ses habitans sous Charles IX, 474. — Sa constitution actuelle n'est pas favorable à la population, *ibid.* – Comment la religion, du temps de nos pères, y adoucissoit les fureurs de la guerre, III, 25. — Doit sa prosperite a l'exercice des droits d'amortissement et d'indemnité, 46. — Par quelles lois fut gouvernée pendant la premiere race de ses rois, 137. -Etoit, des les temps de l'edit de Pistes, distinguee en France coutumiere, et en pays de droit écrit, 141.—Les fiefs, devenus héréditaires, s'y multiplierent tellement, qu'elle fut gouvernee plutôt par la dependance feodale que par la dépendance politique, 148. — Etoit autrefois distinguee en pays de l'obéissance le-roi, et en pays hors l'obeissance le-roi, 2 5. Comment le droit romain y fut apporté: autorité qu'on lui donna, 244, 245 — On y rendoit autrefois la justice de deux differentes manieres, 245. — Presque tout le petit peuple y etoit autrefois serf. L'affranchissement de ces serfs est une des sources de nos coutumes, 252, 253. – On y admet la plupart des lois romaines sur les substitutions, quoique les substitutions eussent chez les Romains un tout autre motif que celui qui les a introduites en France, 263. La peine contre les faux temoins y est capitale; elle ne l'est point en Angleterre : motifs de ces deux lois, 267. — On y punit le receleur de la même peine que le voleur : cela est injuste, quoique cela fut juste dans la Grèce et à Rome, 268. — Causes des revolutions dans les richesses de ses rois de la premiere race, 292. — L'usage où etoient ses rois de partager leur royaume entre leurs enfans, est une des sources de la servitude de la glebe et des fiefs, 504. Comment la nation reforma elle-

même le gouvernement civil, sous Clotaire, 385. — La couronne y étoit élective sous la seconde race, 428. — Pourquoi fut dévastée par les Normands et les Sarrasins, plutôt que l'Allemagne, 463. — Pourquoi les filles n'y succèdent point à la couronne, et succèdent à plusieurs autres couronnes de l'Europe, 471, 4 2.

Franchise. Dans quel sens est estimée dans une monarchie, I, 179, 180.

FRANÇOIS Ier. C'est par une sage imprudence qu'il refusa la conquête de l'Inde, II, 369.

Francs. Leur origine : usage et propriétés des terres chez eux, avant qu'ils fussent sortis de la Germanie, II, 194 et suiv. — Quels étoient leurs biens et l'ordre de leurs successions, lorsqu'ils vivoient dans la Germanie : changemens qui s'introduisirent dans leurs usages, lorsqu'ils eurent fait la conquête des Gaules : causes de ces changemens, 195 et suiv. — En vertu de la loi salique, tous les enfans mâles succédoient, chez eux, à la couronne par portions égales, 202, 203. — Pourquoi leurs rois portoient une longue chevelure, 203. — Pourquoi leurs rois avoient plusieurs femmes, tandis que les sujets n'en avoient qu'une, 204. — Majorité de leurs rois : elle a varié : pourquoi, 206 et suiv. — Raisons de l'esprit sanguinaire de leurs rois, 211. — Assemblées de leur nation, 212. — N'avoient point de rois dans la Germanie avant la conquête des Gaules; *ibid.* — Avant et après la conquête des Gaules, ils laissaient aux principaux d'entre eux le droit de délibérer sur les petites choses, et réservoient à toute la nation la délibération des choses importantes, *ibid.* — N'ont pas pu faire rédiger la loi salique avant que d'être sortis de la Germanie, leur pays, III, 127. — Il y en avoit deux tribus ; celle des Ripuaires, et celle des Saliens : réunies sous Clovis, elles conservèrent chacune leurs usages, 128. — Reconnurent la Germanie après en être sortis, *ibid.* — Prérogatives que la loi salique leur donnoit sur les Romains : tarif de cette différence, 132. — Comment le droit romain se perdit dans les pays de leur domaine, et se conserva chez les Goths, les Bourguignons et les Wisigoths, 137. — La preuve par le combat étoit en usage chez eux, 167. — Est-il vrai qu'ils aient occupé toutes les terres de la Gaule, pour en faire des fiefs ? 295. — Occupèrent, dans les Gaules, les pays dont les Wisigoths et les Bourguignons ne s'étoient pas emparés : ils y portèrent les mœurs des Germains ; de là les fiefs dans ces contrées, 294. Ne payoient point de tributs dans les commencemens de la monarchie : les seuls Romains en payoient pour les terres qu'ils possédoient : traits d'histoire et passages qui le prouvent, 308. — Quelles étoient les charges des Romains et des Gaulois dans la monarchie françoise, 513. — Toutes les preuves qu'emploie M. l'abbé Dubos, pour établir que les Francs n'entrèrent point dans les Gaules en conquérans, mais qu'ils y furent appelés par les peuples, sont ridicules et démenties par l'histoire, 361.

Francs-aleux. Leur origine, III, 328.

Francs-ripuaires. Leur loi suit pas à pas la loi salique, II, 199. — Viennent de la Germanie, 200. — En quoi leur loi, et celles des autres peuples barbares, différoient de la loi salique, III, 157.

Fraude. Est occasionée par les droits excessifs sur les marchandises : est pernicieuse à l'état ;

est la source d'injustices criantes, et est utile aux traitans, II, 57, 58. — Comment punie chez le Mogol et au Japon, 61.

Fred. Ce que signifie ce mot en langue suedoise, III, 345. Voy. *Fredum.*

Freda. Quand on commença à les régler plus par la coutume que par le texte des lois, III, 152.

FREDÉGONDE. Pourquoi elle mourut dans son lit, tandis que Brunehault mourut dans les supplices, III, 381. Comparée à Brunehault, 385, 386.

Fredum. Comment ce mot, qui se trouve dans les lois barbares, a ete forge, III, 318. — Ce que c'étoit : ce droit est la vraie cause de l'établissement des justices seigneuriales : cas où il etoit exigé : par qui il l'etoit, 345 et suiv. Sa grandeur se proportionnoit à celle de la protection que recevoit celui qui le payoit, 347. Nom que l'on donna à ce droit sous la seconde race, 348. — Ne pouvoit appartenir qu'au seigneur du fief, à l'exclusion même du roi : de là la justice ne pouvoit appartenir qu'au seigneur du fief, *ibid.*

Freres. Pourquoi il ne leur est pas permis d'epouser leurs sœurs, III, 86. — Peuples chez qui ces mariages etoient autorisés : pourquoi, 87.

Frisons. Quand et par qui leurs lois furent rédigées, III, 128. — Simplicité de leurs lois : causes de cette simplicité, *ibid.* — Leurs lois criminelles étoient faites sur le même plan que les lois ripuaires, 157. — Voyez *Ripuaires.* — Tarif de leurs compositions, 177.

Frugalité. Dans une démocratie où il n'y a plus de vertu, c'est la frugalité, et non le désir d'avoir, qui passe pour avarice, I, 162. — Doit être generale dans une démocratie : effets admirables qu'elle y produit, 201. — Ne doit, dans une démocratie, régner que dans les familles, et non dans l'etat, 202. — Comment on en inspire l'amour, 203. — Ne peut pas régner dans une monarchie, *ibid.* — Combien est necessaire dans une democratie : comment les lois doivent l'y entretenir, 210 et suiv.

Funérailles. Platon a fait des lois d'épargne sur les funérailles : Ciceron les a adoptées, III, 48. — La religion ne doit pas encourager les dépenses funeraires, *ibid.*

G.

Gabelles. Celles qui sont établies en France sont injustes et funestes, II, 57, 58.

Gages de bataille. Quand ils étoient reçus, on ne pouvoit faire la paix sans le consentement du seigneur, III, 188.

Gains nuptiaux. Quels doivent être ceux des femmes, dans les differens gouvernemens, I, 333, 334.

Galanterie. Dans quel sens est permise dans une monarchie, I, 179. — Suites fâcheuses qu'elle entraîne, 322. — D'où elle tire sa source : ce que ce n'est point ; ce que c'est : comment s'est accrue, III, 182. — Origine de celle de nos chevaliers errans, 183. — Pourquoi celle de nos chevaliers ne s'est point introduite à Rome, ni dans la Grèce, *ibid.* Tira une grande importance des tournois, *ibid.*

Gange. C'est une doctrine pernicieuse, que celle des Indiens, qui croient que les eaux de ce fleuve sanctifient ceux qui meurent sur ses bords, III, 20.

Gantois. Punis pour avoir, mal à propos, appelé de défaute de droit le comte de Flandre, III, 210.

Garçons. Sont moins portés pour le mariage que les filles : pourquoi, II, 459. — Leur nombre, relatif à celui des filles, influe beaucoup sur la propagation, 441, 442.

Garde-noble. Son origine, III, 472. Voyez *Baillie.*

Gardiens des mœurs à Athenes, I, 215. — *des lois, ibid.*

Gaules. Pourquoi les vignes y furent arrachées par Domitien, et replantées par Julien, II, 345. — Etoient pleines de petits peuples, et regorgeoient d'habitans, avant les Romains, 450. — Ont été conquises par des peuples de la Germanie, desquels les Français tirent leur origine, III, 288, 293.

Gaule méridionale. Les lois romaines y subsistèrent toujours, quoique proscrites par les Wisigoths, III, 145.

Gaulois. Le commerce corrompit leurs mœurs, II, 263. — Quelles etoient leurs charges dans la monarchie des Francs, III, 313. — Ceux qui, sous la domination française, etoient libres, marchoient à la guerre sous les comtes, 328.

Gazetier ecclésiastique. Voyez *Nouvelliste ecclésiastique.*

Géron. Beau traité de paix qu'il fit avec les Carthaginois, I, 591.

Genes. Comment le peuple a part au gouvernement de cette république, I, 147. — Edit par lequel cette république corrige ce qu'il y avoit de vicieux dans son droit politique et civil, à l'égard de l'île de Corse, 395.

Genève. Belle loi de cette république, touchant le commerce, II, 280.

Gengiskan. S'il eût été chrétien, il n'eût pas été si cruel, III, 6. — Pourquoi, approuvant tous les dogmes mahométans, il méprisa si fort les mosquées, 40. — Fait fouler l'Alcoran aux pieds de ses chevaux, *ibid* — Trouvoit le voyage de la Mecque absurde, *ibid.*

Gentilshommes. La destruction des hôpitaux, en Angleterre, les a tirés de la paresse où ils vivoient, II, 481. Comment se battoient en combat judiciaire, III, 178. — Comment contre un vilain, 179. — Vidoient leurs différends par la guerre; et leurs guerres se terminoient souvent par un combat judiciaire, 189.

Geoffroy, duc de Bretagne. Son assise est la source de la coutume de cette province, III, 252.

Germains. C'est d'eux que les Francs tirent leur origine, I, 299. — Ne connoissoient guere d'autres peines que les pecuniaires, *ibid.* — Les femmes étoient, chez eux, dans une perpétuelle tutelle, 328. — Simplicité singuliere de leurs lois en matière d'insultes faites tant aux hommes qu'aux femmes : cette simplicite provenoit du climat, II, 97, 98. — Ceux qui ont changé de climat, ont changé de lois et de mœurs, 98, 265. — Quelle sorte d'esclaves ils avoient, 116. — Loi civile de ces peuples, qui est la source de ce que nous appelons *loi salique*, 194. — Ce que c'étoit, chez eux, que la maison et la terre de la maison, 195. — Quel etoit leur patrimoine, et pourquoi il n'appartenoit qu'aux mâles, 196. — Ordre bizarre dans leurs successions: raisons et sources de cette bizarrerie, 197 et suiv. Gradation bizarre qu'ils mettoient dans leur attachement pour leurs parens, 198. — Comment punissoient l'homicide, 199. — Etoient le seul peuple barbare où l'on n'eût qu'une femme les grands en avoient plusieurs, 204.—Austerité de leurs mœurs, 205. — Ne faisoient aucune affaire publique ni particuliere sans etre armés, 206. — A quel âge, eux et leurs rois, etoient majeurs, 207. — On ne parvenoit, chez eux, à la royauté, qu'après la majorité : inconveniens qui firent changer cet usage ; et de ce changement naquit la difference entre la tutelle et la baillie ou garde, 209. — L'adoption se faisoit, chez eux, par les armes, 210. — Etoient fort libres : pourquoi, 212. — Pourquoi le tribunal de Varus leur parut insupportable, 215.— Combien ils etoient hospitaliers, 244. — Comment punissoient les crimes. La monnoie, chez eux, devenoit betail, marchandise, ou denrée ; et ces choses devenoient monnoie, 377.— N'exposoient point leurs enfans, 472. — Leurs inimitiés, quoique hereditaires, n'étoient pas eternelles : les prêtres avoient vraisemblablement beaucoup de part aux reconciliations, III, 24. — Differens caracteres de leurs lois, 127 et suiv. — Etoient divisés en plusieurs nations qui n'avoient qu'un même territoire ; et chacune de ces nations, quoique confondues, avoit ses lois, 152. — Avoient l'esprit des lois personnelles, avant leurs conquêtes, et le conserverent apres, 133.— Quand redigerent leurs usages par ecrit pour en faire des codes, 151.— Esquisse de leurs mœurs : c'est dans ces mœurs que l'on trouve les raisons de ces preuves que nos peres employoient par le fer ardent, l'eau bouillante, et le combat singulier, 161 et suiv. — La façon dont ils terminoient leurs guerres intestines est l'origine du combat judiciaire, 163. — Leurs maximes sur les outrages, 179 — C'étoit chez eux une grande infamie d'avoir abandonné son bouclier dans le combat, 180 — C'est d'eux que sont sortis les peuples qui conquirent l'empire romain: c'est dans leurs mœurs qu'il faut chercher les sources des lois féodales, 188 — C'est dans leur façon de se nourrir, dans la variation de leurs possessions, et dans l'usage ou etoient les princes de se faire suivre par une troupe de gens attachés à eux, qu'il faut chercher l'origine du vasselage, 289 —Il y avoit chez eux des vassaux, mais il n'y avoit point de fiefs ; ou plutôt les fiefs etoient des chevaux de bataille, des armes, et des repas, 291.— Leur vie etoit presque toute pastorale . c'est de là que presque toutes les lois barbares roulent sur les troupeaux, 295.— Il est impossible d'entrer un peu avant dans notre droit politique, si l'on ne connoit les lois et les mœurs des Germains : et, pour nous conduire à l'origine des justices seigneuriales, l'auteur entre dans le detail de la nature des compositions qui etoient en usage chez les Germains, et chez les peuples sortis de la Germanie pour conquerir l'empire romain, 337 et suiv.— Ce qui les a attachés à l'état de nature ou ils sembloient etre encore du temps de Tacite, 340. Pourquoi, etant si pauvres, ils avoient tant de peines pécuniaires, 341, 342. — Entendoient, par rendre la justice, proteger le coupable contre la vengeance de l'offense, 345. — Comment punissoient les meurtres involontaires, 346. — C'est dans leurs mœurs qu'il faut chercher la source des maires du palais, et de la foiblesse des rois, 392 et suiv.

Germanie. Est le berceau des Francs, des Francs-ripuaires et des Saxons, II, 200. — Étoit pleine de petits peuples, et regorgeoit d'habitans avant les

Romains, 450. — Fut reconquise par les Francs, après qu'ils en furent sortis, III, 129.

Glèbe (*servitude de la*). — Quelle en est, la plupart du temps, l'origine, II, 51. — N'a point été établie par les Francs entrant dans la Gaule, III, 294. Établie dans la Gaule avant l'arrivée des Bourguignons : conséquences que l'auteur tire de ce fait, 300.

Gloire. Celle du prince est son orgueil : elle ne doit jamais être le motif d'aucune guerre, I, 384, 385.

Gloire ou *magnanimité*. Il n'y en a ni dans un despote, ni dans ses sujets, I, 235.

Gnide. Vie dans son gouvernement, I, 429.

Goa. Noirceur horrible du caractère des habitans de ce pays, II, 148.

GONDEBAUD. Loi injuste de ce roi de Bourgogne, III, 68. — Est un de ceux qui recueillirent les lois des Bourguignons, 129. — Caractère de sa loi ; son objet ; pour qui elle fut faite, 139. — Sa loi subsista long-temps chez les Bourguignons, 142. — Fameuses dispositions de ce prince qui ôtoient le serment des mains d'un homme qui en vouloit abuser, 159. — Raison qu'il allègue pour substituer le combat singulier à la preuve par serment, 164. — Loi de ce prince qui permet aux accusés d'appeler au combat les témoins que l'on produisoit contre eux, 193.

GONTRAN. Comment adopta Childebert, II, 210.

Goths. Leur exemple, lors de la conquête d'Espagne, prouve que les esclaves armés ne sont pas si dangereux dans une monarchie, II, 121. — La vertu faisoit chez eux la majorité, 207. — Comment le droit romain se conserva dans les pays de leur domination et de celle des Bourguignons, et se perdit dans le domaine des Francs, III, 137. — La loi salique ne fut jamais reçue chez eux, 140. — La prohibition de leurs mariages avec les Romains fut levée par Recessuinde : pourquoi, 144, 145. — Persécutés, dans la Gaule méridionale, par les Sarrasins, se retirent en Espagne : effets que cette émigration produisit dans leurs lois, 146.

Goût. Se forme, dans une nation, par l'inconstance même de cette nation : naît de la vanité, II, 222.

Gouvernement. Il y en a de trois sortes : quelle est la nature de chacune, I, 137. — Exemple d'un pape qui abandonna le gouvernement à un ministre, et trouva que rien n'étoit si aisé que de gouverner, 156. — Différence entre sa nature et son principe, 158. — Quels en sont les divers principes, 159. — Ce qui le rend imparfait, 176. — Ne se conserve qu'autant qu'on l'aime, 187. — Sa corruption commence presque toujours par celle des principes, 338. — Quelles sont les révolutions qu'il peut essuyer sans inconvéniens, 349, 350. Suites funestes de la corruption de son principe, 352. — Quand le principe en est bon, les lois qui semblent le moins conformes aux vraies règles et aux bonnes mœurs y sont bonnes : exemples, *ibid*. — Le moindre changement dans sa constitution entraîne la ruine des principes, 358. — Cas où, de libre et de modéré qu'il étoit, il devient militaire, 434 - Liaison du gouvernement domestique avec le politique, II, 144. — Ses maximes gouvernent les hommes concurremment avec le climat, la religion, les lois, etc. ; de là naît l'esprit général d'une nation, 218. — Sa dureté est un obstacle à la population, 440.

Gouvernement d'un seul. Ne dérive point du gouvernement paternel, I, 134.

Gouvernement gothique. Son origine, ses défauts: est la source des bons gouvernemens que nous connoissons, I, 438.

Gouvernement militaire. Les empereurs qui l'avoient établi, sentant qu'il ne leur étoit pas moins funeste qu'aux sujets, cherchèrent à le temperer, I, 293.

Gouvernement modéré. Combien est difficile à former, I, 245. — Le tribut qui y est le plus naturel, est l'impôt sur les marchandises, II, 64. — Convient dans les pays formés par l'industrie des hommes, 178. — Voyez *Monarchie*, *République*.

Gouverneurs des provinces romaines. Leur pouvoir; leurs injustices, I, 470, 471.

GRACCHUS (TIBERIUS). Coup mortel qu'il porte à l'autorité du sénat, I, 466.

Grâce. On ne peut pas demander, en Perse, celle d'un homme que le roi a une fois condamne, I, 174. — Le droit de la faire aux coupables est le plus bel attribut de la souveraineté d'un monarque; il ne doit donc pas être leur juge, 272.

Grâce (lettres de). Sont un grand ressort dans un gouvernement modéré, I, 297.

Grâce (la). L'auteur de l'*Esprit des Lois* etoit-il obligé d'en parler? IV, 132.

Gradues. Les deux, dont le juge est obligé de se faire assister dans les cas qui peuvent mériter une peine afflictive, representent les anciens prud'hommes qu'il etoit oblige de consulter, III, 247, 248.

Grandeur reelle des états. Pour l'augmenter, il ne faut pas diminuer la grandeur relative, I, 402.

Grandeur relative des états. Pour la conserver, il ne faut pas écraser un état voisin qui est dans la décadence, I, 382.

Grands. Leur situation dans les etats despotiques, I, 173. — Comment doivent être punis dans une monarchie, 319.

GRAVINA. Comment definit l'état civil, I, 134.

Gravion. Ses fonctions etoient les mêmes que celles du comte et du centenier, III, 336.

Grece. Combien elle renfermoit de sortes de républiques, I, 212. — Par quel usage on y avoit prévenu le luxe des richesses, si pernicieux dans les républiques, 312. — Pourquoi les femmes y étoient si sages, 323. — Son gouvernement fedératif est ce qui la fit fleurir si long temps, 371. — Ce qui fut cause de sa perte, 373. On n'y pouvoit souffrir le gouvernement d'un seul. II, 175. — Belle description de ses richesses, de son commerce, de ses arts, de sa réputation, des biens qu'elle recevoit de l'univers, et de ceux qu'elle lui faisoit, 307 et suiv. — Étoit pleine de petits peuples, et regorgeoit d'habitans avant les Romains, 450. — Pourquoi la galanterie de chevalerie ne s'y est point introduite, III, 183. — Sa constitution demandoit que l'on punît ceux qui ne prenoient pas de parti dans les séditions, 257, 258. — Vice dans son droit des gens: il étoit abominable, et etoit la source des lois abominables; comment il auroit dû être corrigé, 260. — On n'y punissoit pas le suicide par les mêmes motifs qu'à Rome, 264. — On y punissoit le recéleur comme le voleur: cela etoit juste en Grèce; cela est injuste en France: pourquoi, 268.

Grecs. Leurs politiques avoient des idees bien plus nettes sur le principe de la democratie, que ceux d'aujourd'hui, I, 161. — Combien ont fait d'efforts pour diriger l'education du côté de la vertu, 188. — Regardoient le commerce comme indigne d'un citoyen, 196. — La nature de leurs occupations leur rendoit la musique nécessaire, 197. — La crainte des Perses maintint leurs lois, 346. — Pourquoi se croyoient libres du temps de Cicéron, 413. — Quel etoit leur gouvernement dans les temps heroiques, 440 et suiv. — Ne surent jamais quelle est la vraie fonction du prince : cette ignorance leur fit chasser tous leurs rois, 442. — Ce qu'ils appeloient police, *ibid.* — Combien il falloit de voix, chez eux, pour condamner un accusé, II, 4. — D'où venoit leur penchant pour le crime contre nature, 12. — La trop grande sévérité avec laquelle ils punissoient les tyrans occasiona chez eux beaucoup de révolutions, 50. — La lepre leur étoit inconnue, 91. — Loi sage qu'ils avoient établie en faveur des esclaves, 127. — Pourquoi leurs navires alloient plus vite que ceux des Indes, 303. — Leur commerce avant et depuis Alexandre, 307, 317 et suiv. — Avant Homere, 310. — Pourquoi firent le commerce des Indes avant les Perses, qui en etoient bien plus à portée, 312 et suiv. — Leur commerce aux Indes n'etoit pas si etendu mais plus facile que le nôtre, 325. — Leurs colonies, 339. — Pourquoi estimoient plus les troupes de terre que celles de mer, 342. — Loi qu'ils imposèrent aux Perses, 363. — Leurs differentes constitutions sur la propagation, suivant le plus grand ou le plus petit nombre d'habitans, 447 et suiv. — N'auroient pas commis les massacres et les ravages qu'on leur reproche, s'ils eussent été chretiens, III, 6. — Leurs prêtres d'Apollon jouissoient d'une paix éternelle ; sagesse de ce reglement religieux, 22. — Comment, dans le temps de leur barbarie, ils employerent la religion pour arrêter les meurtres, *ibid.* — L'idée des asiles devoit leur venir plus naturellement qu'aux autres peuples : ils restreignirent d'abord l'usage qu'ils en firent dans de justes bornes ; mais ils les laisserent devenir abusifs et pernicieux, 41, 42.

Grecs du Bas-Empire. Combien etoient idiots, II, 11.

GRIMOALD. Ajouta de nouvelles lois a celles des Lombards, III, 129.

Guebres. Leur religion est favorable à la propagation, II, 468. — Leur religion rendit autrefois le royaume de Perse florissant, parce qu'elle n'est point contemplative : celle de Mahomet l'a detruit, III, 15. — Leur religion ne pouvoit convenir que dans la Perse, 34.

Guerre. Quel en est l'objet, I, 133. — On ne doit point en entreprendre de lointaines, 381. — Dans quel cas on a le droit de la faire : d'où derive ce droit, 383. — Donne-t-elle droit de tuer les captifs ? II, 104. — C'est le christianisme qui l'a purgée de presque toutes les cruautés, III, 6. — Comment la religion peut en adoucir les fureurs, 23. — Étoit souvent terminée par le combat judiciaire, 189. — Avoit souvent autrefois pour motif la violation du droit politique; comme celles d'aujourd'hui ont pour cause ou pour prétexte celle du droit des gens, 207. — Tout le monde, du temps de Charlemagne, etoit obligé d'y aller, 455. — Voyez *Armées.*

Guerre civile. N'est pas toujours suivie de révolutions, I, 231. — C'est dans la guerre qu'il faut chercher l'origine du combat judiciaire, III, 163. — Celles qui ravagèrent les Gaules, après la conquête des barbares, sont la principale source de la servitude de la glebe et des fiefs, 303 et suiv.

Guerre (etat de). Comment les nations se sont trouvees en etat de guerre, I, 132, 133. — Comment les particuliers sont parvenus à être en etat de guerre les uns vis à vis des autres, *ibid*. — Est la source des lois humaines, 133.

Guinée. Causes de l'extrême lubricité des femmes de ce pays, II, 147, 148

Gymnastique Ce que c'étoit; combien il y en avoit de sortes. Pourquoi, de très-utiles qu'etoient d'abord ces exercices, ils devinrent, dans la suite, funestes aux mœurs, I, 353, 354.

H.

Habit de religieuse. Doit-il être un obstacle au mariage d'une femme qui l'a pris sans se consacrer? III, 278.

HANNON. Veritables motifs du refus qu'il vouloit que l'on fit d'envoyer du secours à Annibal en Italie, I, 393. — Ses voyages; ses decouvertes sur les côtes de l'Afrique, II, 330. — La relation qu'il a donnée de ses voyages est un morceau precieux de l'antiquité : est-elle fabuleuse? 332.

HARDOUIN (*le père*). Il n'appartient qu'a lui d'exercer un pouvoir arbitraire sur les faits. III, 311.

Harmonie. Necessaire entre les lois de la religion, et les lois civiles du meme pays, III, 18, 19.

HARRINGTON. Cause de son erreur sur la liberté, I, 456. — Jugement sur cet auteur anglais, III, 285.

HÉBON, *archevêque de Reims*. Son ingratitude envers Louis le Débonnaire : qui etoit cet Hebon, III, 374 et suiv.

HENRI II. Sa loi contre les filles qui ne declarent pas leur grossesse au magistrat est contraire a la loi naturelle, III, 67.

HENRI III. Ses malheurs sont une preuve bien sensible qu'un prince ne doit jamais insulter ses sujets, II, 44.

HENRI VIII, *roi d'Angleterre*. Dut vraisemblablement sa mort à une loi trop dure qu'il fit publier contre le crime de lèse-majesté, II, 19. — Ce fut par le moyen des commissaires qu'il se défit des pairs qui lui deplaisoient, 37. — A etabli l'esprit d'industrie et de commerce en Angleterre, en y detruisant les monasteres et les hôpitaux, 481. — En defendant la confrontation des témoins avec l'accuse, il fit une loi contraire a la loi naturelle, III, 66. — La loi par laquelle il condamnoit a mort toute fille qui, ayant eu un mauvais commerce avec quelqu'un, ne le declaroit pas au roi avant d'epouser son amant, etoit contre la loi naturelle, *ibid*.

HERCULE. Ses travaux prouvent que la Grece etoit encore barbare de son temps, III, 24.

Hérédité. La même personne n'en doit pas recueillir deux, dans une démocratie où l'on veut conserver l'egalité, I, 205.

Hérésie. L'accusation de ce crime doit être poursuivie avec beaucoup de circonspection : exemples d'absurdités et de cruautés qui peuvent resulter d'une poursuite indiscrète, II, 9. — Combien ce crime est susceptible de distinctions, 13.

Héritiers. Les cadets, chez les Tartares, en quelques districts de l'Angleterre, et dans le duché de Rohan, sont héritiers exclusivement aux aînes, II, 193. — Il n'y avoit à Rome que deux sortes d'héritiers : les héritiers-siens et les agnats. D'où venoit l'exclusion des cognats, III, 108. — C'etoit un déshonneur, à Rome, de mourir sans heritiers : pourquoi, 263.

Heritiers-siens Ce que c'étoit, III, 108. — Dans l'ancienne Rome ils etoient tous appelés à la succession, mâles et femelles. *ibid*.

Heroisme. Celui des anciens étonne nos petites âmes, I, 186.

Heros. Ecrivent toujours leurs propres actions avec simplicite, II, 352.

Hierarchie. Pourquoi Luther la conserva dans sa religion, tandis que Calvin la bannit de la sienne, III, 9.

HIMILCON, *pilote des Carthaginois.* Ses voyages, ses etablissemens : se fait echouer, pour ne pas apprendre aux Romains la route d'Angleterre, II, 337.

HIPPOLYTE. Eloge de ce rôle dans la Phedre de Racine, III, 69.

Histoire. Les monumens qui nous restent de celle de France sont une mer, et une mer à laquelle les rivages même manquent, III, 307. Germe de celle des rois de la premiere race, 292.

Historiens. Trahissent la verité dans les états libres, comme dans ceux qui ne le sont pas, II, 261. — Source d'une erreur dans laquelle sont tombés ceux de France, III, 305 et suiv. — Doivent ils juger de ce que les hommes ont fait par ce qu'ils auroient dû faire ? 426.

HOBBES. Son erreur sur les premiers sentimens qu'il attribue à l'homme, I, 131. — Le nouvelliste ecclesiastique prend pour des preuves d'atheisme les raisonnemens que l'auteur de *l'Esprit des Lois* emploie pour detruire le systeme de Hobbes et celui de Spinosa, IV, 5.

Hollande (la). Est une république federative, et par là regardée en Europe comme eternelle, I, 371. — Cette republique federative est plus parfaite que celle d'Allemagne : en quoi, 373. - Comparee, comme republique federative, avec celle de Lycie, 374, 375. — Ce que doivent faire ceux qui y représentent le peuple, 423. — Pourquoi n'est pas subjuguee par ses propres armées, 454. — Pourquoi le gouvernement moderé y convient mieux qu'un autre, II, 178. — Quel est son commerce, 266. — Dut son commerce à la violence et a la vexation, 260. — Fait tel commerce sur lequel elle perd, et qui ne laisse pas de lui être fort utile, 270. — Pourquoi les vaisseaux n'y sont pas si bons qu'ailleurs, 304. — C'est elle qui, avec la France et l'Angleterre, fait tout le commerce de l'Europe, 365. - C'est elle qui, présentement, règle le prix du change, 389.

Hollandais. Profits qu'ils tirent du privilege exclusif qu'ils ont de commercer au Japon et dans quelques autres royaumes des Indes, II, 275. — Font le commerce sur les erremens des Portugais, 360. — C'est leur commerce qui a donné quelque prix a la marchandise des Espagnols, 369. Voyez *Hollande.*

HOMÈRE. Quelles étoient de son temps les villes les plus riches de la Grèce, II, 309. — Commerce des Grecs avant lui, 310.

Homicide Comment ce crime étoit puni chez les Germains, II, 199. — Comment on l'expiait chez les Germains, III, 24.

Homicides. Doit-il y avoir des asiles pour eux ? III, 41, 42.

Hommage. Origine de celui que doivent les vassaux, III, 474.

Hommes. Leur bonheur comparé avec celui des bêtes, I, 129. Comme êtres physiques, sujets à des lois invariables ; comme êtres intelligens, violent toutes les lois : pourquoi. Comment rappeler sans cesse à l'observation des lois, *ibid.* — Quels ils seroient dans l'état de pure nature, 130. — Par quelles causes se sont unis en société, 131. — Changemens que l'état de société a operés dans leur caractère, 132. — Leur état relatif à chacun d'eux en particulier, et relatif aux differens peuples quand ils ont été en société, 133. — Leur situation deplorable et vile dans les états despotiques, 170, 171. — Leur vanité augmente à proportion du nombre de ceux qui vivent ensemble, 307. Leur penchant a abuser de leur pouvoir: suites funestes de cette inclination, 415. — Quelle est la connoissance qui les interesse le plus, II, 3. — Leurs caracteres et leurs passions dependent des differens climats : raisons physiques, 75 et suiv. — Plus les causes physiques les portent au repos, plus les causes morales doivent les en eloigner, 85. — Naissent tous égaux : l'esclavage est donc contre nature, 112. — Beauté et utilité de leurs ouvrages, 179 — De leur nombre, dans le rapport avec la maniere dont ils se procurent la subsistance, 180. — Ce qui les gouverne, et ce qui forme l'esprit general qui resulte des choses qui les gouvernent, 218. — Leur propagation est troublée en mille manieres par les passions, par les fantaisies et par le luxe, 430. Combien vaut un homme en Angleterre.—Il y a des pays où un homme vaut moins que rien, 449.—Sont portés à craindre, ou à esperer: sont fripons en detail, et en gros de tres-honnetes gens; de là le plus ou le moins d'attachement qu'ils ont pour leur religion, III, 59. — Aiment, en matiere de religion, tout ce qui suppose un effort; comme en matiere de morale, tout ce qui suppose de la severité, 44. — Ont sacrifié leur independance naturelle aux lois politiques, et la communauté naturelle des biens aux lois civiles : ce qui en resulte, 9, et suiv. - Il leur est plus aise d'être extrêmement vertueux que d'etre extrêmement sages, 143. — Est-ce etre sectateur de la religion naturelle, que de dire que l'homme pouvoit, à tous les instans, oublier son createur, et que Dieu l'a rappelé à lui par les lois de la religion? IV, 23, 24.

Hommes de bien. Il y en a fort peu dans les monarchies, I, 169.

Hommes libres. Qui on appeloit ainsi dans les commencemens de la monarchie : comment et sous qui ils marchoient à la guerre, III, 308.

Hommes qui sont sous la foi du roi. C'est ainsi que la loi salique designe ceux que nous appelons aujourd'hui vassaux, III, 325.

Hongrie. La noblesse de ce royaume a soutenu la maison d'Autriche, qui avoit travaillé sans cesse à l'opprimer, I, 350. — Quelle sorte d'esclavage y est etabli, II, 116. — Ses mines sont utiles, parce qu'elles ne sont pas abondantes, 370.

Honnêtes gens. Ceux qu'on nomme ainsi tiennent moins aux bonnes maximes que le peuple, I, 300.

Honn te homme Le cardinal de Richelieu l'exclut de l'administration des affaires, dans une monarchie, I, 167, 168 — Ce qu'on entend par ce mot dans une monarchie, 181.

Honneur. Ce que c'est : il tient lieu de la vertu dans les monarchies, I, 168. Est essentiellement placé dans l'état monarchique, 170.—Effets admirables qu'il produit dans une monarchie, 171 — Quoique faux, il produit, dans une monarchie, les mêmes effets que s'il etoit veritable, 170. — N'est point le principe des états despotiques, *ibid.* — Quoique dépendant de son propre caprice, il a des règles fixes, dont il ne peut jamais s'écarter, 171. — Est tellement inconnu dans les états despotiques, que souvent il n'y a pas de mot pour l'exprimer, 171. — Seroit dangereux dans un état despotique, 172. — Met des bornes à la puissance du monarque, 175. — C'est dans le monde, et non au collége, que l'on en apprend les principes, 178. C'est lui qui fixe la qualité des actions, dans une monarchie, *ibid* Dirige toutes les actions, et toutes les façons de penser, dans une monarchie, 181. Empêche Crillon et d'Orte d'obéir à des ordres injustes du monarque, 182. — C'est lui qui conduit les nobles à la guerre; c'est lui qui la leur fait quitter, 183. — Quelles en sont les principales règies, *ibid.* Ses lois ont plus de force, dans une monarchie, que les lois positives, *ibid* —Bizarrerie de l'honneur, 50. —Tient lieu de censeurs dans une monarchie, 257. Voyez *Point d'honneur.*

Ho neurs. C'est ainsi que l'on a nomme quelquefois les fiefs, III, 326.

Honorifiques. V. *Droits honorifiques.*

HONORIUS. Ce qu'il pensoit des paroles criminelles, II, 22. — Mauvaise loi de ce prince, III, 276.

Honte. Prévient plus de crimes que les peines atroces, I, 284. —Punit plus le père d'un enfant condamné au supplice, *et viceversa,* que toute autre peine, 301.

Hôpital (*le chancelier de l'*). Erreur dans laquelle il est tombé, III, 280.

Hôpitaux. Ne sont jamais necessaires que dans les necessités accidentelles; des secours momentanes sont toujours préférables aux hôpitaux fondés à perpetuité : exemples des maux que causent ces etablissemens, III, 479 et suiv.

HORTENSIUS. Emprunta la femme de Caton, III 97.

Hospitalité. C'est le commerce qui l'a bannie, II, 264. — Jusqu'à quel point observée par les Germains, *ibid.*

HUGUES CAPET Son avénement à la couronne fut un plus grand changement que celui de Pepin. III, 427 —Comment la couronne de France passa dans sa maison, 465.

Humeur sociable. Ses effets, II, 220.

I.

Ichthyophages. Alexandre les avoit-il tous subjugués ? II, 314.

Idolâtrie. Nous y sommes fort portés; mais nous n'y sommes point attachés, III, 57. — Est-il vrai que l'auteur ait dit que c'est par orgueil que les hommes l'ont quittée? IV, 55.

Ignominie. Etoit à Lacedémone un si grand mal, qu'elle autorisoit le suicide de celui qui ne pouvoit l'eviter autrement, III, 264.

Ignorance. Dans les siècles ou elle règne, l'abregé d'un ouvrage fait tomber l'ouvrage même, III, 151.

Iles. Les peuples qui les habitent sont plus portés à la liberté que ceux du continent, II, 177.

Illusion. Est utile en matière d'impôts : moyen de l'entretenir, II, 57.

Ilotes. Condamnés chez les Lacedémoniens à l'agriculture, comme à une profession servile, I, 196.

Ilotie. Ce que c'est : elle est contre

la nature des choses, II, 117.

Immortalité de l'ame. Ce dogme est utile ou funeste à la société, selon les conséquences que l'on en tire, III, 20 et suiv. — Ce dogme se divise en trois branches, 28.

Immunité. On appela ainsi d'abord le droit qu'acquirent les ecclésiastiques de rendre la justice dans leur territoire, III, 552.

Impôts. Comment et par qui doivent être réglés dans un état libre, I, 432. — Peuvent être mis sur les personnes, sur les terres, ou sur les marchandises, ou sur deux de ces choses, ou sur les trois à la fois : proportions qu'il faut garder dans tous ces cas, II, 55 et suiv. — On peut les rendre moins onéreux, en faisant illusion à celui qui les paie : comment on conserve cette illusion, 57. — Doivent être proportionnés à la valeur intrinsèque de la marchandise sur laquelle on les lève, *ibid.* — Celui sur le sel est injuste et funeste en France, *ibid.* — Ceux qui mettent le peuple dans l'occasion de faire la fraude enrichissent le traitant, qui vexe le peuple, et ruine l'état, 58. — Ceux qui se perçoivent sur les différentes clauses des contrats civils sont funestes au peuple, et ne sont utiles qu'aux traitans : ce qu'on y pourroit substituer, *ibid.* — L'impôt par tête est plus naturel à la servitude, celui sur la marchandise est plus naturel à la liberté, 64. — Pourquoi les Anglais en supportent de si énormes, 250. — C'est une absurdité que de dire que, plus on est chargé d'impôts, plus on se met en état de les payer, 441.

Impuissance. Au bout de quel temps on doit permettre à une femme de répudier son mari, qui ne peut pas consommer son mariage, III, 278, 279.

Impureté. Comment ce crime doit être puni : dans quelle classe il doit être rangé, II, 7.

Inceste. Raisons de l'horreur que cause ce crime, dans ses différens degrés, à tous les peuples, III, 85 et suiv.

Incidens. Ceux des procès, tant civils que criminels, se décident par la voie du combat judiciaire, III, 175.

Incontinence Ne suit pas les lois de la nature ; elle les viole, II, 149.

Incontinence publique. Est une suite du luxe, I, 312.

Indemnité. Est due aux particuliers, quand on prend su leurs fonds pour bâtir un édifice public, ou pour faire un grand chemin, III, 92.

Indemnité (droit d'). Son utilité : la France lui doit une partie de sa prospérité : il faudroit encore y augmenter ce droit, III, 46.

Indes. On s'y trouve très-bien du gouvernement des femmes : cas où on leur défère la couronne, à l'exclusion des hommes, I, 336. — Pourquoi les derviches y sont en si grand nombre, II, 86. — Extrême lubricité des femmes indiennes : causes de ce désordre, 147. — Caractère des différens peuples indiens, 225 et suiv. — Pourquoi on n'y a jamais commerce, et on n'y commercera jamais qu'avec de l'argent, 291 et suiv, 302. - Comment et par où le commerce s'y faisoit autrefois, 291 et suiv. — Pourquoi les navires indiens alloient moins vite que ceux des Grecs et des Romains, 303. — Comment et par où on y faisoit le commerce après Alexandre, 321 et suiv., 349. - Les anciens les croyoient jointes à l'Afrique par une terre inconnue, et ne regardoient la mer des Indes que comme un lac, 330. - Leur commerce avec les Romains étoit-il avantageux ? 347 et suiv. — Projets proposés par l'auteur, sur le commerce qu'on y pourroit faire, 372. — Si on y etablissoit une religion, il faudroit, quant au nombre des fêtes, se conformer au climat, III, 51. — Le dogme de la metempsycose y est utile: raisons physiques, 32. Y a de bons et de mauvais effets, 29. — Les femmes s'y brûlent à la mort de leurs maris, *ibid.* — Preceptes de la religion de ce pays, qui ne pourroient pas être executés ailleurs, 34, 55.—Jalousie que l'on y a pour sa caste: quels y sont les successeurs a la couronne, 75. — Pourquoi les mariages entre beau frere et belle sœur sont-ils permis? 90.— De ce que les femmes s'y brûlent, s'ensuit il qu'il n'y ait pas de douceur dans le caractere des Indiens? IV, 48

Indiens. Raisons physiques de la force et de la foiblesse qui se trouvent tout à la fois dans le caractere de ces peuples, II, 81 et suiv. — Font consister le souverain bien dans le repos: raisons physiques de ce systeme. Les législateurs doivent le combattre, en y etablissant des lois toutes pratiques, 84.—La douceur de leur caractere a produit la douceur de leurs lois : detail de quelques unes de ces lois : conséquences qui resultent de cette douceur pour leurs mariages, 100. — La croyance ou ils sont que les eaux du Gange sanctifient ceux qui meurent sur ses bords, est tres pernicieuse, III, 20. — Leur systeme sur l'immortalité de l'âme : ce systeme est cause qu'il n'y a chez eux que les innocens qui souffrent une mort violente, 26. — Leur religion est mauvaise, en ce qu'elle inspire de l'horreur aux castes les unes pour les autres, et qu'il y a tel Indien qui se croiroit déshonore s'il mangeoit avec son roi, 29.—Raison singuliere qui leur fait détester les mahometans, 30.—Ceux des pays froids ont moins de divertissemens que les autres : raisons physiques, 31.

Indus. Comment les anciens ont fait usage de ce fleuve pour le commerce, II, 312.

Industrie. Moyens de l'encourager, II, 88. — Celle d'une nation vient de sa vanité, 222.

Informations. Quand commencèrent a devenir secretes, III, 221.

Ingenus. Quelles femmes pouvoient épouser a Rome, II, 463.

Injures Celles qui sont dans les livres ne font nulle impression sur les gens sages, et prouvent seulement que celui qui les a écrites sait dire des injures, IV, 18.

Inquisiteurs. Persecutent les Juifs plutôt comme leurs propres ennemis, que comme ennemis de la religion, III, 55 et suiv. Voyez *Inquisition.*

Inquisiteurs d'etat. Leur utilité à Venise, I, 148, 223 — Duree de cette magistrature. Comment elle s'exerce : sur quels crimes elle s'exerce, 149. — Pourquoi il y en a a Venise. 419. —Moyen de suppleer a cette magistrature despotique, 422.

Inquisition A tort de se plaindre de ce qu'au Japon on fait mourir les chretiens à petit feu, III, 56. — Son injuste cruauté demontree dans des remontrances adressees aux inquisiteurs d'Espagne et de Portugal, *ibid.* et suiv.—Ne doit pas faire brûler les Juifs, parce qu'ils suivent une religion qui leur a ete inspiree par leurs pères, que toutes les lois les obligent de regarder comme des dieux sur la terre, *ibid.* — En voulant etablir la religion chretienne par le feu, elle lui a ôté l'avantage qu'elle a sur le mahometisme, qui s'est etabli par le fer, 57. — Fait jouer aux chretiens le rôle des Diocletiens, et aux Juifs celui des chrétiens, *ibid.* — Est contraire à la religion de J. C., à l'humanité et a la justice, 57, 58. — Il semble qu'elle veut cacher la vérité, en la proposant par des supplices, 58. — Ne doit pas faire brûler les Juifs, parce qu'ils ne veulent pas feindre une abjuration, et profaner nos mystères, *ibid.* et suiv. — Ne doit pas faire mourir les Juifs, parce qu'ils professent une religion que Dieu leur a donnée, et qu'ils croient qu'il leur donne encore, 59. — Déshonore un siècle éclairé comme le nôtre, et le fera placer, par la postérité, au nombre des siècles barbares, *ibid.* — Par qui, comment établie : ce tribunal est insupportable dans toutes sortes de gouvernemens, 80. — Abus injuste de ce tribunal, 81. — Ses lois ont toutes été tirées de celles des Wisigoths, que le clergé avoit rédigées, et que les moines n'ont fait que copier, 131.

Insinuation. Le droit d'insinuation est funeste aux peuples, et n'est utile qu'aux traitans, II, 58.

Institutes. Celles de Justinien donnent une fausse origine de l'esclavage, II, 103.

Institutions. Règles que doivent se prescrire ceux qui en voudront faire de nouvelles, I, 191. — Il y a des cas où les institutions singulières peuvent être bonnes, 192.

Insulaires. Voyez *Iles.*

Insulte. Un monarque doit toujours s'en abstenir : preuves par faits, II, 43.

Insurrection. Ce que c'étoit, et quel avantage en retiroient les Crétois, I, 352. — On s'en sert, en Pologne, avec bien moins d'avantage que l'on ne faisoit en Crète, 353.

Intérêts. Dans quels cas l'état peut diminuer ceux de l'argent qu'il a emprunté : usage qu'il doit faire du profit de cette diminution, II, 414 et suiv. — Il est juste que l'argent prête en produise : si l'Intérêt est trop fort, il ruine le commerce ; s'il est trop foible, s'il n'est pas du tout permis, l'usure s'introduit, et le commerce est encore ruiné, 417. Pourquoi les intérêts maritimes sont plus forts que les autres. 418. — De ceux qui sont stipulés par contrat, 419. Voy. *Usure.*

Interprétation des lois. Dans quel gouvernement peut être laissée aux juges. et dans quel gouvernement elle doit leur être interdite, I, 266.

Intolérance morale. Ce dogme donne beaucoup d'attachement pour une religion qui l'enseigne, III, 37, 58.

In truste. Explication de cette expression mal entendue par MM. Bignon et du Cange, III, 356.

Irlande. Les moyens qu'on y a employés pour l'établissement d'une manufacture devroient servir de modèle à tous les autres peuples pour encourager l'industrie, II, 88. — État dans lequel l'Angleterre la contient, 254.

Isaac l'Ange, empereur. Outra la clémence, I, 303.

Isis. C'étoit en son honneur que les Égyptiens épousoient leurs sœurs, III, 88.

Italie. Sa situation, vers le milieu du règne de Louis XIV, contribua a la grandeur relative de la France, I, 381. — Il y a moins de liberté dans ses républiques que dans nos monarchies : pourquoi, 419. La multitude des moines y vient de la nature du climat : comment on devroit arrêter le progrès d'un mal si pernicieux II, 86. La lèpre y étoit avant les croisades : comment elle s'y étoit communiquée : comment on y en arrêta les progrès, 92. — Pourquoi les navires n'y sont pas si bons qu'ailleurs, 304. — Son commerce fut ruine par la decouverte du cap de Bonne-Espérance, 359 — Loi contraire au bien du commerce, dans quelques etats d'Italie, 411. — La liberté sans bornes qu'y ont les enfans de se marier a leur goût, y est moins raisonnable qu'ailleurs, 438. — Etoit pleine de petits peuples, et regorgeoit d'habitans avant les Romains, 450. — Les hommes et les femmes y sont plutôt steriles que dans le Nord, 462. — L'usage de l'écriture s'y conserva, malgré la barbarie qui le fit perdre partout ailleurs : c'est ce qui empêcha les coutumes de prévaloir sur les lois romaines dans les pays de droit écrit, III, 152. — L'usage du combat judiciaire y fut porté par les Lombards, 171. — On y suivit le code de Justinien, dès qu'il fut retrouvé, 244. — Pourquoi ses lois féodales sont dillerentes de celles de France, 504.

Ivrognerie. Raisons physiques du penchant des peuples du Nord pour le vin, II, 80. Est établie, par toute la terre, en proportion de la froideur et de l'humidité du climat, 89, 90.

J.

JACQUES Ier. Pourquoi fit des lois somptuaires en Aragon : quelles elles furent, I, 315.

JACQUES II, *roi de Majorque.* Paroit être le premier qui ait créé une partie publique, III, 229.

Jalousie. Il y en a de deux sortes : l'une de passion ; l'autre de coutumes, de mœurs, ou de lois : leur nature ; leurs effets, II, 150.

Janicule. Voyez *Mont Janicule.*

Japon. Les lois y sont impuissantes, parce qu'elles sont trop sévères, I, 286. — Exemple des lois atroces de cet empire, II, 28. — Pourquoi la fraude y est un crime capital, 61. — Est tyrannisé par les lois, 218. — Pertes que lui cause son commerce le privilége exclusif qu'il accorde aux Hollandais et aux Chinois, 273. — Il fournit la preuve des avantages infinis que peut tirer du commerce une nation qui peut supporter a la fois une grande importation, et une grande exportation, 290. — Quoiqu'un homme y ait plusieurs femmes, les enfans d'une seule sont légitimes, 433. — Il y nait plus de filles que de garçons ; il doit donc être plus peuple que l'Europe, 441. — Cause physique de la grande population de cet empire, 442. — Si les lois y sont si severes et si sévèrement exécutées, c'est parce que la religion dominante, dans cet empire, n'a presque point de dogme, et qu'elle ne presente aucun avenir, III, 18. — Il y a toujours dans son sein un commerce que la guerre ne ruine pas, 22. — Pourquoi les religions etrangeres s'y sont établies avec tant de facilité, 39. — Lors de la persécution du christianisme, on s'y revolta plus contre la cruauté des supplices que contre la duree des peines, 55. — On y est autant autorisé à faire mourir les chretiens à petit feu, que l'inquisition a faire brûler les Juifs, 56 et suiv — C'est l'atrocité du caractere des peuples, et la soumission rigoureuse que le prince exige à ses volontes, qui rendent la religion chretienne si odieuse dans ce pays, 60. — On n'y dispute jamais sur la religion : toutes, hors celle des chretiens, y sont indifferentes, 61.

Japonais. Leur caractère bizarre

et atroce : quelles lois il auroit fallu leur donner, I, 287 et suiv. — Exemple de la cruauté de ce peuple, 290 — Ont des supplices qui font frémir la pudeur et la nature, II, 25, 26 L'atrocité de leur caractère est la cause de la rigueur de leurs loi : détail abrégé de ces lois, 99. — Conséquences funestes qu'ils tirent du dogme de l'immortalité de l'âme, III, 26. — Tirent leur origine des Tartares : pourquoi sont tolérans en fait de religion, 41. Voyez *Japon*.

Jaxarte. Pourquoi ce fleuve ne va plus jusqu'à la mer, II, 299.

Jésuites. Leur ambition, leur éloge, par rapport au Paraguay, I, 190.

Jeu de juif Origine de cet usage, III, 470.

Jugemens. Comment se prononçoient à Rome, I, 267. — Comment se prononcent en Angleterre, *ibid*. — Matières dont ils se forment dans les différens gouvernemens, *ibid.* et suiv. — Ceux qui sont rendus par le prince sont une source d'abus, 271. — Ne doivent être, dans un état libre, qu' n texte précis de la loi : inconvéniens des jugemens arbitraires, 273. Détails des différentes espèces de jugemens qui etoient en usage à Rome, 460 et suiv. — Ce que c'etoit que fausser le jugement, III, 195. — En cas de parage, on prononçoit autrefois pour l'accusé, ou pour le debiteur, ou pour le defendeur, 200. — Quelle en etoit la formule, dans les commencemens de la monarchie, 336. — Ne pouvoient jamais, dans les commencemens de la monarchie, être rendus par un homme seul, *ibid*.

Jugement de la croix. Etabli par Charlemagne, limité par Louis-le-Debonnaire, et aboli par Lothaire, I.I, 173.

Juger. C'etoit, dans les mœurs de nos pères, la même chose que combattre, III, 201.

Juger (*puissance de*). Dans les etats libres, doit être confiée au peuple avec quelques précautions, I, 270, 459 et suiv. — On a des magistrats momentanés tirés du peuple, 420 — Peu importe à qui la donner, quand le principe du gouvernement est corrompu : partout elle est mal placée, 355. — Il n'y a point de liberté dans les états où elle se trouve dans la main qui a la puissance executrice et la puissance legislative, 418. — Le despote peut se la reserver, 271. — Le monarque ne doit pas se l'attribuer : pourquoi, 272 et suiv. — Elle doit être donnée, dans une monarchie, aux magistrats exclusivement, 275. — Motifs qui en doivent exclure les ministres du monarque, *ibid*.

Juges. A qui cette fonction doit etre attribuée dans les différens gouvernemens, I, 268 et suiv. Voyez *Juger* (*puissance de*). — La corruption du principe du gouvernement, à Rome, empêcha d'en trouver, dans aucun corps, qui fussent integres, 355, 459 et suiv De quel corps doivent être pris dans un etat libre, 420. — Doivent, dans un etat libre, être de la condition de l'accusé, 421. — Ne doivent point, dans un etat libre, avoir le droit de faire emprisonner un citoyen qui peut repondre de sa personne : exception, *ibid*. — Se battoient, au commencement de la troisieme race, contre ceux qui ne s'etoient pas soumis à leurs ordonnances, III, 175, 176. — Terminoient les accusations intentées devant eux, en ordonnant aux parties de se battre, 178. Quand commencèrent à juger seuls, contre l'usage constamment observé dans la monarchie, 247. — N'avoient, autrefois, d'autre moyen de connoître la verité, tant dans le droit que dans le fait, que par la voie des enquêtes : comment on a suppléé à une voie si peu sûre, 250. — Etoient les mêmes personnes que les rathimburges et les echevins, 336.

Juges de la question. Ce que c'étoit à Rome, et par qui ils etoient nommés, I, 464.

Juges royaux. Ne pouvoient autrefois entrer dans aucun fief, pour y faire aucunes fonctions, III, 348, 349.

Juifs (anciens). Loi qui maintenoit l'égalité entre eux, I, 206. — Quel étoit l'objet de leurs lois, 416. — Leurs lois sur la lepre étoient tirées de la pratique des Egyptiens, II, 91. — Leurs lois sur la lepre auroient dû nous servir de modele pour arrêter la communication du mal vénérien, 93. — La férocité de leur caractere a quelquefois obligé Moise de s'ecarter dans ses lois de la loi naturelle, 127. — Comment ceux qui avoient plusieurs femmes devoient se comporter avec elles, 142. — Etendue et durée de leur commerce, 301. — Leur religion encourageoit la propagation, 468. — Pourquoi mirent leurs asiles dans les villes plutôt que dans leurs tabernacles ou dans leur temple, III, 42. — Pourquoi avoient consacré une certaine famille au sacerdoce, 44. — Ce fut une stupidité de leur part de ne pas vouloir se défendre contre leurs ennemis, le jour du sabbat, 74.

Juifs (modernes). Chassés de France sous un faux prétexte, fondé sur la haine publique, II, 11. — Pourquoi ont fait seuls le commerce en Europe dans les temps de barbarie : traitemens injustes et cruels qu'ils ont essuyés: sont inventeurs des lettres de change, 555 et suiv. L'ordonnance qui, en 1745, les chassoit de Moscovie, prouve que cet état ne peut cesser d'être despotique, 410. — Pourquoi sont si attachés à leur religion, III, 58. — Réfutation du raisonnement qu'ils employent pour persister dans leur aveuglement, 56 et suiv. — L'inquisition commet une tres grande injustice en les persécutant, *ibid.* — Les inquisiteurs les persécutent plutôt comme leurs propres ennemis, que comme ennemis de la religion, 57 et suiv. — La Gaule meridionale étoit regardée comme leur prostibule : leur puissance empêcha les lois des Wisigoths de s'y établir, 146. — Traités cruellement par les Wisigoths, 282.

Julia (la loi). Avoit rendu le crime de lese-majesté arbitraire, II, 18.

JULIEN *l'apostat.* Par une fausse combinaison, causa une affreuse famine à Antioche, II, 384. — On peut, sans se rendre complice de son apostasie, le regarder comme le prince le plus digne de gouverner les hommes, III, 14. — A quel motif il attribue la conversion de Constantin, 16.

JULIEN *(le comte).* Son exemple prouve qu'un prince ne doit jamais insulter ses sujets, II. 44. — Pourquoi entreprit de perdre sa patrie et son roi, 99.

Juridiction civile. C'étoit une des maximes fondamentales de la monarchie française, que cette juridiction résidoit toujours sur la même tête que la puissance militaire; et c'est dans ce double service que l'auteur trouve l'origine des justices seigneuriales, III, 333.

Juridiction ecclésiastique. Necessaire dans une monarchie, I, 155. — Nous sommes redevables de son etablissement aux idees de Constantin sur la perfection, II, 467. — Ses entreprises sur la juridiction laie, III, 240 — Flux et reflux de la juridiction ecclésiastique, et de la juridiction laie, 241.

Juridiction laie. Voyez *Juridiction ecclésiastique.*

Juridiction royale. Comment elle recula les bornes de la juridiction ecclésiastique, et de celle des seigneurs : bien que causa cette révolution, III, 241.

Jurisconsultes romains. Se sont trompés sur l'origine de l'esclavage, II, 103, 04.

Jurisprudence. Causes de ses variations dans une monarchie : inconveniens de ces variations : remedes, I, 261 et suiv. Est-ce cette science, ou la théologie, qu'il faut traiter dans les livres de jurisprudence ? IV, 52.

Jurisprudence française. Consistoit toute en procedés, au commencement de la troisieme race, III, 175. — Quelle étoit celle du combat judiciaire, 184. — Varioit, du temps de saint Louis, selon la différente nature des tribunaux, 211, 212. — Comment on en conservoit la memoire, du temps où l'écriture n'étoit point en usage, 221. — Comment saint Louis en introduisit une uniforme par tout le royaume, 237. Lorsqu'elle commença à devenir un art, les seigneurs perdirent l'usage d'assembler leurs pairs pour juger, 246. — Pourquoi l'auteur n'est pas entré dans le detail des changemens insensibles qui en ont formé le corps, 255.

Jurisprudence romaine. Laquelle, de celle de la république, ou de celle des empereurs, étoit en usage en France, du temps de saint Louis, III, 236, 237.

Justice. Ses rapports sont antérieurs aux lois, I, 17. — Les particuliers ne doivent jamais être autorisés à punir eux mêmes le crime qu'ils dénoncent, II, 26, 27. — Les sultans ne l'exercent qu'en l'outrant, III, 105. Precaution que doivent prendre les lois qui permettent de se la faire soi-même, 274 — Nos peres entendoient, par rendre la justice protéger le coupable contre la vengeance de l'offensé. 545. - Ce que nos pères appelloient rendre la justice : ce droit ne pouvoit appartenir qu'à celui qui avoit le fief, à l'exclusion même du roi : pourquoi, 547 et suiv.

Justice divine. A deux pactes avec les hommes, II, 82.

Justice humaine. N'a qu'un pacte avec les hommes, III, 81.

Justices seigneuriales. Sont necessaires dans une monarchie, I, 152. — De qui ces tribunaux étoient composés : comment on appelloit des jugemens qui s'y rendoient, III, 194 et suiv — De quelque qualité que fussent les seigneurs, ils jugeoient en dernier ressort, sous la seconde race, toutes les matieres qui étoient de leur competence : quelle étoit cette compétence, 204. — Ne ressortissoient point aux *missi dominici*, 205 Pourquoi n'avoient pas toutes, du temps de saint Louis, la même jurisprudence, 214. — L'auteur en trouve l'origine dans le double service dont les vassaux étoient tenus dans les commencemens de la monarchie, 333, 334. L'auteur, pour nous conduire, comme par la main, à leur origine, entre dans le detail de la nature de celles qui étoient en usage chez les Germains et chez les peuples sortis de la Germanie pour conquerir l'empire romain, 337. — Ce qu'on appelloit ainsi du temps de nos pères, 345 et suiv — D'où vient le principe qui dit qu'elles sont patrimoniales en France, 349. — Ne tirent point leur origine des affranchissemens que les rois et les seigneurs firent de leurs serfs, ni de l'usurpation des seigneurs sur les droits de la couronne : preuves, 49, 353. — Comment, et dans quel temps les églises commencerent à en posseder, 351 et suiv. —

Étoient établies avant la fin de la seconde race, 355 et suiv. — Où trouve-t-on la preuve, au défaut des contrats originaires de concession, qu'elles étoient originairement attachées aux fiefs? 358.

JUSTINIEN. Maux qu'il causa à l'empire, en faisant la fonction de juge, I, 274. — Pourquoi le tribunal qu'il établit chez les Laziens leur parut insupportable, II, 216. — Coup qu'il porta à la propagation, 469. — A-t-il raison d'appeler barbare le droit qu'ont les mâles de succéder, au préjudice des filles? III, 71. — En permettant au mari de reprendre sa femme, condamnée pour adultère, songea plus à la religion qu'à la pureté des mœurs, 78. — Avoit trop en vue l'indissolubilité du mariage, en abrogeant une loi de Constantin, touchant celui des femmes qui se remarient pendant l'absence de leur mari, dont elles n'ont point de nouvelles, *ibid.* — En permettant le divorce, pour entrer en religion, s'éloignoit entièrement des principes des lois civiles, 79. — S'est trompé sur la nature des testamens *per as et libram*, 112, 113. — Contre l'esprit de toutes les anciennes lois, accorda aux meres la succession de leurs enfans, 125 — Ota jusqu'au moindre vestige du droit ancien touchant les successions; il crut suivre la nature, et se trompa, en écartant ce qu'il appela les embarras de l'ancienne jurisprudence, 126. — Temps de la publication de son code, 244. — Comment son droit fut apporté en France: autorité qu'on lui attribua dans les différentes provinces, *ibid.* et suiv. — Epoques de la découverte de son digeste : ce qui en resulta : changemens qu'il opera dans les tribunaux, *ibid.* — Loi inutile de ce prince, 278, 279. — Sa compilation n'est pas faite avec assez de choix, 284.

K.

Kan *des Tartares.* Comment il est proclamé : ce qu'il devient, quand il est vaincu, II, 190, 191.

Kur. C'est le seul fleuve, en Perse, qui soit navigable, III, 34.

L.

Lacédémone. Sur quel original les lois de cette république avoient été copiées, I, 188. — La sagesse de ses lois la mit en état de resister aux Macedoniens plus long-temps que les autres villes de la Grèce, 189. — On y pouvoit épouser sa sœur utérine, et non sa sœur consanguine, 207. — Tous les vieillards y étoient censeurs, 216. — Différence essentielle entre cette république et celle d'Athènes, quant à la subordination aux magistrats, 217. — Les Ephores y maintenoient tous les états dans l'égalité, 225. — Vice essentiel dans la constitution de cette république, 266. — Ne subsista long-temps que parce qu'elle n'étendit point son territoire, 360. — Quel étoit l'objet de son gouvernement, 416. — C'étoit une république que les anciens prenoient pour une monarchie, 439. — C'est le seul état où deux rois aient été supportables, 440. — Excès de liberté et d'esclavage en même temps dans cette république, 471. — Pourquoi les esclaves y ébranlèrent le gouvernement, II, 125. — État injuste et cruel des esclaves, dans cette république, 127 — Pourquoi l'aristocratie s'y établit plutôt qu'à Athènes, 173. — Les mœurs y donnoient le ton, 218. — Les magistrats seuls y régloient les mariages, 157. — Les ordres du magistrat y étoient totalement absolus, III, 264. — L'ignominie y étoit le plus grand des malheurs, et la foiblesse le plus grand des crimes, *ibid* — On y exerçoit les enfans au larcin, et l'on ne punissoit que ceux qui se laissoient surprendre en flagrant délit, 271 — Ses usages sur le vol avoient été tirés de Crete, et furent la source des lois romaines sur la même matière, 271, 272. — Ses lois sur le vol étoient bonnes pour elle, et ne valoient rien ailleurs, 272.

Lacedemoniens. Leur humeur et leur caractère étoient opposés à ceux des Athéniens, II, 221. — Ce n'étoit pas pour invoquer la peur, que ce peuple belliqueux lui avoit élevé un autel, III, 4, 5.

Lamas. Comment justifient la loi qui, chez eux, permet à une femme d'avoir plusieurs maris, II, 158.

Laochium. Sa doctrine entraîne trop dans la vie contemplative, III, 15.

Larcin. Pourquoi on exerçoit les enfans de Lacedemone à ce crime, III, 271.

Latins. Qui étoient ceux que l'on nommoit ainsi à Rome, II, 425.

LAW. Bouleversement que son ignorance pensa causer, I, 154.

— Son système fit diminuer le prix de l'argent, II, 382. — Danger de son système, 402. — La loi par laquelle il défendit d'avoir chez soi au delà d'une certaine somme en argent, étoit injuste et funeste : celle de César, qui portoit la même défense, étoit juste et sage, III, 261.

Laziens. Pourquoi le tribunal que Justinien établit chez eux leur parut insupportable, II, 216.

Législateurs. En quoi les plus grands se sont principalement signalés, I, 142 et suiv. — Doivent conformer leurs lois au principe du gouvernement, 199. — Ce qu'ils doivent avoir principalement en vue, 279.- Suites funestes de leur dureté, 283. — Comment doivent ramener les esprits d'un peuple que des peines trop rigoureuses ont rendu atroce, 288. — Comment doivent user des peines pécuniaires, et des peines corporelles, 299. — Ont plus besoin de sagesse dans les pays chauds, et surtout aux Indes, que dans nos climats, II, 82. — Les mauvais sont ceux qui ont favorisé le vice du climat ; les bons sont ceux qui ont lutté contre le climat, 84. — Belle règle qu'ils doivent suivre, 125, 126. — Doivent forcer la nature du climat, quand il viole la loi naturelle des deux sexes, 150. — Doivent se conformer à l'esprit d'une nation, quand il n'est pas contraire à l'esprit du gouvernement, 219. — Ne doivent point ignorer la différence qui se trouve entre les vices moraux et les vices politiques, 226. — Règles qu'ils doivent se prescrire pour un état despotique, *ibid.* Comment quelques uns ont confondu les principes qui gouvernent les hommes, 231. — Devroient prendre Solon pour modèle, 240. — Doivent, par rapport à la propagation, regler leurs vues sur le climat, 446. — Sont obliges de faire des lois qui combattent les sentimens naturels mêmes, III, 121. — Comment doivent introduire les lois utiles qui choquent les préjuges et les usages généraux, 254 — De quel esprit doivent etre animés, 256. — Leurs lois se sentent toujours de leurs passions et de leurs prejuges, 85 — Ou ont ils appris ce qu il faut prescrire pour gouverner les societes avec equite? IV, 15.

Législateurs romains. Sur quelles maximes ils reglerent l'usure, apres la destruction de la republique, II, 48.

Legislatif (corps). Doit il être longtemps sans être assemblé? I, 426. — Doit-il être toujours assemble? *ibid.* — Doit-il avoir la faculté de s'assembler lui-même? 427 — Quel doit être son pouvoir vis-a-vis de la puissance executrice? 428 et suiv.

Legislative (puissance). Voy. *Puissance legislative.*

Legs. Pourquoi la loi voconienne y mit des bornes, III, 116, 117.

LEPIDUS. L'injustice de ce triumvir est une grande preuve de l'injustice des Romains de son temps, II, 51.

Lèpre. Dans quel pays elle s'est etendue, II, 91, 92.

Lépreux. Etoient morts civilement par la loi des Lombards, II, 91.

Lese-majesté (crime de). Precautions que l'on doit apporter dans la punition de ce crime, II, 14 et suiv. Lorsqu'il est vague, le gouvernement degenere en despotisme, *ibid.* — C'est un abus atroce de qualifier ainsi les actions qui ne le sont pas: tyrannie monstrueuse exercee par les empereurs romains, sous prétexte de ce crime, 15 et suiv. N'avoit point lieu, sous les bons empereurs, quand il n'etoit pas direct, 17. — Ce que c'est proprement, suivant Ulpien, 18. — Les pensees ne doivent point être regardées comme faisant partie de ce crime, 20. — Ni les paroles indiscretes *ibid.* et suiv. — Quand et dans quels gouvernemes les ecrits doivent être regardes comme crime de lese majeste, 23. — Calomnie dans ce crime, 27. — Il est dangereux de le trop punir dans une republique, 29.

Lettres anonymes. Sont odieuses, et ne meritent attention que quand il s'agit du salut du prince, II, 40

Lettres de change. Epoque, et auteur de leur etablissement, II, 357. — C'est a elles que nous sommes redevables de la moderation des gouvernemens d'aujourd'hui, et de l'aneantissement du machiavelisme, 358. — Ont arrache le commerce des bras de la mauvaise foi, pour le faire rentrer dans le sein de la probite, *ibid*

Lettres de grace. Leur utilité dans une monarchie, I, 297.

Leudes. Nos premiers historiens nomment ainsi ce que nous appelons vassaux : leur origine, III, 325. Il paroit, par tout ce qu'en dit l'auteur, que ce mot etoit proprement dit des vassaux du roi, *ibid.* et suiv. — Par qui etoient menes a la guerre, et qui ils menoient, 328. — Pourquoi leurs arrierevassaux n'etoient pas menés à la guerre par les comtes, 333, 334. — Etoient comtes dans leurs seigneuries, 335. — Voy. *Vassaux.*

LEUVIGILDE. Corrigea les lois des Wisigoths, III, 129.

Levitique. Nous avons conservé ses dispositions sur les biens du clergé, excepte celles qui mettent des bornes a ses biens, III, 45.

Libelles. Voyez *Ecrits.*

Liberté. Chacun a attaché à ce mot l'idée qu'il a tirée du gouvernement dans lequel il vit, I, 412. — On a quelquefois confondu la liberté du peuple avec sa puissance, 414 — Juste idée que l'on doit se faire de la liberté, *ibid.*; III, 99. — On ne doit pas la confondre avec l'independance, 1, 414. — Elle ne rés de pays p us essentiellement dans les républiques qu'ailleurs, 415. Constitution du gouvernement unique qui peut l'établir et la maintenir, 416, 417. — Elle est plus ou moins etendue, suivant l'objet particulier que chaque etat se propose, 417. — Existe principalement en Angleterre, 418 et suiv. — Il n'y en a point dans les etats ou la puissance législative et la puissance executrice sont dans la même main, *ibid.* — Il n'y en a point ou la puissance de juger est reunie à la legislative et a l executrice, *ibid.* et suiv. — Ce qui la forme dans son rapport avec la constitution de l'etat, II, 1. Considerée dans le rapport qu'elle a avec le citoyen : en quoi elle consiste, *ibid.* — Sur quoi est principalement fondee, 2, 3. — Un homme qui, dans un pays ou l'on suit les meilleures lois criminelles possibles, est condamne à être pendu, et doit l'être le lendemain, est plus libre qu'un bacha ne l'est en Turquie, 4 — Est favorisee par la nature des peines et leur proportion, 5 et suiv. — Comment on en suspend l'usage dans la republique, 32. — On doit quelquefois, même dans les etats les plus libres, jeter un voile dessus, 33. — Des choses qui l'attaquent dans la monarchie, 37. — Ses rapports avec la levee des tribus et la grandeur des revenus publics, 48 et suiv., 61 et suiv. — Est mortellement attaquee en France, par la façon dont on y lève les impôts sur les boissons, 56. — L'impôt qui lui est le plus naturel est celui sur les marchandises, 64. — Quand on en abuse pour rendre les tributs excessifs, elle degénere en servitude; et l'on est oblige de diminuer les tributs, 66. — Causes physiques, qui font qu'il y en a plus en Europe que dans toutes les autres parties du monde, 159 et suiv. - Se conserve mieux dans les montagnes qu'ailleurs, 173, 174. Les terres sont cultivees en raison de la liberte et non de leur fertilite, 175. — Se maintient mieux dans les îles que dans le continent, 177. — Convient dans les pays formés par l'industrie des hommes, 178. — Celle dont jouissent les peuples qui ne cultivent point les terres est très grande, 184, 210. — Les Tartares sont une exception a la regle précédente : pourquoi, 190 et suiv. — Est très grande chez les peuples qui n'ont pas l'usage de la monnoie, 188. — Exception a la regle précédente, 189. — De celle dont jouissent les Arabes, 190. — Est quelquefois insupportable aux peuples qui ne sont pas accoutumes à en jouir causes et exemples de cette bizarrerie, 215, 216. — Est une partie des coutumes du peuple libre, 246. - Effets bizarres et utiles qu'elle produit en Angleterre, *ibid.* et suiv. Faculte que doivent avoir ceux qui en jouissent, 250. — Celle des Anglais se soutient quelquefois par les emprunts de la nation, 250, 251 — Ne s'accommode guere de la politesse, 258 — Rend superbes les nations qui en jouissent : les autres ne sont que vaines, 260. — Ne rend pas les historiens plus véridiques que l'esclavage · pourquoi, 261 — Est naturelle aux peuples du nord, qui ont besoin de beaucoup d'activite et d'industrie pour se procurer les biens que la nature leur refuse; elle est comme insupportable aux peuples du midi, auxquels la nature donne plus qu'ils n'ont besoin, 293. 294. — Est acquise aux hommes par les lois politiques : conséquences qui en resultent, III, 91. — On ne doit point décider par ces lois ce qui ne doit l'être que par celles qui concernent la propriété : consequences de ce principe, *ibid.* — Dans les commencemens de la monarchie, les questions sur la liberté des particuliers ne pouvoient être jugées que dans les placites du comte, et non dans ceux de ses officiers, 333, 334.

Liberté civile. Epoque de sa naissance à Rome, II, 76.

Liberté de sortir du royaume. Devroit être accordée à tous les sujets d'un etat despotique, II, 47.

Liberté d'un citoyen. En quoi elle consiste, 1, 417, 418, II, 3. — Il faut quelquefois priver un citoyen de sa liberté, pour conserver celle de tous : cela ne se doit faire que par une loi particulière authentique : exemple tiré de l'Angleterre, 32. — Lois qui y sont favorables dans la republique, 33. — Un citoyen ne la peut pas vendre, pour devenir esclave d'un autre, 104.

Liberté du commerçant. Est fort genée dans les etats libres, et fort etendue dans ceux ou le pouvoir est absolu, II, 276.

Liberté du commerce. Est fort limitée dans les etats ou le pouvoir est absolu, et fort libre dans les autres : pourquoi, II, 276.

Liberté philosophique. En quoi elle consiste, II, 2.

Liberté politique. En quoi elle consiste, II, 2. — Epoque de sa naissance à Rome, 36.

Libre arbitre. Une religion qui admet ce dogme a besoin d'être soutenue par des lois moins austères qu'une autre, III, 18, 19.

Libye. C'est le seul pays, avec ses environs, ou une religion qui defend l'usage du cochon puisse être bonne : raisons physiques, III, 34.

Lieutenant. Celui du juge représente les anciens prud'hommes, qu'il etoit obligé de consulter autrefois, III, 148.

Ligne de demarcation. Par qui, et pourquoi etablie : n'a pas eu lieu, II, 360, 361.

Lods et ventes. Origine de ce droit, III, 469.

LOI. Ce mot est celui pour lequel tout l'ouvrage a été composé. Il y est donc presenté sous un très-grand nombre de faces, et sous un très-grand nombre de rapports. On le trouvera ici divisé en autant de classes que l'on a pu apercevoir de differentes faces principales. Toutes ces classes sont rangées alphabetiquement dans l'ordre qui suit : *Loi Acilia. Loi de Gondebaud. Loi de Valentinien. Loi des douze tables. Loi du Talion. Loi Gabinienne. Loi Oppienne. Loi Pappienne. Loi Porcia. Loi Salique. Loi Valérienne. Loi Voconienne. Lois* (ce mot pris dans sa signification générique). *Lois agraires. Lois barbares. Lois civiles. Lois civiles des Français. Lois civiles sur les fiefs. Lois* (clergé). *Lois* (climat). *Lois* (commerce). *Lois* (conspiration). *Loi Cornelienne. Lois criminelles. Lois d'Angleterre. Lois de Crète. Lois de la Grèce. Lois de la morale. Lois de l'éducation. Lois de Lycurgue. Lois de Moïse. Lois de M. Penn. Lois de Platon. Lois des Bavarois. Lois des Bourguignons. Lois des Lombards. Lois* (despotisme). *Lois des Saxons. Lois des*

Wisigoths. Lois divines. Lois domestiques. Lois du mouvement. Lois (égalité). Lois (esclavage). Lois (Espagne). Lois féodales. Lois (France). Lois humaines. Lois (Japon). Lois Juliennes. Lois (liberté). Lois (mariage). Lois (mœurs). Lois (monarchie). Lois (monnoie). Lois naturelles. Lois (Orient). Lois politiques. Lois positives. Lois (république). Lois (religion). Lois ripuaires. Lois romaines. Lois sacrées. Lois (sobriété). Lois somptuaires. Lois (suicide). Lois (terrain).

Loi *Acilia*. Les circonstances où elle a été rendue, en font une des plus sages lois qu'il y ait, I, 290.

Loi de *Gondebaud*. Quel en étoit le caractère, l'objet, III, 139.

Loi de *Valentinien* permettant la polygamie dans l'empire : pourquoi ne réussit pas, II, 156, 157.

Loi *des douze tables*. Pourquoi imposoit des peines trop sévères, I, 292. — Dans quel cas admettoit la loi du Talion, 300. — Changement sage qu'elle apporta dans le pouvoir de juger à Rome, 463. — Ne contenoit aucune disposition touchant les usures, II, 420. — A qui elle deferoit la succession, III, 108. — Pourquoi permettoit à un testateur de se choisir tel citoyen qu'il jugeoit à propos pour héritier, contre toutes les précautions que l'on avoit prises pour empêcher les biens d'une famille de passer dans une autre, 110. — Est-il vrai qu'elle ait autorisé le créancier à couper par morceaux le détenu in olvable? 257. — La difference qu'elle mettoit entre le voleur manifeste et le voleur non manifeste n'avoit aucune liaison avec les autres lois civiles des Romains : d'où cette disposition avoit été tirée, 270. — Comment avoit ratifié la disposition par laquelle elle permettoit de tuer un voleur qui se mettoit en défense, 274. — Étoit un modèle de précision, 275.

Loi *du Talion*. Voyez *Talion*.

Loi *Gabinienne*. Ce que c'etoit, II, 426.

Loi *Oppienne*. Pourquoi Caton fit des efforts pour la faire recevoir : quel etoit le but de cette loi, III, 116.

Loi *Pappienne*. Ses dispositions touchant les mariages, III, 84. — Dans quel temps, par qui, et dans quelle vue elle fut faite, 122.

Loi *Porcia*. Comment rendit sans application celles qui avoient fixé des peines, I, 292.

Loi *Salique*. Origine et explication de celle que nous nommons ainsi, II, 194 et suiv. — Disposition de cette loi, touchant les successions, 196 — N'a jamais eu pour objet la preference d'un sexe sur un autre, ni la perpétuité de la famille, du nom, etc. Elle n'étoit qu'économique : preuves tirées du texte même de cette loi, *ibid.* et suiv. — Ordre qu'elle avoit établi dans les successions : elle n'exclut pas indistinctement les filles de la terre salique, 199 et suiv. - S'explique par celles des Francs Ripuaires et des Saxons, 200. — C'est elle qui a affecté la Couronne aux mâles exclusivement, 201. — C'est en vertu de sa disposition que tous les frères succédoient également à la couronne, 203. Elle ne put être redigée qu'après que les Francs furent sortis de la Germanie, leur pays, III, 127. Les rois de la première race en retrancherent ce qui ne pouvoit s'ac corder avec le christianisme, et en laissèrent subsister tout le fond, 130. — Le clergé n'y a point mis la main, comme aux autres lois barbares, et elle n'a point admis de peines corporelles, *ibid*. — Différence capitale entre elle et celles des Wisigoths et des Bourguignons, 154 et suiv., 156 et suiv. — Tarif des sommes qu'elle imposoit pour la punition des crimes : distinctions affligeantes qu'elle met oit, a cet egard, entre les Francs et les Romains, 177. — Pourquoi acquit-elle une autorité presque générale dans le pays des Francs, tandis que le droit romain s'y perdit peu à peu? 137 et suiv. — N'avoit point lieu en Bourgogne : preuves, 140. — Ne fut jamais reçue dans le pays de l'etablissement des Goths, *ibid*. — Comment cessa d'être en usage chez les Français, 147 et suiv. — On y ajouta plusieurs capitulaires, 147. — Étoit personnelle seulement, ou territoriale seulement, ou l'un et l'autre a la fois, suivant les circonstances; et c'est cette variation qui est la source de nos coutumes, 152 et suiv. — N'admit point l'usage des preuves negatives, 156. Exception à ce qui vient d'être dit, 157 et suiv. — N'admit point la preuve par le combat judiciaire, 158. — Admettoit la preuve par l'eau bouillante : temperament dont elle usoit pour adoucir la rigueur de cette cruelle épreuve, 161. Pourquoi tomba dans l'oubli, 174 et suiv. — Combien adjugeoit de composition à celui a qui on avoit reproche d'avoir laissé son bouclier : reformée, à cet égard, par Charlemagne, 180, — Appelle *hommes qui sont sous la foi du roi* ce que nous appelons *vasseaux*, 325.

Loi Valerienne. Quelle en fut l'occasion; ce qu'elle contenoit, I, 462 et suiv.

Loi Voconienne. Étoit-ce une injustice, dans cette loi, de ne pas permettre d'instituer une femme heritiere, pas même sa fille unique? III, 70, 71. — Dans quel temps et à quelle occasion fut faite : éclaircissemens sur cette loi, 115. — Comment on trouva dans ses formes judiciaires le moyen de l'eluder, 118. — Sacrifioit le citoyen et l'homme, et ne s'occupoit que de la republique, 121. — Cas où la loi Pappienne en fit cesser la prohibition en faveur de la propagation, 22. — Par quels degrés on parvint a l'abolir tout à fait, *ibid*. et suiv.

Lois. Leur definition, I, 125 et suiv. — Tous les êtres ont des lois relatives a leur nature; ce qui prouve l'absurdité de la fatalité imaginée par les materialistes, *ibid* et suiv. — Derivent de la raison primitive, 126. — Celles de la creation sont les mêmes que celles de la conservation, *ibid* — Entre celles qui gouvernent les êtres intelligens, il y en a qui sont eternelles : qui elles sont, 127. — La loi qui prescrit de se conformer à celles de la société dans laquelle on vit est antérieure a la loi positive : sont suivies plus constamment par le monde physique que par le monde intelligent : pourquoi, 129 — Considerées dans le rapport que les peuples ont entre eux, forment *le droit des gens*; dans le rapport qu'ont ceux qui gouvernent avec ceux qui sont gouvernés, forment *le droit politique*; dans le rapport que tous les citoyens ont entre eux, forment *le droit civil*, 132 et suiv. — Les rapports qu'elles ont entre elles, 135, 136. Leur rapport avec la force defensive, 370 et suiv. — Leur rapport avec la force offensive, 384 et suiv. — Diverses sortes de celles qui gouvernent les hommes : 1° le droit naturel, 2° le droit divin, 3° le droit ecclésiastique ou canonique, 4° le droit des gens, 5° le droit politique général, 6° le droit politique particulier, 7° le droit de conquête, 8° le droit civil, 9° le droit domestique. C'est dans ces diverses classes qu'il faut trouver les rapports que les lois doivent avoir avec l'ordre des choses sur lesquelles elles statuent, III, 63 et suiv. — Les êtres intelligens ne suivent pas toujours les leurs, 88 — LE SALUT DU PEUPLE EST LA SUPRÊME LOI. Conséquences qui découlent de cette maxime, 102. — Le nouvelliste ecclésiastique a donné dans une grande absurdité, en croyant trouver dans la définition des lois, telle que l'auteur la donne, la preuve qu'il est spinosiste, tandis que cette définition même, et ce qui suit, détruit le système de Spinosa, IV, 4 et suiv.

Lois agraires. Sont utiles dans une démocratie, I, 309. — Au défaut d'arts, sont utiles à la propagation, II, 444. — Pourquoi Cicéron les regardoit comme funestes, III, 91. — Par qui faites à Rome, 109. — Pourquoi le peuple ne cessa de les demander, a Rome, tous les deux ans, 111.

Lois barbares. Doivent servir de modèle aux conquerans, I, 388. — Quand et par qui furent rédigées celles des Saliens, Ripuaires, Bavarois, Allemands, Thuringiens, Frisons, Saxons, Wisigoths, Bourguignons et Lombards. Simplicité admirable de celles des six premiers de ces peuples; causes de cette simplicité : pourquoi celles des quatre autres n'en eurent pas tant, III, 127 et suiv. — N'etoient point attachées à un certain territoire; elles etoient toutes personnelles : pourquoi, 132. — Comment on leur substitua les coutumes, 152. — En quoi différoient de la loi salique, 156 et suiv. — Celles qui concernoient les crimes ne pouvoient convenir qu'à des peuples simples, et qui avoient une certaine candeur, 158. — Admettoient toutes, excepté la loi salique, la preuve par le combat singulier, *ibid.* — On y trouve des énigmes à chaque pas, 177. — Les peines qu'elles infligeoient aux criminels etoient toutes pecuniaires, et ne demandoient point de partie publique, 225. — Pourquoi roulent presque toutes sur les troupeaux, 295. — Pourquoi sont écrites en latin : pourquoi on y donne aux mots latins un sens qu'ils n'avoient pas originairement : pourquoi on en a forgé de nouveaux, 317, 318. — Pourquoi ont fixé le prix des compositions : ce prix y est réglé avec une précision et une sagesse admirables, 340, 341.

Lois civiles. Celles d'une nation peuvent difficilement convenir à une autre, I, 135. — Doivent être propres au peuple pour qui elles sont faites, et relatives au principe et à la nature de son gouvernement, au physique et au climat du pays, aux mœurs, aux inclinations et a la religion des habitans, 155, 156, 199, 218 et suiv. — Pourquoi l'auteur n'a point séparé les lois civiles des lois politiques, 136. — Qui sont celles qui derivent de la nature du gouvernement, 157 et suiv. — Où doivent être déposées dans une monarchie, 154. — La noblesse et le conseil du prince sont incapables de ce dépôt, 155. — Doivent être relatives tant au principe qu'à la nature du gouvernement, 158. — Doivent remédier aux abus qui peuvent résulter de la nature du gouvernement,

229. — Différens degrés de simplicité qu'elles doivent avoir dans les différens gouvernemens, 259 et suiv. — Dans quel gouvernement et dans quel cas on en doit suivre le texte précis dans les jugemens, 266. — A force d'être sévères, elles deviennent imp. issantes : exemple tiré du Japon, 286 et suiv. — Dans quels cas et pourquoi elles donnent leur confiance aux hommes, 297. — Peuvent régler ce qu'on doit aux autres, non tout ce qu'on se doit à soi-même, 325. — Sont tout à la fois clairvoyantes et aveugles ; quand et par qui leur rigidité doit être modérée, 430. Les prétextes spécieux que l'on emploie pour faire paroître justes celles qui sont les plus injustes, sont la preuve de la dépravation d'une nation, II, 50, 51. — Doivent être différentes chez les différens peuples, suivant qu'ils sont plus ou moins communicatifs 91. — De celles des peuples qui ne cultivent point les terres, 184. — Celles des peuples qui n'ont point l'usage de la monnoie, 187. — Celles des Tartares, au sujet des successions, 193. — Quelle est celle des Germains, d'où l'on a tiré ce que nous appelons la loi salique, 194 et suiv. — Considerées dans le rapport qu'elles ont avec les principes qui forment l'esprit général, les mœurs et les manières d'une nation, 215, 246 et suiv. — Combien, pour les meilleures lois, il est nécessaire que les esprits soient préparés, 215. — Gouvernent les hommes concurremment avec le climat, les mœurs, etc. : de là naît l'esprit général d'une nation, 218. — Différences entre leurs effets et ceux des mœurs, 226, 227. — Ce que c'est, 228. — Ce n'est point par leur moyen que l'on doit changer les mœurs et les manières d'une nation, *ibid.* - Différence entre les lois et les mœurs, 231. — Ce ne sont point les lois qui ont établi les mœurs, 232. — Comment doivent être relatives aux mœurs et aux manières, 240. — Comment peuvent contribuer à former les mœurs, les manières et le caractère d'une nation, 246 et suiv. — Considerées dans le rapport qu'elles ont avec le nombre des habitans, 429 et suiv. — Celles qui font regarder comme nécessaire ce qui est indifférent, font regarder comme indifférent ce qui est nécessaire, III, 19. — Sont quelquefois obligées de défendre les mœurs contre la religion, 21. — Rapport qu'elles doivent avoir avec l'ordre des choses sur lesquelles elles statuent, 63, 105. — Ne doivent point être contraires à la loi naturelle : exemples, 66 et suiv — Règlent seules les successions et le partage des biens, 70 et suiv. — Seules, avec les lois politiques, décident, dans les monarchies purement électives, dans quel cas la raison veut que la couronne soit déférée aux enfans ou à d'autres, 72. — Seules, avec les lois politiques, règlent les droits des bâtards, 74. — Leur objet, 77, 78. — Dans quels cas doivent être suivies, lorsqu'elles permettent, plutôt que celles de la religion qui défendent, 80. — Cas ou elles défendent des mœurs et des manières, 89, 90. — Leurs défenses sont accidentelles, *ibid* — Les hommes leur ont sacrifié la communauté naturelle des biens : conséquences qui en résultent, 91 et suiv. — Sont le *palladium* de la propriété, 92. — Il est absurde de réclamer celle de quelque peuple que ce soit, quand il s'agit de régler la succession à la couronne, 95. — Il faut examiner si celles qui paroissent se con-

tredire sont du même ordre, 97. — Ne doivent point décider les choses qui dépendent du droit des gens, 99. — On e t libre quand ce sont elles qui gouvernent, *ibid.* — Leur puissance et leur autorité ne sont pas la même chose, 104. — Il y en a d'un ordre particulier, qui sont celles de la police, 104, 105. — Il ne faut pas confondre leur violation avec celles de la simple police, 105. Il n'est pas impossible qu'elles n'obtiennent une grande partie de leur objet, quand elles sont telles qu'elles ne forcent que les honnêtes gens à les éluder, 121. — De la manière de les composer, 256, 285. — Celles qui paroissent éloigner des vues du législateur, y sont souvent conformes, 257. — De celles qui choquent les vues du législateur, 259. — Exemple d'une loi qui est en contradiction avec elle-même, *ibid.* — Celles qui paroissent les mêmes n'ont pas toujours le même effet, ni le même motif, 261, 263. — Nécessité de les bien composer, 262. — Celles qui paroissent contraires dérivent quelquefois du même esprit, 266. — De quelle manière celles qui sont diverses peuvent être comparées, 267. — Celles qui paroissent les mêmes sont quelquefois réellement différentes, 268. — Ne doivent point être séparées de l'objet pour lequel elles sont faites, 270 et suiv. — Dépendent des lois politiques : pourquoi, 272. — Ne doivent point être séparées des circonstances dans lesquelles elles ont été faites, 273. — Il est bon quelquefois qu'elles se corrigent elles mêmes, 274. — Précautions que doivent apporter celles qui permettent de se faire justice soi même, 274. — Comment doivent être composées quant au style et quant au fond des choses, 275 et suiv. — Leur présomption vaut mieux que celle de l'homme, 280. — On n'en doit point faire d'inutiles : exemple tiré de la loi Falcidie, 281. — C'est une mauvaise manière de les faire par des rescrits, comme faisoient les empereurs romains : pourquoi, 283. — Est-il nécessaire qu'elles soient uniformes dans un état ? 284. — Se sentent toujours des passions et des préjugés du législateur, 285.

Lois civiles des Français. Leur origine et leurs révolutions, III, 117.

Lois civiles sur les fiefs. Leur origine, III, 475 et suiv.

Lois (clergé). Bornes qu'elles doivent mettre aux richesses du clergé, III, 45 et suiv.

Lois (climat). Leur rapport avec la nature du climat, II, 75, 102. — Doivent exciter les hommes à la culture des terres dans les climats chauds : pourquoi, 85. — De celles qui ont rapport aux maladies du climat, 91 et suiv. — La confiance qu'elles ont dans le peuple est différente, selon les climats, 99 et suiv. — Comment celles de l'esclavage civil ont du rapport avec la nature du climat, 102.

Lois (commerce). Des lois considérées dans le rapport qu'elles ont avec le commerce, considéré dans sa nature et ses distinctions, II, 262, 291. — De celles qui emportent la confiscation de la marchandise, 278. — De celles qui établissent la sûreté du commerce, 279. — Des lois, dans le rapport qu'elles ont avec le commerce, considéré dans les révolutions qu'il a eues dans le monde, 291. — Des lois du commerce aux Indes, 360 et suiv. — Lois fondamentales du commerce de l'Europe, 362 et suiv.

Lois (conspiration). Précautions que l'on doit apporter dans les lois qui regardent la revelation des conspirations, II, 26, 28.

Lois Corneliennes. Leur auteur, leur cruauté, leur motif, I, 293.

Lois criminelles. Les différens degrés de simplicité qu'elles doivent avoir dans les différens gouvernemens, I, 264 et suiv. — Combien on a été de temps à les perfectionner; combien elles étoient imparfaites à Cumes, à Rome, sous les premiers rois, en France sous les premiers rois, II, 3 et suiv. — La liberté du citoyen depend principalement de leur bonté, *ibid.* — Un homme qui, dans un état où l'on suit les meilleures lois criminelles qui soient possibles, est condamné à être pendu, et doit l'être le lendemain, est plus libre qu'un bacha en Turquie, 4. — Comment on peut parvenir à faire les meilleures qu'il soit possible, *ibid.* — Doivent tirer chaque peine de la nature du crime. 5 et suiv. — Ne doivent punir que les actions extérieures, 20. — Le criminel qu'elles font mourir ne peut reclamer contre elles, puisque c'est parce qu'elles le font mourir qu'elles lui ont sauvé la vie à tous les instans, 105. — En fait de religion, les lois criminelles n'ont d'effet que comme destruction, III, 54, 55. — Celle qui permet aux enfans d'accuser leur père de vol ou d'adultère, est contraire à la nature, 68. Celles qui sont les plus cruelles peuvent elles être les meilleures? 257.

Lois d'Angleterre. Ont été produites, en partie, par le climat, II, 246. Voyez *Angleterre*.

Lois de Crète. Sont l'original sur lequel on a copié celles de Lacédémone, I, 188.

Lois de la Grèce. Celles de Minos, de Lycurgue et de Platon, ne peuvent subsister que dans un petit etat, I, 193. — Ont puni, ainsi que les lois romaines, l'homicide de soi même, sans avoir le même objet, III, 264, 265. Source de plusieurs lois abominables de la Grèce, 275.

Lois de la morale. Sont bien moins observées que les lois physiques, I, 128. — Quel en est le principal effet, *ibid.* et suiv.

Lois de l'education. Doivent être relatives aux principes du gouvernement, I, 177 et suiv.

Lois de Lycurgue. Leurs contradictions apparentes prouvent la grandeur de son génie, I, 188, 189. — Ne pouvoient subsister que dans un petit état, 193.

Lois de Moïse. Pourquoi s'écartent quelquefois de la loi naturelle, II, 127. — Leur sagesse, au sujet des asiles, III, 42.

Lois de M. Penn. Comparées avec celles de Lycurgue, I, 190.

Lois de Platon. Etoient la correction de celles de Lacedemone, I, 188. — Ne pouvoient subsister que dans un petit état, 193.

Lois des Bavarois. On y ajouta plusieurs capitulaires : suite qu'eut cette opération, III, 150.

Lois des Bourguignons. Sont assez judicieuses, III, 131. — Comment cessèrent d'être en usage chez les Français, 145.

Lois des Lombards. Les changemens qu'elles essuyerent furent plutôt des additions que des changemens, III, 129. — Sont assez judicieuses, 131. — On y ajouta plusieurs capitulaires: suite qu'eut cette opération, 150.

Lois (despotisme). Il n'y a point de lois fondamentales dans les états despotiques, I, 155. — Qui sont celles qui derivent de l'état despotique, 156. — Il en faut un très petit nombre dans un état despotique, 234. — Comment elles sont relatives au pouvoir despotique, *ibid.* — La volonté du prince est la seule loi dans les états despotiques, 235 et suiv. — Causes de leur simplicité dans les etats despotiques, 264. — Celles qui ordonnent aux enfans de n'avoir d'autre profession que celle de leur père, ne sont bonnes que dans un etat despotique, II, 286.

Lois des Saxons. Causes de leur durete, III, 130.

Lois des Wisigoths. Furent refondues par leurs rois et par le clerge. Ce fut le clerge qui y introduisit les peines corporelles, qui furent toujours inconnues dans les autres lois barbares, auxquelles il ne toucha point, III, 130. — C'est de ces lois qu'ont ete tirées toutes celles de l'inquisition: les moines n'ont fait que les copier, 131. — Sont idiotes, n'atteignent point le but, frivoles dans le fond, et gigantesques dans le style, *ibid.* — Triompherent en Espagne, et le droit romain s'y perdit, 144. — Comment cessèrent d'être en usage chez les Français, 147. — L'ignorance de l'ecriture les a fait tomber en Espagne, 152.

Lois divines. Rappellent sans cesse l'homme à Dieu, qu'il auroit oublie à tous les instans, I, 129. — C'est un grand principe qu'elles sont d'une autre nature que les lois humaines, 130.

Autres principes auxquels celui-la est soumis. 1° Les lois divines sont invariables; 2° les lois humaines sont variables; 3° la principale force des lois divines vient de ce qu'on croit la religion; elles doivent donc être anciennes: la principale force des lois humaines vient de la crainte; elles peuvent donc être nouvelles, III, 64 et suiv.

Lois domestiques. On ne doit point decider ce qui est de leur ressort par les lois civiles, III, 98.

Lois du mouvement. Sont invariables, I, 126.

Lois (egalité). Loi singulière qui, en introduisant l'egalité, la rend odieuse, I, 208 et suiv.

Lois (esclavage). Comment celles de l'esclavage civil ont du rapport avec la nature du climat, II, 102. — Ce qu'elles doivent faire, par rapport à l'esclavage, 117. — Comment celles de l'esclavage domestique ont du rapport avec celles du climat, 134.

Comment celles de la servitude politique ont du rapport avec la nature du climat, 159.

Lois (Espagne). Absurdite de celles qui ont eté faites sur l'emploi de l'or et de l'argent, II, 370.

Lois féodales. Ont pu avoir des raisons pour appeler les mâles à la succession à l'exclusion des filles, III, 71. — Quand la France commença à etre plutôt gouvernee par les lois feodales que par les lois politiques, 147 et suiv. — Quand s'etablirent, 149. — Theorie de ces lois, dans le rapport qu'elles ont avec la monarchie, 287 et suiv., 379. — Leurs effets comparés à un chêne antique, 288. Leurs sources, *ibid.*

Lois (France). Les anciennes lois de France etoient parfaitement dans l'esprit de la monarchie, I, 281. — Ne doivent point, en France, gêner les manières, elles gêneroient les vertus, II, 219. — Quand commencèrent, en France, à plier sous l'autorite des coutumes, III, 152 et suiv.

Lois (Germains). Leurs différens caractères, III, 127.

Lois humaines. Tirent leur principal avantage de la nouveaute, III, 65. Voyez *Lois divines.*

Lois (Japon). Pourquoi sont si sévères au Japon, II, 99. — Tyrannisent le Japon, 218. — Punissent, au Japon, la moindre desobeissance, c'est ce qui a rendu la religion chrétienne odieuse, III, 60.

Lois Juliennes. Avoient rendu le crime de lèse-majesté arbitraire, II, 18. — Ce que c'étoit, 455. — On n'en a plus que des fragmens : ou se trouvent ces fragmens : détail de leurs dispositions contre le célibat, 457, 458.

Lois (*liberté*). De celles qui forment la liberté publique, dans son rapport avec la constitution, I, 414. — De celles qui forment la liberté politique, dans son rapport avec le citoyen, II, 1. — Comment forment la liberté du citoyen, *ibid.* — Paradoxe sur la liberté, 2. — Authenticité que doivent avoir celles qui privent un seul citoyen de sa liberté, lors même que c'est pour conserver celle de tous, 32. — De celles qui sont favorables à la liberté des citoyens, dans une république, 33. — De celles qui peuvent mettre un peu de liberté dans les états despotiques, 45 et suiv. — N'ont pas pu mettre la liberté des citoyens dans le commerce, 104. — Peuvent être telles, que les travaux les plus pénibles soient faits par des hommes libres et heureux, 113.

Lois (*mariage*). Ont, dans certains pays, établi divers ordres de femmes légitimes, II, 433. — Dans quels cas il faut suivre les lois civiles, en fait de mariage, plutôt que celles de la religion, III, 82 et suiv. — Dans quels cas ces lois civiles doivent régler les mariages entre parens; dans quels cas ils le doivent être par les lois de la nature, 84 et suiv. — Ne peuvent, ni ne doivent permettre les mariages incestueux : quels ils sont, 86 et suiv. — Permettent ou défendent les mariages, selon qu'ils paroissent conformes ou contraires à la loi de nature, dans les différens pays, 89.

Lois (*mœurs*). Les lois touchant la pudicité sont de droit naturel : elles doivent, dans tous les etats, protéger l'honneur des femmes esclaves, comme celui des femmes libres, II, 118. — Leur simplicité depend de la bonté des mœurs du peuple, 241. — Comment suivent les mœurs, 242 et suiv. — Sont quelquefois obligées de défendre les mœurs contre la religion, III, 21.

Lois (*monarchie*). Arrêtent les entreprises tyranniques des monarques : n'ont aucun pouvoir sur celles d'un citoyen subitement revêtu d'une autorité qu'elles n'ont pas prévue, I, 148. — La monarchie a pour base les lois fondamentales de l'état, 151, 152. — Qui sont celles qui dérivent du gouvernement monarchique, 152. Doivent, dans une monarchie, avoir un dépôt fixe : quel est ce dépôt, 154, 155. — Tiennent lieu de vertu dans une monarchie, 166. — Jointes à l'honneur, produisent, dans une monarchie, le même effet que la vertu, 168. — L'honneur leur donne la vie dans une monarchie, 171. — Comment sont relatives à leur principe, dans une monarchie, 226 et suiv. — Doivent-elles contraindre les citoyens d'accepter les emplois ? 252. — Le monarque ne peut les enfreindre sans danger, 275. — Leur exécution, dans la monarchie, fait la sûreté et le bonheur du monarque, II, 38. — Doivent menacer, et le prince encourager, 41.

Lois (*monnoie*). Leur rapport avec l'usage de la monnoie, II, 375.

Lois naturelles. S'établissent entre les êtres unis par le sentiment, I, 127. — Leur source. Règles pour les connoître bien, 130. — Règles pour les discerner d'avec les autres, 130, 131. — Celle qui nous porte vers Dieu est la première par son importance, et non la première dans l'ordre des lois, 129. — Quelles sont les premières dans l'ordre de la nature même, 125 et suiv. — Obligent les pères à nourrir leurs enfans, mais non pas à les faire héritiers, III, 71. — C'est par elles qu'il faut décider dans les cas qui les regardent, et non par les préceptes de la religion, 74. — Dans quels cas doivent régler les mariages entre parens: dans quels cas ils doivent l'être par les lois civiles, 84 et suiv. — Ne peuvent être locales, 89. — Leur defense est invariable, 90. — Est ce un crime de dire que la première loi de la nature est la paix, et que la plus importante est celle qui prescrit à l'homme ses devoirs envers Dieu? IV, 21.

Lois (Orient). Raisons physiques de leur immutabilite en Orient, II, 83.

Lois politiques. Quel est leur principal effet, I, 133. — Pourquoi l'auteur n'a point separé les lois politiques des lois civiles, 136. — De celles des peuples qui n'ont point l'usage de la monnoie, II, 188. — La religion chrétienne veut que les hommes aient les meilleures qui sont possibles, III, 2. — Principe fondamental de celles qui concernent la religion, 51. — Elles seules, avec les lois civiles, règlent les successions, et le partage des biens, 71. — Seules, avec les lois civiles, décident, dans les monarchies purement electives, dans quels cas la raison veut que la couronne soit déférée aux enfans, ou à d'autres, 72. — Seules, avec les lois civiles, règlent les successions des bâtards, 74. — Les hommes leur ont sacrifié leur indépendance naturelle: conséquences qui en résultent; 91. — Règlent seules la succession à la couronne, 94. — Ce n'est point par ces lois que l'on doit décider ce qui est du droit des gens, 99. — Celle qui, par quelque circonstance, detruit l'etat, doit être changee, 102 et suiv. — Les lois civiles en dependent: pourquoi, 272.

Lois positives. Ne sont pas la règle sûre du juste et de l'injuste, I, 127. — Ne s'etablissent qu'entre les êtres unis par la connoissance, 129. — Leur origine, 132 et suiv. — Ont moins de force, dans une monarchie, que les lois de l'honneur, 182.

Lois (republique). Celles qui établissent le droit de suffrages dans la démocratie, sont fondamentales, I, 138. — Qui sont celles qui derivent du gouvernement republicain; et premièrement de la démocratie, 138 et suiv. — Par qui doivent être faites dans une democratie, 146. — Qui sont celles qui derivent du gouvernement aristocratique, *ibid.* et suiv. Qui sont ceux qui les font, et qui les font executer dans l'aristocratie, *ibid.* — Avec quelle exactitude elles doivent être maintenues dans une république, 160 et suiv. — Modèles de celles qui peuvent maintenir l'égalité dans une democratie, 205, 206. — Doivent, dans une aristocratie, être de nature à forcer les nobles de rendre justice au peuple, 223. — De leur cruauté envers les debiteurs dans la republique, II, 34 et suiv.

Lois (religion). Quel en est l'effet principal, I, 130. — Quelles sont les principales qui furent faites dans l'objet de la perfection chrétienne, II, 468. — Leur rapport avec la religion établie dans chaque pays, consideree dans ses pratiques et en elle-même, III, 1, 36. — La religion chrétienne veut que les hommes aient les meilleures lois civiles qui sont possibles, 2. — Celles d'une religion qui n'ont pas seulement le bon pour objet, mais le meilleur ou la perfection, doivent être des conseils, et non des préceptes, 10, 11. — Celles d'une religion, quelle qu'elle soit, doivent s'accorder avec celles de la morale, 12. — Comment la force de la religion doit s'appliquer à la leur, 18 et suiv. — Il est bien dangereux que les lois civiles ne permettent ce que la religion doit défendre, quand celle-ci défend ce qu'elles doivent permettre, 19. — Ne peuvent pas réprimer un peuple dont la religion ne promet que des récompenses, et point de peines, 20. — Comment corrigent quelquefois les fausses religions, 21. — Comment les lois de la religion ont l'effet des lois civiles, 24. — Du rapport qu'elles ont avec l'établissement de la religion de chaque pays, et sa police extérieure, 56, 63. — Il faut, dans la religion, des lois d'épargne, 48. — Comment doivent être dirigées celles d'un état qui tolère plusieurs religions, 51. — Dans quels cas les lois civiles doivent être suivies lorsqu'elles permettent, plutôt que celles de la religion qui défendent, 80 — Quand doit on, à l'égard des mariages, suivre les lois civiles plutôt que celles de la religion? 82.

Lois ripuaires. Fixoient la majorité à quinze ans, II, 207. — Les rois de la première race en ôterent ce qui ne pouvoit s'accorder avec le christianisme, et en laissèrent tout le fond, III, 130. — Le clergé n'y a point mis la main, et elles n'ont point admis de peines corporelles: comment cessèrent d'être en usage chez les Français, 147 et suiv. — Se contentoient de la preuve négative: en quoi consistoit cette preuve, 157.

Lois romaines. Histoire et causes de leurs révolutions, I, 290 et suiv. — Celles qui avoient pour objet de maintenir les femmes dans la frugalité, 332. — La dureté des lois romaines contre les esclaves rendit les esclaves plus à craindre, II, 123. — Leur beauté: leur humanité, 353. — Comment on éludoit celles qui étoient contre l'usure, 419. — Mesures qu'elles avoient prises pour prévenir le concubinage, 435. — Pour la propagation de l'espèce, 453 et suiv. — Touchant l'exposition des enfans, 470. — Leur origine et leurs révolutions sur les successions, III, 107, 126. — De celles qui regardoient les testamens. De la vente que le testateur faisoit de sa famille, à celui qu'il instituoit son héritier, 112. — Les premières, ne restreignant pas assez les richesses des femmes, laissèrent une porte ouverte au luxe. Comment on chercha à y remédier, 115 et suiv. — Comment se perdirent dans le domaine des Francs, et se conservèrent dans celui des Goths et des Bourguignons, 137 et suiv. — Pourquoi, sous la première race, le clergé continua de se gouverner par elles, tandis que le reste des Francs se gouvernoit par la loi salique, 138. — Comment se conservèrent dans le domaine des Lombards, 143 — Comment se perdirent en Espagne, 144. — Subsistèrent dans la Gaule méridionale, quoique proscrites par les rois visigoths: pourquoi, 145. — Pourquoi, dans les pays de droit écrit, elles ont résisté aux coutumes, qui, dans les autres provinces, ont fait disparoître les lois barbares, 152 et suiv. — Révolutions qu'elles ont essuyées dans les pays de droit écrit, 155, 156. — Comment résistèrent, dans les pays de droit écrit, à l'ignorance qui fit périr, partout ailleurs, les lois personnelles et territoriales, *ibid.* — Pourquoi tombèrent dans l'oubli, 174 et suiv. —

Saint Louis les fit traduire : dans quelle vue, 234. Motifs de leurs dispositions, touchant les substitutions, 263. — Quand, et dans quel cas, elles ont commencé à punir le suicide, 264. — Celles qui concernoient le vol n'avoient aucune liaison avec les autres lois civiles, 270 et suiv. — Punissoient par la déportation, ou même par la mort, la négligence, ou l'impéritie des médecins, 275. — Celles du Bas Empire font parler les princes comme des rhéteurs, 275. — Précautions que doivent prendre ceux qui les lisent, 284. — Voyez *Droit romain. Romains. Rome.*

Lois sacrées. Avantages qu'elles procurèrent aux plébéiens à Rome, I, 462.

Lois (sobriété). De celles qui ont rapport à la sobriété des peuples, II, 88 — Règles que l'on doit suivre dans celles qui concernent l'ivrognerie, 89 et suiv.

Lois somptuaires. Quelles elles doivent être dans une démocratie, I, 308 et suiv. — Quelles elles doivent être dans une aristocratie, 311. — Il n'en faut point dans une monarchie, 312 et suiv. — Dans quels cas sont utiles dans une monarchie, 315. — Règles qu'il faut suivre pour les admettre, ou pour les rejeter, 316. — Quelles elles étoient chez les Romains, 332.

Lois (suicide). De celles contre ceux qui se tuent eux-mêmes, II, 94.

Lois (terrain). Leur rapport avec la nature du terrain, II, 172 et suiv. — Celles que l'on fait pour la sûreté du peuple ont moins lieu dans les montagnes qu'ailleurs, 174 et suiv. — Se conservent plus aisément dans les îles que dans le continent, 177. — Doivent être plus ou moins multipliées dans un état, suivant la façon dont les peuples se procurent leur subsistance, 180.

Lombards. Avoient une loi, en faveur de la pudeur des femmes esclaves, qui seroit bonne pour tous les gouvernemens, II, 118. — Quand, et pourquoi firent écrire leurs lois, III, 128. — Pourquoi leurs lois perdirent de leur caractère, 129. — Leurs lois reçurent plutôt des additions que des changemens : pourquoi ces additions furent faites *ibid.* — Comment le droit romain se conserva dans leur territoire, 143. — On ajouta plusieurs capitulaires à leurs lois : suites qu'eut cette opération, 150. — Leurs lois criminelles étoient faites sur le même plan que les lois ripuaires, 157. — Suivant leurs lois, quand on s'étoit défendu par un serment, on ne pouvoit plus être fatigué par un combat, 160. — Portèrent l'usage du combat judiciaire en Italie, 171. — Leurs lois portoient différentes compositions pour les différentes insultes, 177. — Leurs lois défendoient aux combattans d'avoir sur eux des herbes propres pour les enchantemens, 181, 182. — Loi absurde parmi eux, 277, 278. — Pourquoi augmentèrent, en Italie, les compositions qu'ils avoient apportées de la Germanie, 340. — Leurs lois sont presque toujours sensées, 344.

LOTHAIRE Abolit le jugement de la croix et la preuve par l'eau froide, III, 175.

LOUIS Ier, dit *le Débonnaire.* Ce qu'il fit de mieux dans tout son règne, I, 588. — La fameuse lettre qui lui est adressée par Agobard prouve que la loi salique n'étoit point établie en Bourgogne, III, 178. — Étendit le combat judiciaire des affaires criminelles aux affaires civiles, 171, 172. — Permit de choisir, pour se battre en duel, le bâton, ou les armes, 178.—Son humiliation lui fut causée par les évêques, et surtout par ceux qu'il avoit tirés de la servitude, 373. — Pourquoi laissa au peuple romain le droit d'élire les papes, 422. — Portrait de ce prince. Causes de ses disgrâces, 434 et suiv.— Son gouvernement comparé avec ceux de Charles Martel, de Pepin, et de Charlemagne. Comment perdit son autorité, 438 et suiv. — Perdit la monarchie, et son autorité, principalement par la dissipation de ses domaines, 440. — Causes des troubles qui suivirent sa mort, 442.

Louis VI, dit *le Gros*. Reforme la coutume où etoient les juges de se battre contre ceux qui refusoient de se soumettre a leurs ordonnances, III, 176

Louis VII, dit *le Jeune*. Defendit de se battre pour moins de cinq sous, III, 176.

Louis IX (*saint*). Il suffisoit, de son temps qu'une dette montât a douze deniers, pour que le demandeur et le defendeur terminassent leur querelle par le combat judiciaire, III, 176. — C'est dans la lecture de ses etablissemens qu'il faut puiser la jurisprudence du combat judiciaire, 184. — Est le premier qui ait contribué à l'abolition du combat judiciaire, 211 et suiv. — Etat et varieté de la jurisprudence de son temps, 212. — N'a pu avoir intention de faire de ses établissemens une loi generale pour tout son royaume, 230. — Comment ses etablissemens tombèrent dans l'oubli, *ibid*. et suiv. — La date de son depart pour Tunis prouve que le code que nous avons, sous le nom de ses etablissemens, est plein de faussetés, 231. — Sagesse adroite avec aquelle il travailla à reformer les abus de la jurisprudence de son temps, 233, 234. — Fit traduire les lois romaines : dans quelle vue : cette traduction est te encore en manuscrit ; il en fit beaucoup usage dans ses etablissemens, 234, 245. - Comment il fut cause qu'il s'etablit une jurisp udence universelle dans le royaume, 237 et suiv. — Ses etablissemens, et les ouvriages des habiles praticiens de son temps, sont en grande partie la source des coutumes de France, 252 et suiv.

Louis XIII. Repris en face par le président Belièvre, lorsque ce prince etoit du nombre des juges du duc de La Valette, I, 272.— Motif singulier qui le determina à souff ir que les negres de ses colonies fussent esclaves, II, 108.

Louis XIV Le projet de la monarchie universelle, qu'on lui attribue sans fondement, ne pouvoit reussir sans ruiner l'Europe, ses anciens sujets, lui et sa famille, I, 379. La France fut, vers le milieu de son règne, au plus haut point de sa grandeur relative, 381. Son edit, en faveur des mariages, n'etoit pas suffisant pour favoriser la population, II, 476.

Loyseau. Erreur de cet auteur sur l'origine des justices seigneuriales, III, 350.

Lucques. Combien y durent les magistratures, I, 150

Luther. Pourquoi conserva une hierarchie dans sa religion, III, 9. — Il semble s'etre plus conforme à ce que les apôtres ont fait, qu'à ce que J. C a dit, *ibid*.

Luxe. Il est ou intérieur dans l'etat, ou relatif d'un etat à l'autre, I, 305 et s. iv.—Est le resultat de la vanité, II, 242. — N'est pas toujours sur le raffinement de la vanité, mais quelquefois sur celui des besoins reels, II, 258. — *Ses causes*. 1°. Dans le même etat, l'inégalité des fortunes, I, 305 et suiv.; 2° l'esprit outré d'inegalité dans les conditions, 307; 3° la vanité, *ibid.*; 4° la grandeur des villes, surtout quand elles sont si peuplées, que la plupart des habitans sont inconnus les uns aux autres, *ibid.*; 5° quand le sol produit plus qu'il ne faut pour la nourriture des cultivateurs et de ceux qui travaillent aux manufactures : de là les arts frivoles, et l'importation des choses frivoles en échange des choses nécessaires, 317; 6° la vie corrompue du souverain qui se plonge dans les délices, 320; 7° les mœurs et les passions des femmes, 321. — Surtout quand, par la constitution de l'etat, elles ne sont pas retenues par les lois de la modestie, 322 et suiv.; 8° les gains nuptiaux des femmes trop considerables, 333; 9° l'incontinence publique, 321; 10° la polygamie, II, 137; 1° les richesses, qui sont la suite du commerce, I, 313, 12° les peuples qui ne cultivent pas les terres n'ont pas même l'idée du luxe, II, 204. — *Ses proportions.* Il se calcule, entre les citoyens du même etat, par l'inegalité des fortunes, I, 305 et suiv.— Entre les villes, sur le nombre plus ou moins grand des habitans, 507.— Entre les differens états, il est en raison composee de l'inegalité des fortunes qui est entre les citoyens, et de l'inégalité des richesses des differens etats, *ibid.* — Gradations qu'il doit suivre, 312 et suiv.— *Biens qu'il procure.* 1°. Augmente le commerce, et en est le fondement, 307, 308; 2° entretient l'industrie et le travail, 311; 3° perfectionne les arts, II, 297; 4° fait circuler l'argent des mains des riches dans celles des pauvres, I, 313; 5° le luxe relatif enrichit un etat riche par lui-même : exemple tiré du Japon, 316; II, 290; 6° est utile, quand il y a moins d'habitans que le sol n'en peut nourrir : exemple tiré de l'Angleterre, I, 317; 7° est nécessaire dans les monarchies; il les conserve : gradation qu'il y doit suivre, I, 313 et suiv. — Auguste et Tibère sentirent que, voulant substituer la monarchie à la république, il ne fallait pas le bannir, et agirent en conséquence, *ibid.*; 8° dedommage de leur servitude les sujets du despote, 314. — *Maux qu'il occasione.* 1°. Confond les conditions, 307; 2° ne laisse plus d'harmonie entre les besoins et les moyens de les satisfaire, 308; 3° etouffe l'amour du bien public, et lui substitue l'interêt particulier; met la volupté en la place de la vertu : exemple tiré de Rome, 310; 4° est contraire a l'esprit de modération, 311; 5° corrompt les mœurs, 313; 6° entretient la corruption et les vices, 322; 7° rend le mariage onereux et coûteux : moyens de remédier à ce mal, III, 125; 8° peut occasioner une exportation trop forte des denrées necessaires, pour en faire entrer de superflues, I, 316; 9° le luxe relatif appauvrit un etat pauvre : exemple tiré de la Pologne, II, 283; 10 pernicieux, quand le sol a peine à fournir la nourriture des habitans : la Chine sert d'exemple, I, 317 et suiv.; 11 detruit toute république, 315; les democraties, 309; les aristocraties, 311; 12° il est même des circonstances où l'on doit le reprimer dans la monarchie : exemples tirés de l'Aragon, de la Suede et de la Chine, 315 et suiv. — Usage et effets des lois somptuaires, pour le reprimer dans les differens etats, 312 et suiv.

Luxe de la superstition. Doit être reprimé, III, 48.

Lycie. Comparée, comme république fédérative, avec la Hollande : c'est le modèle d'une bonne république federative, I, 374, 375.

LYCURGUE. Comparé avec M. Penn, I, 190. — Les contradictions apparentes qui se trouvent dans ses lois prouvent la grandeur de son génie, 188, 189. — Ses lois ne pouvoient subsister que dans un petit état, 193. — Pourquoi voulut que l'on ne choisit les sénateurs que parmi les vieillards, 229. — A confondu les lois, les mœurs et les manières : pourquoi, II, 252. — Pourquoi avoit ordonné que l'on exerçât les enfans au larcin, III, 271.

Lydiens. Le traitement qu'ils reçurent de Cyrus n'étoit pas conforme aux vraies maximes de la politique I, 399. — Furent les premiers qui trouvèrent l'art de battre la monnoie, II, 575.

LYSANDRE. Fit éprouver aux Athéniens qu'il faut toujours mettre de la douceur dans les punitions, I, 285.

M.

Macassar. Conséquences funestes que l'on y tire du dogme de l'immortalité de l'âme, III, 27.

MACHIAVEL. Veut que le peuple, dans une république, juge les crimes de lèse-majesté : inconvéniens de cette opinion, I, 270 et suiv. — Source de la plupart de ses erreurs, III, 285.

Machiavelisme. C'est aux lettres de change que l'on en doit l'abolissement, II, 258.

Machines. Celles dont l'objet est d'abréger l'art ne sont pas toujours utiles, II, 445.

Macute. Ce que c'est que cette monnoie chez les Africains, II, 385.

Magie. L'accusation de ce crime doit être poursuivie avec beaucoup de circonspection : exemples d'injustices commises sous ce prétexte, II, 9. — Il seroit aisé de prouver que ce crime n'existe point, II.

Magistrat de police. C'est sa faute si ceux qui relèvent de lui tombent dans des excès, III, 104.

Magistrat unique. Dans quel gouvernement il peut y en avoir, I, 276.

Magistrats. Par qui doivent être nommés dans la démocratie, I, 140. — Comment élus a Athènes : on les examinoit avant et après leur magistrature, 143. — Quels doivent être, dans une république, la proportion de leur puissance, et la durée de leurs charges, 150. — Jusqu'à quel point les citoyens leur doivent être subordonnés dans une démocratie, 216. — Ne doivent recevoir aucun présent, 249. — Doivent avoir le pouvoir exclusif de juger dans la monarchie, 275. — Différences entre eux et les ministres qui doivent exclure ceux-ci du pouvoir de juger, *ibid.* — Ne doivent jamais être dépositaires des trois pouvoirs à la fois, 418. — Ne sont point propres à gouverner une armée : exception pour la Hollande, 434. — Sont plus formidables aux calomniateurs que le prince, II, 40. — Le respect et la considération sont leur unique récompense, 74. — Leur fortune et leur récompense, en France, 286. — Les mariages doivent ils dépendre de leur consentement? 436.

Magistratures. Comment et à qui se donnoient a Athènes, I, 141. — Comment Solon en éloigna ceux qui en étoient indignes, sans gêner les suffrages, 143. — Ceux qui avoient des enfans y parvenoient plus facilement, à Rome, que ceux qui n'en avoient point, II, 459. Voyez *Magistrats*.

Magnanimité. N'existe pas dans les états despotiques, I, 233.

MAHOMET. La loi par laquelle il défend de boire du vin est une loi de climat, II, 88. — Coucha avec sa femme, lorsqu'elle n'avoit que huit ans, 134. — Veut que l'égalité soit entière, à tous égards, entre les quatre femmes qu'il permet, 142. — Comment rendit les Arabes conquérans, 347. — A confondu l'usure avec l'intérêt : maux que produit cette erreur dans les pays soumis à sa loi, 418. — Sa doctrine sur la spéculation, et le penchant que sa religion inspire pour la spéculation, sont funestes à la société, III, 15. — Source et effet de sa prédestination, 18. — C'est par le secours de la religion qu'il reprima les injures et les injustices des Arabes, 23. — Dans tout autre pays que le sien, il n'auroit pas fait un précepte des fréquentes lotions, 55. — L'inquisition met sa religion de pair avec la religion chrétienne, 57.

Mahometans. Furent redevables de l'étrange facilité de leurs conquêtes aux tributs que les empereurs levoient sur leurs peuples, II, 67. — Sont maîtres de la vie, et même de ce qu'on appelle la vertu de l'honneur de leurs femmes esclaves : c'est un abus de l'esclavage, contraire à l'esprit de l'esclavage même, 118. — Sont jaloux par principe de religion, 150. — Il y a chez eux plusieurs ordres de femmes légitimes, 433. — Leur religion est favorable à la propagation, 468. — Pourquoi sont contemplatifs, III, 15. — Raison singulière qui leur fait détester les Indiens, 30. — Motifs qui les attachent à leur religion, 38. — Pourquoi Gengiskan, ap-

prouvant leurs dogmes, méprisa si fort leurs mosquées, 40. — Sont les seuls Orientaux intoléransen fait de religion, 61.

Mahometisme. Maxime funeste de cette religion, I, 241. — Pourquoi a trouvé tant de facilité à s'établir en Asie, et si peu en Europe, II, 136. — Le despotisme lui convient mieux que le gouvernement modéré, III, 5. — Maux qu'il cause comparés avec les biens que cause le christianisme, 5, 6. — Il semble que le climat lui a prescrit des bornes, 55.

Mainmortables. Comment les terres, de libres, sont devenues mainmortables, III, 307.

Mainmorte. Voyez *Clergé*, *Monastères*.

Majorats. Pernicieux dans une aristocratie, I, 235.

Majorité. Doit être plus avancée dans les climats chauds, et dans les états despotiques, qu'ailleurs, I, 243, 244. — A quel âge les Germains et leurs rois étoient majeurs, II, 207. — S'acqueroit, chez les Germains, par les armes, 208 et suiv. — C'est la vertu qui faisoit la majorité chez les Goths, 207. — Étoit fixée, par la loi des Ripuaires, à quinze ans, *ibid*. — Et chez les Bourguignons, 208. L'âge où elle étoit acquise chez les Francs a varié, *ibid*.

Maires du palais. Leur autorité et leur perpétuité commencèrent à s'établir sous Clotaire, III, 382. — De maires du roi, ils devinrent maires du royaume : le roi les choisissoit d'abord ; la nation les choisit. — On eut plus de confiance dans une autorité qui mouroit avec la personne, que dans celle qui étoit héréditaire. Tel est le progrès de leur grandeur, 390 et suiv. — C'est dans les mœurs des Germains qu'il faut chercher la raison de leur autorité, et de la foiblesse du roi, 394. — Comment parvinrent au commandement des armées, 396. — Epoque de leur grandeur, 399. — Il etoit de leur intérêt de laisser les grands offices de la couronne inamovibles, comme ils les avoient trouvés, 400 et suiv. — La royauté et la mairie furent confondues à l'avènement de Pepin à la couronne, 425 et suiv.

Malinenien. D'où il nous est venu: comment on auroit dû en arrêter la communication, II, 95.

Malabar. Motifs de la loi qui y permet à une seule femme d'avoir plusieurs maris, II, 139.

Malais. Causes de la fureur de ceux qui, chez eux, sont coupables d'un homicide, III, 24.

Maldives. Excellente coutume pratiquée dans ces îles, II, 46. — L'égalité doit être entière entre les trois femmes qu'on y peut épouser, 142. — On y marie les filles à dix et onze ans, pour ne pas leur laisser endurer nécessité d'hommes, 147. — On y peut reprendre une femme qu'on a répudiée : cette loi n'est pas sensée, 153. — Les mariages entre païens au quatrième degré y sont prohibés : on n'y tient cette loi que de la nature, III, 87.

M'altôte. C'est un art qui ne se montre que quand les hommes commencent à jouir de la félicité des autres arts, III, 308. — Cet art n'entre point dans les idées d'un peuple simple, 315, 316.

Mammelucs. Leur exemple ne prouve pas que le grand nombre d'esclaves est dangereux dans un état despotique, II, 120.

Mandarins chinois. Leurs brigandages, I, 365.

Manières. Gouvernent les hommes concurremment avec le climat, la religion, les lois, etc. De la naît l'esprit général d'une nation, II, 218. — Gouvernent les Chinois, *ibid.* — Changent chez un peuple à mesure qu'il est sociable, 221. — Celles d'un état despotique ne doivent jamais être chargées : pourquoi, 226. — Différence qu'il y a entre les mœurs et les manières, 231. — Comment celles d'une nation peuvent être formées par les lois, 246 et suiv. — Cas où les lois en dépendent, *ibid.* et suiv.

Manlius. Moyens qu'il employoit pour réussir dans ses desseins ambitieux, II, 35.

Mansus. Ce que signifie ce mot dans le langage des capitulaires, III, 315.

Manuel Comnène. Injustices commises sous son règne, sous prétexte de magie, II, 10.

Manufactures. Sont nécessaires dans nos gouvernemens : doit-on chercher à en simplifier les machines? II, 445.

Marc-Antoine. Sénatus consulte qu'il fit prononcer touchant les mariages, III, 84.

Marchands. Il est bon, dans les gouvernemens despotiques, qu'ils aient une sauvegarde personnelle, II, 49. — Leurs fonctions et leur utilité dans un état modéré, 64, 65. — Ne doivent point être gênés par les difficultés des fermiers, 277. — Les Romains les rangeoient dans la classe des plus vils habitans, 344.

Marchandises. Les impôts que l'on met sur les marchandises sont les plus commodes et les moins onéreux, II, 55. Ne doivent point être confisquées, même en temps de guerre, si ce n'est par représailles : bonne politique des Anglais; mauvaise politique des Espagnols sur cette matière, 279. — En peut-on fixer le prix? 385. — Comment on en fixe le prix dans la variation des richesses de signe, *ibid.*— Leur quantité croit par une augmentation de commerce, 786.

Marculfe. La formule qu'il rapporte, et qui traite d'impie la coutume qui prive les filles de la succession de leurs peres, est elle juste? III, 71. — Appelle antrustions du roi ce que nous appelons ses vassaux, 325.

Mariage. Pourquoi celui du plus proche parent avec l'heritiere est ordonné chez quelques peuples, I, 206. — Il étoit permis, à Athenes, d'epouser sa sœur consanguine, et non pas sa sœur uterine : esprit de cette loi, *ibid.* — A Lacédemone, il étoit permis d'epouser sa sœur utérine, et non pas sa sœur consanguine, 207. — A Alexandrie, on pouvoit épouser sa sœur, soit consanguine, soit uterine, *ibid.* — Comment se faisoit chez les Samnites, 335. — Utilité des mariages entre le peuple vainqueur et le peuple vaincu, 405, 406. — Le mariage des peuples qui ne cultivent pas les terres n'est point indissoluble; on y a plusieurs femmes à la fois ; ou personne n'a de femmes, et tous les hommes usent de toutes, II, 185, 204. — A été établi par la nécessité qu'il y a de trouver un pere aux enfans, pour les nourrir et les élever, 430. — Est-il juste que les mariages des enfans dependent des peres ? 436. — Etoient regles à Lacedemone par les seuls magistrats, 437. — La liberté des enfans, à l'égard des mariages, doit être plus gênée dans les pays où le monachisme est établi qu'ailleurs, 438. — Les filles y sont plus portees que les garçons : pourquoi, 439. — Motifs qui y determinent, *ibid.* — Detail des lois romaines sur cette matière, 453, 468 — Etoit defendu, à Rome, entre gens trop âgés pour faire des enfans, 462. — Etoient defendus, à Rome, entre gens de condition trop inegale ; quand ont commencé d'y être tolerés : d'où vient notre fatale liberté à cet egard, 463 et suiv. — Plus les mariages sont rares dans un etat, plus il y a d'adulteres, 470. Il est contre la nature de permettre aux filles de se choisir un mari à sept ans, III, 67. — Il est injuste, contraire au bien public et à l'interet particulier, d'interdire le mariage aux femmes dont les maris sont absens depuis long temps, et dont elles n'ont point eu de nouvelles, 78 — Justinien n'avoit pas des vues justes sur cette association, *ibid.* — Est-il bon que le consentement des deux epoux d'entrer dans un monastere soit une cause de divorce ? 79. — Dans quels cas il faut suivre, à l'egard des mariages, les lois de la religion, et dans quels cas il faut suivre les lois civiles, 82 et suiv. — Dans quels cas les mariages entre parens doivent se regler par les lois de la nature ; dans quels cas ils doivent se regler par les lois civiles, 84 et suiv. Pourquoi le mariage entre la mere et le fils repugne plus à la nature, que le mariage entre le pere et la fille, 85. — Les il est de religion en font cout acter d'incestueux à certains peuples, 89 — Le principe qui le fait defendre entre les peres et les enfans, les freres et les sœurs, sert à découvrir à quel degre la loi naturelle le defend, *ibid.* — Est permis ou defendu, par la loi civile, dans les differens pays, selon qu'il paroit conforme ou contraire à la loi de nature, 90. — Pourquoi permis entre le beau frere et la belle-sœur, chez des peuples, et defendu chez d'autres, *ibid.* — Doit il être interdit à une femme qui a pris l'habit de religieuse, sans etre consacree ? 278. — Toutes les fois qu'on parle de mariage, doit-on parler de la revelation ? IV, 56.

Marine. Pourquoi celle des Anglais est supérieure à celle des autres

nations, II, 254.—Du génie des Romains pour la marine, 341, 347.
Maris. Comment on les nommoit autrefois, III, 190.
MARIUS Coup mortel qu'il porta à la république, I, 447.
Maroc. Cause des guerres civiles qui affligent ce royaume à chaque vacance du trône, I, 240. — (*Le roi de*). A dans son sérail des femmes de toutes couleurs. Le malheureux! II, 141.
Marseille. Pourquoi cette république n'éprouva jamais les passages de l'abaissement à la grandeur, I, 344. — Quel etoit l'objet du gouvernement de cette république, 416.—Quel e sorte de commerce on y faisoit, II, 266. — Ce qui détermina cette ville au commerce : c'est le commerce, qui fut la source de toutes ses vertus, 269. Son commerce, ses richesses; source de ses richesses: etoit rivale de Carthage, 338. — Pourquoi si constamment fidèle aux Romains, *ibid*. La ruine de Carthage et de Corinthe augmenta sa gloire, *ibid*.
Martyr. Ce mot, dans l'esprit des magistrats japonais, signifioit rebelle; c'est ce qui a rendu la religion chrétienne odieuse au Japon, III, 60.
Matelots. Les obligations civiles qu'ils contractent, dans les navires, entre eux, doivent-elles être regardées comme nulles? III, 105.
Materialistes. Leur système de la fatalité est absurde : pourquoi, I, 125, 126.
Maures. Comment trafiquent avec les nègres, II, 375.
MAURICE, *empereur*. Outre la clémence, I, 503.—Injustice faite sous son regne, sous prétexte de magie, II, 10.
MAXIMIN. Sa cruauté etoit mal entendue, I, 294.
MAZULIPATAN. Il n'y a point de loi écrite; on se règle, dans les jugemens, sur de certaines coutumes. I, 263.
Méaco. Est une ville sainte au Japon, qui entretient toujours le commerce dans cet empire, malgré les fureurs de la guerre, III, 22.
Mecque Gengiskan en trouvoit le pèlerinage absurde, III, 40.
Médailles fourrées. Ce que c'est, II, 408.
Medecins Pourquoi etoient punis de mort, à Rome, pour négligence ou pour imperitie, et ne le sont pas parmi nous, III, 273
Mendians. Pourquoi ont beaucoup d'enfans : pourquoi se multiplient dans les pays riches ou superstitieux, II, 440.
Mensonges. Ceux qui se font au Japon, devant les magistrats, sont punis de mort : cette loi est elle bonne? I, 287.
Mer Antiorhide. Ce que l'on appeloit ainsi, II, 319.
Mer Caspienne. Pourquoi les anciens se sont si fort obstinés à croire que c'etoit une partie de l'ocean, II, 319.
Mer des Indes. Sa decouverte, II, 302.
Mer Rouge. Les Egyptiens en abandonnoient le commerce à tous les petits peuples qui y avoient des ports, II, 301. — Quand et comment on en fit la decouverte, 317 et suiv.
Mer Solucide. Ce que l'on appeloit ainsi, II, 319.
MERCATOR (IS DOAK) Sa collection de canons, III, 149.
Mères. Il est contre nature qu'elles puissent être accusées d'adultere par leurs enfans, III, 68. — Pourquoi une mère ne peut pas epouser son fils, 85.—Dans l'ancienne Rome ne succedoient point à leurs enfans et leurs enfans ne leur succed ient point : quand et pourquoi cette disposition fut abolie, 108.

Mérovingiens. Leur chute du trône ne fut point une revolution, III, 425 et suiv.

Mesures. Est il necessire de les rendre uniformes dans toutes les provinces du royaume? III, 284.

Metal. C'est la matière la plus propre pour la monnoie, II, 374.

MÉTELLUS NUMIDICUS. Regardoit les femmes comme un mal nécessaire, II, 454.

Metempsychose. Ce dogme est utile ou funeste, quelquefois l'un et l'autre en même temps, suivant qu'il est dirigé, III, 28. — Est utile aux Indes : raisons physiques, 32, 33.

Métiers. Les enfans, à qui leur pere n'en a point donné pour gagner leur vie, sont ils obligés, par le droit naturel, de le nourrir quand il est tombé dans l'indigence? III, 63.

MÉTIUS SUFFÉTIUS. Supplice auquel il fut condamné, I, 291.

Métropoles. Comment doivent commercer entre elles, et avec les colonies, II, 362.

Meurtres. Punition de ceux qui étoient involontaires chez les Germains, III, 546.

Mexicains. Biens qui pouvoient leur revenir d'avoir été conquis par les Espagnols; maux qu'ils en ont reçus, I, 390.

Mexique. On ne pouvoit pas, sous peine de la vie, y reprendre une femme qu'on avoit repudiée : cette loi est plus sensée que celle des Maldives, II, 153 — Ce n'est point une absurdité de dire que la religion des Espagnols est bonne pour leur pays, et n'est pas bonne pour le Mexique, III, 32.

Midi. Raisons physiques des passions et de la foiblesse des corps du Midi, II, 75 et suiv. — Contradictions dans les caracteres de certains peuples du Midi, 81, 82. — Il y a, dans les pays du Midi, une inégalité entre les deux sexes : conséquences tirées de cette verité touchant la liberté qu'on y doit accorder aux femmes, 134 et suiv. — Ce qui rend son commerce necessaire avec le Nord, 293. — Pourquoi le catholicisme s'y est maintenu contre le protestantisme, plutôt que dans le Nord, III, 8.

Milice. Il y en avoit de trois sortes dans les commencemens de la monarchie, III, 552.

Militaire (gouvernement). Les empereurs qui l'avoient établi, sentant qu'il ne leur étoit pas moins funeste qu'aux sujets, chercherent à le tempérer, I, 293.

Militaires. Leur fortune et leurs récompenses en France, II, 287.

Militaires (emplois). Doivent-ils être mis sur la même tête que les emplois civils? I, 253 et suiv.

Mine de pierres precieuses. Pourquoi fermée à la Chine aussitôt que trouvée, I, 318.

Mines. Profitent davantage travaillées par des esclaves que par des hommes libres, II, 113. — Y en avoit il en Espagne autant qu'Aristote le dit? 334, 335. — Quand celles d'or et d'argent sont trop abondantes, elles appauvrissent la puissance qui les travaille : preuves, par le calcul du produit de celles de l'Amerique, 366 et suiv. — Celles d'Allemagne et de Hongrie sont utiles, parce qu'elles ne sont pas abondantes, 370.

Minuaires. Nom donné aux Argonautes, et à la ville d'Orchomene, II, 310.

Ministres. L'usage qu'en font certains princes, fait qu'ils trouvent qu'il est bon ai e de gouverner, I, 156. — Sont plus rompus aux affaires dans une monarchie, que dans un état despotique, 175. — Ne doivent point être juges dans une monarchie ; la nature des choses les en exclut, 275. — Il est absurde qu'ils se mêlent de juger les affaires fiscales, *ibid.* — Doivent être en petit nombre dans une monarchie, *ibid.* — Sont coupables de lèse majesté au premier chef, quand ils corrompent le principe de la monarchie, pour le tourner au despotisme, 548, 549 — Quand doivent entreprendre la guerre, 384. — Ceux qui conseillent mal leur maître doivent être recherchés et punis, 429. — Est-ce un crime de lèse-majesté que d'attenter contre eux ? II, 15. — Portrait, conduite et bévues de ceux qui sont malhabiles. Ils ruinent l'autorité du prince, en la présentant toujours menaçante, 41. — Leur nonchalance, en Asie, est avantageuse aux peuples : la petitesse de leur vue, en Europe, est cause de la rigueur des tributs que l'on y paie, 66. Qui sont ceux que l'on a la folie, parmi nous, de regarder comme grands, 67. — Le respect et la considération sont leur récompense, 74. — Pourquoi ceux d'Angleterre sont plus honnêtes gens que ceux des autres nations, 255.

Minorité. Pourquoi si longue à Rome : devroit-elle l'être autant parmi nous ? I, 218.

Minos. Ses lois ne pouvoient subsister que dans un petit état, I, 193. — Ses succès, sa puissance, II, 307.

Missi dominici. Quand et pourquoi on cessa de les envoyer dans les provinces, III, 148. — On n'appeloit point devant eux des jugemens rendus dans la cour du comte : différence de ces deux juridictions, 205. — Renvoyoient au jugement du roi les grands qu'ils prévoyoient ne pouvoir pas réduire à la raison, *ibid.* — Époque de leur extinction, 229.

Missionnaires. Cause de leurs erreurs touchant le gouvernement de la Chine, I, 365. — Leurs disputes entre eux dégoûtent les peuples chez qui ils prêchent, d'une religion dont ceux qui la proposent ne conviennent pas, III, 62.

Mithridate. Regardé comme le libérateur de l'Asie, I, 473. — Profitoit de la disposition des esprits pour reprocher aux Romains, dans ses harangues, les formalités de leur justice, II, 216 — Source de sa grandeur, de ses forces et de sa chute, 340 et suiv.

Mobilier. Les effets mobiliers appartenoient à tout l'univers, II, 288.

Modération. De quel temps on parle, quand on dit que les Romains étoient le peuple qui aimoit le plus la modération dans les peines, I, 292. — Est une vertu bien rare, III, 243. — C'est de cette vertu que doit principalement être animé un législateur, 256.

Modération dans le gouvernement. Combien il y en a de sortes : est l'âme du gouvernement aristocratique, I, 165. — En quoi consiste dans une aristocratie, 218, 219.

Modes. Sont fort utiles au commerce d'une nation, II, 222. — Tirent leur source de la vanité, *ibid.*

Mœurs. Doivent, dans une monarchie, avoir une certaine franchise, I, 179. — Par combien de causes elles se corrompent, 286. — Quels sont les crimes qui les choquent ; comment doivent être punis, II, 2. — Peuvent mettre un peu de liberté dans les états despotiques, 45. — Raisons physiques de leur immutabilité en Orient, 83 Sont différentes, suivant les différens besoins, dans les différens climats, 91. — Ce sont elles, plutôt que les lois, qui gouvernent les peuples chez qui le partage des terres n'a pas lieu, 185. — Gouvernent les hommes concurremment avec le climat, la religion, les lois, etc ; de là naît l'esprit général d'une nation, 218. — Donnoient le ton à Lacédémone, *ibid.* — On ne doit point changer celles d'un etat despotique, 226. — Différences entre leurs effets et ceux des lois, *ibid*, 227. — Manière de changer celles d'une nation, 228. Ce que c'est que les mœurs des nations, 231. — Différence entre les mœurs et les lois, *ibid.* — Différence entre les mœurs et les manières, *ibid.* — Combien elles influent sur les lois, 241. — Comment celles d'une nation peuvent être formées par les lois, 246 et suiv. — Le commerce les adoucit et les corrompt, 263. — La loi civile est quelquefois obligée de les défendre contre la religion, III, 21. — Pour les conserver, il ne faut pas renverser la nature, de laquelle elles tirent leur origine, 68. — La pureté des mœurs, que les parens doivent inspirer à leurs enfans, est la source de la prohibition des mariages entre proches, 85 et suiv — Cas où les lois en dépendent, 90. — De celles qui étoient relatives au combat, 181 et suiv. — Description de celles de la France, lors de la réformation des coutumes, 251 et suiv.

Mogol. Comment il s'assure la couronne, I, 240. —Ne reçoit aucune requête, si elle n'est accompagnée d'un présent, 249. —Comment la fraude est punie dans ses états, II, 60, 61.

Moines. Sont attachés à leur ordre par l'endroit qui le leur rend insupportable, I, 200, 201. — Cause de la dureté de leur caractère, 280. — L'institut de quelques uns est ridicule, si le poisson est, comme on le croit, utile à la génération, II, 442. — Sont une nation paresseuse, et qui entretenoit, en Angleterre, la paresse des autres : chasses d'Angleterre par Henri VIII, 481.—Ce sont eux qui ont formé l'inquisition, III, 80. — Maximes injustes qu'ils y ont introduites, 81. — N'ont fait que copier, pour l'inquisition contre les Juifs, les lois faites autrefois par les évêques pour les Wisigoths, 131. — La charité de ceux d'autrefois leur faisoit racheter des captifs, 306.— Ne cessent de louer la dévotion de Pepin, à cause des libéralités que sa politique lui fit faire aux églises, 408

Moïse. On auroit dû, pour arrêter la communication du mal vénérien, prendre pour modèle les lois de Moïse sur la lèpre, II, 93. Le caractère des Juifs l'a souvent forcé, dans ses lois, de se relâcher de la loi naturelle, 127. — Avoit réglé qu'aucun Hébreu ne pourroit être esclave que six ans : cette loi etoit fort sage : pourquoi, 130. — Comment veut que ceux des Juifs qui avoient plusieurs femmes les traitassent, 142.—Reflexion qui est l'eponge de toutes les difficultés que l'on peut opposer à ses lois, 241. — Sagesse de ses lois au sujet des asiles, III, 42.

Pourquoi a permis le mariage entre le beau-frère et la belle-sœur, 90.

Molosses. Se trompèrent dans le choix des moyens qu'ils employèrent pour tempérer le pouvoir monarchique, I, 440.

Monachisme. Ravages qu'il fait dans les pays où il est trop multiplié : pourquoi il est plus multiplié dans les pays chauds qu'ailleurs : c'est dans ces pays qu'on en devroit plus arrêter les progrès, II, 86. — Doit, dans les pays où il est établi, gêner la liberté des enfans, sur le mariage, 438. Voyez *Moines*.

Monarchie. Quelles sont les lois qui en dérivent, I, 151 et suiv. — Ce que c'est, et ce qui en constitue la nature, 152. — Quelle en est la maxime fondamentale, *ibid*. — Les justices seigneuriales et ecclesiastiques y sont necessaires, 153. — Les pouvoirs intermediaires sont essentiels à sa constitution, 154. — Il doit y avoir un depôt pour les lois; à qui doit être confié, 155, 156. — Quel en est le principe, 159, 163. — Peut se soutenir sans beaucoup de probité, 159. — La vertu n'est point le principe de ce gouvernement, 165 et suiv. — Comment il subsiste, 166. — Les crimes publics y sont plus graves que dans une republique, *ibid*. — Comment on y supplee à la vertu, 168. — L'ambition y est fort utile : pourquoi, 169. — Illusion qui y est utile, et à laquelle on doit se prêter, 170. — Pourquoi les mœurs n'y sont jamais si pures que dans une republique, 179 et suiv. — Les mœurs y doivent avoir une certaine franchise, *ibid*. — Dans quel sens on y fait cas de la vérité, *ibid*. — La politesse y est essentielle, 180. — L'honneur y dirige toutes les façons de penser, et toutes les actions, 181. — L'obéissance au souverain y est prescrite par les lois de toute espèce : l'honneur y met des bornes, 182. — L'education y doit être conforme aux règles de l'honneur, 185. — Comment les lois y sont relatives au gouvernement, 226 et suiv. — Les tributs y doivent être levés de façon que l'exaction ne soit point onereuse au peuple, 228. — Les affaires y doivent-elles être exécutées promptement? 229. — Ses avantages sur l'état républicain, *ibid*. — Sur le despotique, 230. — Son excellence, *ibid*. — La sûreté du prince y est attachée, dans les secousses, à l'incorruptibilité des différens ordres de l'état, 231. — Comparée avec le despotisme, 231, 232 et suiv. — Le prince y retient plus de pouvoir qu'il n'en communique à ses officiers, 246 et suiv. — Y doit-on souffrir que les citoyens refusent les emplois publics? 252 et suiv. — Les emplois militaires n'y doivent pas être reunis avec les civils, 254. — La venalité des charges y est utile, 255. — Il n'y faut point de censeurs, 257. — Les lois y sont necessairement multipliees, 259 et suiv. — Causes de la multiplicité et de la variation des jugemens qui s'y rendent, 260. Les formalités de justice y sont necessaires, 261. — Comment s'y forment les jugemens, 268. — La puissance de juger y doit être confiée aux magistrats, à l'exclusion même des ministres, 275. — La clémence y est plus necessaire qu'ailleurs, 302. — Il n'y faut point de lois somptuaires : dans quel cas elles y sont utiles, 312 et suiv. — Finit par la pauvreté, 315. — Pourquoi les femmes y ont peu de retenue, 322. — N'a pas la bonté des mœurs pour principe, 332. — Les dots des femmes y doivent être considerables, 333. — La communauté des biens entre mari et femme y est utile, 334. — Les gains nuptiaux des femmes y sont inutiles, *ibid*. — Ce qui fait sa gloire et sa sûreté, 346. — Causes de la destruction de son principe. 1°. Si l'on ôte aux corps leurs prerogatives et aux villes leurs privileges ; 2° si le souverain veut tout faire immediatement par lui même ; 3° s'il ôte arbitrairement les fonctions naturelles des uns, pour les donner à d'autres ; 4° s'il prefere ses fantaisies à ses volontes ; 5° s'il rapporte tout à lui ; 6° s'il ne se croit pas assez garde par son pouvoir et par l'amour de ses sujets; 7° si les premières dignités sont avilies, et réduites à n'être plus que de vils instrumens du pouvoir arbitraire ; 8° si l'on peut être couvert d'infamie et de dignités; 9° si le prince change sa justice en sévérité ; 10° si des âmes lâches viennent à croire que l'on doit tout au prince, et rien à la patrie ; 11° si le pouvoir du monarque, devenant immense, diminue sa sûreté, 344 et suiv. — Danger de la corruption de son principe, 346. — Ne peut subsister dans un etat composé d'une seule ville, 360.—Proprietés distinctives de ce gouvernement, 361.— Moyen unique, mais funeste, pour la conserver, quand elle est trop etendue, 362. — Esprit de ce gouvernement, 373. — Comment elle pourvoit à sa sûreté, 376.—Quand doit faire des conquêtes : comment doit se conduire avec les peuples conquis et ceux de l'ancien domaine. Beau tableau d'une monarchie conquerante, 396. — Précautions qu'elle doit prendre pour en conserver une autre qu'elle a conquise, 397. -- Conduite qu'elle doit tenir envers un grand état qu'elle a conquis, 409. —Objet principal de ce gouvernement, 416.—Tableau raccourci de celles que nous connoissons, 436. — Pourquoi les anciens n'avaient pas une idée claire de ce gouvernement, 437 et suiv. — Le premier plan de celles que nous connoissons fut formé par les barbares qui conquirent l'empire romain, 438. — Ce que les Grecs appeloient ainsi dans les temps héroiques, 440, 441.—Celles des temps héroiques des Grecs comparées avec celles que nous connaissons aujourd'hui, ibid. — Quelle etoit la nature de celle de Rome, sous ses rois, 443 et suiv. — Pourquoi peut apporter plus de moderation qu'une republique, dans le gouvernement des peuples conquis, 471. — Les écrits satiriques ne doivent pas y être punis sevèrement : ils y ont leur utilité, II, 24. — Mesures que l'on doit y garder dans les lois qui concernent la révelation des conspirations, 28. — Des choses qui y attaquent la liberté, 37. — Il ne doit point y avoir d'espions, 38. — Comment doit être gouvernée, 40 et suiv. — En quoi y consiste la felicité des peuples, 41. — Quel est le point de perfection dans le gouvernement monarchique, ibid.—Le prince y doit être accessible, 42. Tous les sujets d'un etat monarchique doivent avoir la liberte d'en sortir, 47.—Tributs qu'on y doit lever sur les peuples que l'on a rendus esclaves de la glèbe, 52.—On peut y augmenter les tributs, 63.—Quel impôt y est le plus naturel, 64.—Tout est perdu, quand la profession des traitans y est honoree, 73. — Il n'y faut point d'esclaves, 103. Quand il y a des esclaves, la pudeur des femmes esclaves doit être a couvert de l'incontinence de leurs maîtres, 118, 119 — Le grand nombre d'esclaves y est dangereux, 119. — Il est moins dangereux d'y armer les esclaves que dans une republique, 121. — S'établit plus facilement dans les pays fertiles qu'ailleurs, 173. Dans les plaines, 174. — S'unit naturellement avec la liberté des femmes, 231. — S'allie très facilement avec la religion chrétienne, 256. Le commerce de luxe y convient mieux que celui d'économie, 266. — Les fonds d'une banque n'y sont pas en sûreté, non plus que les tresors trop considérables des particuliers, 274, 275. — On n'y doit point établir de ports francs,

276. — Il n'est pas utile au monarque que la noblesse y puisse faire le commerce, 285. — Comment doit acquitter ses dettes, 414 et suiv. — Les bâtards y doivent être moins odieux que dans une république, 435. — Deux sophismes ont toujours perdu, et perdront toujours toutes les monarchies. — Quels sont ces sophismes? 441. — S'accommode mieux de la religion catholique que de la protestante, III, 8 — Le pontificat y doit être séparé de l'empire, 51. — L'inquisition n'y peut faire autre chose que des délateurs et des traîtres, 80, 81. — L'ordre de succession a la couronne y doit être fixé, 94. — On y doit encourager les mariages, et par les richesses que les femmes peuvent donner, et par l'esperance des successions qu'elles peuvent procurer, 125. — On y doit punir ceux qui prennent parti dans les séditions, 258.

Monarchie élective. Doit être soutenue par un corps aristocratique, I, 447. C'est aux lois politiques et civiles a y décider dans quels cas la raison veut que la couronne soit déférée aux enfans, ou à d'autres, III, 72. — Celle de France l'étoit sous la seconde race, 428 et suiv.

Monarque. Comment doit gouverner. Quelle doit être la règle de ses volontés, I, 151, 159. — Ce qui arrête le monarque qui marche au despotisme, 153. — L'honneur met des bornes à sa puissance, 175 — Son pouvoir, dans le fond, est le même que celui du despote, *ibid.* — Est plus heureux qu'un despote, 232, 233. — Ne doit récompenser ses sujets qu'en honneurs qui conduisent à la fortune, 250, 251. — Ne peut être juge des crimes de ses sujets ; pourquoi, 272 et suiv. — Quand il enfreint les lois, il travaille pour les séducteurs contre lui-même, 275. — Il doit interdire le pouvoir de juger a ses ministres, et le reserver aux magistrats, *ibid.* — Combien la clémence lui est utile, 302 — Ce qu'il doit éviter pour gouverner sagement et heureusement, 346 et suiv. — C'est un crime de lèse majesté contre lui, que de changer son pouvoir de nature, en le rendant immense, et détruisant par la sa sûreté, 349. — En quoi consiste sa puissance, et ce qu'il doit faire pour la conserver, 379. — Il faut un monarque dans un état vraiment libre, 4 6. — Comment, dans un état libre, il doit prendre part a la puissance legislative, 431, 432. — Les anciens n'ont imaginé que de faux moyens pour tempérer son pouvoir, 440. - Quelle est sa vraie fonction, 442 — Il a toujours plus l'esprit de probité que les commissaires qu'il nomme pour juger ses sujets, II, 57. — Bonheur des bons monarques ; pour l'être, ils n'ont qu'a laisser les lois dans leur force, 58. On ne s'en prend jamais à lui des calamités publiques; on les impute aux gens corrompus qui l'obsedent, 39. — Comment doit manier sa puissance, 40, 41. — Doit encourager, et les lois doivent menacer, 41. — Doit être accessible, 42. — Ses mœurs : description admirable de la conduite qu'il doit tenir avec ses sujets, 42, 43. — Égard qu'il doit à ses sujets, 43.

Monastères. Comment entretenoient la paresse en Angleterre : leur destruction y a contribué a établi l'esprit de commerce et d'industrie, II, 481. — Ceux qui vendent leurs fonds à vie, ou qui font des emprunts à vie, jouent contre le peuple, mais tiennent la banque contre lui : le moindre bon sens fait voir que cela ne doit pas être permis, III, 47.

Monde physique. Ne subsiste que parce que ses lois sont invariables, I, 127, 128. — Mieux gouverné que le monde intelligent : pourquoi, 128.

MONROC (JEAN DE). Auteur du registre *Olim*, III, 239.

Monnoie. Est, comme les figures de géométrie, un signe certain que le pays où l'on en trouve est habité par un peuple policé, II, 186. — Lois civiles des peuples qui ne la connoissent point, 187 — Est la source de presque toutes les lois civiles, parce qu'elle est la source des injustices qui viennent de la ruse, 188. - Est la destructrice de la liberté, *ibid.* — Raison de son usage, 573. — Dans quel cas est nécessaire, *ibid.* — Quelle en doit être la nature et la forme, 574 et suiv. — Les Lydiens sont les premiers qui aient trouvé l'art de la battre, 575 —Que le étoit originairement celle des Atheniens, des Romains : ses inconveniens, *ibid* Dans quel rapport elle doit être, pour la prosperité de l'état, avec les choses qu'elle represente, 575, 576. — Étoit autrefois representée, en Angleterre, par tous les biens d'un Anglais, 577. — Chez les Germains, elle devenoit bétail, marchandise ou denrée ; et ces choses devenoient monnoie, *ibid.* — Est un signe des choses, et un signe de la monnoie même, *ibid* —Combien il y en a de sortes, 578. — Augmente chez les nations policées, et diminue chez les nations barbares, 580. — Il seroit utile qu'elle fut rare, 580, 581. — C'est en raison de sa quantité que le prix de l'usure diminue, 582. — Comment, dans sa variation, le prix des choses se fixe, 583 et suiv. — Les Africains en ont une, sans en avoir aucune, 585. — Preuves, par calcul, qu'il est dangereux à un état de hausser ou baisser la monnaie, 396 et suiv.—Quand les Romains firent des changemens à la leur, pendant les guerres puniques, ce fut un coup de sagesse qui ne doit point être imité parmi nous, 403 et suiv. — A hausse ou baisse à Rome, à mesure que l'or et l'argent y sont devenus plus ou moins communs, 406 et suiv. — Epoque et progression de l'alteration qu'elle eprouva sous les empereurs romains, 408, 409. — Le change empêche qu'on ne la puisse alterer jusqu'à un certain point, 410.

Monnoie idéale. Ce que c'est, II, 378.

Monnoie réelle. Ce que c'est, II, 378. — Pour le bien du commerce, on ne devroit se servir que de monnoie réelle, 379.

Monnoyeurs (faux). La loi qui les declaroit coupables de lesemajesté etoit une mauvaise loi, II, 17.

Mon agnes. La liberté s'y conserve mieux qu'ailleurs, II, 174.

Montagnes d'argent. Ce que l'on appeloit ainsi, II, 355.

MONTESQUIEU (M. DE). Vingt ans avant la publication de l'*Esprit des Lois*, avoit composé un petit ouvrage qui y est contenu, II, 565. — Peu importe que ce soit lui, ou d'anciens et celebres jurisconsultes, qui disent des verités, pourvu que ce soient des verités, III, 142. — Promet un ouvrage particulier sur la monarchie des Ostrogoths, 511. Preuves qu'il n'est ni déiste, ni spinosiste, IV, 4, 5. — Admet une religion revelée : croit et aime la religion chretienne, 9 et suiv. — N'aime point à dire des injures, même à ceux qui cherchent à lui faire les plus grands maux, 18 — Obligé d'omettre quantite de choses qui etoient de son sujet, a-t-il dû parler de la *grace*, qui n'en etoit point? 25. — Son indulgence pour le nouvelliste ecclesiastique, 30. — Est-il vrai qu'il regarde les preceptes de l'evangile comme des conseils ? 58. — Pourquoi il a répondu au nouvelliste ecclesiastique, 82, 83.

MONTEZUMA. Ne disoit pas une absurdite, quand il soutenoit que la religion des Espagnols est bonne pour leur pays, et celle du Mexique pour le Mexique, III, 32.

Montfort. Les coutumes de ce comte tirent leur origine des lois du comte *Simon*, III, 252.

Mont Janicule. Pourquoi le peuple de Rome s'y retira : ce qui en resulta, II, 36.

MONTPENSIER (*la duchesse de*). Les malheurs qu'elle attira sur Henri III prouvent qu'un monarque ne doit jamais insulter ses sujets, II, 44.

Mont sacre. Pourquoi le peuple de Rome s'y retira, II, 35.

Morale. Ses lois empêchent, à chaque instant, l'homme de s'oublier lui même, I, 129. — Ses règles doivent être celles de toutes les fausses religions, III, 12. — On est attache à une religion, à proportion de la pureté de sa morale, 59. — Nous aimons speculativement, en matiere de morale, tout ce qui porte le caractère de la severite, 44.

Mort civile. Étoit encourue, chez les Lombards, pour la lepre, II, 92.

Moscovie. Les empereurs mêmes y travaillent à detruire le despotisme, I, 237. — Le czar y choisit qui il veut pour son successeur, 240. — Le defaut de proportion dans les peines y cause beaucoup d'assassinats, 296, 297. — L'obscurite ou elle avoit toujours ete dans l'Europe contribua à la grandeur relative de la France, sous Louis XIV, 382. — Loi bien sage etablie dans cet empire par Pierre I*er*, II, 53. — Ne peut descendre du despotisme, parce que ses lois sont contraires au commerce et aux operations du change, 410.

Moscovites. Idee plaisante qu'ils avoient de la liberté, I, 415. — Combien sont insensibles à la douleur : raison physique de cette insensibilité, II, 80. — Pourquoi se vendent si facilement, 111. — Pourquoi ont changé si facilement de mœurs et de manieres, 229 et suiv.

Mosquees. Pourquoi Gengiskan les meprisa si fort, quoiqu'il approuvât tous les dogmes des mahometans, III, 40.

Moulins. Il seroit peut-être utile qu'ils n'eussent point ete inventes, II, 445.

Moussons. La decouverte de ces vents est l'epoque de la navigation en pleine mer. Ce que c'est, temps ou ils regnent, leurs effets, II, 322.

Mouvement. Est la base du monde physique. Ses règles sont invariables. Ses variations mêmes sont constantes, I, 16.

Muet. Pourquoi ne peut pas tester, III, 115.

Multiplication. Est beaucoup plus grande chez les peuples naissans que chez les peuples formes, II, 459.

MUMMOLUS. L'abus qu'il fit de la confiance de son pere prouve que les comtes, a force d'argent, rendoient perpetuels leurs offices qui n'etoient qu'annuels, III, 379.

Musique. Les anciens la regardoient comme une science necessaire aux bonnes mœurs, I, 194. — Difference des effets qu'elle produit en Angleterre et en Italie. Raisons physiques de cette difference, tirées de la difference des climats, II, 79.

MUTIUS SCEVOLA. Punit les traitans, pour rappeler les bonnes mœurs, I, 468.

N.

Naïre. Ce que c'est dans le Malabar, II, 139.

Naissance. Les registres publics sont la meilleure voie pour la prouver, III, 250.

Narbonnaise. Le combat judiciaire s'y maintint, malgré toutes les lois qui l'abolissoient, III, 171.

Narsès (l'eunuque). Son exemple prouve qu'un prince ne doit jamais insulter ses sujets, II, 44.

Natchés. La superstition force ce peuple de la Louisiane à déroger à la constitution essentielle de ses mœurs. Ils sont esclaves, quoiqu'ils n'aient pas de monnoie, II, 189.

Nations. Comment doivent se traiter mutuellement, tant en paix qu'en guerre, I, 133. — Ont toutes, même les plus féroces, un droit des gens, *ibid.* — Celle qui est libre peut avoir un libérateur ; celle qui est subjuguée ne peut avoir qu'un oppresseur, II, 250. — Comparées aux particuliers : quel droit les gouverne, 362, 363.

Nature. Les sentimens qu'elle inspire sont subordonnés, dans les états despotiques, aux volontés du prince, I, 173, 174. — Douceur et grandeur des délices qu'elle prépare à ceux qui écoutent sa voix, II, 13. — Elle compense, avec justesse, les biens et les maux, 50. — Les mesures qu'elle a prises pour assurer la nourriture aux enfans détruisent toutes les raisons sur lesquelles on fonde l'esclavage de naissance, 106. — C'est elle qui entretient les commodités que les hommes ne tiennent que de l'art, 179. — C'est elle presque seule, avec le climat, qui gouverne les sauvages, 218. — Sa voix est la plus douce de toutes les voix, III, 69. — Ses lois ne peuvent être locales, et sont invariables, 89.

Nature du gouvernement. Ce que c'est : en quoi diffère du principe du gouvernement, I, 158.

Naufrage (droit de). Époque de l'établissement de ce droit insensé : tort qu'il fit au commerce, II, 352.

Navigation. Effets d'une grande navigation, II, 270. — Combien l'imperfection de celle des anciens étoit utile au commerce des Tyriens, 300. — Pourquoi celle des anciens étoit plus lente que la nôtre, 301 et suiv. — Comment fut perfectionnée par les anciens, 304. — N'a point contribué à la population de l'Europe, 475. — Défendue, sur les fleuves, par les Curbies. Cette loi, qui partout ailleurs auroit été funeste, n'avoit nul inconvenient chez eux, III, 34.

Navires. Pourquoi leur capacité se mesuroit-elle autrefois par muids de blé, et se mesure-t-elle aujourd'hui par tonneaux de liqueurs, II, 295. — Causes physiques de leurs différens degrés de vitesse, suivant leurs différentes grandeurs et leurs différentes formes, 503. — Pourquoi les nôtres vont pisque à tous les vents ; et que ceux des anciens n'alloient presque qu'à un seul, *ibid.* Comment on mesure la charge qu'ils peuvent porter, 506. — Les obligations civiles que les matelots y passent entre eux doivent-elles être regardées comme nulles ? III, 105.

Négocians. Dans quel gouvernement ils peuvent faire de plus grandes entreprises, II, 267. — Il est bon qu'ils puissent acquérir la noblesse, 285.

Negocians (compagnies de). Ne conviennent jamais dans le gouvernement d'un seul, et rarement dans les autres, II, 275.

Nègres. Motif singulier qui détermina Louis XIII à souffrir que ceux de ses colonies fussent esclaves, II, 108. — Raisons admirables qui font le fondement du droit que nous avons de les rendre esclaves, 109. — Comment trafiquent avec les Maures, 373. — Monnoie de ceux des côtes de l'Afrique, 585.

NÉRON. Pourquoi ne voulut pas faire les fonctions de juge, I, 274. — Loi droite et utile de cet empereur, II, 56. — Dans les beaux jours de son empire, il voulut détruire les fermiers et les traitans, 72. — Comment il éluda de faire une loi touchant les affranchis, 129.

Neveux. Sont regardés aux Indes comme les enfans de leurs oncles. De là le mariage entre le beau-frère et la belle sœur y est permis, III, 90.

NITARD. Temoignage que cet historien, témoin oculaire, nous rend du règne de Louis-le-Débonnaire, III, 440.

Nobles. Sont l'objet de l'envie dans l'aristocratie, I, 147. — Quand ils sont en grand nombre dans une democratie, police qu'ils doivent mettre dans le gouvernement, *ibid.* — Répriment facilement le peuple dans une aristocratie, et se repriment difficilement eux mêmes, 164, 165. — Doivent être populaires dans une democratie, 219. — Doivent être tous egaux dans une aristocratie, 221. — Ne doivent, dans une aristocratie, être ni trop pauvres ni trop riches : moyens de prevenir ces deux excès, *ibid.* — N'y doivent point avoir de contestations, 225. — Comment punis autrefois en France, 281. — Quelle est leur unique depense, à Venise, 311. — Quelle part ils doivent avoir, dans un état libre, aux trois pouvoirs, 425.
— Doivent, dans un etat libre, être jugés par leurs pairs, 430.
— Cas où, dans un etat libre, ils doivent être juges des citoyens de tout étage, 430, 431.

Noblesse. Doit naturellement, dans une monarchie, être dépositaire du pouvoir intermédiaire, I, 152. — Elle a des vices qui, dans une monarchie, empêchent qu'elle puisse être dépositaire des lois, 155. — Sa profession est la guerre : l'honneur l'y entraine ; l'honneur l'en arrache, 183. — L'honneur en est l'enfant et le pere, 226. — Doit être soutenue dans une monarchie : moyens d'y réussir, *ibid.*
— Doit seule posseder les fiefs dans une monarchie : ses privileges ne doivent point passer au peuple, 227. — Causes des différences dans les partages des biens qui lui sont destinés, 260, 261 — Est toujours portée à défendre le trône : exemples, 350.
— Doit, dans un etat libre, former un corps distingué, qui ait part à la législation : doit y être hereditaire : comment sa part dans le pouvoir legislatif doit être limitée, 415, 426. — La gloire et l'honneur sont sa récompense, II, 74. — Le commerce lui doit-il être permis dans une monarchie? 284, 285. Est-il utile qu'on la puisse acquérir à prix d'argent? 286. — Celle de robe comparée avec celle d'épée, *ibid.* — Quand commença la quitter, même à mépriser la fonction du juge, III, 246.

Noblesse française Le système de M. l'abbé Dubos, sur l'origine de notre noblesse française, est faux, et injurieux au sang de nos premieres familles, et aux trois grandes maisons qui ont régné sur nous, III, 367. — Il paroit que l'auteur la fait deriver des antrustions, 369 et suiv.

— Quand et dans quelle occasion elle commença à refuser de suivre les rois dans toutes sortes de guerres, 455.

Noces (*secondes*). Etoient favorisees, et même prescrites par les anciennes lois romaines : le christianisme les rendit defavorables, II, 461 et suiv.

Noirs Voyez *Nègres*.

Noms. Contribuent beaucoup à la propagation : il vaut mieux qu'ils distinguent les familles que les personnes seulement, II, 433.

Nord. Raisons physiques de la force du corps, du courage, de la franchise, etc., des peuples du Nord, II, 75 et suiv. — Les peuples y sont fort peu sensibles à l'amour, 80. — Raisons physiques de la sagesse avec laquelle ces peuples se maintinrent contre la puissance romaine, 82, 83. — Les passions des femmes y sont fort tranquilles, 148. — Est toujours habité, parce qu'il est presque inhabitable, 175. — Ce qui rend son commerce nécessaire avec le Midi, 295. — Les femmes et les hommes y sont plus long temps propres à la generation qu'en Italie, 462, 463. — Pourquoi le protestantisme y a ete mieux reçu que dans le Midi, III, 8.

Normandie. Les coutumes de cette province ont été accordées par le duc Raoul, III, 252.

Normands. Leurs ravages causèrent une telle barbarie, que l'on perdit jusqu'à l'usage de l'écriture, et toutes les lois, auxquelles on substitua les coutumes, III, 152. — Pourquoi persécutoient surtout les prêtres et les moines, 410. — Terminèrent les querelles que le clergé faisoit aux rois et au peuple pour son temporel, 416, 445. — Charles le Chauve, qui auroit pu les detruire, les laissa aller pour de l'argent, 441. — Pourquoi devasterent la France, et non pas l'Allemagne, 463. — Leurs ravages ont fait passer la couronne sur la tête de Hugues-Capet, qui pouvoit seul la defendre, 466.

Notoriété de fait. Suffisoit autrefois sans autre preuve, ni procedure, pour asseoir un jugement, III, 188.

Nouvelles ecclesiastiques. Les imputations dont elles cherchent a noircir l'auteur de l'*Esprit des Lois*, sont des calomnies atroces: preuves sans replique, IV, 4 et suiv.

Nouvelliste ecclesiastique. N'entend jamais le sens des choses, IV, 9. — Methode singuliere dont il se sert pour s'autoriser à dire des invectives a l'auteur, 22, 23. - Jugemens et raisonnemens absurdes et ridicules de cet écrivain, 25 et suiv. — Quoiqu'il n'ait d'indulgence pour personne, l'auteur en a beaucoup pour lui, 30 — Pourquoi a declamé contre l'*Esprit des Lois*, qui a l'approbation de toute l'Europe ; et comment il s'y est pris pour declamer ainsi, 32 et suiv. — Sa mauvaise foi, 38. —Sa stupidite ou sa mauvaise foi dans les reproches qu'il fait à l'auteur touchant la polygamie, 43. — Veut que, dans un livre de jurisprudence, on ne parle que de theologie, 51, 52. — Imputation stupide ou mechante de cet ecrivain, 53, 54. — Juste appreciation de ses talens et de son ouvrage, 69, 70. — Sa critique de l'*Esprit des Lois* est pernicieuse ; pleine d'ignorance, de passion, d'inattention, d'orgueil, d'aigreur: n'est ni travaillée, ni reflechie : est inutile, dangereuse, calomnieuse, contraire à la charité chrétienne, même aux vertus simplement humaines ; pleine d'injures atroces, pleine de ces emportemens que les gens du monde ne se permettent jamais: elle annonce un mechant caractere : est contraire au bon sens, à la religion; capable de rétrecir l'esprit des lecteurs : pleine d'un pedantisme qui va à detruire toutes les sciences, 73 et suiv.

Novelles de Justinien. Sont trop diffuses, III, 275.

Numa. Fit des lois d'épargne sur les sacrifices, III, 48. — Ses lois, sur le partage des terres, furent retablies par Servius Tullius, 109.

Numidie. Les frères du roi succedoient à la couronne, a l'exclusion de ses enfans, III, 72.

O.

Obeissance. Différence entre celle qui est due dans les etats modérés, et celle qui est due dans les etats despotiques, I, 173. — L'honneur met des bornes à celle qui est due au souverain, dans une monarchie, 182.

Obligations. Celles que les matelots passent entre eux, dans un navire, doivent-elles être regardées comme nulles? III, 105.

Offices. Les maires du palais contribuèrent de tout leur pouvoir à les rendre inamovibles : pourquoi, III, 400. — Quand les grands commencerent à devenir hereditaires, 457.

Officiers-generaux. Pourquoi, dans les etats monarchiques, ils ne sont attaches à aucun corps de milice, I, 247. — Pourquoi il n'y en a point en titre dans les états despotiques, *ibid.*

Offrandes. Raison physique de la maxime religieuse d'Athènes, qui disoit qu'une petite offrande honoroit plus les dieux que le sacrifice d'un bœuf, III, 33. — Bornes qu'elles doivent avoir : on n'y doit rien admettre de ce qui approche du luxe, 48, 49.

Olim. Ce que c'est que les registres que l'on appeloit ainsi, III, 239.

Oncles. Sont regardés, aux Indes, comme les peres de leurs neveux : c'est ce qui fait que les mariages entre beau frere et belle-sœur y sont permis, III, 90.

Oppienne. Voyez *Loi Oppienne*.

Or. Plus il y en a dans un etat, plus cet état est pauvre, II, 365. — La loi qui défend, en Espagne, de l'employer en superfluités, est absurde, 370. — Cause de la quantité plus ou moins grande de l'or et de l'argent, 38). — Dans quel sens il seroit utile qu'il y en eût beaucoup; et dans quel sens il seroit utile qu'il y en eût peu, *ibid.* — De sa rareté relative à celle de l'argent, 387.

Or (*côte d'*). Si les Carthaginois avoient penetre jusque là, ils y auroient fait un commerce bien plus important que celui que l'on y fait aujourd'hui, II, 334.

Oracles. A quoi Plutarque attribue leur cessation, II, 451.

Orange (le prince d'). Sa proscription, III, 282.

Orchomene. A été une des villes les plus opulentes de la Grece : pourquoi, II, 309. — Sous quel autre nom cette ville est connue, 310.

Ordonnance de 1287. C'est à tort qu'on la regarde comme le titre de création des baillis; elle porte seulement qu'ils seront pris parmi les laiques, III, 248, 249. — (De 1670). Faute que l'auteur attribue mal à propos à ceux qui l'ont rédigée, 277.

Ordonnances. Les barons, du temps de saint Louis, n'étoient soumis qu'a celles qui s'etoient faites de concert avec eux, III, 215.

Ordres. Ceux du despote ne peuvent être ni contredits, ni éludés, I, 174.

Orgueil. Est la source ordinaire de notre politesse, I, 180. — Source de celui des courtisans; ses differens degres, 181. — Est pernicieux dans une nation, II, 222. — Est toujours accompagné de la gravité et de la paresse, *ibid.* — Peut être utile quand il est joint à d'autres qualités morales : les Romains en sont une preuve, 224.

Orient. Il semble que les eunuques y sont un mal necessaire, II, 133. — Une des raisons qui a fait que le gouvernement populaire y a toujours éte difficile à établir, est que le climat demande que les hommes y aient un empire absolu sur les femmes, 144. — Principe de la morale orientale, 145 et suiv. — Les femmes n'y ont pas le gouvernement intérieur de la maison; ce sont les eunuques, 151. — Il n'y est point question d'enfans adultérins, 434.

Orientaux. Absurdite de l'un de leurs supplices, II, 25. — Raisons physiques de l'immutabilité de leur religion, de leurs mœurs, de leurs manières et de leurs lois, 83. — Tous, excepté les mahométans, croient que toutes les religions sont indifferentes en elles-mêmes, III, 61.

Orléans. Le combat judiciaire y étoit en usage dans toutes les demandes pour dettes, III, 176.

Orphelins. Comment un état bien policé pourvoit a leur subsistance, II, 479.

Orphitien. Voy. *Sénatus-consulte.*

OATE (le vicomte d'). Refuse par honneur d'obeir à son roi, I, 182.

Ostracisme. Prouve la douceur du gouvernement populaire qui l'employoit, III, 96. — Pourquoi nous le regardons comme une peine, tandis qu'il couvroit d'une nouvelle gloire celui qui y etoit condamne, 96. — On cessa de l'employer dès qu'on en eut abuse contre un homme sans mérite, 97. — Fit mille maux à Syracuse, et fut une chose admirable à Athènes, 262.

Ostrogoths. Les femmes, chez eux, succedoient à la couronne, et pouvoient regner par elles-mêmes, II, 202. — Theodoric abolit chez eux l'usage du combat judiciaire, III, 171. — L'auteur promet un ouvrage particulier sur leur monarchie, 311.

OTHONS. Autorisèrent le combat judiciaire, d'abord dans les affaires criminelles, ensuite dans les affaires civiles, III, 168, 169.

Ouvriers. On doit chercher à en augmenter, non pas a en diminuer le nombre, II, 445. — Laissent plus de biens à leurs enfans que ceux qui ne vivent que du produit de leurs terres, 479.

Oxus. Pourquoi ce fleuve ne se jette plus dans la mer Caspienne, II, 299.

P.

Paganisme. Pourquoi il y avoit et il pouvoit y avoir dans cette religion des crimes inexpiables, III, 17.

Païens. De ce qu'ils élevoient des autels aux vices, s'ensuit-il qu'ils aimoient les vices? III, 4, 5.

Pairs. Henri VIII se défit de ceux qui lui déplaisoient, par le moyen des commissaires, II, 38, 39. — Étoient les vassaux d'un même seigneur, qui l'assistoient dans les jugemens qu'il rendoit pour ou contre chacun d'eux, III, 196. — Afin d'éviter le crime de félonie, on les appeloit de faux jugement, et non pas le seigneur, *ibid.* — Leur devoir étoit de combattre et de juger, 201. — Comment rendoient la justice, 245. — Quand commencèrent à ne plus être assemblés par les seigneurs, pour juger, 246. — Ce n'est point une loi qui a aboli les fonctions des pairs dans les cours des seigneurs; cela s'est fait peu à peu, 248.

Paix. Est la première loi naturelle de l'homme qui ne seroit point en société, I, 131. — Est l'effet naturel du commerce, II, 263.

Paladins. Quelle étoit leur occupation, III, 182.

Palestine. C'est le seul pays, et ses environs, ou une religion qui defend l'usage du cochon puisse être bonne : raisons physiques, III, 53.

Papes. Employèrent les excommunications, pour empêcher que le droit romain ne s'accréditât au préjudice de leurs canons, III, 244, 245. Les décretales sont, à proprement parler, leurs rescrits ; et les rescrits sont une mauvaise sorte de législation : pourquoi, 283. — Pourquoi Louis-le-Debonnaire abandonna leur élection au peuple romain, 422.

Papier. Un impôt sur le papier destiné à écrire les actes seroit plus commode que celui qui se prend sur les diverses clauses des actes, II, 58.

Papiers circulans. Combien il y en a de sortes : qui sont ceux qu'il est utile à un état de faire circuler, II, 412 et suiv.

Papirius. Son crime, qui ne doit pas être confondu avec celui de Plautius, fut utile à la liberté, II, 36.

Paraguay. Sagesse des lois que les jesuites y ont établies, I, 190. — Pourquoi les peuples y sont si fort attachés à la religion chrétienne, tandis que les autres sauvages le sont si peu à la leur, III, 41.

Paresse. Celle d'une nation vient de son orgueil, II, 222 — Dédommage les peuples des maux que leur fait souffrir le pouvoir arbitraire, 50.

Paresse de l'ame. Sa cause et son effet, III, 18.

Parlement. Ne devroit jamais frapper ni sur la juridiction des seigneurs, ni sur la juridiction ecclésiastique, I, 152, 153. — Il en faut dans une monarchie, 155. — Plus il delibere sur les ordres du prince, mieux il lui obeit, 229. — A souvent par sa fermete preservé le royaume de sa chute, *ibid.* — Son attachement aux lois est la sûreté du prince, dans les mouvemens de la monarchie, 232. — La manière de prononcer des enquêtes, dans le temps de leur creation, n'etoit pas la même que celle de la grand'chambre : pourquoi, III, 220, 221. — Ses jugemens avoient autrefois plus de rapport à l'ordre politique qu'à l'ordre civil : quand et comment il descendit dans le detail civil, 238. Rendu sédentaire, il fut divisé en plusieurs classes, *ibid.* — A réformé les abus intolerables de la juridiction ecclésiastique, 241. — A mis, par un arrêt, des bornes à la cupidité des ecclesiastiques, 242. Voyez *Corps legislatif.*

Paroles. Quand sont crimes, et quand ne le sont pas, II, 20.

Parricides. Quelle étoit leur peine, du temps de Henri I, III, 227.

Partage. Quand il a commencé à

s'établir en matière de fiefs, III, 457 et suiv.

Partage des biens. Est réglé par les seules lois civiles ou politiques, III, 71.

Partage des terres. Quand et comment doit se faire : précautions nécessaires pour en maintenir l'égalité, I, 205 et suiv., 206. — Celui que fit Romulus est la source de toutes les lois romaines sur les successions, III, 107 et suiv. — Celui qui se fit entre les barbares et les Romains, lors de la conquête des Gaules, prouve que les Romains ne furent point tous mis en servitude ; et que ce n'est point dans cette prétendue servitude générale qu'il faut chercher l'origine des serfs, et l'origine des fiefs, 295 et suiv. Voyez *Terres*.

Parthes. L'affabilité de Mithridate leur rendit ce roi insupportable : cause de cette bizarrerie, II, 216. — Révolutions que leurs guerres avec les Romains apportèrent dans le commerce, 351.

Partie publique. Il ne pouvoit y en avoir, dans le temps que les lois des barbares étoient en vigueur : il ne faut pas prendre les avoués pour ce que nous appelons aujourd'hui partie publique : quand a été établie, III, 225 et suiv.

Passions. Les pères peuvent plus aisément donner à leurs enfans leurs passions que leurs connoissances : parti que les républiques doivent tirer de cette règle, I, 188. — Moins nous pouvons donner carrière à nos passions particulières, plus nous nous livrons aux générales ; de l'attachement des moines pour leur ordre, 200.

Pasteurs. Mœurs et lois des peuples pasteurs, II, 185.

Patane. Combien la lubricité des femmes y est grande : causes, II, 147.

Patriciens. Comment leurs prérogatives influoient sur la tranquillité de Rome : nécessaires sous les rois, inutiles pendant la république, I, 449 et suiv. — Dans quelles assemblées du peuple ils avoient le plus de pouvoir, 451. — Comment ils devinrent subordonnés aux plébéiens, 454 et suiv.

Patrie (amour de la). C'est ce que l'auteur appelle vertu : en quoi consiste : à quel gouvernement est principalement affectée, I, 187. — Ses effets, 200.

Paturages. Les pays où il y en a beaucoup sont peu peuplés, II, 443.

PAUL. Raisonnement absurde de ce jurisconsulte, III, 279.

Pauvreté. Fait finir les monarchies, I, 315. — Celle d'un petit etat qui ne paie point de tributs est-elle une preuve que, pour rendre un peuple industrieux, il faut le surcharger d'impôts, II, 49 — Effets funestes de celle d'un pays, 50. — Celle des peuples peut avoir deux causes : leurs différens effets, 165 — C'est une absurdité de dire qu'elle est favorable à la propagation, 441. — Ne vient pas du défaut de propriété, mais du défaut de travail, 479. — Sources ordinaires de la pauvreté des particuliers. Moyens de soulager et de prévenir cette pauvreté : 1° les hôpitaux ou plutôt des secours qui ne soient que passagers, comme la cause du mal qui, dans un état bien réglé, ne doit jamais être perpétuelle ; 2° l'interdiction de l'hospitalité chez les moines, et de tous les asiles de la paresse, 479 et suiv.

Pays de droit écrit. Pourquoi les coutumes n'ont pu y prévaloir sur les lois romaines, III, 152. — Révolutions que les lois romaines y ont essuyées, 153.

Pays formés par l'industrie des hommes. La liberté y convient, II, 178.

Paysans. Lorsqu'ils sont à leur

aise, la nature du gouvernement leur est indifferente, II, 172.

Peché originel. L'auteur étoit-il obligé d'en parler dans son chapitre premier? IV, 19.

Peculat. Ce crime est naturel dans les etats despotiques, I, 245. — La peine dont on le punit à Rome, quand il y parut, prouve que les lois suivent les mœurs, II, 242.

Pedaliens. N'avoient point de prêtres, et étoient barbares, III, 43.

Pedanterie. Seroit-il bon d'en introduire l'esprit en France? II, 220.

Pégu. Comment les successions y sont réglees, I, 239. — Un roi de ce pays pensa etouffer de rire, en apprenant qu'il n'y avoit point de roi à Venise, II, 216. — Les points principaux de la religion de ses habitans sont la pratique des principales vertus morales, et la tolerance de toutes les autres religions, III, 12.

Peine de mort. Dans quel cas est juste, II, 8.

Peine du talion. Derive d'une loi anterieure aux lois positives, I, 127.

Peines. Doivent être plus ou moins severes, suivant la nature des gouvernemens, I, 278. — Augmentent ou diminuent dans un etat, à mesure qu'on s'approche ou qu'on s'eloigne de la liberte, 179. — Tout ce que la loi appelle peine, dans un etat moderé, en est une : exemple singulier, 280. — Comment on doit menager l'empire qu'elles ont sur les esprits, 284. — Quand elles sont outrées, elles corrompent le despotisme même, 286. — Le sénat de Rome preferoit celles qui sont moderees: exemple, 290, 291. — Les empereurs romains en proportionnerent la rigueur au rang des coupables, 293. — Doivent être dans une juste proportion avec les crimes: la liberté depend de cette proportion, 295, II, 5. — C'est un grand mal en France, qu'elles ne soient pas proportionnées aux crimes, I, 296. — Pourquoi celles que les empereurs romains avoient prononcees contre l'adultère ne furent pas suivies, 329. — Doivent être tirées de la nature de chaque crime, II, 5 et suiv. — Quelles doivent être celles des sacriléges, *ibid.* — Des crimes qui sont contre les mœurs ou contre la pureté, 7. — Des crimes contre la police, 8. — Des crimes qui troublent la tranquillite des citoyens, sans en attaquer la sûreté, *ibid.* — Quelles doivent être celles des crimes qui attaquent la sûreté publique, *ibid.* — Quel doit être leur objet, 25. — On ne doit point en faire subir qui violent la pudeur, *ibid.* — On en doit faire usage pour arrêter les crimes, et non pour faire changer les manieres d'une nation, 229. — Imposees par les lois romaines contre les celibataires, 460. — Une religion qui n'en annonceroit point pour l'autre vie, n'attacheroit pas beaucoup, III, 39. Celles des lois barbares étoient toutes pecuniaires, ce qui rendait la partie publique inutile, 225. Pourquoi il y en avoit tant de pecuniaires chez les Germains, qui étoient si pauvres, 341, 342.

Peines fiscales. Pourquoi plus grandes en Europe qu'en Asie, II, 60.

Peines pecuniaires. Sont préférables aux autres, I, 299. — On peut les aggraver par l'infamie, *ibid*

Pelerinage de la Mecque. Gengiskan le trouvoit absurde : pourquoi, III, 40.

PENN (M.). Comparé à Lycurgue, I, 190.

Penestes. Peuple vaincu par les Thessaliens. Étoient condamnés à exercer l'agriculture, regardée comme une profession servile, I, 106.

Penitences. Règles, puisées dans le bon sens, que l'on doit suivre quand on impose des penitences aux autres, ou à soi même, III, 16.

Pensées. Ne doivent point être punies, II, 20.

PEONIUS. La perfidie de son fils prouve que les offices des comtes étoient annuels, et qu'ils les rendoient perpetuels à force d'argent, III, 379.

PEPIN. Fit rediger les lois des Frisons, III, 158. — Constitution de ce prince qui ordonne de suivre la coutume partout où il n'y a pas de loi, mais de ne pas preferer la coutume a la loi, 153. — Explication de cette constitution, 154. — De son temps, les coutumes avoient moins de force que les lois : on preteroit cependant les coutumes; enfin elles prirent entierement le dessus, 155. — Comment sa maison devint puissante : attachement singulier de la nation pour elle, 399, 400. — Se rendit maître de la monarchie, en protegeant le clerge, 408. — Precaution qu'il prit pour faire rentrer les ecclesiastiques dans leurs biens, 414. — Fait oindre et benir ses deux fils en même temps que lui : fait obliger les seigneurs à n'elire jamais personne d'une autre race. Ces faits, avec plusieurs autres qui suivent, prouvent que, pendant la seconde race, la couronne et it elective, 428 et suiv. — artage son royaume entre ses deux fils. ibid —La loi et hommage a t elle commence à s'etablir de son temps, 474.

Peres. Doivent ils être punis pour leurs enfans, I, 301. — C'est le comble de la fureur despotique, que leur disgrace entraine celle de leurs enfans et de leurs femmes, II, 46. — Sont dans l'obligation naturelle d'élever et de nourrir leurs enfans : et c'est pour trouver celui que cette obligation regarde que le mariage est etabli, 450. — Est-il juste que le mariage de leurs enfans depende de leur consentement? 436. — Il est contre la nature qu'un pere puisse obliger sa fille à repudier son mari, surtout s'il a consenti au mariage, III, 67. — Dans quels cas sont autorises, par le droit naturel, a exiger de leurs enfans qu'ils les nourrissent, 69. — Sont ils obliges, par le droit naturel, de donner à leurs enfans un metier pour gagner leur vie? ibid. —La loi naturelle leur ordonne de nourrir leurs enfans, mais non pas de les faire héritiers, 75. — Pourquoi ne peuvent pas epouser leurs filles, 85 — Pouvoient vendre leurs enfans. De la la faculté sans bornes que les Romains avoient de tester, 110. — La force du naturel leur faisoit souff' ir a Rome d'etre confondus dans la sixieme classe, pour eluder la loi Voconienne en faveur de leurs enfans, 119.

Pere de famille. Pourquoi e pouvoit pas permettre a son fils, qui etoit en sa puissance, de tester, III, 113.

Pères de l'eglise. Le zele avec lequel ils ont combattu les lois Juliennes est pieux, mais mal entendu, II, 457.

Peruviens. Peuple vaincu par les Cretois. Eto ent condamnes à exercer l'agriculture, regardée comme une profession servile, I, 196.

Perse. Les ordres du roi y sont irrevocables, I, 174. Comment le prince s'y assure la couronne, 240. — Bonne coutume de cet etat, qui permet à qui veut de sortir du royaume, II, 47. — Les peuples y sont heureux, parce que les tributs y sont en regie, 72. — La polygamie, du temps de Justinien, n'y empêchoit pas les adultères, 141. Les femmes n'y sont pas même chargees du soin de leurs habillemens, 151.—La religion des Guebres a rendu ce royaume florissant; celle de Mahomet le detruit : pourquoi, III, 15. — C'est le seul pays ou la religion des Guebres put convenir, 35. — Le roi y est chef de la religion : l'alcoran borne son pouvoir spirituel, 50. — Il est aisé, en suivant la methode de M. l'abbé Dubos, de prouver qu'elle ne fut point conquise par Alexandre, mais qu'il y fut appelé par les peuples, 366

Perses. Leur empire etoit despotique, et les anciens le prenoient pour une monarchie, I, 439.— Coutume excellente chez eux, pour encourager l'agriculture, II, 87. — Comment vinrent a bout de rendre leur pays fertile et agreable, 179.—Étendue de leur empire ; en surent ils profiter pour le commerce, 312 et suiv. — Préjugé singulier qui les a toujours empêches de faire le commerce des Indes, *ibid* — Pourquoi ne profiterent pas de la conquête de l'Égypte pour leur commerce, 317.—Avoient des dogmes faux, mais très-utiles, III, 28. — Pourquoi avoient consacré certaines familles au sacerdoce, 44.- Epousoient leur mere, en conséquence du precepte de Zoroastre, 88.

Personnes. Dans quelle proportion doivent être taxées, II, 54.

Peste. L'Egypte en est le siege principal : sages precautions prises en Europe pour en empêcher la communication, II, 93. Pourquoi les Turcs prennent si peu de precautions contre cette maladie, *ibid*.

Petits enfans. Succédoient, dans l'ancienne Rome, a l'aieul paternel, et non a l'aieul maternel : raisons de cette disposition, III, 108, 109.

Peuple. Quand il est souverain, comment peut user de sa souveraineté, I, 138.—Ce qu'il doit faire par lui même, quand il est souverain : ce qu'il doit faire par ses ministres, 139. — Doit, quand il a la souveraineté, nommer ses ministres et son senat, 140.— Son discernement dans le choix des generaux et des magistrats, *ibid*. — Quand il est souverain, par qui doit être conduit, 141. — Son incapacité dans la conduite de certaines affaires, *ibid*.—De quelle importance il est que, dans les etats populaires, la division que l'on en fait par classes soit bien faite, 142. Ses suffrages doivent être publics, 145 — Son caractere, *ibid*—Doit faire les lois dans une democratie, 146.

Quel est son etat dans l'aristocratie, *ibid*. Il est utile que, dans l'aristocratie, il ait quelque influence dans le gouvernement, 147. Il est difficile que, dans une monarchie, il soit ce que l'auteur appelle vertueux : pourquoi, 167. — Comment, dans les etats despotiques, il est à l'abri des ravages des ministres, 172. Ce qui fait sa sûreté dans les etats despotiques, 174, 175. La cruauté du souverain le soulage quelquefois, *ibid*. — Pourquoi on meprise sa franchise dans une monarchie, 180. — Tient long temps aux bonnes maximes qu'il a une fois embrassees, 200. — Peut il, dans une republique, être juge des crimes de lese majeste, 270 et suiv. Les lois doivent mettre un frein à la cupidité qui le guideroit dans les jugemens des crimes de lese majeste, *ibid*.— Cause de sa corruption, 344, 345.—Ne doit pas, dans un état libre, avoir la puissance legislative : à qui doit la confier, 422 et suiv. Son attachement pour les bons monarques, II, 38.— Jusqu'a quel point on doit le charger d'impôts, 54 et suiv. — Veut qu'on lui fasse illusion dans la levee des impôts : comment on peut conserver cette illusion, 57. Est plus heureux sous un gouvernement barbare que sous un gouvernement corrompu, 67. — Son salut est la première loi, III, 102.

Peuple d'Athènes. Comment fut divise par Solon, I, 142.

Peuple de Rome. Son pouvoir sous les cinq premiers rois, I, 445 et suiv. — Comment il etablit sa liberte, 449 et suiv. — Sa trop grande puissance etoit cause de l'enormite de l'usure, II, 422 et suiv. — Pourquoi Louis le-Debonnaire lui abandonna le droit d'elire les papes, 422.

Peuple naissant. Il est incommode d'y vivre dans le celibat; il ne l'est point d'y avoir des enfans : c'est le contraire dans un peuple formé, II, 439.

Peuple romain. Comment fut divisé par Servius Tullius, I, 142. — Comment etoit divise du temps de la république, et comment s'assembloit, 450.

Peuples. Ceux qui ne cultivent point les terres sont plutôt gouvernés par le droit des gens, que par le droit civil, II, 184 et suiv — Leur gouvernement, leurs mœurs, 185 et suiv. — Ne tirent point leurs ornemens de l'art, mais de la nature; de la la longue chevelure des rois francs, 203. — Leur pauvreté peut deriver de deux causes qui ont differens effets, 265.

Peur. Les Lacedemoniens erigent un autel a la peur; pourquoi ? III, 4, 5.

Phaléas *de Chalcédoine.* En voulant etablir l'egalite, il la rendit odieuse, I, 208.

Phèdre. Éloge de la Phèdre de Racine : elle exprime les veritables accens de la nature, III, 69.

Phéniciens. Nature et etendue de leur commerce, II, 302. — Reussirent à faire le tour de l'Afrique, 326. — Ptolomée regardoit ce voyage comme fabuleux, 329, 330.

Philippe *de Macedoine.* Blesse au siege d'une ville, II, 39. — Comment profita d'une loi de la Grèce, qui etoit juste, mais imprudente, III, 260.

Philippe II, dit *Auguste.* Ses etablissemens sont une des sources des coutumes de France, III, 252.

Philippe IV, dit *le Bel.* Quelle autorité il donna aux lois de Justinien, III, 245.

Philippe VI, dit *de Valois.* Abolit l'usage d'ajourner les seigneurs sur les appels des sentences de leurs juges, et soumit leurs baillis à cet ajournement, III, 219.

Philippe II, *roi d'Espagne.* Ses richesses furent cause de sa banqueroute et de sa misère, II, 565. — Absurdité dans laquelle il tomba, quand il proscrivit le prince d'Orange, III, 282.

Philon. Explication d'un passage de cet auteur, touchant les mariages des Atheniens et des Lacedemoniens, I, 207.

Philosophes. Où ont-ils appris les lois de la morale ? IV, 23.

Philosophie. Commença à introduire le celibat dans l'empire : le christianisme acheva de l'y mettre en credit, II, 466.

Pierre 1er (*le czar*). Mauvaise loi de ce prince, II, 42. — Loi sage de ce prince, 55. — S'y prit mal pour changer les mœurs et les manières des Moscovites, 229. — Comment a joint le Pont-Euxin à la mer Caspienne, 300.

Piété. Ceux que cette vertu inspire parlent toujours de religion, parce qu'ils l'aiment, III, 56.

Pistes. Voyez *Edit de Pistes.*

Places fortes. Sont nécessaires sur les frontieres d'une monarchie, pernicieuses dans un état despotique, I, 377.

Placités des hommes libres. Ce qu'on appeloit ainsi dans les temps reculés de la monarchie, III, 535.

Plaideurs. Comment traités en Turquie, I, 264. — Passions funestes dont ils sont animés, 265

Plaines. La monarchie s'y etablit mieux qu'ailleurs, II, 174.

Plantes. Pourquoi suivent mieux les lois naturelles que les bêtes, I, 128

PLATON. Ses lois étoient la correction de celles de Lacedémone, I, 188. — Doit servir de modèle à ceux qui voudront faire des institutions nouvelles, 191. — Ses lois ne pouvoient subsister que dans un petit état, 193. — Regardoit la musique comme une chose essentielle dans un etat, 194. — Vouloit qu'on punit un citoyen qui laisoit le commerce, 196. — Vouloit qu'on punit de mort ceux qui recevoient des presens pour faire leur devoir, 249. — Compare la venalité des chages à la venalité de la place de pilote dans un vaisseau, 256. — Ses lois ôtoient aux esclaves la defense naturelle : on leur doit même la defense civile, II, 127 — Pourquoi il vouloit qu'il y eût moins de lois dans une ville ou il n'y a point de commerce maritime, que dans une ville où il y en a, 282. — Ses préceptes sur la propagation, 448. — Regardoit avec raison comme également impies ceux qui nient l'existence de Dieu, ceux qui croient qu'il ne se mêle point des choses d'ici-bas, et ceux qui croient qu'on l'apaise par des présens, III, 48. — A fait des lois d'epargne sur les funérailles, *ibid* — Dit que les dieux ne peuvent pas avoir les offrandes des impies pour agreables, puisqu'un homme de bien rougiroit de recevoir des presens d'un malhonnête homme, 49. — Loi de ce philosophe contraire a la loi naturelle, 66. — Dans quel cas il vouloit que l'on punit le suicide, 264, 281. Loi vicieuse de ce philosophe, 281. — Source du vice de quelques-unes de ses lois, 285.

PLAUTIUS. Son crime, qu'il ne faut pas confondre avec celui de Papirius, affermit la liberté de Rome, II, 36.

Plebeins. Pourquoi ont eu tant de peine, à Rome, a s elever aux grandes charges : pourquoi ils ne le furent jamais à Athènes, quoiqu'ils eussent droit d'y pretendre dans l'une et dans l'autre ville, I, 141. — Comment ils devinrent plus puissans que les patriciens, 455 et suiv. - A quoi ils bornerent leur puissance a Rome, 457, 458. — Leur pouvoir et leurs fonctions, à Rome, sous les rois et pendant la république, 459, 460. — Leurs usurpations sur l'autorité du senat, 462 et suiv. Voyez *Peuple de Rome*.

Plebiscites. Ce que c'etoit : leur origine, et dans quelles assemblees ils se faisoient, II, 455.

PLUTARQUE. Dit que la loi est la reine de tous les mortels et immortels, I, 125. — Regardoit la musique comme une chose essentielle dans un etat, 194. — Trait horrible qu'il rapporte des Thebains, 198. — Le nouvelliste ecclesiastique accuse l'auteur d'avoir cité Plutarque ; et il est vrai qu'il a cité Plutarque, IV, 8.

Poetes. Les décemvirs avoient prononcé, à Rome, la peine de mort contre eux, I, 292.—Caractère de ceux d'Angleterre, II, 261.

Poids Est il nécessaire de les rendre uniformes par tout le royaume ? III, 284.

Point d'honneur. Gouvernoit tout,

au commencement de la troisieme race, III, 175. — Son origine, 177. — Comment s'en sont formés les differens articles, 178.

Poisson. S'il est vrai, comme on le pretend, que ses parties huileuses soient propres à la géneration, l'institut de certains ordres monastiques est ridicule, II, 442.

Police. Ce que les Grecs nommoient ainsi, I, 323, 324, 442. — Quels sont les crimes contre la police ; quelles en sont les peines, II, 7, 8. — Ses reglemens sont d'un autre ordre que les autres lois civiles, III, 104, 105. — Dans l'exercice de la police, c'est le magistrat, plutôt que la loi, qui punit : il n'y faut guère de formalités, point de grandes punitions, point de grands exemples ; des reglemens, plutôt que des lois : pourquoi, *ibid.*

Politesse. Ce que c'est en elle-même : quelle est la source de celle qui est en usage dans une monarchie, I, 180. — Flatte autant ceux qui sont polis que ceux envers qui ils le sont, 181. — Est essentielle dans une monarchie : d'ou elle tire sa source *ibid*, II, 222. — Est utile en France ; quelle y en est la source, 219. — Ce que c'est ; en quoi elle diffère de la civilité, 253. — Il y en a peu en Angleterre ; elle n'est entrée à Rome que quand la liberté en est sortie, 258, 259. — C'est celle des mœurs, plus que celle des manieres, qui doit nous distinguer des peuples barbares, 259. — Nait du pouvoir absolu, *ibid.*

Politique. Emploie, dans les monarchies, le moins de vertu qu'il est possible, I, 165. — Ce que c'est ; le caractère des Anglais les empêche d'en avoir, II, 97. — Est autorisée par la religion chretienne, III, 6.

Politiques. Ceux de l'ancienne Grèce avoient des vues bien plus saines que les modernes sur le principe de la democratie, I, 160, 161. — Sources des faux raisonnemens qu'ils ont faits sur le droit de la guerre, 387 et suiv.

Pologne. Pourquoi l'aristocratie de cet état est la plus imparfaite de toutes, I, 151. — Pourquoi il y a moins de luxe que dans d'autres états, 307. — L'insurrection y est bien moins utile qu'elle ne l'etoit en Crète, 353. — Objet principal des lois de cet etat, 416. — Il lui seroit plus avantageux de ne faire aucun commerce, que d'en faire un quelconque, II, 289.

Polonais. Pertes qu'ils font sur leur commerce en ble, II, 274.

Poltronnerie. Ce vice, dans un particulier membre d'une nation guerrière, en suppose d'autres : la preuve par le combat singulier avoit donc une raison fondee sur l'experience, III, 164.

Poltrons. Comment étoient punis chez les Germains, III, 337.

Polybe. Regardoit la musique comme necessaire dans un etat, I, 194.

Polygamie. Inconvénient de la polyganie dans les familles des princes d'Asie, I, 241. — Quand la religion ne s'y oppose pas, elle doit avoir lieu dans les pays chauds ; raisons de cela, II, 135, 136. — Raison de religion à part, elle ne doit pas avoir lieu dans les pays temperés, 135. — La loi qui la defend se rapporte plus au physique du climat de l'Europe qu'au physique du climat de l'Asie, 136. — Ce n'est point la richesse qui l'introduit dans un etat ; la pauvreté peut faire le même effet, 137 — N'est point un luxe, mais une occasion de luxe, *ibid.* Ses diverses circonstances : pays ou une femme a plusieurs maris : raison de cet usage, 138, 139. — A rapport au climat, *ibid.* — La disproportion dans le nombre des hommes et des femmes peut-elle être assez grande pour autoriser la pluralité des femmes, ou celle des maris, 139. — Ce que l'auteur en dit n'est pas pour en justifier l'usage, mais pour en rendre raison, *ibid.* — Considerée en elle-même, 140. — N'est utile ni au genre humain, ni à aucun des deux sexes, ni aux enfans qui en sont le fruit, *ibid.* — Quelque abus qu'on en fasse, elle ne prévient pas toujours les desirs pour la femme d'un autre, 141.—Mene à cet amour que la nature désavoue, *ibid.* — Ceux qui en usent, dans les pays ou elle est permise, doivent rendre tout égal entre leurs femmes, 142. Dans les pays ou elle a lieu, les femmes doivent être separées d'avec les hommes, 143. — N'etoit permise, chez les Germains, qu'aux nobles, et aux rois seulement, du temps de la premiere race, 704.—On ne connoit guere les bâtards dans les pays ou elle est permise, 435. — Elle a pu faire déferer la couronne aux enfans de la sœur, à l'exclusion de ceux du roi, III, 73. — Règle qu'il faut suivre dans un état ou elle est permise, quand s'y introduit une religion qui la defend, 80 — Mauvaise foi, ou stupidité du nouvelliste, dans les reproches qu'il fa t a l'auteur sur la polygamie, IV, 39.

POMPEE. Ses soldats apportèrent de Syrie une maladie à peu près semblable à la lèpre : elle n'eut pas de suites, II, 92.

Pont Euxin. Comment Séleucus Nicator auroit pu executer le projet qu'il avoit de le joindre à la mer Caspienne. Comment Pierre I*er* l'a éxécuté, II, 299, 300.

Pontife Il en faut un dans une religion qui a beaucoup de ministres, III, 50. — Droit qu'il avoit, a Rome, sur les heredidités : comment on l'eludoit, 263.

Pontificat. En quelles mains doit être deposé, III, 50.

POPE. L'auteur n'a pas dit un mot du système de Pope, IV, 20.

Population. Elle est en raison de la culture des terres et des arts, II, 182. — Les petits etats lui sont plus favorables que les grands, 474.—Moyens que l'on employa sous Auguste pour la favoriser, III, 122. Voyez *Propagation.*

Port d'armes. Ne doit pas être puni comme un crime capital, III, 105.

Port franc. Il en faut un dans un état qui fait le commerce d'economie, II, 275.

Ports de mer. Raison morale et physique de la population que l'on y remarque, malgré l'absence des hommes, II, 442.

Portugais. Decouvrent le cap de Bonne Esperance, II, 359. — Comment ils trafiquèrent aux Indes, *ibid.* — Leurs conquêtes et leurs decouvertes. Leur differend avec les Espagnols : par qui juge, 360, 361.—L'or qu'ils ont trouve dans le Bresil les appauvrira, et achèvera d'appauvrir les Espagnols, II, 569. — Bonne loi maritime de ce peuple, III, 105, 106.

Portugal. Combien le pouvoir du clergé y est utile au peuple, I, 153.—Tout étranger que le droit du sang y appelleroit à la couronne est rejeté, III, 103.

Pouvoir. Comment on en peut reprimer l'abus, I, 415.

Pouvoir arbitraire. Maux qu'il fait dans un état, II, 50.

Pouvoir paternel. N'est point l'origine du gouvernement d'un seul, I, 134.

Pouvoirs. Il y en a de trois sortes

en chaque état, I, 417. — Comment sont distribués en Angleterre, *ibid* — Il est important qu'ils ne soient pas réunis dans la même personne, ou dans le même corps, 418. — Effets salutaires de la division des trois pouvoirs, 420. — A qui doivent être confiés, 422 et suiv. — Comment furent distribués à Rome, 449 et suiv.; 459 et suiv. — Dans les provinces de la domination romaine, 470 et suiv.

Pouvoirs intermediaires. Quelle est leur nécessité, et quel doit être leur usage dans la monarchie, I, 151 — Quel corps doit plus naturellement en être dépositaire, 152.

Praticiens. Lorsqu'ils commencèrent à se former, les seigneurs perdirent l'usage d'assembler leurs pairs pour juger, III, 246. — Les ouvrages de ceux qui vivoient du temps de saint Louis sont une des sources de nos coutumes de France, 253.

Pratiques religieuses. Plus une religion en est chargée, plus elle attache ses sectateurs, III, 38.

Pratiques superstitieuses. Une religion qui fait consister dans leur observance le principal mérite de ses sectateurs, autorise par là les désordres, la débauche et les haines, III, 18 et suiv. 29.

Préceptes. La religion en doit moins donner que de conseils, III, 11.

Preceptions. Ce que c'étoit, sous la première race de nos rois; par qui, et quand l'usage en fut aboli, III, 387. — Abus qu'on en fit, 441.

Predestination. Le dogme de Mahomet sur cet objet est pernicieux à la société, III, 15. — Une religion qui admet ce dogme a besoin d'être soutenue par des lois civiles sévères, et sévèrement exécutées. Source et effet de la prédestination mahométane, 18. — Ce dogme donne beaucoup d'attachement pour la religion qui l'enseigne, 37, 38.

Prerogatives. Celles des nobles ne doivent point passer au peuple, I, 227.

Présens. On est obligé, dans les états despotiques, d'en faire à ceux à qui on demande des grâces, I, 248. — Sont odieux dans une république et dans une monarchie, 249. — Les magistrats n'en doivent recevoir aucun, 250. — C'est une grande impiété de croire qu'ils apaisent aisement la divinité, III, 48.

Presomptions. Celle de la loi vaut mieux que celle de l'homme, III, 280.

Prêt. Du prêt par contrat, II, 419.

Prêt à interêt. C'est dans l'Évangile, et non dans les rêveries des scolastiques, qu'il en faut chercher la source, II, 355.

Preteurs. Quelles qualités doivent avoir, I, 140. — Pourquoi introduisirent à Rome les actions de bonne foi, 269. — Leurs principales fonctions à Rome, 460. — Temps de leur création : leurs fonctions; durée de leur pouvoir à Rome, 466. — Suivoient la lettre plutôt que l'esprit des lois, III, 118. — Quand commencèrent à être plus touchés des raisons d'équité que de l'esprit de la loi, 124.

Prêtres. Sources de l'autorité qu'ils ont ordinairement chez les peuples barbares, II, 213. — Les peuples qui n'en ont point sont ordinairement barbares; leur origine; pourquoi on s'est accoutumé à les honorer, pourquoi sont devenus un corps séparé; dans quel cas il seroit dangereux qu'il y en eût trop; pourquoi il y a des religions qui leur ont ôté non-seulement l'embarras des affaires, mais même celui d'une famille, III, 43 et suiv.

Preuves. L'équité naturelle demande que leur évidence soit proportionnée à la gravité de l'accusation, IV, 5, 16. Celles que nos peres tiroient de l'eau bouillante, du fer chaud, et du combat singulier, n'etoient pas si imparfaites qu'on le pense, III, 161 et suiv.

Preuves negatives. N'etoient point admises par la loi salique ; elles l'etoient par les autres lois barbares, III, 156 et suiv. — En quoi consistoient, *ibid.* — Les inconvéniens de la loi qui les admettoit etoient reparés par celle qui admettoit le combat singulier, 158. — Exception de la loi salique à cet egard, 156. — Autre exception, 161. — Inconvéniens de celles qui etoient en usage chez nos peres, 168 et suiv. — Comment entrainoient la jurisprudence du combat judiciaire, 170. Ne furent jamais admises dans les tribunaux ecclesiastiques, 173.

Preuves par l'eau bouillante. Admises par la loi salique. Tempérament qu'elle prenoit pour en adoucir la rigueur, III, 161. — Comment se faisoient, 165. — Dans quel cas on y avoit recours, 166.

Preuves par l'eau froide. Abolies par Lothaire, III, 175.

Preuves par le combat. Par quelles lois admises, III, 158, 166. — Leur origine, 158. — Lois particulieres à ce sujet, 169. — Etoient en usage chez les Francs : preuves, 167. — Comment s'etendirent, *ibid.* et suiv. Voyez *Combat judiciaire.*

Preuves par le feu. Comment se faisoient. Ceux qui y succomboient etoient des effemines, qui, dans une nation guerriere, meritoient d'etre punis, III, 165.

Preuves par témoins. Revolutions qu'a essuyées cette espece de preuves, III, 250.

Prière. Quand elle est reiterée un certain nombre de fois par jour, elle porte trop à la contemplation, III, 15.

Prince. Comment doit gouverner une monarchie. Quelle doit être la regle de ses volontés, I, 151. — Est la source de tout pouvoir dans une monarchie, 152. — Il y en a de vertueux, 166 — Sa sureté, dans les mouvemens de la monarchie, dépend de l'attachement des corps intermédiaires pour les lois, 231. En quoi consiste sa vraie puissance, 579. — Quelle reputation lui est la plus utile, 585. — Souvent ne sont tyrans que parce qu'ils sont foibles, II, 15, 16. — Ne doit point empecher qu'on lui parle des sujets disgraciés, 47. — La plupart de ceux de l'Europe emploient pour se ruiner des moyens que le fils de famille le plus derangé imagineroit à peine, 68. — Doit avoir toujours une somme de réserve : il se ruine quand il dépense exactement ses revenus, 69. — Regles qu'il doit suivre, quand il veut faire de grands changemens dans sa nation, 229. — Ne doit point faire le commerce, 283. — Dans quels rapports peut fixer la valeur de la monnoie, 388. Il est nécessaire qu'il croie, qu'il aime, ou qu'il craigne la religion, III, 4. — N'est pas libre relativement aux princes des autres etats voisins, 99. — Les traités qu'il a ete forcé de faire sont autant obligatoires que ceux qu'il a faits de bon gré, *ibid.* — Il est important qu'il soit né dans le pays qu'il gouverne, et qu'il n'ait point d'etats etrangers, 102, 103.

Princes du sang royal. Usage des Indiens pour s'assurer que leur roi est de ce sang, III, 73.

Principe du gouvernement. Ce que c'est ; en quoi differe du gouvernement, I, 158. — Quel est celui des divers gouvernemens,

159 et suiv —Sa corruption entraîne presque toujours celle du gouvernement, 349 et suiv. — Moyens très efficaces pour conserver celui de chacun des trois gouvernemens, 359 et suiv.

Privileges. Sont une des sources de la variété des lois dans une monarchie, I, 260 — Ce que l'on nommoit ainsi à Rome, du temps de la république, II, 32, 33.

Privileges exclusifs. Doivent rarement être accordés pour le commerce, II, 276, 284.

Prix. Comment celui des choses se fixe dans la variation des richesses de signe, II, 383.

Probité. N'est pas nécessaire pour le maintien d'une monarchie, ou d'un état despotique, I, 159. — Combien avoit de force sur le peuple romain, 282.

Procédés. Faisoient, au commencement de la troisième race, toute la jurisprudence, III, 175.

Procédure. Le combat judiciaire l'avoit rendue publique, III, 221. — Comment devint secrète, 222. — Lorsqu'elle commença à devenir un art, les seigneurs perdirent l'usage d'assembler leurs pairs, pour juger, 246.

Procédure par record. Ce que c'étoit, III, 222.

Procès entre les Portugais et les Espagnols. A quelle occasion : par qui jugé, II, 560.

Procès criminels. Se faisoient autrefois en public : pourquoi abrogation de cet usage, III, 222.

PROCOPE. Faute commise par cet usurpateur de l'empire, I, 255.

Proconsuls. Leurs injustices dans les provinces, I, 471.

Procureurs du roi. Utilité de ces magistrats, I, 278. — Etablis à Majorque par Jacques II, III, 229.

Procureurs généraux. Il ne faut pas les confondre avec ce qu'on appeloit autrefois *avoués.* Différence de leurs fonctions, III, 226.

Prodigues. Pourquoi ne pouvoient pas tester, III, 113.

Professions. Ont toutes leur lot : les richesses seulement pour les traitans ; la gloire et l'honneur pour la noblesse ; le respect et la considération pour les ministres et les magistrats, II, 73. — Est-il bon d'obliger les enfans de n'en point prendre d'autre que celle de leur père ? 286.

Prolétaires. Ce que c'étoit à Rome, III, 119.

Propagation. Lois qui y ont rapport, II, 429.—Celle des bêtes est toujours constante ; celle des hommes est troublée par les passions, par les fantaisies et par le luxe, 430. — Est naturellement jointe à la continence publique, 431. — Est très favorisée par la loi qui fixe la famille dans une suite de personnes du même sexe, 432. — La dureté du gouvernement y apporte un grand obstacle, 440, 441. — Dépend beaucoup du nombre relatif des filles et des garçons, 441. — Raison morale et physique de celle que l'on remarque dans les ports de mer, malgré l'absence des hommes, 442.—Est plus ou moins grande, suivant les différentes productions de la terre, 443. — Les vues du législateur doivent, à cet égard, se conformer au climat, 446 — Comment étoit réglée dans la Grèce, 448 et suiv. — Lois romaines sur cette matière, 453 et suiv. — Dépend beaucoup des principes de la religion, 468. — Est fort gênée par le christianisme, *ibid.* A besoin d'être favorisée en Europe, 476. - N'étoit pas suffisamment favorisée par l'édit de Louis XIV en faveur des mariages, *ibid.*— Moyens de la rétablir dans un état dépeuplé : il est difficile d'en trouver, si la dépopulation vient du despotisme, ou des privileges excessifs du clergé, 477, 478. — Les Perses avoient pour la favoriser des dogmes faux, mais très-utiles, III, 28. Voyez *Population*.

Propagation de la religion. Est difficile, surtout dans les pays éloignés, dont le climat, les lois, les mœurs et les manières sont différens de ceux où elle est née; et encore plus dans les grands empires despotiques, III, 61.

Propres ne remontent point. Origine de cette maxime, qui n'eut lieu d'abord que pour les fiefs, III, 476.

Propreteurs. Leurs injustices dans les provinces, I, 472.

Propriété. Est fondée sur les lois civiles : conséquences qui en résultent, III, 91. — Le bien public veut que chacun conserve invariablement celle qu'il tient des lois, 92. — La loi civile est son *palladium*, *ibid*.

Proscriptions. Absurdité dans la recompense promise à celui qui assassineroit le prince d'Orange, III, 282. — Avec quel art les triumvirs trouvoient des prétextes pour les faire croire utiles au bien public, II, 31.

Prostitution. Les enfans dont le père a trafiqué la pudicité sont-ils obligés, par le droit naturel, de le nourrir quand il est tombé dans l'indigence, III, 69.

Prostitution publique. Contribue peu à la propagation : pourquoi, II, 431.

Protaire. Favori de Brunehault, fut cause de la perte de cette princesse, en indisposant la noblesse contre elle, par l'abus qu'il fit sort des fiefs, III, 381.

Protestans. Sont moins attachés à leur religion que les catholiques : pourquoi, III, 37.

Protestantisme. S'accommode mieux d'une république que d'une monarchie, III, 8. — Les pays où il est établi sont moins susceptibles de fêtes, que ceux où règne le catholicisme, 31.

Provinces romaines. Comment etoient gouvernées, I, 470 et suiv. — Etoient désolées par les traitans, 473.

Ptolomée. Ce que ce geographe connoissoit de l'Afrique, II, 328. — Regardoit le voyage des Phéniciens autour de l'Afrique comme fabuleux : ignoroit l'Asie à l'Afrique par une terre qui n'exista jamais : la mer des Indes, selon lui, n'étoit qu'un grand lac, 329, 330.

Public (bien). C'est un paralogisme de dire qu'il doit l'emporter sur le bien particulier, III, 91.

Publicains. Voyez *Impôts*, *Tributs*, *Fermes*, *Fermiers*, *Traitans*.

Pudeur. Doit être respectée dans la punition des crimes, II, 25. — Les maîtres doivent respecter celle de leurs esclaves ; loi des Lombards à ce sujet, 118. — Pourquoi la nature l'a donnée à un sexe plutôt qu'à l'autre, 149.

Puissance. Combien il y en a de sortes dans un état : entre quelles mains le bien de l'état demande qu'elles soient déposées, I, 417 et suiv. — Comment, dans un état libre, les trois puissances, celle de juger, l'executrice et la legislative, doivent se contre balancer, 430 et suiv.

Puissance de juger. Ne doit jamais, dans un etat libre, être réunie avec la puissance legislative : exceptions, I, 429 et suiv.

Puissance exécutrice. Doit, dans un etat vraiment libre, être entre les mains d'un monarque, I, 426. — Comment doit être tempérée par la puissance législative, 428 et suiv.

Puissance législative. En quelles mains doit être déposée, I, 422. — Comment doit tempérer la puissance exécutrice, 428 et suiv. — Ne peut, dans aucun cas, être qu'accusatrice, 430. — A qui étoit confiée à Rome, 454.

Puissance militaire. C'etoit un principe fondamental de la monarchie qu'elle fut toujours reunie à la juridiction civile : pourquoi, III, 535 et suiv.

Puissance paternelle. Combien est utile dans une démocratie : pourquoi on l'abolit à Rome, I, 217. — Jusqu'où elle doit s'etendre, *ibid.*

Puissance politique. Ce que c'est, I, 133, 134.

Punitions. Avec quelle moderation on en doit faire usage dans une republique : cause du danger de leur multiplicité et de leur severité, II, 29. Voyez *Peines.*

Pupilles. Dans quel cas on pouvoit ordonner le combat judiciaire dans les affaires qui les regardoient, III, 191.

Pureté corporelle. Les peuples qui s'en sont formé une idée ont respecté les prêtres, III, 43.

Pyrénées. Renferment-elles des mines précieuses? II, 356.

PYTHAGORE. Est-ce dans ses nombres qu'il faut chercher la raison pourquoi un enfant naît à sept mois? III, 279.

Q.

Questeur du parricide. Par qui étoit nommé, et quelles étoient ses fonctions à Rome, I, 464.

Question ou *torture.* L'usage en doit être aboli : exemples qui le prouvent, I, 297. — Peut subsister dans les états despotiques, 298. — C'est l'usage de ce supplice qui rend la peine des faux témoins capitale en France ; elle ne l'est point en Angleterre, parce qu'on n'y fait point usage de la question, III, 267.

Questions de droit. Par qui étoient jugées à Rome, I, 461.

Questions de fait. Par qui, I, 461.

Questions perpétuelles. Ce que c'étoit : changement qu'elles causèrent à Rome, I, 326, 465.

QUINTUS CINCINNATUS. La maniere dont il vint à bout de lever une armée à Rome, malgré les tribuns, prouve combien les Romains étoient religieux et vertueux, I, 357.

R.

Rachat. Origine de ce droit féodal, III, 469.

RACHIS. Ajouta de nouvelles lois à celles des Lombards, III, 199.

RACINE. Eloge de la Phèdre de ce poete, III, 69.

Raguse. Durée des magistratures de cette republique, I, 150.

Raillerie. Le monarque doit toujours s'en abstenir, II, 45.

Raison. Il y en a une primitive, qui est la source de toutes les lois, I, 126. — Ce que l'auteur pense de la raison portée à l'excès, 436. — Ne produit jamais de grands effets sur l'esprit des hommes, II, 250. — La resistance qu'on lui oppose est son triomphe, III, 254.

Rangs. Ceux qui sont établis parmi nous sont utiles : ceux qui sont établis aux Indes, par la religion, sont pernicieux, III, 29. — En quoi consistoit leur difference chez les anciens Francs, 158.

RAOUL, *duc de Normandie.* Accorde les coutumes de cette province, III, 252.

Rappel. Voyez *Successions.*

Rapport. Les lois sont les rapports qui dérivent de la nature des choses, I, 125. — Celui de Dieu avec l'univers, 126. — De ses lois avec sa sagesse et sa puissance, *ibid.* Les rapports de l'équité sont antérieurs à la loi positive qui les établit, 127.

Rapt. De quelle nature est ce crime, II, 8.

Rareté de l'or et de l'argent. Sous combien d'acceptions on peut prendre cette expression : ce que c'est relativement au change : ses effets, II, 380 et suiv.

Rathimburges. Étoient la même chose que les juges ou les échevins, III, 356.

Receleurs. Punis en Grèce, à Rome et en France de la même peine que le voleur ; cette loi, qui étoit juste en Grèce et à Rome, est injuste en France : pourquoi, III, 268, 269.

Recesuinde. La loi par laquelle il permettoit aux enfans d'une femme adultère d'accuser leur mère, étoit contraire à la nature, III, 68 — Fut un des réformateurs des lois des Wisigoths, 129. — Proscrivit les lois romaines, 144. — Leva la prohibition des mariages entre les Goths et les Romains : pourquoi, *ibid.* 145. — Voulut inutilement abolir le combat judiciaire, 171.

Recommander. Ce que c'étoit que se recommander pour un bénéfice, III, 355.

Récompenses. Trop fréquentes annoncent la décadence d'un état, I, 251 — Le despote n'en peut donner à ses sujets qu'en argent ; le monarque en honneurs qui conduisent à la fortune ; et la république en honneurs seulement, *ibid.* — Une religion qui n'en promettroit pas pour l'autre vie, n'attacheroit pas beaucoup, III, 39.

Réconciliation. La religion en doit fournir un grand nombre de moyens, lorsqu'il y a beaucoup de sujets de haine dans un état, III, 23.

Reconnaissance. Est une vertu prescrite par une loi antérieure aux lois positives, I, 127.

Régale. Ce droit s'étend-il sur les églises des pays nouvellement conquis, parce que la couronne du roi est ronde ? III, 279.

Régie des revenus de l'état. Ce que c'est : ses avantages sur les fermes ; exemples tirés des grands états, II, 71 et suiv.

Registre Ohm. Ce que c'est, III, 239.

Registres publics. A quoi ont succédé : leur utilité, III, 250.

Reines régnantes et douairières. Il leur étoit permis, du temps de Gontran et de Childeberg, d'aliéner pour toujours, même par testament, les choses qu'elles tenoient du fisc, III, 401.

Religion. L'auteur en parle, non comme théologien, mais comme politique : il ne veut qu'unir les intérêts de la vraie religion avec la politique : c'est être fort injuste que de lui prêter d'autres vues, III, 2. — C'est par ses lois que Dieu rappelle sans cesse l'homme à lui, I, 129. — Pourquoi a tant de force dans les états despotiques, 155. — Est, dans les états despotiques, supérieure aux volontés du prince, 174. — Ne borne point, dans une monarchie, les volontés du prince, 175. — Ses engagemens ne sont point conformes à ceux du monde ; et c'est là une des principales sources de l'inconséquence de notre conduite, 186. — Quels sont les crimes qui l'intéressent, II, 5. — Peut mettre un peu de liberté dans les états despotiques, 45 —Raisons physiques de son immutabilité en Orient, 83. — Doit, dans les climats chauds, exciter les hommes à la culture des terres, 85.

A-t-on droit, pour travailler à sa propagation, de réduire en esclavage ceux qui ne la professent pas ? C'est cette idée qui encouragea les destructeurs de l'Amérique dans leurs crimes, 108.—Gouverne les hommes concurremment avec le climat, les lois, les mœurs, etc. De là naît l'esprit général d'une nation, 218. — Corrompit les mœurs à Corinthe, 309. — A établi, dans certains pays, divers ordres de femmes légitimes, 455.—C'est par raison de climat qu'elle veut, à Formose, que la prêtresse fasse avorter les femmes qui accoucheroient avant l'âge de trente-cinq ans, 446.—Les principes des différentes religions tantôt choquent, tantôt favorisent la propagation, 466. — Entre les fausses, la moins mauvaise est celle qui contribue le plus au bonheur des hommes dans cette vie, III, 1. — Vaut-il mieux n'en avoir point du tout que d'en avoir une mauvaise ? 3. — Est-elle un motif reprimant ? Les maux qu'elle a faits sont-ils comparables aux biens qu'elle a faits ? ibid.—Doit donner plus de conseils que de lois, 10, 11.—Quelle qu'elle soit, elle doit s'accorder avec les lois de la morale, 12.- Ne doit pas trop porter à la contemplation, 15.—Quelle est celle qui ne doit point avoir de crimes inexpiables, 17.—Comment sa force s'applique à celle des lois civiles : son principal but doit être de rendre les hommes bons citoyens, 18 et suiv.—Celle qui ne promet ni récompenses, ni peines dans l'autre vie, doit être soutenue par des lois sévères, et sévèrement exécutées, 18.—Celle qui admet la fatalité absolue endort les hommes : il faut que les lois civiles les excitent, ibid.—Quand elle defend ce que les lois civiles doivent permettre, il est dangereux que, de leur côté, elles ne permettent ce qu'elle doit condamner, 19. — Quand elle fait dépendre la régularité de certaines pratiques indifférentes, elle autorise la débauche, les déreglemens et les haines, 19, 20. — C'est une chose bien funeste, quand elle attache la justification à une chose d'accident, 20. — Celle qui ne promettroit, dans l'autre monde, que des recompenses, et point de punitions, seroit funeste, 20.—Comment celles qui sont fausses sont quelquefois corrigées par les lois civiles, 21. — Comment ses lois corrigent les inconveniens de la constitution politique, 22.—Comment peut arrêter l'effet des haines particulieres, 23. — Comment ses lois ont l'effet des lois civiles, 24. — Ce n'est pas la vérité ou la fausseté des dogmes qui les rend utiles ou pernicieuses, c'est l'usage ou l'abus qu'on fait de ces dogmes, 25 et suiv.— Ce n'est pas assez qu'elle établisse un dogme, il faut qu'elle le dirige, 27. Il est bon qu'elle nous mène à des idées spirituelles, ibid. — Comment peut encourager la propagation, 28. — Usages avantageux ou pernicieux qu'elle peut faire de la metempsycose, ibid.—Ne doit jamais inspirer d'aversion pour les choses indifferentes, 29. — Ne doit inspirer de mépris pour rien que pour les vices, 30. — Doit être fort reservée dans l'établissement des fêtes qui obligent à la cessation du travail · elle doit même, à cet egard, consulter le climat, 30, 31. - Est susceptible de lois lu cales, relatives à la nature et aux productions du climat, 32. — Moyens de la rendre plus generale, *ibid.* — Il y a de l'inconvenient à transporter une religion d'un pays a un autre, 33 et suiv. — Celle qui est fondee sur le climat ne peut sortir de son pays, 35. — Toute religion doit avoir des dogmes particuliers et un culte général, *ibid.* — *Differentes causes de l'attachement plus ou moins fort que l'on peut avoir pour sa religion.* 1° L'idolâtrie nous attire sans nous attacher : la spiritualité ne nous attire guere; mais nous y sommes attachés; 2° la spiritualité, jointe aux idees sensibles dans le culte, attire et attache : de la les catholiques tiennent plus à leur religion que les protestans à la leur; 3° la spiritualité jointe à une idee de distinction de la part de la divinité : de là tant de bons musulmans; 4° beaucoup de pratiques qui occupent : de la l'attachement des mahometans et des juifs, et l'indifference des barbares; 5° la promesse des recompenses, et la crainte des peines; 6° la pureté de la morale; 7° la magnificence du culte ; 8° l'etablissement des temples, 36 et suiv. — Nous aimons, en fait de religion, tout ce qui suppose un effort, 44. — Pourquoi a introduit le celibat de ses ministres, *ibid.* — Bornes que les lois civiles doivent mettre aux richesses de ses ministres, 45. — Il y faut faire des lois d'epargne, 48. — Ne doit pas, sous pretexte de dons, exiger ce que les necessites de l'etat ont laissé aux peuples, 49. — Ne doit pas encourager les depenses des funérailles, *ibid.* — Celle qui a beaucoup de ministres doit avoir un pontife, 50. — Quand on en tolère plusieurs dans un état, on doit les obliger de se tolerer entre elles, 51. — Celle qui est réprimée devient elle-même tôt ou tard réprimante, *ibid.* — Il n'y a que celles qui sont intolerantes qui aient du zele pour leur propagation, 52. — C'est une entreprise fort dangereuse pour un prince, même despotique, de vouloir charger celle de son etat : pourquoi, 53. — Pour en faire changer, les invitations, telles que sont la faveur, l'esperance de la fortune, etc., sont plus fortes que les peines, 54. — Excès horribles et inconséquences monstrueuses qu'elle produit quand elle degenere en superstition, 55 et suiv. Elle court risque d'être cruellement persecutée et bannie, si elle resiste avec roideur aux lois civiles qui lui sont opposées, 61. 62. — Sa propagation est difficile, surtout dans les pays eloignés, dont le climat, les lois, les mœurs et les manières sont differens de ceux où elle est née, et encore plus dans les grands empires despotiques, *ibid.* — Les Europeens insinuent la leur dans les pays étrangers par le moyen des connaissances qu'ils y portent : les disputes s'elevent entre eux ; ceux qui ont quelque intérêt sont avertis : on proscrit la religion et ceux qui la prêchent, *ibid.* — C'est la seule chose fixe qu'il y ait dans un état despotique, 65. — D'où vient sa principale force, *ibid.* — C'est elle qui, dans certains états, fixe le trône dans certaines familles, 73. — On ne doit point decider par ses préceptes, lorsqu'il s'agit de la loi naturelle, 74. — Ne doit pas ôter la defense naturelle par des austerites de pure discipline, *ibid.* — Ses lois ont plus de sublimité, mais moins d'etendue que les lois civiles, 77. — Objet de ses lois, *ibid.* — Les principes de ses lois peuvent rarement régler ce qui doit l'être par les principes du droit civil, *ibid.* et suiv. — Dans quels cas on ne doit pas suivre sa loi qui defend, mais la loi civile qui permet, 80. Dans quels cas il faut suivre ses lois, à l'égard des mariages, et dans quels cas il faut suivre les lois civiles, 82 et suiv. — Les idees de religion ont souvent jeté les hommes dans de grands egaremens, 88. — Quel est son esprit, *ibid.* — De ce qu'elle a consacré un usage, il ne faut pas conclure que cet usage est naturel, *ibid.* — Est il necessaire de la rendre uniforme dans toutes les parties de l'etat? 284. Dans quelles vues l'auteur a parlé de la vraie, et dans quelle vue il a parlé des fausses, IV, 54 et suiv.

Religion catholique. Convient mieux a une monarchie que la protestante, III, 8.

Religion chretienne. Combien nous a rendus meilleurs, I, 385. — Il est presque impossible qu'elle s'etablisse jamais à la Chine, II, 255, 256. — Peut s'allier très-difficilement avec le despotisme, facilement avec la monarchie et le gouvernement republicain, 256, III, 5, 6. — Sepaie l'Europe du reste de l'univers; s'oppose à la reparation des pertes qu'elle fait du côté de la population, II, 475. — A pour objet le bonheur eternel et temporel des hommes: elle veut donc qu'ils aient les meilleures lois politiques et civiles, III, 2. — Avantages qu'elle a sur toutes les autres religions, même par rapport à cette vie, 5. — N'a pas seulement pour objet notre felicité future, mais elle fait notre bonheur dans ce monde: preuves par faits, 6. — Pourquoi n'a point de crimes inexpiables: beau tableau de cette religion, 17. — L'*Esprit des lois* n'etant qu'un ouvrage de pure politique et de pure jurisprudence, l'auteur n'a pas eu pour objet de faire croire la religion chretienne, mais il a cherche a la faire aimer, IV, 3, 4. — Preuves que M. de Montesquieu la croyoit et l'aimoit, 10. — Ne trouve d'obstacles nulle part ou Dieu la veut etablir, 50. Voyez *Christianisme*.

Religion de l'île Formose. La singularité de ses dogmes prouve qu'il est dangereux qu'une religion condamne ce que le droit civil doit permettre, III, 19.

Religion des Indes Prouve qu'une religion qui justifie par une chose d'accident, perd inutilement le plus grand ressort qui soit parmi les hommes, III, 20.

Religion des Tartares de Gengiskan. Ses dogmes singuliers prouvent qu'il est dangereux qu'une religion condamne ce que le droit civil doit permettre, III, 19.

Religion juive, *a été autrefois chérie de Dieu; elle doit donc l'être encore*: refutation de ce raisonnement, qui est la source de l'aveuglement des Juifs, III, 56 et suiv.

Religion naturelle Est ce en être sectateur de dire que l'homme pouvoit à tous les instans, oublier son createur, et que Dieu l'a rappelé à lui par les lois de la religion? IV, 17; que le suicide est, en Angleterre, l'effet d'une maladie? 26. — Est-ce en être sectateur que d'expliquer quelque chose de ses principes, 28, 29. — Loin d'etre la même chose que l'atheisme, c'est elle qui fournit les raisonnemens pour le combattre, 29.

Religion protestante. Pourquoi est-elle plus répandue dans le Nord, III, 9.

Religion revelée L'auteur en reconnoît une: preuves, IV, 10.

Remontrances. Ne peuvent avoir lieu dans le despotisme, I. 173.

—Leur utilité dans une monarchie, 229.

Remontrances aux inquisiteurs d'Espagne et de Portugal, où l'injuste cruauté de l'inquisition est démontrée, III, 55 et suiv.

Renonciation a la couronne. Il est absurde de revenir contre par les restrictions tirées de la loi civile, III, 95. — Celui qui la fait, et ses descendans contre qui elle est faite, peuvent d'autant moins se plaindre, que l'état auroit pu faire une loi pour les exclure, 103.

Rentes. Pourquoi elles baissèrent après la découverte de l'Amérique, II, 381.

Rentiers. Ceux qui ne vivent que de rentes sur l'état et sur les particuliers sont ils ceux de tous les citoyens qui, comme les moins utiles à l'état, doivent être les moins ménagés? II, 416.

Repos. Plus les causes physiques y portent les hommes, plus les causes morales les en doivent éloigner, II, 85.

Representans du peuple dans un etat libre. Quels ils doivent être, par qui choisis, et pour quel objet, I, 422 et suiv. — Quelles doivent être leurs fonctions, 424 et suiv.

Republique. Combien il y en a de sortes, I, 138 et suiv. — Comment se change en état monarchique, ou même despotique, 147, 148. — Nul citoyen n'y doit être revêtu d'un pouvoir exorbitant, 148. — Exception a cette règle, *ibid* — Quelle y doit être la durée des magistratures, 150. — Quel en est le principe, 159. — Peinture exacte de son état, quand la vertu n'y regne plus, 161, 162. — Les crimes privés y sont plus publics que dans une monarchie, 166. — L'ambition y est pernicieuse, 169 — Pourquoi les mœurs y sont plus pures que dans une monarchie, 179. — Combien l'education y est essentielle, 186. — Comment peut être gouvernée sagement, et être heureuse, 205 et suiv. — Les recompenses n'y doivent consister qu'en honneurs, 251. — Y doit-on contraindre les citoyens d'accepter les emplois publics? 252. — Les emplois civils et militaires doivent y être réunis, 255 — La vénalité des charges y seroit pernicieuse, 256. — Il y faut des censeurs, *ibid*. — Les fautes y doivent être punies comme les crimes, 256, 257 — Les formalités de justice y sont nécessaires, 266 — Dans les jugemens, on y doit suivre le texte précis de la loi, 267. — Comment les jugemens doivent s'y former, 268. — A qui le jugement des crimes de lese-majesté y doit être confié, et comment on y doit mettre un frein à la cupidité du peuple dans ses jugemens, 270 et suiv. — La clemence y est moins nécessaire que dans la monarchie 302. — Les republiques finissent par le luxe, 315. La continence publique y est necessaire, 321. — Pourquoi les mœurs des femmes y sont si austères, 323. — Les dots des femmes doivent y être mediocres, 333. — La communauté de biens entre mari et femme n'y est pas si utile que dans une monarchie, 334. — Les gains nuptiaux des femmes y seroient pernicieux, *ibid*. — Une tranquillité parfaite, une sécurité entière, sont funestes aux etats républicains, 346. — Proprietés distinctives de ce gouvernement, 359 — Comment pourvoit à sa sûreté, 370 et suiv. — Il y a, dans ce gouvernement, un vice intérieur auquel il n'y a point de remède, et qui le détruit tôt ou tard, *ibid*. — Esprit de ce gouvernement, 373 — Quand et comme peut faire des conquêtes, 392. — Conduite qu'elle doit tenir avec les peuples conquis, 395. — On croit communement que c'est l'etat où il y a plus de liberté, 413. — Quel est le chef d'œuvre de legislation dans une petite republique, 442. — Pourquoi, quand elle conquiert, elle ne peut pas gouverner les provinces conquises autrement que despotiquement, 471. — Il est dangereux d'y trop punir le crime de lese-majeste, II, 29 et suiv. — Comment on y suspend l'usage de la liberté, 32. — Lois qui y sont favorables à la liberté des citoyens, 33. — Quelles y doivent être les lois contre les débiteurs, 34 et suiv. — Tous les citoyens y doivent ils avoir la liberté de sortir des terres de la république, 47. — Quels tributs elle peut lever sur les peuples qu'elle a rendus esclaves de la glebe, 52. — On y peut augmenter les tributs, 65. Quel impôt y est le plus naturel, 64. — Ses revenus sont presque toujours en régie, 72. — La profession des traitans n'y doit pas être honoree, 75. La pudeur des femmes esclaves y doit être à couvert de l'incontinence de leurs maitres, 118, 119. Le grand nombre d'esclaves y est dangereux, 120. — Il est plus dangereux d'y armer les esclaves que dans une monarchie, 121. — Reglemens qu'elle doit faire, touchant l'affranchissement des esclaves, 126 et suiv. — L'empire sur les femmes n'y pourroit pas être bien exercé, 144. Il s'en trouve plus souvent dans les pays steriles que dans les pays fertiles, 175 et suiv. — Il y a des pays où il seroit impossible d'établir ce gouvernement, 216. — S'allie tres-facilement avec la religion chretienne, 236. — Le commerce d'economie y convient mieux que celui de luxe, 266. — On y peut etablir un port franc, 275. — Comment doit acquitter ses dettes, 414 et suiv. — Les bâtards y doivent être plus odieux que dans les monarchies, 435.

Il y en a où il est bon de faire dependre les mariages des magistrats, 456. — On y reprime egalement le luxe de vanité et celui de superstition, III, 48. — L'inquisition n'y peut former que de malhonnêtes gens, 81. — On y doit faire en sorte que les femmes ne puissent s'y prévaloir, pour le luxe, ni de leurs richesses, ni de l'esperance de leurs richesses, 125. — Il y a certaines republiques où l'on doit punir ceux qui ne prennent aucun parti dans les seditions, 257, 258.

République federative. Ce que c'est: cette espece de corps ne peut être detruit : pourquoi, I, 371 et suiv. — De quoi doit être composée, 373. Ne peut que très-difficilement subsister, si elle est composée de républiques et de monarchies : raisons et preuves, 374. — Les etats qui la composent ne doivent point conquerir les uns sur les autres, 392.

Républiques anciennes. Vice essentiel qui les travailloit, I, 423. — Tableau de celles qui existoient dans le monde avant la conquete des Romains. Tous les peuples connus, hors la Perse, etoient alors en republique, 457, 458.

Republiques d'Italie. Les peuples y sont moins libres que dans nos monarchies : pourquoi, I, 419. — Touchent presque au despotisme : ce qui les empêche de s'y precipiter, 420.

Républiques grecques. Dans les meilleures, les richesses étoient aussi onereuses que la pauvreté, I, 311, 312. Leur esprit etoit de se contenter de leurs territoires : c'est ce qui les fit subsister si long-temps, 371.

Répudiation. La faculté d'en user étoit accordée, à Athènes, à la femme comme a l'homme, II, 154. — Différence entre le divorce et la répudiation : la faculté de repudier doit être accordée, partout ou elle a lieu, aux femmes comme aux hommes : pourquoi, *ibid* et suiv. — Est il vrai que, pendant 520 ans, personne n'osa, a Rome, user du droit de repudier accorde par la loi? 155 et suiv. — Les lois sur cette matiere changerent à Rome, à mesure que les mœurs y changerent, 245.

Rescrits. Sont une mauvaise sorte de legislation. pourquoi, III, 285.

Restitutions. Il est absurde de vouloir employer contre la renonciation à une couronne, celles qui sont tirées de la loi civile, III, 95.

Résurrection des corps. Ce dogme, mal dirige, peut avoir des conséquences funestes, III, 26.

Retrait lignager. Pernicieux dans une aristocratie, I, 225. — Utile dans une monarchie, s'il n'etoit accorde qu'aux nobles, 226. — Quand a pu commencer à avoir lieu a l'egard des fiefs, 477.

Revenus publics. Usage qu'on en doit faire dans une aristocratie, I, 221. — Leur rapport avec la liberté : en quoi ils consistent : comment on les peut et on les doit fixer, II, 48.

Revolutions. Ne peuvent se faire qu'avec des travaux infinis, et de bonnes mœurs, et ne peuvent se soutenir qu'avec de bonnes lois, I, 204. — Difficiles et rares dans les monarchies : faciles et frequentes dans les états despotiques, 230 - Ne sont pas toujours accompagnées de guerres, 251. — Remettent quelquefois les lois en vigueur, 448 et suiv.

RHADAMANTE. Pourquoi expedioit-il les procès avec célerite? II, 241.

Rhodes. On y avoit outré les lois touchant la sûrete du commerce, II, 281 — A ete une des villes les plus commerçantes de la Grèce, 509.

RHODES (le marquis DE). Ses rèveries sur les mines des Pyrenees, II, 556.

Rhodiens. Quel étoit l'objet de leur gouvernement, I, 416. — De leurs lois, II, 281. — Leurs lois donnoient le navire et sa charge à ceux qui restoient dedans pendant la tempete ; et ceux qui l'avoient quitte n'avoient rien, III, 106.

RICHELIEU (le cardinal DE). Pourquoi exclut les gens de *bas lieu* de l'administration des affaires dans une monarchie, I, 167 — Preuve de son amour pour le despotisme, 229. — Suppose, dans le prince et dans ses ministres, une vertu impossible, 232. — Donne, dans son testament, un conseil impraticable, III, 276.

Richesses Combien, quand elles sont excessives, rendent injustes ceux qui les possedent, I, 209. — Comment peuvent demeurer egalement partagees dans un état, 305. — Etoient aussi onereuses, dans les bonnes républiques grecques, que la pauvrete, 312. — Effets bienfaisans de celles d'un pays, II, 50. — En quoi les richesses consistent 287. — Leurs causes et leurs effets, 297. — Dieu veut que nous les méprisions : ne lui faisons donc pas voir, en lui offrant nos tresors, que nous les estimons, III, 49.

Ripuaires. La majorité étoit fixée par leur loi, II, 207. — Réunis avec les Saliens sous Clovis, conservèrent leurs usages, III, 127 Quand et par qui leurs usages furent mis par écrit, 128. — Simplicite de leurs lois : causes de cette simplicité, *ibid.* —

Comment leurs lois cessèrent d'être en usage chez les Français, 147 — Leurs lois se contentoient de la preuve negative, 157. Et toutes les lois barbares, hors la loi salique, admettoient la preuve par le combat singulier, 158 — Cas où ils admettoient l'epreuve par le fer, 166. Voyez *Francs ripuaires.*

Rites. Ce que c'est a la Chine, II, 234.

Riz. Les pays qui en produisent sont beaucoup plus peuplés que d'autres, II, 444.

Robe (gens de). Quel rang tiennent en France leur état, leurs fonctions, leur noblesse comparée avec celle de l'epée, II, 286.

Rohan (duche de). La succession des rotures y appartient au dernier des mâles : raisons de cette loi, II, 195.

Rois. Ne doivent rien ordonner à leurs sujets qui soit contraire à l'honneur, I, 182. — Leur personne doit être sacrée, même dans les etats les plus libres, 419 — Il vaut mieux qu'un roi soit pauvre, et son etat riche, que de voir l'etat pauvre, et le roi riche, II, 371. — Leurs droits a la couronne ne doivent se regler par la loi civile d'aucun peuple, mais par la loi politique seulement, III, 94.

Rois d'Angleterre. Sont presque toujours respectés au dehors, et inquiétés au dedans, II, 155. — Pourquoi, ayant une autorité si bornée, ont tout l'appareil et l'extérieur d'une puissance si absolue, *ibid.*

Rois de France. Sont la source de toute justice dans leur royaume, III, 202 et suiv. — On ne pouvoit fausser les jugemens rendus dans leur cour, ou rendus dans celle des seigneurs par des hommes de la cour royale, *ibid.* — Ne pouvoient, dans le siècle de saint Louis, faire des ordonnances générales pour le royaume, sans le concert des barons, 215 — Germe de l'histoire de ceux de la premiere race, 293. — L'usage ou ils etoient autrefois de partager leur royaume entre leurs enfans est une des sources de la servitude de la glebe et des fiefs, 304. — Leurs revenus etoient bornes autrefois à leur domaine, qu'ils faisoient valoir par leurs esclaves, et au produit de quelques péages : preuves, 316 — Dans les commencemens de la monarchie, ils levoient des tributs sur les serfs de leurs domaines seulement; et ces tributs se nommoient *census* ou *cens*, 318. Voyez *Ecclesiastiques, Seigneurs.* — Bravoure de ceux qui regnerent dans le commencement de la monarchie, 351. — En quoi consistoient leurs droits sur les hommes libres, dans les commencemens de la monarchie, 337. — Ne pouvoient rien lever sur les terres des Francs : c'est pourquoi la justice ne pouvoit pas leur appartenir dans les fiefs, mais aux seigneurs seulement, 347, 348. — Leurs juges ne pouvoient autrefois entrer dans aucun fief, pour y faire aucunes fonctions, 348 — Ferocité de ceux de la premiere race : ils ne faisoient pas les lois, mais suspendoient l'usage de celles qui etoient faites, 386. — En quelle qualité ils presidoient, dans les commencemens de la monarchie, aux tribunaux et aux assemblees où se faisoient les lois ; et en quelle qualité ils commandoient les armees, 394, 395 — Époque de l'abaissement de ceux de la premiere race, 399. — Quand et pourquoi les maires les tinrent enfermes dans leurs palais, *ibid.* — Ceux de la seconde race furent electifs et hereditaires en même temps, 425. — Leur puissance directe sur les fiefs. Comment et quand ils l'ont perdue, 453.

Rois de Rome. Etoient electifs-confirmatifs, 1, 413. — Quel etoit le pouvoir des cinq premiers, *ibid.* — Quelle étoit leur competence dans les jugemens, 461.

Rois des Francs. Pourquoi portoient une longue chevelure, II, 203 — Pourquoi avoient plusieurs femmes, et leurs sujets n'en avoient qu'une, 204. — Leur majorité, 206. — Raisons de leur esprit sanguinaire, 211

Rois des Germains. On ne pouvoit l'etre avant la majorité. Inconvéniens qui firent changer cet usage, II, 209. — Etoient différens des chefs; et c'est dans cette différence que l'on trouve celle qui etoit entre le roi et le maire du palais, 595

Romains. Pourquoi introduisirent les actions dans leurs jugemens, 1, 269. — Ont été long temps reglés dans leurs mœurs, sobres et pauvres, 356. — Avec quelle religion ils etoient lies par la foi du serment; exemples singuliers, 357. — Pourquoi plus faciles a vaincre chez eux qu'ailleurs, 381. Leur injuste barbarie dans les conquetes, 386. — Leurs usages ne permettoient pas de faire mourir une fille qui n'etoit pas nubile : comment Tibere concilia cet usage avec sa cruauté, II, 15 Leur sage moderation dans la punition des conspirations, 30. Epoque de la depravation de leurs âmes, 31. Avec quelles précautions ils privoient un citoyen de sa liberté, 32, 33 — Pourquoi pouvoient s'affranchir de tout impôt, 62. — Raisons physiques de la sagesse avec laquelle les peuples du Nord se maintinrent contre leur puissance, 82, 83. — La lèpre etoit inconnue aux premiers Romains, 92. — Ne se tuoient point sans sujet : différence, à cet egard, entre eux et les Anglais, 94. — Leur police touchant les esclaves n'etoit pas bonne, 119. — Leurs esclaves sont devenus redoutables à mesure que les mœurs se sont corrompues, et qu'ils ont fait contre eux des lois plus dures. Detail de ces lois, 124 et suiv. — Mithridate profitoit de la disposition des esprits, pour leur reprocher les formalites de leur justice, 216. — Les premiers ne vouloient point de roi, parce qu'ils en craignoient la puissance; du temps des empereurs, ils ne vouloient point de roi, parce qu'ils n'en pouvoient souffrir les manières, 217. — Trouvoient, du temps des empereurs, qu'il y avoit plus de tyrannie à les priver d'un baladin, qu'à leur imposer des lois trop dures, 218. — Idee bizarre qu'ils avoient de la tyrannie, sous les empereurs, *ibid.*—Etoient gouvernes par les maximes du gouvernement et les mœurs anciennes, *ibid.* — Leur orgueil leur fut utile, parce qu'il etoit joint à d'autres qualites morales, 224. — Motifs de leurs lois au sujet des donations à cause de noces, 244. — Pourquoi leurs navires etoient plus vites que ceux des Indes, 303. — Plan de leur navigation : leur commerce aux Indes n'etoit pas si etendu, mais etoit plus facile que le nôtre, 325. — Ce qu'ils connoissoient de l'Afrique, 328. — Ou etoient les mines d'où ils tiroient l'or et l'argent, 335. — Leur traite avec les Carthaginois, touchant le commerce maritime, 337. — Belle description du danger auquel Mithridate les exposa, 340. — Pour ne pas paroitre conquerans, ils etoient destructeurs : consequences de ce systeme, 341. — Leur genie pour la marine, 341, 342. — La constitution politique de leur gouvernement, leur droit des gens et leur droit civil etoient opposés au commerce,

343. — Comment réussirent à faire un corps d'empire de toutes les nations conquises, 345. — Ne vouloient point de commerce avec les barbares, *ibid.* — N'avoient pas l'esprit de commerce, 346. Leur commerce avec l'Arabie et les Indes, *ibid.* et suiv. — Pourquoi le leur fut plus considerable que celui des rois d'Égypte, 349 — Leur commerce intérieur, 351. — Beauté et humanité de leurs lois, 353. — Ce que devint le commerce après leur affoiblissement en Orient, 354. — Quelle étoit originairement leur monnoie, 375. — Les changemens qu'ils firent dans leur monnoie sont des coups de sagesse qui ne doivent pas être imités, 403 et suiv. — On ne les trouve jamais si superieurs que dans le choix des circonstances où ils ont fait les biens et les maux, 407. — Changemens que leurs monnoies essuyerent sous les empereurs, 409. — Taux de l'usure dans les differens temps de la république : comment on eludoit les lois contre l'usure : ravages qu'elle fit, 419 et suiv. — Etat des peuples avant qu'il y eût des Romains, 450. — Ont englouti tous les etats, et dépeuplé l'univers, *ibid.* Furent dans la necessité de faire des lois pour la propagation de l'espèce : detail de ces lois, 452. — Leur respect pour les vieillards, 458. — Leurs lois et leurs usages sur l'exposition des enfans, 470 — Tableau de leur empire dans le temps de sa decadence : ce sont eux qui sont cause de la depopulation de l'univers, 472, 473. — N'auroient pas commis les ravages et les massacres qu'on leur reproche, s'ils eussent été chretiens, III, 6. — Loi injuste de ce peuple, touchant le divorce, 67. — Leurs réglemens et leurs lois civiles, pour conserver les mœurs des femmes, furent changés quand la religion chrétienne eut pris naissance, 77. — Leurs lois defendoient certains mariages, et même les annuloient, 84. — Designoient les freres et les cousins germains par le même mot, 87. — Quand il s'agit de decider du droit à une couronne, leurs lois civiles ne sont pas plus applicables que celles d'aucun autre peuple, 95. — Origine et révolutions de leurs lois sur les successions, 107. Pourquoi leurs testamens etoient soumis à des formalités plus nombreuses que ceux des autres peuples, 114. — Par quels moyens ils cherchèrent à reprimer le luxe de leurs femmes, auquel leurs premieres lois avoient laissé une porte ouverte, 115 et suiv. - Comment les formalités leur fournissoient des moyens d'eluder la loi, 118. - Tarif de la difference que la loi salique mettoit entre eux et les Francs, 134. — Ceux qui habitoient dans le territoire des Wisigoths étoient gouvernes par le code Theodosien, 137. — La prohibition de leurs mariages avec les Goths fut levée par Recessuinde : pourquoi, 145. — Pourquoi n'avoient point de partie publique, 226. — Pourquoi regardoient comme un deshonneur de mourir sans héritier, 263. — Pourquoi ils inventèrent les substitutions, *ibid.* — Il n'est pas vrai qu'ils furent tous mis en servitude, lors de la conquête des Gaules par les barbares : ce n'est donc pas dans cette pretendue servitude qu'il faut chercher l'origine des fiefs, 295 et suiv. Ce qui a donné lieu à cette fable, 300. — Leurs revoltes, dans les Gaules, contre les peuples barbares conquérans, sont la principale source de la servitude de la glebe et des fiefs, 303 et suiv. — Payoient seuls des tributs, dans les com-

mencemens de la monarchie française : traits d'histoire et passages qui le prouvent, 308 et suiv. — Quelles étoient leurs charges dans la monarchie des Francs, 313 et suiv — Ce n'est point de leur p lice générale que derive ce qu'on appeloit autrefois, dans la monarchie, *census* ou *cens* : ce n'est point de ce *cens* chimerique que derivent les droits des seigneurs : preuves, 524. — Ceux qui dans la domination française etoient libres, marchoient a la guerre sous les comtes, 528. — Leurs usages sur l'usure, IV, 68. Voyez *Droit romain, Lois romaines, Rome.*

Romans de chevalerie. Leur origine, III, 182, 183.

Rome ancienne. Une des principales causes de sa ruine fut de n'avoir pas fixé le nombre des citoyens qui devoient former les assemblées, I, 139. — Tableau raccourci des différentes revolutions qu'elle a essuyées, *ibid.* et suiv. — Pourquoi on s'y determina si difficilement à élever les plébeiens aux grandes charges, 141. — Les suffrages secrets furent une des grandes causes de sa chute, 144 — Sagesse de sa constitution, 146. — Comment défendoit son aristocratie contre le peuple, 148. — Utilité de ses dictateurs, *ibid.* — Pourquoi ne put rester libre apres Sylla, 161. — Source de ses depenses publiques, 202. — Par qui la censure y etoit exercée, 216. — Loi funeste qui y fut etablie par les decemvirs, 220. — Sagesse de sa conduite, pendant qu'elle inclina vers l'aristocratie, 220, 221. — Est admirable dans l'etablissement de ses censeurs, 224. — Pourquoi, sous les empereurs, les magistratures y furent distinguées des emplois militaires, 255. — Combien les lois y influoient dans les jugemens, 267. — Comment les lois y mirent un frein à la cupidité qui auroit pu diriger les jugemens du peuple, 270. — Exemple de l'exces du luxe qui s'y introduisit, 310. Comment les institutions y changèrent avec le gouvernement, 3 6. Les femmes y etoient dans une perpétuelle tutelle : cet usage fut abrogé : pourquoi, 328. — La crainte de Carthage l'affermit, 346. — Quand elle fut corrompue, on chercha en vain un corps dans lequel on pût trouver des juges intègres, 355, 356 — Pendant qu'elle fut vertueuse, les plebeiens eurent la magnanimité d'elever toujours les patriciens aux dignités qu'ils s'étoient rendues communes avec eux, 356. Les associations la mirent en état d'attaquer l'univers, et mirent les barbares en etat de lui résister, 371. — Si Annibal l'eût prise, c'et it fait de la republique de Carthage, 393 — Quel etoit l'objet de son gouvernement, 416. — On y pouvoit a cuser les magistrats : utilité de cet usage, 429. — Ce qui fut cause que le gouvernement changea dans cette republique, 431 — Pourquoi cette republique, jusqu'au temps de Marius, n'a point eté subjuguée par ses propres armées, 433. — Description et causes des revolutions arrivees dans le gouvernement de cet état, 441, 442. Quelle etoit la nature de son gouvernement sous ses rois, 443. — Comment la forme du gouvernement changea sous ses deux derniers rois, 445 — Ne prit pas, apres l'expulsion de ses rois, le gouvernement qu'elle devoit naturellement prendre, 447. — Par quels moyens le peuple y etablit sa liberté : temps et motifs de l'établissement des differentes magistratures, 449. — Comment le peuple s'y assembloit, et quel etoit le temps de ses assemblées, 450. — Comment, dans l'état le plus florissant de la république, elle perdit tout-à-coup sa liberté, 452.—Révolutions qui y furent causées par l'impression que les spectacles y faisoient sur le peuple, 454. — Puissance législative dans cette république, *ibid.* — Ses institutions la sauvèrent de la ruine où les plébéens l'entraînoient par l'abus qu'ils faisoient de leur puissance, *ibid* et suiv. — Puissance exécutrice dans cette république, 457 et suiv. —Belle description des passions qui animoient cette république; de ses occupations, et comment elles étoient partagées entre les différens corps, *ibid.* et suiv — Détail des différens corps et tribunaux qui y eurent successivement la puissance de juger : maux occasionés par ces variations : détail des différentes espèces de jugemens qui y etoient en usage, 459 et suiv. — Maux qu'y causèrent les traitans 468 et suiv. — Comment gouverna les provinces dans les différens degrés de son accroissement, 470 et suiv — Comment on y levoit les tributs, 472. Pourquoi la force des provinces conquises ne fit que l'affoiblir, 473. — Combien les lois criminelles y étoient imparfaites sous ses rois, 11, 3. — Combien il y falloit de voix pour condamner un accusé, 4. — Ce que l'on y nommoit privilege du temps de la république, 53.—Combien on y punissoit un accusateur injuste : précautions pour l'empêcher de corrompre les juges, 53 34.— L'accusé pouvoit se retirer avant le jugement, 34. — La dureté des lois contre les débiteurs a pensé plusieurs fois être funeste à la république : tableau abrégé des évenemens qu'elle occasiona, 55 et suiv. — Sa liberté lui fut procurée par des crimes, et confirmée par des crimes, 56 — C'étoit un grand vice, dans son gouvernement, d'affermer ses revenus, 72. — La république périt, parce que la profession des traitans y fut honorée, 73. — Comment on y punissoit les enfans, quand on eut ôté aux pères le pouvoir de les faire mourir, 126, 127. — On y mettoit les esclaves au niveau des bêtes, 128. Les diverses lois, touchant les esclaves et les affranchis, prouvent son embarras à cet égard, 129. — Ses lois politiques, au sujet des affranchis, étoient admirables, 131. — Est-il vrai que, pendant cinq cent vingt ans, personne n'osa user du droit de répudier, accordé par la loi ? 156, 157 — Quand le péculat commença à y être connu : la peine qu'on lui imposa prouve que les lois suivent les mœurs, 242 — On y changea les lois à mesure que les mœurs y changèrent, 243 et suiv. La politesse n'y est entrée que quand la liberté en est sortie, 259. — Différentes époques de l'augmentation de la somme d'or et d'argent qui y étoit. et du rabais des monnoies qui s'y est toujours fait en proportion de cette augmentation, 405 et suiv.—Sur quelle maxime l'usure y fut réglée, après la destruction de la république, 427. — Les lois y furent peut être trop dures contre les bâtards, 435 — Fut plus affoiblie par les discordes civiles, les triumvirats et les proscriptions, que par aucune guerre, 454. Il y étoit permis à un mari de prêter sa femme à un autre ; et on le punissoit, s'il la souffroit vivre dans la débauche : conciliation de cette contradiction apparente, II, 97. Par qui les lois sur le partage des terres y furent faites, 109. — On n'y pouvoit faire autrefois de testament que dans une assemblée du peuple : pourquoi, 110. — La faculté indéfinie que les citoyens y avoient de tester fut la source de bien des maux, 111. — Pourquoi le peuple y demanda sans cesse les lois agraires, *ibid.* — Pourquoi la galanterie de chevalerie ne s'y est point introduite, 183. — On ne pouvoit entrer dans la maison d'aucun citoyen pour le citer en jugement ; en France, on ne peut pas faire de citations ailleurs : ces deux lois, qui sont contraires, partent du même esprit, 266. — On y punissoit le receleur de la même peine que le voleur : cela etoit juste à Rome ; cela est injuste en France, 268. — Comment le vol y étoit puni : les lois sur cette matière n'avoient nul rapport avec les autres lois civiles, 269 et suiv. — Les médecins y étoient punis de la déportation, ou même de la mort, pour leur négligence ou leur impéritie, 273. — On y pouvoit tuer le voleur qui se mettoit en défense : correctif que la loi avoit apporté à une disposition qui pouvoir avoir de si funestes conséquences, 274. Voyez *Droit romain, Lois romaines, Romains.*

Rome moderne. Tout le monde y est a son aise, excepté ceux qui ont de l'industrie, qui cultivent les arts et les terres, ou qui font le commerce, II, 481. — On y regarde comme conforme au langage de la maltôte, et contraire à celui de l'Ecriture, la maxime qui dit que *le clergé doit contribuer aux charges de l'état*, III, 47.

ROMULUS. La crainte d'être regardé comme tyran empêcha Auguste de prendre ce nom, II, 217. — Ses lois touchant la conservation des enfans, 470. — Le partage qu'il fit des terres est la source de toutes les lois romaines sur les successions, III, 107. — Ses lois sur le partages des terres furent retablies par Servius Tullius, 109.

RORICON, *historien franc.* Étoit pasteur, III, 295.

ROTHARIS, *roi des Lombards.* Déclare, par une loi, que les lepreux sont morts civilement, II, 92. — Ajouta de nouvelles lois à celles des Lombards, III, 129

Royauté. Ce n'est pas un honneur seulement, III, 279, 280.

Ruse. Comment l'honneur l'autorise dans une monarchie, I, 179.

Russie. Reglement tres-sage de Pierre 1er pour la levée des tributs, II, 53 — Pourquoi on y a augmenté les tributs, II, 62. — On y a très prudemment exclu de la couronne tout héritier qui possède une autre monarchie, III, 103.

S.

SABBACON. Histoire admirable de ce roi, III, 8

Sabbat. La stupidité des Juifs, dans l'observation de ce jour, prouve qu'il ne faut point décider par les préceptes de la religion, lorsqu'il s'agit de ceux de la loi naturelle, III, 74.

Sacerdoce. L'empire a toujours du rapport avec le sacerdoce, II, 467.

Sacremens Étoient autrefois refusés à ceux qui mouroient sans donner une partie de leurs biens à l'église, III, 242.

Sacrifices. Quels étoient ceux des premiers hommes, selon Porphyre, III, 43.

Sacrileges. Le droit civil entend mieux ce que c'est que ce crime, que le droit canonique, III, 75.

Sacrilége caché. Ne doit point être poursuivi, II, 6.

Sacriléges simples. Sont les seuls crimes contre la religion, II, 5.—Quelles en doivent être les peines? 6.— Excès monstrueux où la superstition peut porter, si les lois humaines se chargent de les punir, 7.

Saliens. Réunis avec les Ripuaires, sous Clovis, conservèrent leurs usages, III, 127.

Salique. Etymologie de ce mot: explication de la loi que nous nommons ainsi, II, 194 et suiv. Voyez *Loi salique*, *Terre salique*.

SALOMON. De quels navigateurs se servit, II, 301.— La longueur du voyage de ses flottes prouvoit-elle la grandeur de l'éloignement, 302, 303.

Samnites. Cause de leur longue résistance aux efforts des Romains, I, 189, 190.— Coutume de ce peuple sur les mariages, 335.—Leur origine, 336.

Sardaigne (le feu roi de). Conduite contradictoire de ce prince, I, 252.—Etat ancien de cette île: quand et pourquoi elle a été ruinée, II, 176.

Sarrasins. Chassés par Pepin et par Charles Martel, III, 140.—Pourquoi furent appelés dans la Gaule méridionale: révolution qu'ils y occasionèrent dans les lois, 146. Pourquoi dévastèrent la France, et non pas l'Allemagne, 463.

Satisfaction. Voyez *Composition*.

Sauvages. Objet de leur police, I, 416.—Différence qui est entre les sauvages et les barbares, II, 183.— C'est la nature et le climat presque seuls qui les gouvernent, 218.— Pourquoi tiennent peu à leur religion, III, 38.

Saxons. Comment Charlemagne les dompta, I, 388. — Affranchis par Louis le Débonnaire, *ibid.* — Sont originairement de la Germanie, II, 200. — De qui ils reçurent d'abord des lois, III, 128.—Causes de la dureté de leurs lois, 130. — Leurs lois criminelles étoient faites sur le même plan que celles des Ripuaires, 157.

Science. Est dangereuse dans un état despotique, I, 184.

SCIPION. Comment retint le peuple à Rome, après la bataille de Cannes, I, 357. — Par qui fut jugé, 465.

Scolastiques. Leurs rêveries ont causé tous les malheurs qui accompagnèrent la ruine du commerce, II, 258.

Scythes. Leur système sur l'immortalité de l'âme, III, 28. — Il leur étoit permis d'épouser leurs filles, 85.

Secondes noces. Voyez *Noces.*

Seditions. Cas singulier où elles étoient sagement établies par les lois, I, 352. — La Pologne est une preuve que cette loi n'a pu être utilement établie que chez un peuple unique, 353.— Faciles à apaiser dans une république fédérative, 372. — Il est des gouvernemens où il faut punir ceux qui ne prennent pas parti dans une sédition, III, 257, 258.

Seigneurs. Étoient subordonnés au comte, III, 186. — Étoient juges dans leurs seigneuries, assistés de leurs pairs, c'est-à-dire de leurs vassaux, 195, 196. — Ne pouvoient appeler un de leurs hommes, sans avoir renoncé à l'hommage, 195. — Conduite qu'un seigneur devoit tenir, quand sa propre justice l'avoit condamné contre un de ses vassaux, 201 — Moyens dont ils se servoient pour prévenir l'appel de faux jugement, 203. — On étoit obligé autrefois de réprimer l'ardeur qu'ils avoient de juger, et de faire juges, 206 —Dans quel cas on pouvoit plaider contre eux, dans leur propre cour, 209. — Comment saint Louis vouloit que l'on pût se pourvoir contre les jugemens rendus dans les tribunaux de leurs justices, 212. — On ne pouvoit tirer les affaires de leurs cours, sans s'exposer aux dangers de les fausser, 214. — N'étoient obligés, du temps de saint Louis, de faire observer dans leurs justices que les ordonnances royales qu'ils avoient scellées ou souscrites eux-mêmes, ou auxquelles ils avoient donné leur consentement, 215. Étoient autrefois obligés de soutenir eux-mêmes les appels de leurs jugemens : époque de l'abolition de cet usage, 219. — Tous les frais des procès rouloient autrefois sur eux : il n'y avoit point alors de condamnation aux dépens, 224. — Quand commencèrent à ne plus assembler leurs pairs pour juger, 246. — Ce n'est point une loi qui leur a défendu de tenir eux-mêmes leur cour, ou de juger : cela s'est fait peu à peu, 248. — Les droits dont ils jouissoient autrefois, et dont ils ne jouissent plus, ne leur ont point été ôtés comme usurpations : ils les ont perdus par négligence, ou par les circonstances, 249. — Les chartres d'affranchissement qu'ils donnèrent à leurs serfs sont une des sources de nos coutumes, 253. — Levoient, dans les commencemens de la monarchie, des tributs sur les serfs de leurs domaines; et ces tributs se nommoient *census* ou *cens*, 318. Voyez *Roi de France*. — Leurs droits ne dérivent point, par usurpation, de ce cens chimérique que l'on prétend venir de la police générale des Romains, 324. — Sont la même chose que vassaux : étymologie de ce mot, 325. — Le droit qu'ils avoient de rendre la justice dans leurs terres avoit la même source que celui qu'avoient les comtes dans la leur, 334. — Quelle est précisément la source de leurs justices, 345. — Ne doivent point leurs justices à l'usurpation : preuves, 349, 355.

Sel. L'impôt sur le sel, tel qu'on le lève en France, est injuste et funeste, II, 57 — Comment s'en fait le commerce en Afrique, 573.

SÉLEUCUS NICATOR. Auroit-il pu exécuter le projet qu'il avoit de joindre le Pont Euxin à la mer Caspienne? II, 299.

SÉMIRAMIS. Source de ses grandes richesses, II, 297.

Sénat dans une aristocratie. Quand il est nécessaire, I, 147.

Sénat dans une démocratie. Est nécessaire, I, 140. — Doit-il être nommé par le peuple? *ibid.* — Ses suffrages doivent être secrets, 144. — Quel doit être son pouvoir en matière de législation, 146 — Vertus que doivent avoir ceux qui le composent, 213.

Sénat d'Athènes. Pendant quel temps ses arrêts avoient force de loi, I, 146. — N'étoit pas la même chose que l'aréopage, 215.

Sénat de Rome. Pendant combien de temps ses arrêts avoient force de loi, I, 146. — Pensoit que les peines immodérées ne produisoient point leur effet, 290, 291. — Son pouvoir sous les cinq premiers rois, 443. — Étendue de ses fonctions et de son autorité, après l'expulsion des rois, 458. — Sa lâche complaisance pour les prétentions ambitieuses du peuple, 462. — Époque funeste de la perte de son autorité, 466.

Sénateurs dans une aristocratie. Ne doivent point nommer aux places vacantes dans le sénat, I, 148.

Sénateurs dans une démocratie.

Doivent-ils être à vie, ou pour un temps? I, 214.—Ne doivent être choisis que parmi les vieillards: pourquoi, 215.

Sénateurs romains. Par qui les nouveaux étoient nommés, I, 148. — Avantages de ceux qui avoient des enfans sur ceux qui n'en avoient pas, II, 459. — Quels mariages pouvoient contracter, 463.

Sénatus consulte Orphitien. Appela les enfans à la succession de leur mere, III, 125.

Sénatus-consulte Tertullien. Cas dans lesquels il accorda aux mères la succession de leurs enfans, III, 124.

Sennar. Injustices cruelles qu'y fait commettre la religion mahométane, III, 6.

Sens. Influent beaucoup sur notre attachement pour une religion, lorsque les idées sensibles sont jointes à des idées spirituelles, III, 38.

Séparation entre mari et femme, pour cause d'adultère. Le droit civil, qui n'accorde qu'au mari le droit de la demander, est mieux entendu que le droit canonique, qui l'accorde aux deux conjoints, III, 75, 76.

Sépulture. Étoit refusée a ceux qui mouroient sans donner une partie de leurs biens à l'église, III, 242. — Étoit accordée, à Rome, a ceux qui s'étoient tués eux mêmes, 265.

Sérails. Ce que c'est, I, 242. — Ce sont des lieux de délices, qui choquent l'esprit même de l'esclavage, qui en est le principe, II, 118.

Serfs. Devinrent les seuls qui fissent usage du bâton dans les combats judiciaires, III, 177. — Quand et contre qui pouvoient se battre, 191. — Leur affranchissement est une des sources des coutumes de France, 252, 253. — Etoient fort communs vers le commencement de la troisième race. Erreur des historiens à cet égard, 302, 303. — Ce qu'on appeloit *census* ou *cens* ne se levoit que sur eux, dans les commencemens de la monarchie, 318 et suiv.—Ceux qui n'étoient affranchis que par lettres du roi, n'acqueroient point une pleine et entière liberté, 324.

Serfs de la glebe. Le partage des terres qui se fit entre les Barbares et les Romains, lors de la conquête des Gaules, prouve que les Romains ne furent point tous mis en servitude, et que ce n'est point dans cette prétendue servitude générale qu'il faut chercher l'origine des serfs de la glebe, III, 297 et suiv. Voyez *Servitude de la glebe.*

Serment. Combien lie un peuple vertueux, I, 356, 357.— Quand on doit y avoir recours en jugement, II, 241. — Servoit de prétexte aux clercs pour saisir leurs tribunaux, même des matières féodales, III, 240.

Serment judiciaire. Celui de l'accuse, accompagné de plusieurs témoins qui juroient aussi, suffisoit, dans les lois barbares, excepté dans la loi salique, pour le purger, III, 157, 158 — Remède que l'on employoit contre ceux que l'on prevoyoit devoir en abuser, 159. — Celui qui, chez les Lombards, l'avoit prêté pour se défendre d'une accusation, ne pouvoit plus être forcé de combattre, 160. — Pourquoi Gondebaud lui substitua la preuve par le combat singulier, 164. — Ou, et comment il se faisoit, 172.

Services. Les vassaux, dans les commencemens de la monarchie, étoient tenus d'un double service; et c'est dans cette obligation que l'auteur trouve l'origine des justices seigneuriales, III, 338 et suiv.

Service militaire. Comment se faisoit dans les commencemens de la monarchie, III, 328 et suiv.

Servitude. Les politiques ont dit une absurdité, quand ils ont fait dériver la servitude du droit qu'ils attribuent faussement au conquérant de tuer les sujets conquis, I, 387. — Cas unique où le conquérant peut réduire en servitude les sujets conquis, *ibid*. — Cette servitude doit cesser avec la cause qui l'a fait naître, *ibid* — L'impôt par tête est celui qui lui est le plus naturel, II, 64. — Sa marche est un obstacle à son établissement en Angleterre, 96, 97 — Combien il y en a de sortes, 116.—Celle des femmes est conforme au génie du pouvoir despotique, 146. — Pourquoi règne en Asie, et la liberté en Europe, 169 — Est naturelle aux peuples du midi, 294. Voyez *Esclavage*.

Servitude de la glèbe. Ce qui a fait croire que les barbares, qui conquirent l'empire romain, firent un réglement général, qui imposoit cette servitude. Ce réglement, qui n'exista jamais, n'en est point l'origine : où il la faut chercher, III, 302 et suiv.

Servitude domestique. Ce que l'auteur entend par ces mots, II, 134. — Indépendante de la polygamie, 148.

Servitude politique. Depend de la nature du climat, comme la civile et la domestique, II, 159.

SERVIUS TULLIUS. Comment divisa le peuple romain : ce qui résulta de cette division, I, 142. — Comment monta au trône. Changement qu'il apporta dans le gouvernement de Rome, 445. — Sage établissement de ce prince, pour la levée des impôts à Rome, 472.—Rétablit les lois de Romulus et de Numa, sur le partage des terres, et en fit de nouvelles, III, 109. — Avoit ordonné que quiconque ne seroit pas inscrit dans le cens seroit esclave. Cette loi fut conservée. Comment se faisoit il donc qu'il y eût des citoyens qui ne fussent pas compris dans le cens? 118.

SÉVÈRE, empereur. Ne voulut pas que le crime de lèse-majesté indirect eût lieu sous son règne, II, 18.

Sexes. Le charme que les deux sexes s'inspirent est une des lois de la nature, I, 132.—L'avancement de leur puberté et de leur vieillesse dépend des climats; et cet avancement est une des règles de la polygamie, II, 134 et suiv.

SEXTILIUS RUFUS. Blâmé par Cicéron de n'avoir pas rendu une succession dont il étoit fidéicommissaire, III, 120.

SEXTUS. Son crime fut utile à la liberté, II, 36.

SEXTUS PEDUCEUS. S'est rendu fameux pour n'avoir pas abusé d'un fidéicommis, III, 120.

Siamois. Font consister le souverain bien dans le repos : raisons physiques de cette opinion. Les législateurs la doivent combattre, en établissant des lois toutes pratiques, II, 84. Toutes les religions leur sont indifférentes. On ne dispute jamais chez eux sur cette matière, III, 61.

Sibérie. Les peuples qui l'habitent sont sauvages, et non barbares, II, 185. Voyez *Barbares*.

Sicile. Étoit pleine de petits peuples et regorgeoit d'habitans, avant les Romains, II, 450.

SIDNEY (monsieur). Que doivent faire, selon lui, ceux qui représentent le corps d'un peuple, I, 423.

Sièges. Causes de ces défenses opiniâtres, et de ces actions dénaturées que l'on voit dans l'histoire de la Grèce, III, 275.

SIGISMOND. Est un de ceux qui recueillirent les lois des Bourguignons, III, 129.

SIMON, *comte* DE MONTFORT. Est

auteur des coutumes de ce comte, III, 252.

Sixte V. Sembla vouloir renouveler l'accusation publique contre l'adultere, I, 327.

Société. Comment les hommes se sont portés à vivre en société, I, 152 et suiv — Ne peut subsister sans gouvernement, 154. — C'est l'union des hommes, et non pas les hommes memes : d'où il suit que, quand un conquerant auroit le droit de détruire une societe conquise, il n'auroit pas celui de tuer les hommes qui la composent, 386, 387. — Il lui faut, même dans les etats despotiques, quelque chose de fixe : ce quelque chose est la religion, III, 65.

Sociétés. Dans quel cas ont droit de faire la guerre, I, 384.

Sœur. Il etoit permis a Athenes, d'epouser sa sœur consanguine et non pas sa sœur uterine : esprit de cette loi, I, 206. — A Lacedemone il etoit permis d'epouser sa sœur uterine et non pas sa sœur consanguine, 207. — A Alexandrie on pouvoit epouser sa sœur, soit uterine, soit consanguine, *ibid.* — Il y a des pays où la polygamie a fait deferer la succession à la couronne aux enfans de la sœur du roi, à l'exclusion de ceux du roi même, III, 75. — Pourquoi il ne lui est pas permis d'epouser son frere, 86. — Peuples chez qui ces mariages etoient autorisés : pourquoi, 87.

Soldats. Quoique vivant dans le celibat, avoient, à Rome, le privilege des gens maries, II, 466.

Solon. Comment divisa le peuple d'Athenes, I, 142, 143. — Comment corrigea les defectuosités des suffrages donnés par le sort, 143. — Contradiction qui se trouve dans ses lois, 205. — Comment bannit l'oisiveté, 212. — Loi admirable par laquelle il prevoit l'abus que le peuple pourroit faire de sa puissance dans le jugement des crimes, 271. — Corrige à Athenes l'abus de vendre les debiteurs, II, 34. — Ce qu'il pensoit de ses lois devroit servir de modele à tous les législateurs, 240. — Abolit la contrainte par corps à Athènes : la trop grande generalité de cette loi n'etoit pas bonne, 279. — A fait plusieurs lois d'épargne dans la religion, III, 48. — La loi par laquelle il autorisoit, dans certains cas, les enfans à refuser la subsistance a leurs pères indigens, n'etoit bonne qu'en partie, 70. — A quels citoyens il accorda le pouvoir de tester ; pouvoir qu'aucun n'avoit avant lui, 111. — Justification d'une de ses lois, qui paroit bien extraordinaire, 257, 258. — Cas que les prêtres egyptiens faisoient de sa science, 319.

Somptuaires. Voyez Lois somptuaires.

Sophi de Perse. Détrôné de nos jours pour n'avoir pas assez versé de sang, I, 172, 173.

Sort. Le suffrage par sort est de la nature de la democratie : est defectueux : comment Solon l'avoit rectifié à Athènes, I, 143. — Ne doit point avoir lieu dans une aristocratie, 147.

Sortie du royaume. Devroit être permise a tous les sujets d'un prince despotique, II, 47.

Soudans. Leur commerce, leurs richesses et leur force, après la chute des Romains en Orient, II, 354.

Soufflet. Pourquoi est encore regardé comme un outrage qui ne peut se laver que dans le sang, III, 179.

Sourd. Pourquoi ne pouvoit pas tester, III, 113.

Souverains. Moyen fort simple dont usent quelques-uns pour trouver qu'il est bien aisé de gouverner, I, 156. — Dans quel gouvernement le souverain peut être juge, 271 et suiv.

Sparte. Peine fort singulière en usage dans cette republique, I, 280. Voyez *Lacedemone.*

Spartiates. N'offroient aux dieux que des choses communes, afin de les honorer tous les jours, III, 49. Voyez *Lacedemone.*

Spectacles. Revolutions qu'ils causèrent a Rome, par l'impression qu'ils faisoient sur le peuple, I, 454.

SPINOSA. Son système est contradictoire avec la religion naturelle, IV, 30.

Spinosisme. Quoiqu'il soit incompatible avec le deisme, le nouvelliste ecclesiastique les cumule sans cesse sur la tête de M. de Montesquieu : preuves qu'il n'est ni spinosiste ni déiste, IV, 4 et suiv.

Spiritualité. Nous ne sommes guères portes aux idées spirituelles, et nous sommes fort attachés aux religions qui nous font adorer un être spirituel, III, 37.

Stérilité des terres. Rend les hommes meilleurs, II, 176.

Stoïciens. Leur morale etoit, après celle des chrétiens, la plus propre pour rendre le genre humain heureux : detail abregé de leurs principales maximes, III, 13, 14.—Nioient l'immortalité de l'âme : de ce faux principe ils tiroient des consequences admirables pour la societe, 26. — L'auteur a loue leur morale; mais il a combattu leur fatalité, IV, 17. — Le nouvelliste les prend pour des sectateurs de la religion naturelle, tandis qu'ils etoient athees, 29, 30.

STRABON. Son sentiment sur la musique, I, 194.

Subordination des citoyens aux magistrats. Donne de la force aux lois, I, 216. — *des enfans a leur pére.* Utile aux mœurs, 217 — *des jeunes gens aux vieillards.* Maintient les mœurs, 216.

Subsides. Ne doivent point, dans une aristocratie, mettre de difference dans la condition des citoyens, I, 220.

Substitutions. Pernicieuses dans une aristocratie, I, 225.—Sont utiles dans une monarchie, pourvu qu'elles ne soient permises qu'aux nobles, 226. — Gênent le commerce, 227. — Quand on fut obligé de prendre, à Rome, des precautions pour préserver la vie du pupille des embuches du substitue, II, 243.—Pourquoi etoient permises dans l'ancien droit romain, et non pas les fideicommis, III, 114. — Quel etoit le motif qui les avoit introduites a Rome, 263.

Substitutions pupillaires. Ce que c'est, II, 243.

Substitutions vulgaires. Ce que c'est, II, 243. — En quels cas avoient lieu, III, 263.

Subtilité. Est un defaut qu'il faut eviter dans la composition des lois, III, 278.

Succession au trône. Par qui reglee dans les etats despotiques, I, 240.—Comment reglée en Moscovie, *ibid.*—Quelle est la meilleure façon de la regler, 241. —Les lois et les usages des differens pays les règlent differemment; et ces lois et usages, qui paroissent injustes a ceux qui ne jugent que sur les idees de leur pays, sont fondees en raison, III, 70 et suiv. — Ne doit pas se regler par les lois civiles, 94.—Peut être changee, si elle devient destructrice du corps politique pour lequel elle a ete etablie, 102 et suiv. — Cas où l'etat en peut changer l'ordre, 103.

Successions. Un pere peut, dans une monarchie, donner la plus grande partie de la sienne à un seul de ses enfans, I, 227. — Comment sont réglees en Turquie, 239. — à Bantam, *ibid.* — à Pégu, *ibid.* — Appartiennent au dernier des mâles chez les Tartares, dans quelques petits districts de l'Angleterre, et dans le duché de Rohan, en Bretagne : raisons de cette loi, II, 193. — Quand l'usage d'y rappeler la fille et les enfans de la fille s'introduisit parmi les Francs : motifs de ces rappels, 196 et suiv.—Ordre bizarre etabli par la l i salique sur l'ordre des successions : raisons et source de cette bizarrerie, *ibid.* — Leur ordre dépend des principes du droit politique ou civil, et non pas des principes du droit naturel, III, 71 et suiv. — Est-ce avec raison que Justinien regarde comme barbare le droit qu'ont les mâles de succeder au préjudice des filles, *ibid.*—L'ordre en doit être fixe dans une monarchie, 94.—Origine et révolutions des lois romaines sur cette matière, 107, 126.—On en etendit le droit, a Rome, en faveur de ceux qui se prêtoient aux vues des lois faites pour augmenter la population, 122 et suiv.—Quand commencèrent à ne plus être regis par la loi Voconienne, 124. — Leur ordre, à Rome, fut tellement changé sous les empereurs, qu'on ne reconnoit plus l'ancien, 125, 126. — Origine de l'usage qui a permis de disposer, par contrat de mariage, de celles qui ne sont pas ouvertes, 475 et suiv.

Successions ab intestat. Pourquoi si bornées à Rome, et les successions testamentaires si etendues, III, 110.

Successions testamentaires. Voyez *Successions ab intestat.*

Suède. Pourquoi on y a fait des lois somptuaires, I, 315.

Suez. Sommes immenses que le vaisseau royal *de Suez* porte en Arabie, II, 347.

Suffrages. Ceux d'un peuple souverain sont ses volontés, I, 138. — Combien il est important que la manière de les donner dans une democratie soit fixee par les lois, 139. — Doivent se donner differemment dans la democratie et dans l'aristocratie, 143.—De combien de manieres ils peuvent être donnés dans une democratie, 143, 144. — Comment Solon, sans gêner les suffrages par sort, les dirigea sur les seuls personnages dignes des magistratures, 144.—Doivent-ils être publics, ou secrets, soit dans une aristocratie, soit dans une democratie, 144, 145. — Ne doivent point être donnés par le sort dans une aristocratie, 147.

Suicide. Est contraire à la loi naturelle et à la religion revelee. De celui ces Romains, de celui des Anglais : peut-il être puni chez ces derniers? II, 94.—Les Grecs et les Romains le punissoient, mais dans des cas differens, III, 264, 265. — Il n'y avoit point de loi à Rome, du temps de la republique, qui punit ce crime ; il etoit même regardé comme une bonne action, ainsi que sous les premiers empereurs : les empereurs ne commencèrent à le punir que quand ils furent devenus aussi avares qu'ils avoient été cruels, 265. — La loi qui punissoit celui qui se tuoit par foiblesse etoit vicieuse, 281.— Est-ce être sectateur de la loi naturelle, que de dire que le suicide est, en Angleterre, l'effet d'une maladie ? IV, 26.

Suions, nation germaine. Pourquoi vivoient sous le gouvernement d'un seul, I, 312.

Suisse. Quoiqu'on n'y paie point de tributs, un Suisse y paie quatre fois plus à la nature, qu'un Turc ne paie au sultan, II, 62.

Suisses (Ligues). Sont une république federative, et par la regardée en Europe comme éternelle, I, 371. — Leur république federative est plus parfaite que celle d'Allemagne, 575.

Sujets. Sont portés, dans la monarchie, à aimer le prince, II, 38, 39.

Sultans. Ne sont pas obligés de tenir leur parole, quand leur autorité est compromise, I, 172.—Droit qu'ils prennent ordinairement sur la valeur des successions des gens du peuple, 239. — Ne savent être justes qu'en outrant la justice, III, 105.

Superstition. Excès monstrueux où elle peut porter, II, 7. — Sa force et ses effets, 189. Est chez les peuples barbares, une des sources de l'autorité des prêtres, 213. — Toute religion qui fait consister le mérite de ses sectateurs dans des pratiques superstitieuses, autorise les desordres la debauche et les haines, III, 18. — Son luxe doit être reprimé : il est impie, 48.

Supplices. Conduite que les legislateurs doivent tenir, à cet egard, suivant la nature des gouvernemens, I, 278 et suiv. — Leur augmentation annonce une revolution prochaine dans l'etat, 279.—A quelle occasion celui de la roue a été inventé : n'a pas eu son effet : pourquoi, 284. — Ne doivent pas être les mêmes pour les voleurs que pour les assassins, 296.—Ce que c'est, et à quels crimes doivent être appliqués, II, 8. — Ne rétablissent point les mœurs, n'arrêtent point un mal général, 234, 235

Sûreté du citoyen. Ce qui l'attaque le plus, II, 5.—Peines que méritent ceux qui la troublent, 8.

Suzerain Voyez *Seigneur.*

Sylla. Etablit des peines cruelles, pourquoi, I, 293. — Loin de punir il recompensa les calomniateurs, II, 27.

Synode. Voyez *Troyes.*

Syracuse. Causes des revolutions de cette republique, I, 341, 342. Dut sa perte à la defaite des Atheniens, 344. L'ostracisme y fit mille maux, tandis qu'il etoit une chose admirable a Athènes, III, 202

Syrie Commerce de ses rois après Alexandre, II, 319.

Systeme de l'av. Fit diminuer le prix de l'argent, II, 382. — A pensé ruiner la France, 402.— Occasiona une loi injuste et funeste, qui avoit été sage et juste du temps de Cesar, III, 261.

T.

Tacite, *empereur.* Loi sage de ce prince au sujet du crime de lèse-majesté, II, 27.

Tacite. Erreur de cet auteur prouvée, II, 422. — Son ouvrage sur les mœurs des Germains est court, parce que, voyant tout, il abrege tout. On y trouve les codes des lois barbares, III, 289.—Appelle *comites* ce que nous appelons aujourd'hui *vassaux*, 290.

Talion (la loi du). Est fort en usage dans les états despotiques; comment on en use dans les etats modérés, I, 500. Voyez *Peine du talion.*

Tao. Consequences affreuses qu'il tire du dogme de l'immortalité de l'ame, III, 26.

Tarquin. Comment monta sur le trône : changemens qu'il apporta dans le gouvernement : causes de sa chute, I, 415 — L'esclave qui decouvrit la conjuration faite en sa faveur fut dénonciateur seulement, et non temoin, II, 26

Tartares. Leur conduite avec les Chinois est un modele de conduite pour les conquerans d'un grand etat. I, 409. — Pourquoi obligés de mettre leur nom sur leurs fleches : cet usage peut avoir des suites funestes, II, 39. — Ne levent presque point de taxe sur les marchandises qui passent, 61. Les pays qu'ils ont desolés ne sont pas encore retablis, 176. — Sont barbares et non sauvages, 183. — Leur servitude, 190. — Devroient être libres; sont cependant dans l'esclavage politique : raison de cette singularité, 191. — Quel est leur droit des gens: pourquoi, ayant des mœurs si douces entre eux, ce droit est si cruel, 192. — La succession appartient, chez eux, au dernier des mâles : raison de cette loi, 195. Ravages qu'ils ont faits dans l'Asie, et comment ils y ont detruit le commerce, 209. — Les vices de ceux de Gengiskan venoient de ce que leur religion defendoit ce qu'elle auroit du permettre, et de ce que leurs loix civiles permettoient ce que la religion auroit du defendre, III, 19. Pourquoi n'ont point de temples : pourquoi si tolerans en fait de religion, 4. — Pourquoi peuvent epouser leurs filles et non pas eurs meres, 85

Taxes sur les marchandises. Sont les plus commodes et les moins onereuses, II, 55. — Il est quelquefois dangereux de taxer le prix des marchandises, 384. — *sur les personnes*. Dans quelle proportion doivent être imposers, II, 54. — *sur les terres*. Bornes qu'elles doivent avoir, *ibid*.

Temoins. Pourquoi il en faut deux pour faire condamner un accusé, II, 4. — Pourquoi le nombre de ceux qui sont requis par les lois romaines pour assister à la confection d'un testament fut fixé à cinq, III, 115. — Dans les lois barbares, autres que la salique, les temoins formoient une preuve negative complete, en jurant que l'accusé n'etoit pas coupable, 157. L'accusé pouvoit, avant qu'ils eussent eté entendus en justice, leur offrir le combat judiciaire : quand et comment ils pouvoient le refuser, 192. — Deposoient en public : abrogation de cet usage, 221, 222 — La peine contre les faux temoins est capitale en France; elle ne l'est point en Angleterre : motifs de ces deux lois, 267.

Temples. Leurs richesses attachent à la religion, III, 19. Leur origine, 10 — Les peuples qui n'ont point de maisons ne bâtissent point de temples, *ibid*. — Les peuples qui n'ont point de temples ont peu d'attachement pour leur religion, 41.

Terrain. Comment sa nature influe sur les lois, II, 171 et suiv. — Plus il est fertile, plus il est propre à la monarchie, 173.

Terre. C'est par le soin des hommes qu'elle est devenue plus propre à être leur demeure, II, 179. — Ses parties sont plus ou moins peuplées, suivant ses differentes productions, 443.

Terre salique Ce que c'etoit chez les Germains, II, 194. Ce n'etoit point des fiefs; loi et suiv.

Terres. Quand peuvent être egalement partagées entre les citoyens, I, 204 — Comment doivent être partagées entre les citoyens d'une democratie, 210. Peuvent elles être partagées egalement dans toutes les democraties, 213. — Est-il à propos, dans une republique, d'en faire un nouveau partage, lorsque l'ancien est confondu, 309. — Bornes que l'on doit mettre aux taxes sur les terres, II, 54.

— Rapport de leur culture avec la liberté, 172 et suiv. — C'est une mauvaise loi que celle qui défend de les vendre, 411. — Quelles sont les plus peuplées, 443. — Leur partage fut rétabli à Rome par Servius Tullius, III, 169. — Comment furent partagées dans les Gaules, entre les barbares et les Romains, 298 et suiv.

Terres censuelles. Ce que c'étoit autrefois, III, 325.

Tertullien. Voyez *Sénatus-consulte Tertullien.*

Testament. Les anciennes lois romaines sur cette matière, n'avoient pour objet que de proscrire le célibat, II, 460 et suiv. — On n'en pouvoit faire, dans l'ancienne Rome, que dans une assemblée du peuple : pourquoi, III, 110. — Pourquoi les lois romaines accordoient-elles la faculté de se choisir, par testament, tel héritier que l'on jugeoit à propos, malgré toutes les précautions que l'on avoit prises pour empêcher les biens d'une famille de passer dans une autre? *ibid.* — La faculté indéfinie de tester fut funeste à Rome, 111. — Pourquoi, quand on cessa de les faire dans les assemblées du peuple, il fallut y appeler cinq témoins, 112. — Toutes les lois romaines sur cette matière dérivent de la vente que le testateur faisoit autrefois, de sa famille, à celui qu'il instituoit son héritier, *ibid.* — Pourquoi la faculté de tester étoit interdite aux sourds, aux muets et aux prodigues, 113. — Pourquoi le fils de famille n'en pouvoit pas faire, même avec l'agrément de son père, en la puissance duquel il étoit, *ibid.* — Pourquoi soumis, chez les Romains, à de plus grandes formalités que chez les autres peuples, 114. — Pourquoi devoit être conçu en paroles directes et impératives. Cette loi donnoit la faculté de substituer; mais ôtoit celle de faire des fidéicommis, *ibid.* — Pourquoi celui du père étoit nul, quand le fils étoit prétérit; et valable, quoique la fille le fût, *ibid.* — Les parens du défunt étoient obligés autrefois, en France, d'en faire un en sa place, quand il n'avoit pas testé en faveur de l'église, 242. Ceux des suicides étoient exécutés à Rome, 265.

Testament in procinctu. Ce que c'étoit : il ne faut pas le confondre avec le testament militaire, III, 111.

Testament militaire. Quand, par qui, et pourquoi il fut établi, III, 111.

Testament per æs et libram. Ce que c'étoit, III, 112.

Thébains. Ressource monstrueuse à laquelle ils eurent recours, pour adoucir les mœurs des jeunes gens, I, 198.

Théodore Lascaris. Injustice commise sous son règne, sous prétexte de magie, II, 11.

Théodoric, roi d'Austrasie. Fit rédiger les lois des Ripuaires, des Bavarois, des Allemands, et des Thuringiens, III, 127.

Théodoric, roi d'Italie. Comment adopte le roi des Hérules, II, 210. — Abolit le combat judiciaire chez les Ostrogoths, III, 171.

Théodose, empereur. Ce qu'il pensoit des paroles criminelles, II, 22. — Appela les petits-enfans à la succession de leur aïeul maternel, III, 126.

Théologie. Est-ce cette science, ou la jurisprudence, qu'il faut traiter dans un livre de jurisprudence, IV, 51, 52.

Théologiens. Maux qu'ils ont faits au commerce, II, 357, 358.

Théophile, empereur. Pourquoi ne vouloit pas, et ne devoit pas vouloir que sa femme fît le commerce, II, 283.

DES MATIÈRES. 467

Théophraste. Son sentiment sur la musique, 1, 194.

Thésée. Ses belles actions prouvent que la Grèce étoit encore barbare du son temps, III, 24.

Thibaut. C'est ce roi qui a accordé les coutumes de Champagne, III, 252.

Thomas More. Petitesse de ses vues en matière de législation, III, 285.

Thuringiens. Simplicité de leurs lois : par qui furent rédigées, III, 128. — Leurs lois criminelles étoient faites sur le même plan que les ripuaires, 157. — Leur façon de procéder contre les femmes adultères, 166.

Tibère. Se donna bien de garde de renouveler les anciennes lois somptuaires de la république, à laquelle il substituoit une monarchie, 1, 315. — Par le même esprit, il ne voulut pas qu'on défendit aux gouverneurs de mener leurs femmes dans les provinces, 314. — Par les vues de la même politique, il manioit avec adresse les lois faites contre l'adultère, 330, 331. — Abus énorme qu'il commit dans la distribution des honneurs et des dignités, 348. — Attacha aux écrits la peine du crime de lèse-majesté ; et cette loi donna le dernier coup à la liberté, II, 23. — Raffinement de cruauté de ce tyran, 25. — Par une loi sage, il fit que les choses qui représentoient la monnoie devinrent la monnoie même, 376. — Ajouta à la loi Pappienne, 462.

Timur. S'il eût été chrétien, il n'eût pas été si cruel, III, 6.

Tite-Live. Erreur de cet historien, 1, 553.

Toison d'or. Origine de cette fable, II, 510.

Tolérance. L'auteur n'en parle que comme politique, et non comme théologien, III, 51. — Les théologiens mêmes distinguent entre tolérer une religion et l'approuver, ibid. — Quand elle est accompagnée de vertus morales, elle forme le caractère le plus sociable, 12. — Quand plusieurs religions sont tolérées dans un état, on doit les obliger à se tolérer entre elles, 51. — On doit tolérer les religions qui sont établies dans un état, et empêcher les autres de s'y établir. Dans cette règle n'est point comprise la religion chrétienne, qui est le premier bien, 52. — Ce que l'auteur a dit sur cette matière est-il un avis au roi de la Cochinchine, pour fermer la porte de ses états à la religion chrétienne, IV, 49 et suiv.

Tonquin. Toutes les magistratures y sont occupées par des eunuques, II, 152. — C'est le physique du climat qui fait que les pères y vendent leurs filles, et y exposent leurs enfans, 446.

Toulouse. Cette comté devint-elle héréditaire sous Charles-Martel, III, 457.

Tournois. Donnèrent une grande importance à la galanterie, III, 185.

Traitans. Leur portrait, 1, 468. — Comment regardés autrefois en France ; danger qu'il y a de leur donner trop de crédit, ibid. — Leur injustice détermina Publius Rutilius à quitter Rome, ibid. — On ne doit jamais leur confier les jugemens, 470. — Les impôts qui donnent occasion au peuple de frauder enrichissent les traitans, ruinent le peuple, et perdent l'état, II, 58. — Tout est perdu lorsque leur profession, qui ne doit être que lucrative, vient à être honorée, 75. — Les richesses doivent être leur unique récompense, ibid.

Traités. Ceux que les princes font par force sont aussi obligatoires que ceux qu'ils font de bon gré, III, 99.

Traîtres. Comment étoient punis chez les Germains, III, 557.

TRAJAN. Refusa de donner des rescrits. Pourquoi, II, 283.

Tranquillité des citoyens. Comment les crimes qui la troublent doivent être punis, II, 8.

Transmigration. Causes et effets de celles de différens peuples, II, 175.

Transpiration. Son abondance, dans les pays chauds, y rend l'eau d'un usage admirable, II, 89.

Travail. On peut, par de bonnes lois, faire faire les travaux les plus rudes à des hommes libres, et les rendre heureux, II, 115. — Est une suite de la vanité, 223. — Les pays qui, par leurs productions, fournissent du travail à un plus grand nombre d'hommes, sont plus peuplés que les autres, 443. — Est le moyen qu'un état bien policé emploie pour le soulagement des pauvres, 479.

Trésors. Il n'y a jamais, dans une monarchie, que le prince qui puisse en avoir un, II, 275. — En les offrant à Dieu, nous prouvons que nous estimons les richesses qu'il veut que nous méprisions, III, 49. Pourquoi, sous les rois de la première race, celui du roi étoit regardé comme nécessaire à la monarchie, 295.

Tribunal domestique. De qui il étoit composé à Rome. Quelles matières, quelles personnes étoient de sa compétence, et quelles peines il infligeoit, I, 524, 525. — Quand, et pourquoi fut aboli, 526.

Trêves. La religion en avoit établi, ou temps de nos pères, pour calmer les fureurs de la guerre, III, 23.

Tribunaux. Cas où l'on doit être obligé d'y recourir dans les monarchies, I, 261. Ceux de judicature doivent être composés de beaucoup de personnes : pourquoi, 275. — Sur quoi est fondée la contradiction qui se trouve entre les conseils des princes et les tribunaux ordinaires, *ibid.* Quoiqu'ils ne soient pas fixes dans un état libre, les jugemens doivent l'être, 421.

Tribunaux humains. Ne doivent pas se régler par les maximes des tribunaux qui regardent l'autre vie, III, 81.

Tribuns des légions. En quel temps, et par qui furent réglés, I, 459.

Tribuns du peuple. Nécessaires dans une aristocratie, I, 223. — Leur établissement fut le salut de la république romaine, 250. — Occasion de leur établissement, II, 35 et suiv.

Tribus. Ce que c'étoit à Rome, et à qui elles donnèrent le plus d'autorité. Quand commencèrent à avoir lieu, I, 450 et suiv.

Tributs. Par qui doivent être levés dans une aristocratie, I, 222. — Doivent être levés, dans une monarchie, de façon que le peuple ne soit point foulé de l'exécution, 228. Comment se levoient à Rome, 472. — Rapport de leur levée avec la liberté, II, 48 et suiv. — Sur quoi, et pour quels usages doivent être levés, *ibid.* — Leur grandeur n'est pas bonne par elle-même, 49. — Pourquoi un petit état, qui ne paie point de tributs, enclavé dans un grand qui en paie beaucoup, est plus misérable que le grand. Fausse conséquence que l'on a tirée de ce fait, 49, 50. — Quels tributs doivent payer les peuples esclaves de la glèbe, 51 et suiv. — Quels doivent être levés dans un pays où tous les particuliers sont citoyens, 55 et suiv. — Leur grandeur dépend de la nature du gouvernement, 59 et suiv. — Leur rapport avec la liberté, 61 et suiv. Dans quels cas sont susceptibles d'augmentation, 63. — Leur nature est relative au gouvernement, 64. — Quand on abuse de la liberté, pour les rendre excessifs, elle dégénère en servitude; et on est obligé de diminuer les tributs, 65 et suiv. — Leur rigueur en Europe n'a d'autre cause que la petitesse des vues des ministres, 66. — Causes de leur augmentation perpétuelle en Europe, *ibid.* et suiv. — Les tributs excessifs que levoient les empereurs donnèrent lieu à cette étrange facilité que trouvèrent les mahometans dans eurs conquêtes, 67. — Quand on est forcé de les remettre à une partie du peuple, la remise doit être absolue, e ne pas être rejetée sur le reste du peuple. L'usage contraire ruine le roi et l'état, 69. — La redevance solidaire des tributs entre les différens sujets du prince est injuste et pernicieuse à l'état, 69, 70. — Ceux qui ne sont qu'accidentels, et qui ne dépendent pas de l'industrie, sont une mauvaise sorte de richesse, 571. — Les Francs n'en payoient aucun dans les commencemens de la monarchie. Traits d'histoire et passages qui le prouvent, III, 308 et suiv — Les hommes libres, dans les commencemens de la monarchie française, tant Romains que Gaulois, pour tout tribut, étoient chargés d'aller à la guerre à leurs dépens Proportions dans lesquelles ils supportoient ces charges, 315 et suiv Voyez *Impôts, Taxes*.

Tributum. Ce que signifie ce mot dans les lois barbares, III, 318.

Triumvirs. Leur adresse à couvrir leur cruauté sous des sophismes, II, 33. — Réussirent, parce que, quoiqu'ils eussent l'autorité royale, ils n'en avoient pas le faste, 217.

Troupes. Leur augmentation, en Europe, est une maladie qui ruine les états, II. 68. — Est-il avantageux d'en avoir sur pied, en temps de paix, comme en temps de guerre, *ibid.* — Pourquoi les Grecs et les Romains n'estimoient pas beaucoup celles de mer, 341, 342.

Troyes. Le synode qui s'y tint en 878 prouve que la loi des Romains et celle des Wisigoths existoient concurremment dans le pays des Wisigoths, III, 142.

Truste. Voyez *In truste.*

Turcs. Majeurs à quinze ans, I, 244 — Cause du despotisme affreux qui règne chez eux, I, 419. N'ont aucune précaution contre la peste, pourquoi, II, 93. — Le temps qu'ils prennent pour attaquer les Abyssins prouve qu'on ne doit point décider par les principes de la religion ce qui est du ressort des lois naturelles, III, 74. — La première victoire, dans une guerre civile, est pour eux un jugement de Dieu qui décide, 165.

Turquie. Comment les successions y sont reglées : inconveniens de cet ordre, I, 239. Comment le prince s'y assure la couronne, 240. Le despotisme en a banni les formalités de justice, 264, 265 — La justice y est elle mieux rendue qu'ailleurs, *ibid.* — Droits qu'on y lève pour les entrées des marchandises, II, 60. — Les marchands n'y peuvent pas faire de grosses avances, 65.

Tutelle. Quand a commencé, en France, à être distinguée de la baillie ou garde, II, 209. — La jurisprudence romaine changea, sur cette matière, à mesure que les mœurs changèrent, 243. — Les mœurs de la nation doivent déterminer les législateurs a préférer la mère au plus proche parent, ou le plus proche parent à la mère, *ibid*

Tuteurs. Étoient les maîtres d'accepter ou de refuser le combat judiciaire, pour les affaires de leurs pupilles, III, 191.

Tyr. Nature de son commerce, II, 266, 300. — Dut son commerce a la violence et a la vexation, 269. — Ses colonies, ses etablissemens sur les côtes de l'Océan, 300. Étoit rivale de toute nation commerçante, 318.

Tyrannie. Les Romains se sont defaits de leurs tyrans, sans pouvoir secouer le joug de la tyrannie, I, 161 et suiv. — Ce que l'auteur entend par ce mot: routes par lesquelles elle parvient à ses fins, II, 96. — Combien il y en a de sortes, 217.

Tyrans. Comment s'élèvent sur les ruines d'une république, I, 541. — Severité avec laquelle les Grecs les punissoient, II, 50.

Tyriens. Avantages qu'ils tiroient, pour leur commerce, de l'imperfection de la navigation des anciens, II, 300 et suiv. — Nature et étendue de leur commerce, *ibid*.

U.

Ulpien. En quoi faisoit consister le crime de lese-majesté, II, 18.

Uniformité des lois. Saisit quelquefois les grands genies, et frappe infailliblement les petits, III, 284.

Union. Nécessaire entre les familles nobles, dans une aristocratie, I, 225.

Usages. Il y en a beaucoup dont l'origine vient du changement des armes, III, 181.

Usure. Est comme naturalisée dans les états despotiques: pourquoi, I, 244. — C'est dans l'évangile, et non dans les rêveries des scolastiques, qu'il en faut puiser les regles, II, 355. — Pourquoi le prix en diminua de moitié lors de la decouverte de l'Amerique, 581. — Il ne faut pas la confondre avec l'interêt: elle s'introduit necessairement dans les pas ou il est defendu de prêter a interêt, 417. — Pourquoi l'usure maritime est plus forte que l'autre, 418. — Ce qui l'a introduite et comme naturalisée a Rome, 419. — Son taux dans les differens temps de la republique romaine: ravages qu'elle fit, 420 et suiv. — Sur quelle maxime elle fut reglée a Rome, apres la destruction de la république, 428. — Justification de l'auteur, par rapport à ses sentimens sur cette matière, IV, 57 et suiv. — Par rapport à l'érudition, 64, 65. — Usage des Romains sur cette matiere, 68 et suiv.

Usurpateurs. Ne peuvent reussir dans une république féderative, I, 572.

V.

Vaisseau. Voyez *Navire*.

Valentinien. Permit la polygamie dans l'empire romain, II, 156, 157. — Appela les petits enfans a la succession de leur aieul maternel, III, 126. — La conduite d'Arbogaste envers cet empereur est un exemple du génie de la nation française, par rapport aux maires du palais, 395.

Valette (*le duc de la*). Condamné par Louis XIII en personne, I, 272.

Valeur reciproque de l'argent et des choses qu'il signifie, II, 575 et suiv. — L'argent en a deux; l'une positive, et l'autre relative: maniere de fixer la relative, 388. — D'un homme en Angleterre, 449.

Valois (M. de). Erreur de cet auteur sur la noblesse des Francs, III, 576.

Vamba Son histoire prouve que la loi romaine avoit plus d'autorite dans la Gaule méridionale que la loi gothe, III, 145.

Vanité. Augmente a proportion du nombre des hommes qui vivent ensemble, I, 307. — Est très-utile dans une nation, II, 222. — Les biens qu'elle fait comparés avec les maux que cause l'orgueil, 223.

Varus. Pourquoi son tribunal parut insupportable aux Germains, II, 215

Vassaux. Leur devoir etoit de combattre et de juger, III, 201. Pourquoi n'avoient pas toujours, dans leurs justices, la même jurisprudence que dans les justices royales, ou même dans celles de leurs seigneurs suzerains, 214 et suiv. Les chartres des vassaux de la couronne sont une des sources de nos coutumes de France, 251. — Il y en avoit chez les Germains, quoiqu'il n'y eût point de fiefs : comment cela, 291. — Differens noms sous lesquels ils sont designes dans les anciens monumens, 525 Leur origine, ibid. — N'etoient pas comptés au nombre des hommes libres dans les commencemens de la monarchie, 528. - Menoient autrefois leurs arrière-vassaux à la guerre, 329. — On en distinguoit de trois sortes : par qui ils étoient menes a la guerre, 330. Ceux du roi etoient soumis à la correction du comte, 332. — Étoient obligés, dans les commencemens de la monarchie, a un double service, et c'est dans ce double service que l'auteur trouve l'origine des justices seigneuriales, 335 et suiv. — Pourquoi ceux des evêques et des abbés n'etoient pas menés à la guerre par le comte, ibid. — Les prerogatives de ceux du roi ont fait changer presque tous les aleux en fiefs : quelles etoient ces prerogatives, 402 et suiv. — Quand ceux qui tenoient immediatement du roi commencerent à en tenir mediatement, 458 et suiv.

Vasselage. Son origine, III, 289.

Vinalite des charges Est-elle utile? I, 255.

Vengeance. Etoit punie, chez les Germains, quand celui qui l'exerçoit avoit reçu la composition, III, 341.

Venise. Comment maintient son aristocratie contre les nobles, I, 149. Utilite de ses inquisiteurs d'etat, ibid. — En quoi ils different des dictateurs romains, ibid. — Sagesse d'un jugement qui y fut rendu entre un noble vénitien et un simple gentilhomme, 219 — Le commerce y est defendu aux nobles, 223. — Il n'y a que les courtisanes qui puissent y tirer de l'argent des nobles, 311. — On y a connu et corrigé par les lois les inconveniens d'une aristocratie hereditaire, 545. Pourquoi il y a des inquisiteurs d'etat : differens tribunaux dans cette republique, 40. — Pourroit plus aisement etre subjuguée par ses propres troupes que la Hollande, 454. — Quel etoit son commerce, II, 266. — Dut son commerce a la violence et à la vexation, 269. — Pourquoi les vaisseaux n'y sont pas si bons qu'ailleurs, 304. — Son commerce fut ruiné par la decouverte du cap de Bonne-Esperance, 359. — Loi de cette republique contraire à la nature des choses, III, 105.

Vents alisés. Etoient une espèce de boussole pour les anciens, II. 322, 325

Verité. Dans quel sens on en fait cas dans une monarchie, I, 179. — C'est par la persuasion, et non par les supplices, qu'on la doit faire recevoir, III, 58.

VERRÈS Blâmé par Cicéron de ce qu'il avoit suivi l'esprit plutôt que la lettre de la loi Voconienne, III, 118.

Vertu. Ce que l'auteur entend par ce mot, I, 166, 187 — Est nécessaire dans un état populaire : elle en est le principe, 160 — Est moins nécessaire dans une monarchie que dans une république, ibid. — Exemples célèbres, qui prouvent que la démocratie ne peut ni s'établir, ni se maintenir sans vertu ; l'Angleterre et Rome, 160, 161. —On perdit la liberté, à Rome, en perdant la vertu, 161. — Etoit la seule force, pour soutenir un état, que les législateurs grecs connussent, 162. — Effets que produit son absence dans une république, ibid. Abandonnée par les Carthaginois, entraîna leur chute, 163. — Est moins nécessaire, dans une aristocratie, pour le peuple, que dans une démocratie, 164. — Est nécessaire, dans une aristocratie, pour maintenir les nobles qui gouvernent, ibid. — N'est point le principe du gouvernement monarchique, 165, 166 et suiv. — Les vertus héroïques des anciens, inconnues parmi nous, inutiles dans une monarchie, 166. — Peut se trouver dans une monarchie ; mais elle n'en est pas le ressort, 168. — Comment on y supplée dans le gouvernement monarchique, ibid —N'est point nécessaire dans un état despotique, 171. — Quelles sont les vertus en usage dans une monarchie ? 178. — L'amour de soi-même est la base des vertus en usage dans une monarchie, ibid — Les vertus ne sont dans une monarchie que ce que l'honneur veut qu'elles soient, 182. — Il n'y en a aucune qui soit propre aux esclaves, et par conséquent aux sujets d'un despote, 185. — Etoit le principe de la plupart des gouvernemens anciens, ibid. — Combien la pratique en est difficile, 187.— Ce que c'est dans l'état politique, 100 — Ce que c'est dans un gouvernement aristocratique, 208 — Quelle est celle d'un citoyen dans une république, 253 —Quand un peuple est vertueux, il faut peu de peines : exemples tirés des lois romaines, 282. — Les femmes perdent tout en la perdant, 321.* Elle se perd dans les républiques avec l'esprit d'égalité ; ou par l'esprit d'égalité extrême, 338 et suiv. — Ne se trouve qu'avec la liberté bien entendue, 343. — Réponse a une objection tirée de ce que l'auteur a dit, qu'il ne faut point de vertu dans une monarchie, IV, 84, 85.

Vestales. Pourquoi on leur avoit accordé le droit d'enfans, II, 465.

Vicaire. Etoient, dans les commencemens de la monarchie, des officiers militaires subordonnés aux comtes, III, 348.

Vices Les vices politiques et les vices moraux ne sont pas les mêmes ; c'est ce que doivent savoir les législateurs, II, 226.

Victoire (la). Quel en est l'objet, I, 33. — C'est le christianisme qui empêche qu'on n'en abuse, III, 6.

VICTOR AMÉDÉE, roi de Sardaigne. Contradiction dans sa conduite, I, 252, 253

Vie. L'honneur défend, dans une monarchie, d'en faire aucun cas, I, 183

Vie future. Le bien de l'état exige qu'une religion qui n'en promet pas soit suppléée par des lois sévères et sévèrement exécutées, III, 18. — Les religions qui ne l'admettent pas peuvent tirer de ce faux principe des conséquences admirables : celles qui l'admettent en peuvent tirer des conséquences funestes, 26, 27.

Vies des saints. Si elles ne sont pas véridiques sur les miracles, elles fournissent les plus grands éclaircissemens sur l'origine des servitudes de la glebe et des fiefs, II, 306. Les mensonges qui y sont peuvent apprendre les mœurs et les lois du temps, parce qu'ils sont relatifs à ces mœurs et à ces lois, 353.

Vieillards. Combien il importe, dans une démocratie, que les jeunes gens leur soient subordonnés, I, 216. — Leurs privilèges, a Rome, furent communiqués aux gens mariés qui avoient des enfans, II, 458 — Comment un état bien policé pourvoit à leur subsistance, 479.

Vignes. Pourquoi furent arrachées dans les Gaules par Domitien, et replantées par Probus et Julien, II, 345, 346.

Vignobles. Sont beaucoup plus peuplés que les pâturages et les terres à blé : pourquoi, II, 443.

Vilains. Comment punis autrefois en France, I, 281.—Comment se battoient, III, 179 — Ne pouvoient fausser la cour de leurs seigneurs, ou appeler de leurs jugemens : quand commencèrent à avoir cette faculté, 217.

Villes. Leurs associations sont aujourd'hui moins nécessaires qu'autrefois, I, 571.—Il y faut moins de fêtes qu'à la campagne, III, 30

Vin. C'est par raison de climat que Mahomet l'a défendu : à quel pays il convient, II, 89.

Vindex. Esclave qui découvrit la conjuration faite en faveur de Tarquin : quel rôle il joua dans la procedure, et quelle fut sa recompense, II, 26.

Viol. Quelle est la nature de ce crime, II, 8.

Violence. Est un moyen de rescision pour les particuliers ; ce n'en est pas un pour les princes, III, 99.

Virginie. Revolution que causerent à Rome son deshonneur et sa mort, I, 453. Son malheur affermit la liberté de Rome, II, 56

Visir. Son etablissement est une loi fondamentale dans un état despotique, I, 156.

Vœux en religion. C'est s'éloigner des principes des lois civiles que de les regarder comme une juste cause de divorce, III, 79.

Vol. Comment puni à la Chine, quand il est accompagné de l'assassinat, I, 296. — Ne devroit pas être puni de mort : pourquoi l'est, II, 8, 9. — Comment etoit puni à Rome : les lois sur cette matière n'avoient nul rapport avec les autres lois civiles, III, 260.—On y exerçoit les enfants à Lacedemone, et on ne punissoit que ceux qui se laissaient surprendre en flagrant delit, 271. — Comment Clotaire et Childebert avoient imaginé de prevenir ce crime, 529 Celui qui avoit ete volé ne pouvoit pas, du temps de nos peres, recevoir sa composition en secret, et sans l'ordonnance du juge, 544.

Vol manifeste. Voyez *Voleur manifeste.*

Voleur. Est il plus coupable que le receleur? III, 269. Il etoit permis, a Rome de tuer celui qui se mettoit en defense ; correctif que la loi avoit apporté à une disposition qui pouvoit avoir de si funestes consequences, 274. — Ses parens n'avoient point de composition quand il étoit tué dans le vol même, 544.

Voleur manifeste, et voleur non manifeste. Ce que c'etoit à Rome : cette distinction etoit pleine d'inconsequences, III, 270 et suiv.

Volonté. La réunion des volontés de tous les habitans est nécessaire pour former un état civil, I, 155. — Celle du souverain est le souverain lui même, 158. —Celle d'un despote doit avoir un effet toujours infaillible, 173.

Volsiniens. Loi abominable que le trop grand nombre d'esclaves les força d'adopter, II, 129.

W.

Warnachaire. Etablit, sous Clotaire, la perpetuité et l'autorite des maires du palais, III, 382.

Wisigoths. Singularité de leurs lois sur la pudeur : elles venoient du climat, II, 98 —Les filles étoient capables, chez eux, de succeder aux terres et a la couronne, 102.—Pourquoi leurs rois portoient une longue chevelure, 203. — Motifs des lois de ceux d'Espagne, au sujet des donations a cause de noces, 244. Loi de ces barbares, qui detruisoit le commerce, 552. Autre loi favorable au commerce, 553 — Loi terrible de ces peuples, touchant les femmes adultères, III, 98. — Quand et pourquoi firent écrire leurs lois, 128. — Pourquoi leurs lois perdirent de leur caractere, 129.—Le clergé refondit leurs lois, et y introduisit les peines corporelles qui furent toujours inconnues dans les autres lois barbares, auxquelles il ne toucha point, 129, 130.—C'est de leurs lois qu'ont été tirees toutes celles de l'inquisition; les moines n'ont fait que les copier, 131. — Leurs lois sont idiotes, et n'atteignent point le but : frivoles dans le fond, et gigantesques dans le style, *ibid*. — Différence essentielle entre leurs lois et les lois saliques, 134 et suiv. — Leurs coutumes furent redigées par ordre d'Euric, 137, 138. — Pourquoi le droit romain s'étendit, et eut une si grande autorite chez eux, tandis qu'il se perdoit peu à peu chez les Francs, *ibid*. et suiv —Leur loi ne leur donnoit, dans leur patrimoine, aucun avantage civil sur les Romains, 139. — Leur loi triompha en Espagne, et le droit romain s'y perdit, 144, 145. — Loi cruelle de ces peuples, 282. — S'etablirent dans la Gaule narbonnaise : ils y porterent les mœurs germaines; et de là les fiefs dans ces contrees, 294.

Wolgushy. Peuples de la Sibérie : n'ont point de prètres, et sont barbares, III, 43.

X.

Xénophon, regardoit les arts comme la source de la corruption du corps, I, 195.—Sentoit la necessité de nos juges consuls, II, 281.—En parlant d'Athènes, semble parler de l'Angleterre, 307.

Y.

Ynca Atahualpa (l'). Traitement cruel qu'il reçut des Espagnols, III, 101.

Z.

ZACHARIE. Faut-il en croire le pere Le Cointe, qui nie que ce pape ait favorisé l'avénement des Carlovingiens à la couronne, III, 426.

ZÉNON. Nioit l'immortalité de l'âme; et, de ce faux principe, il tiroit des consequences admirables pour la société, III, 16.

ZOROASTRE. Avoit fait un précepte aux Perses d'epouser leur mere préférablement, III, 88.

ZOZIME. A quel motif il attribuoit la conversion de Constantin, III, 16.

FIN DE LA TABLE DES MATIÈRES.

TABLE

DES MATIÈRES

CONTENUES DANS CE VOLUME.

Première partie.............................Page	3
Seconde partie.............................	32
Idée générale.............................	Ibid.
Des conseils de religion.............................	37
De la polygamie.............................	39
Climat.............................	46
Tolérance.............................	48
Célibat.............................	51
Erreur particulière du critique.............................	54
Mariage.............................	55
Usure.............................	57
Des usures maritimes.............................	Ibid.
Troisième partie.............................	73

Éclaircissemens sur l'Esprit des Lois.............................	84
Réponse de M. de Risteau aux Observations sur l'Esprit des Lois.............................	93
Commentaire de Voltaire sur quelques principales maximes de l'Esprit des Lois.............................	193
Lettre d'Helvétius a Montesquieu, sur son manuscrit de l'Esprit des Lois.............................	297
Lettre d'Helvétius a Saurin.............................	305
Remercîment sincère a un homme charitable.............................	309
Table alphabétique des matières.............................	315

FIN DE LA TABLE.

www.ingramcontent.com/pod-product-compliance
Lightning Source LLC
Chambersburg PA
CBHW072110220426
43664CB00013B/2060